U0488997

仲夏枇杷黄似橘

周芾棠　著

西泠印社出版社

图书在版编目（CIP）数据

仲夏枇杷黄似橘 / 周芾棠著. -- 杭州 : 西泠印社出版社, 2023.12
ISBN 978-7-5508-4349-3

Ⅰ. ①仲… Ⅱ. ①周… Ⅲ. ①地方文化－浙江－文集 Ⅳ. ① G127.55-53

中国国家版本馆 CIP 数据核字 (2023) 第 230047 号

仲夏枇杷黄似橘 周芾棠 著

责任编辑 伍 佳
责任出版 冯斌强
责任校对 徐 岫
出版发行 西泠印社出版社
（杭州市西湖文化广场32号5楼 邮政编码 310014）
经　　销 全国新华书店
装帧设计 浙江越生文化创意有限公司
印　　刷 绍兴市越生彩印有限公司
开　　本 787mm×1092mm 1/16
字　　数 439千
印　　张 33
书　　号 ISBN 978-7-5508-4349-3
版　　次 2023年12月第1版 第1次印刷
定　　价 93.00元

西泠印社出版社发行部联系方式：（0571）87243079

代 序

绍兴乡土文化研究的开拓者之一

——深情缅怀周芾棠先生

何信恩

2020年12月26日,我应邀参加了绍兴市越文化研究会第二次会员大会暨换届会议,从与会的越文化研究专家周燕儿先生口中获悉其父亲周芾棠老先生已在不久前离世的消息。尽管早知道周芾棠先生年事已高,久病住院,恐不久于人世,但亲闻噩耗依然感到震惊与痛惜。这是继马蹄疾、谢德铣、黄中海、张能耿等先生先后去世以来,绍兴鲁迅研究界和文史界所遭受的又一重大损失。几十年来,与周芾棠先生的种种交往,以及他的高风亮节,都一一浮现在脑海之中。

我第一次见到周芾棠先生是六十多年前,中国少年先锋队的一次集会上,那时我还在读小学,上的是府山区中心小学,一群天真活泼的红领巾,在辅导员老师的带领下,到学校附近的府山公园,在烈士墓前的草地上举行少先队队日活动。庄重的入队仪式结束后,在一片热烈的掌声中,请出一位身材瘦长的中年人给同学们讲绍兴的民间故事。他就是周芾棠老师,时任绍兴市少年宫负责人。其时绍兴市区少年儿童的活动场所并不多,位于前观巷的少年宫是市区青少年的乐园,其地位类似于成年人的绍兴工人俱乐部。记得那天,周老师讲的是徐文长当街难倒自命不凡、号称“天下无书不读”的朝廷命官的故事。历史上是否真有其事至今尚不得而知,但在绍兴,徐文长是智慧的化身,这则故事告诫世人:人外有人，天外有天，为官为人都要低调行事。和周老师面对面地零距离接触，也许是我少年时代所受到的最初的乡土文化熏陶，也因此让我记住了这个故事和周老师的大名。

随着岁月的推移，对周芾棠老师的了解与接触也日益增多。改革开放以后，我陆续看到了由周老师编著的作品，印象较深的有1982年11月由浙江人民出版社出版的与谢德铣老师合作的《巾帼英雄秋瑾》，1983年4月由陕西人民出版社出版的《乡土忆录——鲁迅亲友忆鲁迅》，1984年5月由贵州人民出版社出版的与周策先生合作的《鲁迅小时候的故事》，1986年12月由吉林文史出版社出版的与其公子周燕儿合著的《中国书法故事》，等等。

二十世纪八十年代初，中国民主促进会浙江省委会开始恢复活动与发展会员，领导层中有多位熟悉周芾棠先生的老作家。如担任浙江省民进副主委的许钦文先生，是当年鲁迅先生的高足，鲁迅研究专家，绍兴人，曾任浙江省文化局副局长，多次来绍兴鲁迅纪念馆指导工作。同时担任省民进副主委的吕漠野先生是杭州大学中文系的老师，省作家协会顾问，长期从事鲁迅作品的研究与教学工作，又是周芾棠先生的嵊县老乡。在他们的介绍与引荐下，周老师于1981年由省民进批准加入中国民主促进会，成为绍兴的第一个民进会员，随后又被选为民进浙江省委会第二届委员会候补委员。其时，绍兴尚无民进地方组织。1982年开始，民进陆续在绍兴发展会员。1983年8月30日，经我的老师陶成章烈士的长孙陶永铭先生介绍，我被浙江省民进直接吸收为会员，从此我和周芾棠先生又多了一层关系，他是我的民进前辈与会友。当时，绍兴民进组织还处于草创阶段，会员很少，全国民进会员不足万人。绍兴民进组织的早期会员中有不少高龄老人。周老师通常只参加老年支部的活动，1928年出生的他生肖属龙，有一次他参加支部活动，回来以后对我戏称“今天是龙的聚会”，共有十一条“龙”参加。

1988年，绍兴市开始修编《绍兴市志》。同年11月，我从教育岗位奉调到市志办工作，担任《绍兴市志》的副总纂。此时年六十岁的周老师刚从绍兴群艺馆退休，熟悉绍兴文史和群众文艺工作的他，即被聘为市志分纂责任编辑，以后又成为十位总纂责任编辑之一，前后时间长达八年。自始我和周老师之间又有了新的工作关系，联系更加紧密。

《绍兴市志》的修编是个大型系统文化工程。除概述、大事记、人物等综合性的部类外，主要分为经济、政治（社会）、文化（文艺）三大块。周老师主要负责文化类的分纂工作。尤其是在他工作多年的群众文化和民间文艺这一领域，可谓轻车熟路，得心应手。凭借他扎实的学术功底与丰富的人生阅历，把文化（文艺）这一块编得十分翔实，资料性、学术性、可读性均很强，是整部志书中最出色的篇章之一。

《绍兴市志》问世并获得各方的好评以后，作为市志配套工程的《修志文存——绍兴市志编纂实录》立即启动。作为该书主编的我即向十二位主要编纂人员征求稿件，周老师写了《我的修志情缘》一文，详细回顾了他参加修志的前因后果。此文简直可以作为半部自传来读，从出生一直写到晚年的心愿，从家学渊源，父辈续修《周氏宗谱》，求学时代自费购买章学诚的《文史通义》，二十世纪五十年代遍访修志老人，二十世纪六十年代在单位成立地方志小组，踏勘越中名胜古迹，直至超龄退休后全身心地投入“四苦”（清苦、辛苦、艰苦、痛苦）工程，最终还写道：“志书的文字，绝非雕虫小技，我和大家一样亲手编纂的志稿，自信每一个字，每一句话，每一个标点，每一条引文，每一本书名，每一个人名，每一个地名，每一个朝代，每一个时间，都是认真做了编撰和校订的。或查阅资料，或访问老人，或踏勘故地，力求做到文字朴实精练，史料准确无误，全志务求保证其质量和权威。”八年修志期间，他曾两次遭遇车祸，手脚受伤，鲜血直流，以致送医院急救，但只请了一天假，便照常上班。更为可贵的是曾有一家电视台邀请他去编一个内部刊物，工作轻松，待遇优厚，但志书尚未完成，怎能半途而废？未及与他人商量，他立即谢绝了。可以说，《绍兴市志》能成为全国市志“冠军”之志，其中也有周老师的心血与功劳。

眼下，当年参与总纂的老人中，已有多位先生先后离世，但他们留下的皇皇巨著与修志精神必将永垂史册。正因为我对周老师的工作经历与业绩甚为了解，不论是1994年出版的我参与主编的《绍兴名人辞典》，还是2003年出版的由我主编的《越中名人谱》第一卷，都把他列为征稿对象，兹引录《越中名人谱》的有关条目如下，从中可以窥见传主一生之大概。

周芾棠又名周彬，笔名大雁、司马庵，1928年生，嵊州人。副研究馆员。1949年8月参加工作，曾任共青团绍兴市委宣传部部长、统战部部长兼市青年联合会秘书长，市青年中学校长，绍兴鲁迅纪念馆副馆长，华东《青年报》驻绍兴地方记者，《鉴湖》文艺杂志编辑部负责人，《绍兴群文大观》副主编，民进浙江省第二届委员会候补委员，为民进绍兴市组织最早的会员。浙江省作家协会、中国鲁迅研究学会、中华文化研究会会员，《人民日报》（海外版）特约作者，香港《大公报》专栏作家。参与《绍兴市志》编纂，被聘为专职编辑与总纂责任编辑。已出版《中国古代妇女名人》《长相忆》《巾帼英雄秋瑾》《秋瑾史料》《中国书法故事》《鲁迅小时候的故事》《“闰土”子孙忆家史》等著作十五部。其中，《秋瑾少女时代的故事》获全国优秀少儿读物奖，《乡土忆录——鲁迅亲友忆鲁迅》获省社会科学优秀研究成果奖，《中国古代妇女名人》获市鲁迅文学艺术百花奖，《巾帼英雄秋瑾》被列为浙江省青年读书运动优秀读物。

这是一份由传主亲自提供并审定的小传稿，其真实性与准确性是毋庸置疑的。从小传和作者自叙可以看出，周芾棠先生出生农家，父亲以务农为生，勤奋向上，自学成才，能看懂上海出版的《申报》，并写得一手好字，在农村也算得上是一位书法家，这对周芾棠影响很大。众所周知，浙江省有两所远近闻名的乡村师范，一所是位于萧山的湘湖师范，另一所是位于慈溪的锦棠师范，为爱国华侨吴锦棠独立出资创建，两所师范都培养了一批人才，其中有不少来自绍兴地区，毕业于锦堂师范的周芾棠先生就是其中的佼佼者。

周芾棠先生“出道”很早，解放初就当上干部，属于重点培养对象，距离“离休干部”只有一步之遥。他虽然资格很老，但待人接物平易近人，从来不摆架子。他之所以没有走仕途，也许是因为兴趣在做学问上。

周芾棠先生经历丰富，先后干过教师、校长、记者、编辑、作家等不同的社会职业，但在本色上他依然是一介书生，是学者型的研究人员。他的研究领域很宽广，包括中国女性史、中国书法史、太平天国史和绍兴地方史，在绍兴名人研究中，他着力最多、成就最大的是鲁迅与秋瑾这两位名士之乡的代表人物，“名士多淡泊，忠臣有赤心。但愿香满枝，永报来年春”（周汶《题画梅诗》），是他晚年最喜欢的诗。

熟知绍兴鲁迅研究历史的人都知道，绍兴本地有两支研究鲁迅的队伍。一支以收集与鲁迅有关的史料、访谈相关人物、考证其生平事迹为主，以马蹄疾、谢德铣、周芾棠、裘士雄等人为代表；另一支以研究鲁迅思想和作品为主，以在高校从事中文教学工作的老师与研究生为主体，两者互补。

周芾棠先生在研究鲁迅与绍兴的关系上起步很早，二十世纪五十年代，他在共青团绍兴市委和绍兴鲁迅纪念馆任职时，就访问过近百位与鲁迅同时代的老人。其中，有鲁迅在三味书屋读书时的同窗周梅卿、章祥耀和王福林等，有当年在大坊口开元寺编撰过《绍兴县志资料》的周毅修、俞英崖先生。周毅修是鲁迅的本家。特别是对在鲁迅家里当了三十多年工友的王鹤照老人的多次采访，内容十分广泛，涉及鲁迅祖母、母亲，鲁迅本人，新台门故居，百草园，周家老台门，鲁迅故居周边环境，当铺药店，咸亨酒店，鲁迅与朱安成亲的缘由与经过，鲁迅在浙江的教育生涯，周氏兄弟在绍兴的足迹，辛亥革命在绍兴的影响，鲁迅在故乡的朋友圈、离绍去京的经过乃至周氏兄弟在北京的生活，等等，为鲁迅研究留下了大量生动真实的第一手资料。虽多为口述，有的属于日常生活中的小事，但仍可以小见大，从中可以窥见鲁迅先生早年生活的某些侧面。

经过多次记录与整理，周芾棠先生撰写了《回忆鲁迅先生》，于 1962 年发表于《中国现代文艺资料丛刊》第一辑，在中国鲁迅研究界产生了一定的影响。

事有凑巧，1968 年，我负责鲁迅纪念馆陈列版面的文字修订工作，新的陈列说明公展前，省军管会派出两位正师级的干部前来审查。其时，张能耿正处于被批斗阶段，章贵亦靠边站了，裘士雄尚未到馆工作，馆方推出没有任何政治历史问题的老工人王鹤照出面接待。那时的鹤照老人虽然年近八旬，但身板还很硬朗，而且记忆很清晰，但他说的是一口绍兴土话，那两位北方来的文职军人根本就听不懂，需要我这个小青年从旁翻译成普通话。由于周芾棠先生事前多次采访过王鹤照，对那些周家的故事他已经烂熟于心，一一道来，如数家珍。多少年过去后，证明王的口述史与周的记录稿高度一致，可惜第二年的 4 月 21 日，王鹤照就去世了，从此绍兴鲁迅纪念馆少了一部活档案。

1996 年 10 月，为纪念鲁迅先生逝世六十周年，绍兴市鲁迅研究会与绍兴鲁迅纪念馆联合编写了《故乡人士忆鲁迅》一书，由浙江文艺出版社出版。周芾棠先生的《鲁迅故家老工友忆鲁迅》出现在该书“回忆与考证”栏目的首篇。与 1962 年那篇文章相比，更为系统与完整，并增加了补记四篇，分别为《东昌坊口》《鲁迅父亲的病》《长庆寺和龙师傅》《关于当店和地保的一点资料》。

曾任绍兴鲁迅纪念馆副馆长的章贵的祖父章运水是鲁迅《故乡》中“闰土”的原型人物，周芾棠先生根据章贵的口述，与谢德铣老师一起整理了《“闰土”子孙忆家史》，1971 年 5 月由黑龙江爱辉教师进修学校印刷问世。此外，周芾棠先生还在 1985 年 3 月 13 日至 16 日协助郑公盾先生采访了有关浙东堕民（主要是绍兴三埭街）的相关人物。

1963 年 1 月 28 日，绍兴历史上第一个鲁迅研究机构——绍兴鲁迅研究小组正式成立。它是在浙江省文学艺术界联合会和绍兴县文教局的支持下，由绍兴鲁迅纪念馆、绍兴鲁迅图书馆和绍兴县文化馆共同发起组织的，其成员有董秋芳、寿静涛、陈祖楠、沈定庵、谢德铣、黄中海、张能耿、周芾棠等十二人，根据自己的工作岗位和专业特点，各自确定研究课题和方向。

周芾棠先生是一位很有个性的知识分子，有时甚至有些固执与偏激，这与他的经历有关。有次我去广宁桥周宅拜访他，哪怕因工作需要，借阅一页小纸片，一张老照片，他都视为稀世珍宝，牢牢地记在心里，定时向你索还。在他的心目中，千辛万苦搜集到的资料比他的生命还重要。

我最后一次见到周芾棠先生，是马蹄疾先生遗孀薛贵岚女士来绍兴扫墓，与鲁迅研究界几位与其夫君生前多有交往的熟人在一家饭店聚餐时，周芾棠先生由他亲人陪同，抱病前来参加，只见他弓着腰，拄着拐杖，一副老态龙钟的样子，可见已经久受病痛折磨，成了风中残烛了。

德高望重的周芾棠先生与我们永别了，但他的著作还在，其音容笑貌与言谈举止还将长久地留在人们的记忆中。尤为可喜的是其子女皆学有所成，女儿周玉儿现任绍兴鲁迅纪念馆副馆长，可谓女承父业。儿子周燕儿是绍兴文物部门的研究馆员，后继有人，一浪更比一浪高，足可告慰先人。

（原载绍兴鲁迅纪念馆、绍兴市鲁迅研究中心编《绍兴鲁迅研究 2021》，上海社会科学院出版社 2021 年版）

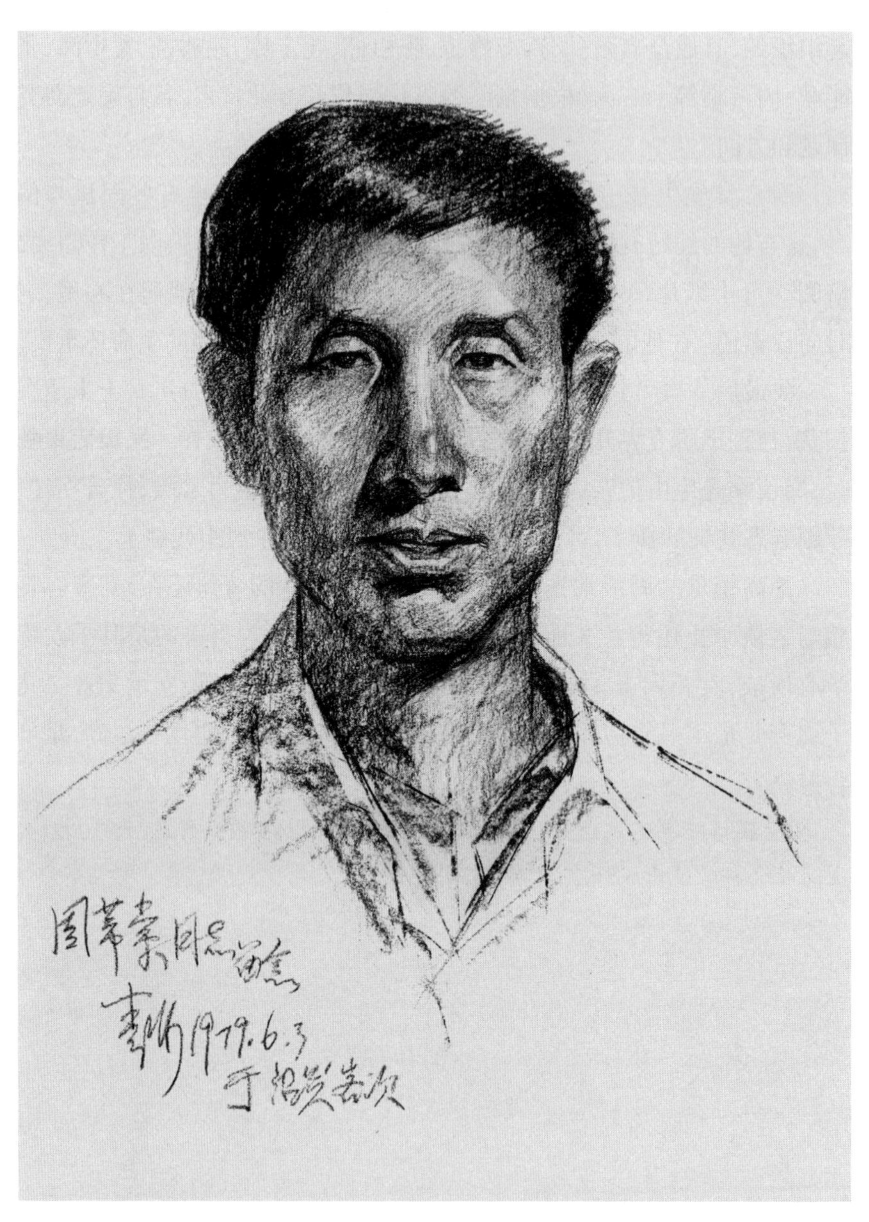

1979 年 6 月 3 日，著名画家裘沙先生在绍兴县第一招待所为周芾棠画像

目 录

春节期间鲁迅乡邻话沧桑

春节期间，我们来到了绍兴市鲁迅先生的故里。在一条宽广整洁的马路——鲁迅路中段，矗立着鲁迅纪念馆。解放后几经修葺的鲁迅故居，以及鲁迅童年读书处——三味书屋，就在它的周围；以鲁迅名字命名的幼儿园和图书馆也设在纪念馆的对面和左边。

近几年来，随着鲁迅路的路面不断扩建，路旁增加了一幢幢新的工人住宅和商店。陪同我们参观访问的同志向我们介绍说："在这里居住的劳动人民，人人有工作，不愁吃，不愁穿，过着幸福的生活。"说话间我们来到了退休老工人孟传标的家里。

这是一所刚翻修过的瓦房，宽敞、整洁，摆着新家具，阳光照得满屋明亮，室内温暖如春。孟传标老人热情地招呼我们坐下。他说："这几天，为了过春节，儿女们先后回到了家里，家里很热闹。"他又感叹道："看着眼前的幸福生活，不由得想起旧社会的苦！"

孟传标老工人的家与鲁迅故居只隔着一条小小石板桥，他在这里住了四十多年。他告诉我们，这里解放前叫都昌坊口和秋官第。狭窄的石板小道，一枝竹竿就可横架两檐，房屋低矮潮湿，七倒八歪。小道旁是锡箔作坊和小茶馆，还有当铺等。居住在这里的劳动人民，遭受着失业、贫病的痛苦，还遭受着兵、匪、官、绅的压迫剥削。

那时，鲁迅先生家里的老屋上，也是"瓦楞上许多枯草的断茎当风抖着"。由于鲁迅的父亲长期患病，生活日益贫困。鲁迅先生在《呐喊》这本书的自序中说：

我有四年多，曾经常常，——几乎是每天，出入于质铺和药店里，年纪可是忘却了，总之是药店的柜台正和我一样高，质铺的是比我高一倍，我从一倍高的柜台外送上衣服或首饰去，在侮蔑里接了钱，再到一样高的柜台上给我久病的父亲去买药。

鲁迅先生当时的生活是这样，广大劳动人民，更是贫病交迫。孟传标老人向我们介绍了他的过去。

“我从小生长在海边沙地上，八岁就给地主放牛。后来，家里又一连遭到不幸，先是火烧，接着是坍江，草房和沙地没有了。只得到绍兴福康医院当小工，每月的工资除去房租后，所剩无几，连同妻子沿街卖菜的一点微薄收入，一家人仍是难以糊口。有一年，正吃奶的第二个儿子，患了严重的奶痨病。‘医院大门八字开，有病无钱莫进来。’医院里的穷工人哪里有钱给儿子治病啊！有人劝我给孩子吃帖中药，但我家里既无现钱，又没有一样值钱的东西，几件破旧的衣服送到当铺，只能当几角钱。我在当铺门外，徘徊很久。最后，仍然是有了诊费，没有药费。只好让孩子的病长久地拖着，瘦得像一根枯柴。”

以后，老孟又多了几个孩子，加上物价一日数涨，兵荒马乱，生活就更加艰难了。鲁迅先生在《故乡》的小说中描绘闰土的那一段话说：“多子，饥荒，苛税，兵，匪，官，绅，都苦得他像一个木偶人了。”也是孟传标家当年景况的真实写照。

1949年绍兴解放了，福康医院改为绍兴第二医院。穷工人才彻底翻了身。随着国家经济建设的发展，物价平稳，人民生活越过越好。老孟的几个子女全部免费进入学校，先后从中学、大学里毕业，现在个个都有了革命工作。有的是人民解放军的干部，有的是工厂技术员，有的是国家机关的工作人员，有的当医师和教师，有的当工人和人民公社社员。

老孟退休后，儿女们每年总是要他到他们工作和居住的北京、上海、杭州等地去游览，并不断寄钱回来，还捎来各种食物和补品。在身边的几个儿女,居住在一起,更是热闹,孙儿、孙女个个长得活泼可爱,家里充满着温暖和乐趣。老孟这个旧社会里典当门外的穷汉,今天成了人民银行里的老储户。

我们从孟传标老人的家里出来,看到家家户户喜气洋洋,每家门上都贴上了新的春联;孩子们在欢天喜地放鞭炮;厨房里阵阵香味扑鼻而来,大家都沉浸在节日的欢乐中。

我们在这里看到和听到的一切,让我们深深感到是社会主义制度给鲁迅故乡的劳动人民带来了安定和幸福。

(中国新闻社 1975 年 2 月 13 日采用;入选中国新闻社编印的《中国新闻》第 7342 期)

访“闰土”家乡
——杜浦村

浙江省绍兴县有个杜浦村，离绍兴城约六十里，靠近曹娥江边，全村大多数人家都姓章。鲁迅先生在小说《故乡》中写的农民“闰土”，就是以曾经生活在这里的章闰水为模特而塑造的。最近我们到杜浦村做了一次访问。

一进村，眼前便呈现出一片繁荣景象。田野里，正在劳动的小伙子和姑娘们不时发出欢声笑语，满载着农具和百货、食品的乌篷船由远而近缓缓驶来，两岸麦子金黄、秧苗嫩绿，构成了一幅绝妙的水乡画图。一排排整齐的新房，诸如仓库、会堂、工厂、学校、社员住宅等建筑，都展现出这个农村的崭新面貌。

我们到了章闰水住过的家。这是一个普通的农村庭院，现在已修饰一新。天井里栽种着几棵梨树，碧绿深秀。过了一辈子悲惨生活的雇工章闰水早已去世了。他的小儿子章长明也已六十开外，黝黑的脸上泛着红光，说话坦直爽朗。他讲起闰水后代的美好生活，滔滔不绝，非常高兴。

闰水的长孙章富，已经四十多岁了，解放前在一家私营小厂里当学徒，现在是上海化学纤维公司的职工；第二个孙子章贵，在旧社会是一个受尽压迫和剥削的小长工，解放后当了国家干部，参加了中国共产党，现在绍兴鲁迅纪念馆工作；第三个孙子章宝，从杭州铁路技工学校毕业后，在杭甬铁路当火车司机。在家的几个孙子，有的当了赤脚医生，有的成了泥水工人，有的中、小学毕业后在生产队劳动。

我们去时，章长明的女儿云珍正在窗下踏缝纫机，给小妹妹缝制新衣。长明微笑着指指女儿对我们说：“解放前，我们家祖祖辈辈都是睁眼瞎，一字不识。现在村里办起了小学、中学，几个女孩子也都读书，有文化了。”现在长明家中墙上挂着儿女们从学校获得的一张张毕业证书和奖状。特别引人注目的还是贴在毛主席像旁边的一副大红对联：“听毛主席话，跟共产党走。”这是闰水最小的孙女写的，字体端正有力。

长明向我们介绍了杜浦村解放前后的巨大变化。在村头小山下有个“水果岙”，原是享有盛名的瓜果园，后来荒废了，成了一条荒山沟，被称为“世苦岙”。解放后，村里的群众重新在这里种上了桃、李、葡萄、苹果等，从此恢复了“水果岙”的美名。山北麓近年新栽修竹二十亩，亦已满坡葱绿。谈起公社和大队在杜浦村新办的企业，长明更是津津有味。位于官塘内的农药厂，它的产品除供应附近大队外，还销往邻近数县；这里还办有农机修配厂、制糖厂、榨油厂、砖瓦厂……一个江边乡村，能有这么多工厂，真是了不起！大队近年来新置了电动机、电耕犁、柴油机、拖拉机、打稻机、脱粒机等农业机械，生产不断发展，社员生活水平不断提高。闰水的孙女章婉珍一家六口，去年收入一千六百多元，劳动所得，吃用有余。婉珍过去在塘外住草舍，现在已搬进塘里，住上了四间宽敞的瓦房。

我们看了今天杜浦村的新貌，看了闰水后代的生活变化，不禁想起了鲁迅先生在《故乡》中所记述的闰土当年的一段生活情景：

我问问他的景况。他只是摇头。

“非常难。第六个孩子也会帮忙了，却总是吃不够……又不太平……什么地方都要钱，没有定规……收成又坏。种出东西来，挑去卖，总要捐几回钱，折了本；不去卖，又只能烂掉……”

打破这种不合理的社会制度，开辟新的生活，这是鲁迅为之奋斗的理想。“他们应该有新的生活，为我们所未经生活过的”，鲁迅先生对后来人有着热切的期望。今天，这生活业已出现在鲁迅和“闰土”后一代人中间了。从两代人两个社会境地的鲜明对比中我们越发觉得,社会主义社会是美好的,摆在杜浦村人民面前的正是一条金光大道。

（与谢德铣合作,中国新闻社 1975 年 7 月 11 日采用;入选中国新闻社编印的《中国新闻》第 7469 期）

治水英雄大禹遗迹

大禹是传说中治水的英雄，他的那种“八年于外，三过其门而不入”的为人民服务的精神，一直在民间传为佳话；他的那种誓把洪水治平的伟大抱负，一直受到人民的敬仰。直到如今，绍兴的大禹陵还是人们常去瞻仰的地方。

大禹陵位于绍兴稽山门外五六里，南临清澈如镜的若耶溪，背负峥嵘挺秀的会稽山。原有筑在水中央的一条石塘板路相通。解放后新建了一条公路，从绍兴城内坐公共汽车可以直达禹庙。相传大禹东巡死后葬在这里。汉代著名文学家、史学家司马迁青年时期就曾“上会稽（今名绍兴），探禹穴”，到这里来采访过大禹治水的故事。《史记·夏本纪》上有这样的记载：“或言禹会诸侯江南，计功而崩，因葬焉，命曰会稽。”在大禹陵墓前，屹立一巨石，镌以“大禹陵”三字，是明朝的一个绍兴知府南大吉的手笔。陵碑上覆以亭，亭后松柏常青，桃李成林。周恩来总理在1939年3月，曾冒抗战烽烟到这里瞻仰忧国爱民的治水英雄大禹遗迹，并紧依大禹陵碑拍摄了一张全身像。

禹王庙在大禹陵旁，始建于梁大同十一年(545)。庙宇雄伟，五进殿宇，绯红点翠，金碧辉煌，与重重叠叠的峰峦相映，看起来确实气象万千。浙江除杭州灵隐大殿，几乎很少有寺宇可与禹庙相比。

当你一走进禹庙大门，便看见面对正殿的方向竖着一座高大的石碑，外面有很结实的石栅保护着，看起来既古朴又华贵。这就是有名的

"禹碑",又名"岣嵝碑",相传为夏禹治水时所刻,镌七十七字,像缪篆,又像符箓。"禹碑"前面的"碑房"内,林立着许多书法精湛的石碑,多为清刻,其中有一幅大禹治水地图,尤惹人注目。越"百步金阶"至大殿,原可以看到大禹立像,高达殿顶,要仰起头才看得见他戴着冕旒的脸。可惜在"四人帮"疯狂破坏古代文化时,此像被毁掉了。有关部门正在考虑重建。

大殿左侧是"窆石亭",亭子里矗立着一块高约六尺、形状像炮弹的"窆石",顶端有一个碗大的洞。传说这块巨大的石灰岩下面,才是大禹真正葬身的地方。"窆石"上有很多刻字,其中"四年王石"等字,金石家鉴定为汉刻。近来新发现的鲁迅《会稽禹庙窆石考》,就是指的这一文物。禹陵和禹庙是鲁迅青少年时期极喜爱的地方。1911 年春天,他在绍兴府中学堂任教时,就曾带领学校师生一起远足禹陵,并在禹王庙"百步金阶"前摄影留念,这张珍贵的照片,至今还在绍兴鲁迅纪念馆里。鲁迅早期辑录的《会稽郡故书杂集·孔灵符会稽记》中就有这方面的记载:"会稽山在县东南……今禹庙在其下。秦始皇尝配食此庙。"之后鲁迅更曾写过一篇题目叫作《理水》的历史小说,用来高度赞颂大禹的与民族史同垂不朽的伟烈丰功,并寓意深刻地表达了他对中国革命的深厚感情。

禹陵和禹王庙,在历史上一直是浙东最负盛名的古迹之一。大诗人李白、元稹、陆游等都曾经攀登过会稽山香炉峰,游览过禹陵。陆游的《故山》诗,就是当年春游禹陵的记录,诗云:"禹祠行乐盛年年,绣毂争先罨画船。十里烟波明月夜,万人歌吹早莺天。花如上苑常成市,酒似新丰不直钱。老子未须悲白发,黄公垆下且闲眠。"唐代著名诗人白居易于赴杭道上,缅怀大禹功德,亦曾写过:"安得禹复生,为唐水官伯。手提倚天剑,重来亲指画。……"的感人诗篇。最近禹陵、禹庙和窆石亭又重新经过修建藻饰,庭高宇广,流角飞檐,使这一古迹更显得壮丽堂皇。

(中国新闻社 1979 年 3 月采用)

1947 年 12 月,周芾棠在诸暨县江东乡第一中心校任教时与同事合影(前排左起:何慧娟、周芾棠、李锡昌、吴纪南先生;后排左起:周承泽、赵行安、赵志信先生)

1957 年 10 月,周芾棠(左 1)与著名作家柯灵(左 2)、陈国容(左 4)夫妇及王鹤照(左 3)、章贵(左 5)先生在绍兴鲁迅故居合影

绍兴老酒今昔谈

绍兴老酒是“中国八大名酒”之一。它的起源很早，在《水经注》上就有这样一段话：“越王之栖于会稽也，有酒投江，民饮其流，而战气自倍。”康熙二十二年(1683)刻本的《会稽县志》上也有记载：“箪醪河在县南。……勾践师行之日，有献箪醪者，投之上流，与士卒共饮，战气百倍。今河中有泉，虽旱未尝涸。”“醪”就是酒。由此可以推测，绍兴酿酒远在两千三百多年前的战国时代就已开始了。

到了公元六世纪的梁代，绍兴酒已行销远地。当时银瓶装的山阴甜酒，就非常出名。梁元帝萧绎著的《金楼子》里有一段记载，说他小时读书，就用银瓯贮山阴甜酒，放在身旁，一边读书，一边饮酒。唐代，越酒和蓬莱酒载入《酒经》(“山阴”和“越”，都指绍兴)。历代以来，绍兴香雪酒都是重要的“贡品”。1910年沈永和、谦予萃墨记酿坊所出的“金牌”绍兴善酿酒，还曾分别获得南洋劝业会的奖状、特等金牌各一。

绍兴老酒色泽澄黄、香气浓郁，口味甘顺。会喝酒的人说：“绍兴酒甜酸苦辣咸五味俱全，一口喝进喉里就会滑下去，回味无穷。”它为什么这样醇厚好喝呢？“名酒产地必有良泉”，这同鉴湖水很有关系，因为绍酒是用精白糯米、鉴湖水和麦曲作原料，精心酿制而成的，所以有“鉴湖名酒”的称号。

鉴湖在东汉的时候，是会稽郡属各县的水库，所谓“鉴湖八百里”大概是把水乡绍兴所有的河流都包括在内了。鉴湖水来自蜿蜒的会稽山中,水经岩石和沙砾层层过滤,一方面起了清洁的作用,另一方面也带入了少量矿物质。因此,鉴湖水质清澈,呈中性,含微量矿物质,如钙盐、镁盐等,水的硬度较高。特别是冬天的水质极为稳定,不含杂菌,酿酒最好。所以,现在每逢冬天酿酒时节,各酿酒厂仍都驾船至绍兴城西南偏门外鉴湖中心取水,以酿佳酒。

绍兴老酒流传下来的品种一般按配料差别区分,有“状元红”“加饭”“善酿”“香雪”等。“善酿酒”是一种甜味酒,这种酒在配料上的主要特点,是用一年至三年陈的“状元红酒”代水落缸,制成后的成品,尚需陈三五年以上方才出售,因此甜味适宜,酒质特厚,风味芳馥,特别名贵,被称为“酒中之王”。“香雪酒”也是一种甜味酒,以前酒坊称作“盖面”。“香雪”是酒浆中提炼出来的精华,酒坊在将“状元红酒”灌坛时倒入一部分“香雪”,以增加香味,因此而得名。当时酒坊只用作馈赠,并非专销品。现在“香雪酒”已大量生产,它是先用糯米“淋饭法”酿成“甜酒酿”后,拌入少量麦曲,再用“绍烧”(是一种绍兴酒的副产品,色如南方白酒,故名“绍烧”)代水落缸酿制而成的。它的口味很甜,香味浓郁,因此很受初饮酒者的喜爱,国内销路极大,已成为一种新产品了。

绍兴老酒从花色上分,还有竹叶青酒、福橘酒、鲫鱼酒、桂花酒等。酒厂每酿制一批酒,前后一百天左右,出口酒酿后还至少须储存三到五年,以前酒坊甚至还有存一二十年的。绍兴酒具有“越陈越香”“越藏越美”的特点,所以“老酒”的名称也就由此而来。近年又恢复的“花雕”产品,就是绍兴酒中最陈的一种。“花雕”二字的由来是这样的:在过去,绍兴有这么一种风俗习惯,女儿婚嫁均以酒为聘礼和谢媒礼,所以往往在女儿生下初满月时,就选美酒数坛,在坛上雕塑人物、花鸟等彩绘,然后把它埋藏在地下,到女儿出嫁时用。因储存时间长,酒味特别香美,起初把这种酒叫作“花雕”,又名“女儿酒”,后来也就成为储存时间较长的商品酒的名称了。

(中国新闻社 1979 年 3 月采用)

访秋瑾故居

正是春光明媚、鸟语花香的时节,我访问了“鉴湖女侠”秋瑾在绍兴的故居——和畅堂。

在绍兴车站下车,顺着一条宽广的新马路笔直走,约行二公里,至古塔高耸的塔山下,向西转一个弯,就到了“和畅堂”。

在这所祖遗的房屋里,秋瑾住着三间南房,书斋、寝室连在一起,她少女时代的许多诗篇,像“莫重男儿薄女儿,平台诗句赐蛾眉。吾侪得此添生色,始信英雄亦有雌”等八首《题〈芝龛记〉》就写于此。屋后一方块石板天井,则是她练习武艺的地方。她在这里舞剑、打拳,锻炼了一副健壮的体格,这对她以后从事繁重的革命工作,带来了不少的好处。

房子东头的一间耳室,是她的卧房,也是她和革命志士徐锡麟等秘密商讨大计的地方。这里的一切,都照当年原样陈设。秋瑾睡过的一张旧式红漆木床横头,挂着一只小小的镜框,框内装的是一帧秋瑾少女时代的相片:她手提一柄黑布凉伞,雄姿英发,神采奕奕,一双俊秀的眼睛里,充满着幸福和希望。靠窗的一张四斗黑色写字台,是秋瑾夜以继日工作的地方。台子上放着秋瑾用过的小镜屏、牙章、印盒、砚台、笔筒、信笺等遗物,一只上镌“鉴湖女侠”四字的铜墨盒,最能引起参观者的注意。据陪同我们参观的秋瑾侄儿秋高老先生说,秋瑾当年还在这间小屋里藏放过机密文件和枪支武器。

紧临耳室的一间矮房,是秋瑾会客和吃饭的地方。据秋高老先生说,秋瑾被捕的那天中饭还是在家里吃的。吃饭的时候，秋瑾已经听到一些风声，说敌人从杭州派来的一标大兵已渡过钱塘江快要到绍兴。当时，有人劝秋瑾赶快逃走，但她没有走，她认为："革命总是要流血的，今天中国妇女在革命事业上，还没有流过血，就从我秋瑾开始吧！"吃完饭，她就雇了一只乌篷小船，沿着护城河，回到了大通学堂。

人民为了纪念这位辛亥革命时期杰出的女革命家，已于1958年，在她的故居辟了一个"秋瑾纪念室"。室内通过实物、手迹、图片、美术品和其他展品，介绍秋瑾一生光辉的事迹和不朽的功业。秋瑾故居还保存着几件极为珍贵的遗物：一盒秋瑾在日本参加同盟会时刻印革命传单的蜡纸，一把秋瑾自日本回国时佩用的倭刀和一条她奔走革命时经常围戴的羊毛头巾。

从秋瑾纪念室出来，我在绍兴鲁迅纪念馆里，还看到了一件极为难得的秋瑾手迹——她为办《中国女报》给挚友徐小淑的亲笔信。信上说："惟敝报独立经营，财力万分支绌……不图得阁下热心青眼，赐我砭言。"《中国女报》是中国第一份女报，由秋瑾主编，它于1906年夏历十二月创刊于上海。秋瑾在这里发表了著名的《发刊辞》和《女权歌》，并刊出了秋瑾用民间文艺形式写作的《精卫石》弹词。秋瑾的"吾辈爱自由，勉励自由一杯酒！男女平权天赋就！岂甘居牛后！愿奋然自拔，一洗从前羞耻垢，若安作同俦，恢复江山劳素手！"（见《女权歌》）至今尚为许多人所吟诵。人们说，秋瑾不但是杰出的革命家，而且还是清末杰出的女诗人和作家，这真是一点不假。

在纪念馆稍稍休息后，我又去参观了大通学堂。1906年冬季，徐锡麟要到安徽去干革命工作，就把他在绍兴创办的、当时作为浙江革命中心的大通学堂交秋瑾主持。她主持大通学堂期间，曾在仓桥的诸暨册局（诸暨人在绍兴城里寄寓的住所）设立体育会，自己分任会长，动员女学生学习军事技术，编成女国民军。至今绍兴还有不少老年人，曾见过当年的秋瑾穿着黑色的学生制服，骑着马，率领学生去野外练习打靶。

1907 年 7 月 13 日，秋瑾就在大通学堂被清政府逮捕。被捕前，秋瑾正在校内开会，看到敌兵到来，就挥手下令："拼死守住，不要把半点便宜给敌人！"她和学生以校门、墙壁为掩护，与清兵格斗，当场打伤了清军好几十人，清政府的狗官也吓得躲进了乌篷大船。大通学堂校舍，至今还保存得十分完好，秋瑾办公室前面的一株梧桐树，已比过去长高了好几倍，它昂然挺立在百花丛中。

我还去凭吊了"秋瑾烈士纪念碑"，高大的纪念碑巍然矗立在绍兴市区府横街和解放大街的丁字街口——轩亭口，这里是秋瑾就义的地方。秋瑾被捕后，清政府派了绍兴知府和山阴、会稽二县知县，在深夜会审这位女革命家，不管是威胁利诱，还是酷刑折磨，秋瑾始终屹然不动。1907 年 7 月 15 日清晨，秋瑾就在这里英勇就义，当时才三十一岁。

轩亭对面的卧龙山上，人民还根据秋瑾在就义前写的"秋风秋雨愁煞人"的诗句，建立了一座"风雨亭"来纪念她。现在，"风雨亭"经过修葺，四周绿树成荫，紫藤花艳。当我登上了卧龙山西巅的"风雨亭"，站在亭前，迎着耀眼的阳光，呼吸着清新的空气，俯瞰锦绣山河，觉得这里颇吻合秋瑾那种豪放爽朗、刚毅果敢的性格和胸襟。

（署"大雁"笔名，中国新闻社 1979 年 6 月采用）

山阴新色话卧龙

绍兴素以秀丽著称于江南。城南，万壑千岩，屈指难尽。王羲之的儿子王献之说：“镜湖澄澈，清流泻注，山川之美，使人应接不暇。”这是对山阴道上的景物最确切的描绘。

城内，不但水巷密如蛛网，而且还有卧龙、戒珠、怪山、白马、彭山、火珠、鲍郎、蛾眉、黄琢九座山呢！卧龙山是九山中最大的一座，方圆数里。它与蕺山、龟山鼎足而立，峰峦崛起，凹谷串联。绍兴有着卧龙山，正如秀丽西湖之有孤山一样。不过，卧龙山盘旋起伏之势，却是孤山所不能备有。

卧龙山之名，始于五代十国时吴越国王钱镠父子统治时期，过去它是叫种山或重山的。清康熙年间，一度改名为兴龙山。现在绍兴人习惯叫府山，这是因为明、清两代绍兴府设署于此的缘故。

山上有唐宋摩崖题字多处，其中唐刻“贞元己巳岁十一月九日开山”（唐德宗李适贞元五年，即789年）十二字，回环婉转，结体匀称，线条优美，苍古遒劲，别具风味，它掩映在绿树丛中，至今还十分清晰可观。

卧龙山在解放前，由于备受摧残破坏，已是“一座濯濯然无木——而且几乎无草——的荒山”。解放后，经过多年造林，它已万木争荣，葱郁成林，四季花艳，成为绍兴城内的著名风景区了。

山上，除了唐代元稹、李绅等登临赋诗过的“望海亭”已重建外，据辛亥革命时期著名女革命家秋瑾烈士就义前所书“秋风秋雨愁煞人”的诗句而建的“风雨亭”，也已焕然一新，亭柱间原镌刻有孙中山先生愧念秋瑾烈士的对联一副：“江户矢丹忱，感君首赞同盟会；轩亭洒碧血，愧我今招侠女魂。”可惜已在“四人帮”糟蹋文化古迹时被毁。登亭遥望烈士就义的十字街头——轩亭口，还可以想见她那视死如归、不屈不挠的英雄形象。

卧龙山东麓新辟的绕山公路，已把府横街和环城马路连接在一起。山北近年又新栽修竹千竿，所谓“翠竹绿于坡”，将是这里的新景色了。山南，碧桃遍山坡，春三月里，满树绯红，色彩极为秾丽。

著名的越王台，就在卧龙山的东南麓，高约数丈，形势雄伟，是宋嘉定十五年(1222)郡守汪纲于近民亭遗址兴建的。穿过越王台拱形大门，还可看到宋代遗物——龙柏一株，虽已枯死，犹昂然挺立不倒。1939 年 3 月，我们敬爱的周总理，就曾在硝烟弥漫的烽火岁月里，一身戎装，历尽艰险，自重庆辗转东南沿海，经江西、皖南取道金华、萧山，来到越王台，向故乡人民宣传毛主席、党中央的团结抗战主张，组织广泛的抗日民族统一战线。越王台旁，近年又新建了游泳池一座，每逢盛夏，游水健儿不绝，更为卧龙山增添新姿。

卧龙山西南麓，近年又在动工兴建一座瑰丽的鲁迅公园。如今灰漆的铁栅园门已经造好，公园内新栽的雪松、棕榈、玉兰、花桃、杜鹃、山茶、蜡梅等也已生机勃勃。从正在建造中的鲁迅公园越层层石级而上，就是庄严宏伟的革命烈士纪念碑。碑后是 1953 年建的革命烈士墓，安卧着解放战争中牺牲的二十几位烈士。墓碑由绍兴著名书画家徐生翁于八十高龄时手书。碑前有红漆石亭两座，草坪一方。青年学生们常常在这里开展各项活动。

（中国新闻社 1979 年 6 月采用）

三山·快阁·沈园
——绍兴陆游故居访问记

鉴湖之滨的三山，是南宋著名爱国诗人陆游(号放翁)的故里。诗人晚年的二十年艰窘生活，就是在三山故居度过的。

从绍兴出水偏门到东跨湖桥，乘乌篷小船泛舟鉴湖。划过几道发出“沙沙”声响的竹箔，到杏卖桥。据说，杏卖桥就是后人依据陆游的诗句“小楼一夜听春雨，深巷明朝卖杏花”建造的。桥旁边有杏卖村，桥堍原有一副石联：“三山石堰临流近，万壑千岩玩景多。”离村不远有三座小山，这就是“三山石堰临流近”的三山：行贡山、韩家山、石堰山。

至行贡山下，舍舟登岸，步行数百步即达壶觞车廊下。这里已无“渔隐堂”“老学庵”可寻，但却有陆家池遗迹可辨。离陆家池不远，有一座柳姑庙。陆游的名诗《思故山》写到了它，诗云：“千金不须买画图，听我长歌歌镜湖。湖山奇丽说不尽，且复为子陈吾庐。柳姑庙前鱼作市，道士庄畔菱为租。一弯画桥出林薄，两岸红蓼连菰蒲。陂南陂北鸦阵黑，舍东舍西枫叶赤……”如今，鱼、菱仍是这里的特产，红蓼、菰蒲处处皆是，画桥亦在。每到夏日，荷花盛开时，桥下一片葱翠起伏的绿叶上，辉映着点点红、白荷花，真是“接天莲叶无穷碧，映日荷花别样红”“菰蒲无边水茫茫，荷花夜开风露香”，景色更是宜人。如今这个濒临鉴湖的小村，也还流传着这样的故事：陆放翁晚年，时常到梅里尖山去采集药材，用驴子驮着到各个村庄去施送，救活了不少人的性命，大家为了感谢诗人，就都以他的姓，作为自己孩子的名字。

快阁,是放翁生前饮酒、赋诗和读书的地方,离三山故里不远。清乾隆五十七年(1792)新镌《绍兴府志》上亦有记载:“快阁,《采访事实》:在府城西门外,宋陆放翁建。”但当时快阁只不过几间茅屋,至清光绪年间《笥石山房丛书》编纂者姚海槎筹款兴建,始有水榭、花楼、桥亭、曲径,成为浙东一处著名园林,可惜于抗日战争时被毁了。至今阁内尚有“书巢”“小楼听雨处”“漱酣亭”等遗迹可寻。

“书巢”一名,是放翁自己取的,放翁幼年好学,至老不变。他的卧室也就是书房,一间小小的屋子,四周靠壁堆满了书箱,案头上放满了线装书,一张竹床上,除了一个人可躺的位置外,床头床里也摆满了书,室内的书堆积得简直找不到一条路,真是名副其实的“书巢”。

站在快阁的高楼上眺望鉴湖,真是美得很啊!“云千重,水千重,身在千重云水中。”(放翁词)鉴湖风光,晴天固然极好,雨天也神妙无比,陆放翁有词赞道:“桥如虹,水如空,一叶飘然烟雨中,天教称放翁。　侧船篷,使江风,蟹舍参差渔市东,到时闻暮钟。”(见《渭南文集》卷五十《长相思》词)

沈园是陆游题《钗头凤》词的地方,离鲁迅祖居周家老台门不远。《钗头凤》词写的是如下的一个爱情悲剧:

陆游年约二十岁的时候,娶舅唐闳之女唐琬为妻。他俩从小认识,因此非常亲昵。唐氏对于诗词,也颇为爱好,和陆游情趣相投。可是,陆游的母亲却不喜欢唐琬。在封建礼教的威逼下,两夫妻终于被迫分离而遗憾终身。唐氏后来改嫁一个叫赵士程的,陆游再娶王氏。过了十余年,到宋绍兴二十五年(1155)的春天,陆游又与唐氏在沈家花园相遇。唐氏以开坛花雕美酒招待陆游。陆游很难过,就在园壁上题《钗头凤》一词,抒写他自己的感伤。词道:“红酥手,黄縢酒,满城春色宫墙柳。东风恶,欢情薄,一怀愁绪,几年离索。错!错!错!　春如旧,人空瘦,泪痕红浥鲛绡透。桃花落,闲池阁。山盟虽在,锦书难托。莫!莫!莫!”据《耆旧续闻》记载,陆游题的《钗头凤》词,当时即有人用木栅保护起来。后来唐氏见了，自然更触动了“一怀愁绪”，回去也就和了一首，其中有“世情薄，人情恶”之句。不久，唐氏抑郁而死。这个悲惨的恋爱故事，感动了无数人。

（中国新闻社 1979 年 7 月采用）

绍兴明珠
——东湖

总疑是天外飞来，
却只见斧凿痕迹。
烟树几株，湖水一曲，
应知千年辛苦，
铁壁造神奇。

这是著名话剧演员于是之在电影表演艺术家赵丹作的一幅东湖写生画上的题诗。这首诗既描绘了东湖景色，也揭示了赵丹的画意。真是诗中有画，画中有诗。

东湖是浙江的名湖之一。距绍兴城东七八里。陆路可乘公共汽车，水路可由绍兴城内坐小轮船或脚划乌篷小船，出五云门，顺着宽宽的河道东行一个多小时便到。它在很古以前，原来是一座青石山，据《旧经》记载：箬篑山，"秦皇东游于此，供刍草，俗呼绕门山，巅有小庵数间，群峰环峙，诸水绕流。……山多坚石，取用甚广。"从汉代起，这座山成了石料场。至隋朝，更大规模地从这里开采石料扩建罗城（即绍兴城）。千百年来，经过一代一代采石工人的开采，把这座巨大的石山开辟成了千奇百怪的悬崖。到了清代光绪年间，一位热心的乡绅陶濬宣（字心云）把这悬崖下的深水塘扩大，沿池筑起一道数万丈的长堤，堤内为湖，堤外为河，小亭高阁，奇石危梁，点缀于山崖水涘，这样就形成了今日的"东湖"。

东湖的特点是水深岩奇,湖洞相连。乘着乌篷船,可以划进人工开凿的“陶公洞”,转弯进去,沿着石崖,到了洞里,蓦然一望,原来已经到了一口巨大的石井底下,人变成了“井底之蛙”。抬起头来望天,天只有井口大小。这几百尺深的石窟,正好像童话里说的什么魔王居住的世界。郭沫若于 1962 年 10 月秋游东湖时,亦禁不住题诗以赞:

箬簣东湖,凿自人工。
壁立千尺,路隘难通。
大舟入洞,坐井观空。
勿谓湖小,天在其中。

从“陶公洞”曲折而出以后,又可绕到仙桃洞去。仙桃洞是在山壁之间被石斧开伐出来的一堵墙,在这石墙上开出一个蟠桃形的门,因而取名“仙桃洞”。小船滑过水面,就从这桃形的门穿过去,两边的石壁上,原刻着一副对联:“桃三千年一开花,洞五百尺不见底。”这是东湖风景最奇奥的地方。

弃舟登岸,踏上东湖长堤,只见一湖清水,波平似镜,倒映着小桥亭台绿柳,显得幽静秀丽。比起杭州西湖来,绍兴东湖的妙处是:山不高而奇,水不阔而深。湖的周围不大,但布置得非常精巧。曲折的长堤,拱形的石桥,陡立的山壁,惊险的悬崖,飞檐的亭榭,涌流的泉水……山奇水秀,别有一番情趣。“霞川桥”上题有一联云:“剪取镜湖一曲水,缩成瀛海三山图。”概括地道出东湖景色的妙处。

从“霞川桥”过来,至“万柳桥”西,就到了“陶社”遗址。辛亥革命后不久,孙中山先生曾亲临这里致祭民主革命烈士陶成章先生。当时东湖的“陶成章纪念堂”内悬有一副联语:“半生奔走,有志竟成,开中华民主邦基,君子六千齐下拜;万古馨香,于今为烈,是吾越英雄人物,湖山八百并争光。”以颂扬陶成章革命功绩。

沿堤由西向东,过横跨湖上的秦桥,便是桂岭。此处假山玲珑,石洞曲折,可以穿行。岭上有七八株老桂树,中秋桂花盛开时,香飘数里。

解放后，东湖经过了数次修葺，广植花木，面貌已一新再新。一年四季，无论何种天气，皆宜游玩。因此，它已成为来绍兴游览的人必去之处。

（中国新闻社 1979 年 8 月采用）

贺知章和《龙瑞宫记》题刻

——绍兴名胜古迹

贺知章的《龙瑞宫记》题刻，在绍兴著名古迹大禹陵山背后，土名叫来仙桥的地方。它是唐代著名诗人、书法家贺知章晚年的手笔。字镌刻在一块很大的摩崖上，共分十二行，一百多字。旁有后人题跋考证。摩崖字迹至今犹明显可辨，遒劲刚健，苍古可爱。此题刻湮没已久，解放后重新发现，现为浙江省重点文物保护单位。

贺知章(659—744)，字季真，曾自号四明狂客，会稽（今绍兴）人。他二十四岁中进士，唐玄宗时在长安做过秘书监、礼部侍郎等官。“少以文词知名，性旷夷，善谈论笑谑。”（见《唐才子传》）当时社会贤达、文人学士，皆倾慕之。工部尚书陆象先曾对人说过：“吾与子弟离阔，都不思之，一日不见贺兄，则鄙吝生矣！”到了晚年，知章更加纵诞，好饮酒，与李白在紫极宫一见，就成为知己朋友，称许李为“谪仙人”，并竭力推崇李诗，谓：“可以泣鬼神矣！”唐明皇召见李白于金銮殿，论当世事，草答番书诸事，均与贺知章推荐有密切关系。因此后人就以此在《今古奇观》中写了一则《李谪仙醉草吓蛮书》的有趣故事。

贺知章善于作诗和写字。诗尤以绝句见长，清新通俗，自成一格，所作《回乡偶书》：“少小离家老大回，乡音无改鬓毛衰。儿童相见不相识，笑问客从何处来。”富有情味，传诵极广。贺知章的书法，也造诣很深，对草书、隶书尤为擅长。在当时，就有好事者供其笺翰，每纸不过五十字，共传宝之，《龙瑞宫记》就是他晚年的书法代表作品之一。

贺知章于八十多岁高龄时上表于唐明皇，乞为道士，唐明皇答应了，赐镜湖一曲，御制赠行，返归故里绍兴。绍兴城内学士街的明真观，相传是贺知章早年居住的地方，观内壁间仍镶嵌有清代石刻多方，记载贺秘监史迹轶闻。观外石板通道入口处，原矗立有高大的石牌坊一座，牌坊横梁上书着“唐学士贺公故里”七个大字，此坊是清代嘉庆年间建造的。现在明真观一带十分热闹，已成为绍兴的文化区之一。又据史籍记载，绍兴五云门外的道士庄，是贺知章晚年的住宅。后来他舍宅为观，唐明皇曾赐名“千秋观”。宋代改“天长观”。道士庄遗址前面，一带长堤，一池镜水，垂柳隔道，水天一色，风景如画。

（中国新闻社1979年9月采用；载美国《美洲华侨日报》1979年9月29日）

任伯年和他的画

——纪念近代杰出大画家任伯年诞生一百四十周年

任颐，字伯年，号小楼，浙江萧山人，祖籍山阴（今绍兴），故画中常常署“山阴任颐”“古越伯年”等。生于清道光二十年(1840)，卒于清光绪二十二年(1896)，年五十七岁。今年正是他诞生一百四十周年。

任伯年是一位杰出的大画家，他在中国近代画坛中有独特的成就。今年 2 月，绍兴文物管理委员会举办古代书画展览，任氏的作品展示其中，这也足以看出他非凡的绘画造诣。

任伯年出身清苦，父亲任鹤声（字淞云）是一位籍籍无名的民间画家。任鹤声长于传神写照，长期在绍兴临街设肆，卖画度日。任伯年自幼耳濡目染，受其影响，也爱绘画，尤其是肖像写生，承继家学，渊源有自。据说，有一次任父外出，适有友人来访，见任父不在，稍坐即去。事后伯年把此事告诉父亲，因不识其人姓名，随即画了一幅肖像给父亲看。任父看了说：“噢，原来是这个人。”这时候任伯年还不满十岁。

任伯年的作品继承了陈老莲、华新罗等先代画家的传统，又富有独创精神。他所选择的题材，如女娲炼石、钟馗捉鬼、苏武牧羊、许由洗耳，以及西施、八仙等，均为普通群众所喜闻乐见。

任伯年初到上海，作画署名“小楼”（可能是敬慕他的先辈费晓楼的缘故）。那时他还是一个没人赏识的画家。他住在城隍庙，每天总是跑到春风得意楼喝茶，由于茶社是当时市民大众的集中地点，所以任伯年能够接触观察到各种人物。他的画形神兼备，是有原因的。据说任伯年画羊画得特别好，也就是因为春风得意楼底下是一个羊圈，任伯年每天都在揣摩羊的神态、动作的缘故。任伯年有时专心观察动物神态，几至废寝忘食。有一次朋友们去找他，等了好久没见他出来，大家进去一看，原来他正爬在邻家屋顶上观察猫打架呢。又有一次，任伯年在街上被一群鸡吸引住了，为了更好地观察鸡的神态，就不断地抓米喂鸡。直到鸡主疑心他是偷鸡贼时，他才怏怏离去。还有一个绍兴民间流传的小故事，也够说明他创作的认真。据说有一次，任伯年在农村看到一个很有趣的斗牛情景，因为身边未带画具，便撩起长衫，用指甲在下摆上刻了斗牛的速写，回家就创作出一幅动人的《斗牛图》。据见过这幅画的人说，画上还题了跋语:“丹青来自万物中，指甲可以当笔用。若问此画如何成，看余袍上指刻痕。”

任伯年的花鸟画也有独特的造诣。他笔下的鸟，或争高枝，或语丛叶，或振翅疾飞，或敛翼戏水……神态多变而逼真。任伯年这种画鸟的独到才能，显然是和他平时仔细观察鸟的生活习性及注重写生是很有关的。

任伯年不仅是个画家，他还是一个塑像的神手。1940 年，上海曾经举办过一次任伯年诞生百年纪念展览会，展品中有任伯年为他的父亲任鹤声所塑的一尊小像，人坐在石上，手靠书本，神色如生，真是塑像的杰作，可惜他的雕塑传世不多。中国宋以前艺术家，多是“画塑兼工”的多面手，但是宋元以后，画家兼雕塑家的却十分少见。因此在美术史上是值得大书特书的。

比任伯年稍后的大画家吴昌硕，起初是个不得意的小县官，因为路过上海，认识了任伯年，以后二人做了好朋友，吴昌硕才开始画画。还有一个很有名的画家叫王一亭，在任伯年生前还是个年轻人，因为常常在裱画店里看到任伯年的画，便偷偷地临摹学习，有一天被任伯年发现了，大大地鼓励他一番，因此才毕生致力于绘画的。

任伯年就是这样一个多才多艺的画家。其画风在近代江南一带，有着很大的影响。他遗留下来的丰富作品是祖国瑰丽的珍宝,值得后人学习和借鉴。

（中国新闻社 1980 年 3 月采用）

柯亭和柯岩
——绍兴名胜古迹

柯亭，一名千秋亭，又叫高迁亭，是东汉著名文学家、书法家和音乐家蔡邕（字伯喈）创制中国历史上著名乐器“柯亭笛”的地方。它和绍兴柯桥镇只一水之隔，三面临湖，景致幽静，云影水光，自古推为名胜。宽阔的湖水中，有一条长达五里的石板路，匀整坚实，更是使人叹绝。柯亭遗址原留有“古柯亭”三字石坊一座，亭基至今尚可辨。

据《后汉书》和《寰宇记》等古籍记载，汉灵帝时，蔡邕因上书论朝政阙失，遭到宦官陷害，亡命江湖整整十二年。在此期间，他曾流浪到绍兴，夜宿柯亭馆舍。馆舍房子，全部是用竹子建造的，小巧玲珑，朴素美观。晚上，他躺在床上，仰数椽竹：“一、二、三、四、五……”当数到第十六根椽子时，他突然停了下来：“啊，这椽子多好啊！淡黄的底子，黑色的斑纹，耀目的光泽，何不取下来做一支笛子呢？”第二天，他一早起来，商得主人的同意，就买了这根竹椽，自己动手做了一支笛子，吹奏起来，果然声音柔美幽雅。蔡邕很喜欢它，把它取名叫“柯亭笛”。每次出门，他总忘不了把它系在腰间，用它来描绘江南秀丽的山水，倾诉自己不幸的遭遇。

清朝康熙皇帝慕柯亭之名，也曾到此吊古，并在亭前放生，立石纪念，上刻“康熙二十八年二月十四日午时御驾亲临放生”诸字。此石至今也尚镶嵌壁间。

柯岩离柯亭遗址约五里，在柯桥火车站上就可远远望见。柯岩本是一座石矿山，山虽不高，但其间挺秀的奇岩，嶙峋的怪石，却多得不可胜数。石工选那高大平整的山壁开采石头，采伐完毕，后人就在剩下来的大片岩壁上面镌刻了许多文字。如今大佛寺遗址上，尚存一尊三四丈高的大佛，要仰首才可以望见他的脸。大佛的旁边，有云骨石，在一块四周绿茵茵的平地上矗立着，足足有十多丈高，顶端刻有“云骨”两个大字。突兀峥嵘，宛如层云。

大佛的后首，竹林深处，有一个蝙蝠洞。岩洞深陷，下面是黑沉沉的水，池上设有石栏。凭着石栏看过去，密密层层的蝙蝠，好像千百点墨濡着的一张宣纸，真是不可多得的景象。

这里还有七星岩、清水塘、老人洞、蚕花洞等胜迹，悬崖峭壁，水珠滴滴。岩下均有水池，蓄水有深有浅，但都十分清碧。夏日凉风习习，是避暑的好地方。

（中国新闻社 1980 年 3 月采用）

嵊县竹编

浙江嵊县的竹编是很有名的，早在唐代，它就行销江南。明、清以来，更是远销南洋，深受赞美。

1956年秋，嵊县于风光秀丽的鹿胎山麓、剡溪江畔成立了工艺竹编厂。二十多年来，该厂编制的几十万件精湛的竹编工艺珍品，已畅销世界七十五个国家和地区。日本九州兰胎漆株式会社、九州贸易株式会社，就曾在1977年、1978年先后两次到该厂访问，当厂里送给日本朋友两只精致古雅的八角凉篮时，日本朋友激动地表示要把八角凉篮作为中日友好的“传家宝”，子子孙孙传下去。美国宝田公司的朋友，也曾于1975年、1977年两次访问了该厂，对该厂精致的“山鹰”特别喜欢。

嵊县的群山峡谷、剡溪两岸、池畔村边，到处都是绿荫蔽天的竹林，因此非常适宜于竹编工艺的发展。如今嵊县工艺竹编厂的技师们用薄如纸的篾片，细如发丝的篾丝，编织成了千姿百态、精美玲珑、色彩斑斓、栩栩如生的珍贵工艺品。例如“门狮”，就是采用我国民间喜闻乐见的石刻门狮造型，左右雌雄门狮蹲立在两个长方形盒上；雄狮右脚戏弄绣球，雌狮左脚轻抚幼狮，狮头左右相望，两颈系有半圈金色铜铃，两背配上刻花狮毛，两尾带毛竖起；门狮头部可以启合，狮身作容器盛放物品。整对“门狮”所用的篾丝是一百二十根起寸，用一句通俗的话说，就是用一百二十根篾丝排在一起，刚满一寸宽的竹丝精心编织而成。狮身配有古铜色油漆，线条流畅，神态逼真，犹如笑迎客人，喜气洋洋。

最近,嵊县工艺竹编厂的技师从棉布、丝绸的漂白中得到启示,又对竹子进行了漂白试验,漂染出了像玉雕、牙雕那样洁白、光亮的竹子。他们将这项新工艺叫作“漂脱”。漂脱的成功,使得竹编色彩更加鲜艳夺目,产品更加争奇斗妍。在竹编厂的样品陈列室里,有一只惹人注目的“白孔雀”,那身美丽的白羽毛,就是经过匠心漂脱后的篾丝编织成的。

(署“大雁”笔名,中国新闻社 1980 年 4 月采用)

绍兴丝绸

绍兴素称“鱼米之乡”“丝绸之府”,“越罗”“绍纺”素负盛名,曾被国际友人誉为“像水一样的轻柔,像诗一样的美妙”。

绍兴之有丝绸,相传始于夏禹,已有四千多年的历史。汉代学者刘安著的《淮南子》上说:“禹会诸侯于涂山,执玉帛者万国。”涂山就是绍兴的会稽山,帛是我国古代丝绸的总称。越王勾践时,绍兴已较普遍地植桑养蚕了。任昉的《述异记》上说:“勾践得范蠡之谋,乃示民以耕桑。”当勾践问起范蠡应如何确定国策时,范蠡道:“必先蓄积食、钱、布帛,……劝农桑。”(见《范子计然》)文种也提出计策云:“重财币(一作帛),以遗其君。”(《越绝书》卷十二)勾践不但采纳了他们的意见,并且还“身自耕作,夫人自织”。这时越国丝绸品种,已有帛、纱、罗、縠等。“縠”是一种绉纱,比较珍贵。越国美女西施当年在若耶溪所浣的纱,就是绍兴出品的。

汉代,绍兴的蚕丝织绸生产,有了较大的发展。到晋和南朝,会稽郡的山阴(即今绍兴)已是米、绢等物的交易中心,成为江南新兴的商业城市。《宋书·朱百年传》中就有“时出山阴,为妻买缯彩三五尺”的记载。

唐代,越州(绍兴)和润州(镇江)成为全国丝绸业的中心。当时两地就有各种不同绫罗,如水纹绫、方纹绫、鱼口绫、宝花罗、花纹罗、白编绫、交梭绫、十样花纹绫等,足见其时丝绸业的发达了。所以,到唐开元年间,就有把关中(即今陕西)的菽粟,调换江浙布绢的事情。

宋朝，当时绍兴所产的丝织品，不但种类多，而且花纹也很精巧。绍兴除有名的越罗外，尼姑庵所织的尼罗和寺绫，“密而轻如蝉翼”，其精美程度也闻名各地。

明、清，浙江设有织造总督，绍兴设立织造专局。织造各种丝织品，上应宫廷需要。这期间，民间丝织业中的织机和工人数量也大大增加，出现了工场手工业。据文献记载，清光绪年间、绍兴就已有熟货(织缎)机户二百三十余家，织机二百八十余具，织工三百三十余人。至1915年，绍兴下方桥镇出现了第一家铁机(俗称洋机)织造厂。1920年前后，绍兴仅下方桥镇及附近村子就发展到织绸锻铁机一千台左右。当时绍兴所产绸缎，由“绍兴绸庄”远销两广和南洋群岛。下方桥镇织绸工人激增至三千余人，镇上人口将近一万，“轧轧”织绸之声，日夜可闻。

1949年之后，经过大力的扶植，绍兴的会稽山区出现了许多千树万树的桑园。绍兴城里的观巷和下方桥镇、柯桥镇，均已设立了新型的国营绸厂。绍兴许多丝织厂，生产工具也已由脚踏“洋机”跃进到全自动织绸机。新出品的幛绒、古香缎，享誉中外。

（中国新闻社1980年4月采用）

东阳木雕

东阳木雕是与青田石刻齐名的浙江著名工艺之一。这些年来，东阳木雕除了多次参加全国工艺美术展览外，还曾分赴日本、美国、罗马尼亚、德国、加拿大、喀麦隆、塞内加尔、多哥、毛里求斯、巴基斯坦、叙利亚等十多个国家展出。有许多艺人还多次到一些国家传授木雕技术。日本等国也曾先后派代表团到东阳木雕厂考察和参观访问。去年6月，日本商业产业株式会社社长西康富，到厂参观洽谈业务，他兴奋地说："能让我看到这样好的木雕厂，心里讲不出的高兴！"

东阳木雕工艺的诞生年代，虽难以找到可靠的信史，但以建于宋太祖（赵匡胤）建隆三年(962)的东阳南塔寺保留下来的木雕罗汉像为据，则距今已有一千多年的历史了。到了明代，木雕已经相当发达。从雕刻佛像到建筑装饰方面，形成完整的体系，住室、厅堂、寺庙、牌坊、屋架、门窗，内容丰富，装饰齐全。东阳木雕厂的所在地——浙江省重点文物保护单位卢宅的肃雍堂是明代建筑，规模之大为国内所罕见，雕梁画栋更是丰富多彩，充分体现了东阳木雕的艺术风格和高超技巧，至今还完整地保存着。清代中叶，东阳县有四百多个木雕艺人在北京紫禁城皇宫内从事雕刻装饰工作，足见这一时期东阳木雕的发展盛况空前。

浙江的工艺品中，同样以木雕著称的，尚有温州的黄杨木雕，因此很容易将二者混为一谈。其实区别是很容易的：黄杨木雕的主要产区在温州，是以一种质地坚韧的木料——黄杨木来雕刻，一般都是人物圆雕，供案头摆设欣赏的。东阳木雕发源于东阳，主要是浮雕，应用在挂屏屏风、建筑物的梁柱门窗以及床、橱、桌椅上。出品又精致又古雅，画面虽然繁复，层次却很分明。题材主要采自民间故事和历史故事，或者表现一些灵芝仙草、飞鸟走兽之类。

东阳木雕厂自 1956 年建厂以来，生产的品种花色已有二千六百余样，远销七十多个国家和地区。江南名刹——杭州灵隐寺于 1956 年重修时，殿正中高达十九点六米，用二十四大块香樟木雕刻而成的释迦牟尼像，就是东阳木雕厂十九位名师的杰作。

近年，东阳木雕厂的技师，为了发展我国的旅游事业，适应国外游客的需要，新创作出了立体圆雕《弥勒佛》《刘海吊蟾》《立地观音》和拉空雕《嫦娥奔月》《天女散花》《织女》《洛神》等传统产品以及《钱江六和塔》《平湖秋月》《金华双龙洞》《苏州虎丘山》《雁荡山灵峰》等耀屏、台屏等。这些旅游产品的特点是：艺术性强，小巧玲珑，携带方便。它们既是艺术品，又有实用价值。产品的外壳，大多因物施艺，刻有和题材内容相呼应的各种花纹。如《天女散花》梳妆镜的外壳刻有商标式的玉兰花阴花，既是包装箱，又是艺术品，富有纪念价值。《苏州虎丘山》和《平湖秋月》小台屏，艺人们把苏州的园林、杭州西湖的湖光山色雕刻得淋漓尽致，优美动人。美丽的西子湖湖水粼粼，山峦起伏，水上游船荡漾，岸上百花盛开。“上有天堂，下有苏杭”的千古传说，艺人们通过精雕细刻反映出来，观之使人神往。

（署“周大雁”笔名，中国新闻社 1980 年 4 月采用）

大禹陵和禹王庙

大禹，是四千多年前夏朝的创始者，是中国历史上第一个治水英雄。他为了浚治洪水，“八年于外，三过其门而不入”。因此，绍兴会稽山麓的大禹陵，一直是人们常去瞻仰的地方。

据史籍记载，绍兴大禹陵“秦已有之”。汉代史学家司马迁青年时期就曾亲自“上会稽，探禹穴”，并把他采访所得写入名著《史记》之中：“禹会诸侯江南，计功而崩，因葬焉，命曰会稽。”如今，当你乘坐乌篷小船，过禹宫桥，由禹池弃舟登岸，步越青石牌坊，沿石板甬道前行约二百米，即至禹陵碑亭。亭因遭台风倒坍，1979年按原样重建。斗栱环峙，流角飞檐，十分精巧庄严。亭内竖一巨碑，镌有“大禹陵”三字，是明朝的一个绍兴知府南大吉的手笔。碑亭四周，古槐盘绕，松竹交翠，景色清幽。登山远眺，水乡风光，尽收眼底。

禹王庙在大禹陵右侧，始建于梁大同十一年(545)。庙宇雄伟，相映在群峰之中。五进殿堂，依山傍水，并顺山势逐级升高。正殿大堂高达二十四米。今年1月新塑的大禹立像，高五点八五米，古朴庄重，神采奕奕，系浙江美术学院雕塑系师生根据早期原有大禹像的式样，参考历史文献资料创作的。夏禹头戴冕旒，身披玄衮，令人望而起敬。

从大殿出来，朝东沿石级而上，是著名的窆石亭。亭内矗立着一块高二米、围径二米余的窆石。这块秤锤形的奇石顶端，有一个碗大的洞。相传这一窆石是大禹下葬时所用的工具，又传说在这块巨大的石灰岩下面，才是大禹真正葬身的地方。石上刻有众多的铭文，最早的纪年是东汉“永建元年五月”，即公元 126 年，距今已有一千八百五十多年的历史了。窆石由于受到妥然保护，至今汉刻“四年王石”等字仍明晰可辨。

在禹王庙南面的一块平地上，竖立着一座高三米余的岣嵝古碑，镌七十七字，文字奇古，不似甲骨，也不像金文，相传为夏禹治水时所刻。

禹陵和禹庙，是久负盛名的旅游胜地。大诗人李白、元微之、陆游等都曾游览过禹陵，并留有诗篇。陆游的《故山》诗，就是当年春游禹陵的记录。诗云：“禹祠行乐盛年年，绣毂争先罨画船。十里烟波明月夜，万人歌吹早莺天。花如上苑常成市，酒似新丰不直钱。老子未须悲白发，黄公垆下且闲眠。”禹陵和禹庙，也是大文豪鲁迅先生极喜爱的地方。鲁迅就曾对“窆石”做过考证，并曾录有龙朝夫拜谒禹陵诗一首：“沐雨栉风无暇日，胼胝还见圣功劳。古柏参天表元气，梅梁赴海作波涛。至今遗迹衣冠在，长使空山魑魅号。欲觅冢陵寻窆石，山僧为我剪蓬蒿。”

大禹陵和禹王庙现被列为浙江省重点文物保护单位。近年来，它又经国家和省政府拨巨款修建藻饰，庭高宇广，金碧辉煌，使这一古迹不仅保持了完整的原貌，而且更显得壮丽堂皇。

（中国新闻社 1980 年 4 月采用）

青梅时节访超山

俗谚说:“三月三,梅子尝咸淡。”

江南梅子大抵谷雨前后成形,小满前后成熟,目前正是最好的观赏季节。因之乘游西湖之便,坐车去杭州市东北郊“十里梅海”的超山,一探这一年一逢的妙景。

超山青梅向来有名,它和苏州的邓尉、无锡的梅园,号称我国江南三大梅区。超山梅树之多,梅子质量之好,又算得上是这三大梅区的魁首。超山现有梅树七八万株,年产梅果可达四万五千担。一到超山脚下,两旁几乎全是梅园。千树万树,一片翠绿,青梅簇簇,缀满枝头,举目四望,顿觉齿颊之间,津液涔涔,口渴全消,不觉使人想起曹操带兵远征“望梅止渴”的故事。

从浮香阁下车,先看超山之宝——宋梅、唐梅。宋梅在“大明堂”外的草坪中央,相传为宋代文人所植。八百多年来,它饱经风霜,树皮已像青铜鳞甲般坚硬了。但凌寒开花,占春独早,绿叶青子,生机盎然。此梅不仅以长寿闻名,而且为稀世奇种,一般梅花皆五瓣,唯宋梅有六瓣。其果青中带红,粒大核小,肉脆汁多,外形似桃,故又名桃梅。离宋梅不远,有一“宋梅亭”,亭子石柱上镌有诗人咏梅联句。唐梅,植在“大明堂”院内的石坛上。据说,此梅是很久前从余杭塘栖镇一家花园中移植来的,故又称“塘梅”。此树底部现存二主干,一干已枯萎,一干老枝横伸,蓓蕾满枝,使人欣赏之余,不禁忆起“羡他竟有回天力,数点开余大地春”的咏梅名句。

近代著名国画家、金石大师吴昌硕生前十分喜爱梅花。每到初春，他总要到超山探梅。他曾用诗和画来赞美过超山的梅花。吴在一首题画诗中写道："十年不到香雪海，梅花忆我我忆梅。何时买棹冒雪去，便向花前倾一杯。"艺术大师对梅花怀有多么深厚的感情啊！而且，吴昌硕于八十四岁高龄故世后，他的遗体也埋在超山脚下。

超山还有一珍贵文物，即吴道子所画观音像，刻于一约二米高、一米宽的端砚石上。吴道子，又名道玄，盛唐时期河南阳翟（今河南禹县）人。长期以来，他被历代画家推崇为"画圣"，被民间塑绘艺人奉为"祖师"，一直受到广大群众的尊敬。

在超山，还有人给我们讲了一个"赠梅"的故事。据说南北朝时陆凯，曾经托人从钱塘超山专送一束梅花给居住在陕西长安城的朋友范晔，附诗一首：

折梅逢驿使，寄与陇头人。
江南无所有，聊赠一枝春。

（署"周大雁"笔名，中国新闻社 1980 年 5 月采用）

浙江仙都风光

一路奇峰到仙都，似展漓江烟雨图。

从杭州乘浙赣铁路火车到金华，再换乘汽车经永康入缙云。从缙云县城向东行二十里，一路奇峰异石，千姿百态，俊逸秀美的山光水色酷似“山水甲天下”的漓江。千百年来，仙都风光激起了多少骚人墨客泼墨挥笔，题咏赞叹；使得多少雅士名流倾倒叫绝，流连忘返啊！

仙都山，本名缙云山。相传为中华民族祖先黄帝驾火龙升天处。据说到了唐朝天宝年间，这里彩云回旋，仙乐飘绕，山林增辉。唐玄宗（李隆基）听说后，感到非常惊奇，随手挥笔写下了两个大字——仙都。从此缙云山遂改今名。

这里有众多的“石笋”，最有名的叫“鼎湖”，因石笋之巅有湖，据传其上产异莲，每逢仲夏，荷香四溢，竞闻峰下，故名。又因它拔地而起，直冲霄汉，璀璨峥嵘，雄伟壮美，故也名“独峰”。其下为好溪，碧水如玉，在阳光照射下，耀人眼目。“秀拔山川清气上，直冲星斗夜光寒”的鼎湖，高达一百六十八米，因而素有“天下第一笋”之称。早在晋代，谢灵运就已把它写入《名山志》中，称说“高峰入云，清流见底”。唐代诗人徐凝更对它作了生动而形象的描绘：“黄帝旌旗去不回，空余片石碧崔嵬。有时风卷鼎湖浪，散作晴天雨点来。”宋代诗人王十朋甚至还有“厌看西湖看鼎湖”的赞誉。

紧连“鼎湖”更有“小赤壁”“五老峰”“仙榜岩”“姑妇岩”“忘归洞”

诸胜，亦为游人所迷恋。

小赤壁，一堵悬崖，橙红如火。明万历年间镌刻的“小赤壁”三个苍劲古朴的大字，至今还清晰可观。

五老峰，高峰挺秀，形如五老相对，故名。诗云：“好山多奇峰，相峙如五老。我爱坐其巅，持杯共倾倒。”就是指此而言。峰后有峰，“太乙峰”“仙岩”壁立其间，碧涧迂回，更增胜趣。五老峰东，还有“伏虎岩”，又称“驻狮岩”，其地多怪石危岩，有岩形如伏虎，故名。

仙榜岩，悬岩千仞，苍白间色，故乡人呼为“挂榜岩”。下有二石，合掌为洞，镌“云关”两个大字。

姑妇岩，一名母子岩，二石相对，一立一坐，状若姑妇。四周松柏常青，绿荫掩映，倒影迷离，十分幽秀。山上产一种“龙须草”，明代大医学家李时珍在《本草纲目》中称它为“缙云草”。

忘归洞，上有天地，山半有蟾蜍石，洞旁有石禅床。两旁修竹夹道，溪水琤琮，置身其中，便会如古诗所云“对酒横琴盘石坐，果然今日不知归”了。

（署“周大雁”笔名，中国新闻社 1980 年 5 月采用）

游衢州烂柯山

烂柯山，距浙江新兴的工业城市——衢县（即衢州）二十余里，景色秀丽，是江南著名的风景区之一。古往今来有不少文学家、诗人都游过此山，并写下了动人的诗章。1949 年后，随着黄坛口水电站的建设，不论春、夏、深秋和初冬，上山饱览胜景的游客，络绎不绝。

烂柯山原名石室山，又名石桥山或空石山，即《道书》所谓"青霞第八洞天"，因此亦名"景华洞天"。至于烂柯山的得名，传说着这样一段风趣的神话故事：晋朝的时候，有一个名叫王质的樵夫，才十多岁。一天去石室山砍柴，攀到山腰岩洞口，见两个老人对坐着，边吃桃子边默默对弈（走棋）。王质也就立在一旁观战。只觉得自己背上一冷一热，一冷一热；远处田野里的庄稼一青一黄，一青一黄。但嘴里含了一颗老人吐下的桃核，一点也不饥渴。二老棋局未终，王质回过头来看砍柴的那把斧，斧柯（斧柄）已经烂成灰烬。老人对王质说："刀柯都烂光了，怎么还不归去？"他好奇地急急奔回家里，原来已有几十年时间，弟弟王贵都长满雪白的胡子了。于是后人便把这山称为"烂柯山"。唐朝著名诗人孟郊游览此山后，就为它赋过这样一首诗：

仙界一日内，人间千载穷。
双棋未遍局，万物皆为空。
樵客返归路，斧柯烂从风。
唯余石桥在，犹自凌丹虹。

衢县为浙赣铁路线上的一个热闹的车站。下火车后搭二十分钟汽车，到孔家站，再走四五里，就到达烂柯山麓。首先映入眼帘的是红墙打围的柯山寺。寺前有一个鱼塘，水明如镜，游鱼可数。塘边还有一个藕池，每年产得上千斤鲜嫩的白藕。寺内有一口"冷泉古井"，据说，古井极深，曾用两根长竹竿放下去，仍不及底；井底通大溪，数百年来从未干涸过。

出寺往上走，是曲折的石级，一步比一步难行，能听到自己的呼吸声，但最精彩的胜景也在其上。一个高、广各二十丈的石室，仿佛龙门，引人入胜。前面立有一大石块，犹如龙舌。明代书法家杨子臣、李遂所书"烂柯仙洞""天生石梁"等题刻，犹清晰可辨。再由右上，通过险峻的狭道，是一个扁形的岩洞，大洞口至小洞口，有七八丈，高尺余，只能爬行。从任何一端都仅看到一线蓝天，故名"一线天"。据说小洞口便是当初仙人下棋的地方，石制棋盘共四块，至今还有两块留着。洞口还有一棵仙桃树。

沿石级继续上行，就到了烂柯山顶。顶上苍松挺立，蔚然成荫。中有一平坦基地，据说它就是当年柯山塔的遗址。从山顶远眺，群山都在脚下，汽车像火柴盒，行人似蚁。衢州县城也好，黄坛口水电站也好，都看得清清楚楚。

（署"大雁"笔名，中国新闻社 1980 年 5 月采用）

今日兰亭

兰亭是中国江南著名古迹，它在绍兴城外西南十五公里的“山阴道”上。传说春秋战国时，越王曾在这里种过兰花，秦汉时又设过“亭”（类似于后来的驿站），由此有了“兰亭”这个名称。据记载，书圣王羲之曾在东晋永和九年(353)三月初三那一天，会同他的密友谢安、孙绰和子侄辈等四十二人，在这里举行了一次当时流行的风俗——“修禊”（修禊，就是临水洗濯去垢，祓除不祥之气），同时作了一次盛大的“流觞曲水”游戏。在饮酒诗赋的兴会中，王羲之写下了流传千古的《兰亭集序》。《兰亭帖》不但文风清秀自然，为人们所喜于诵读，而且书法艺术达到了登峰造极之境。全文三百二十四字，字字都富有创造性。帖内二十个“之”字，风格面貌也各有不同。因此，这一艺术珍品，千百年来，一直受到人们的珍爱。元代大书家赵孟頫曾说：“天下书法以右军为第一，右军书中以《兰亭》为第一。”（“右军”，即王羲之别称）从此，兰亭这个书法史上的名地，也就成为人们慕名而往游的胜迹了。

兰亭风景以幽静雅致见称。《兰亭集序》上写道：“此地有崇山峻岭，茂林修竹，又有清流激湍，映带左右。”这里周围山峦叠秀，青翠如画，夹道鸟语花香，景色宜人。从兰亭站下车，跨过一架石桥，顺着石板甬道，行数百步，就到了“鹅池”。池旁大樟树下，建有一个三角形“鹅池”碑亭，碑足高二米。“鹅池”二字写得飘若浮云，矫若惊龙，尤其是“鹅”字，一笔到底，一气呵成。相传这是王羲之的真迹，也有说是他儿子王献之的手笔(献之书法也很著名,有“小圣”之称。父子并称“二王”)。

穿过绿树交柯的鹅池桥,就是屋宇轩昂的“流觞亭”了。亭子四周绕以回廊,厅堂上方高悬一匾,题着“曲水邀欢处”五字。匾额之下,是一幅扇面形的彩色“修禊”国画。

步出轩厅,左面是“兰亭碑亭”。这是一座四方形的亭子,中间竖着一块石碑,上镌“兰亭”二字,系康熙手笔。亭设石栏,可供游人小憩。向右行数十步,便是“墨池”和“墨华亭”。它们都是为纪念王羲之的好学精神而建的。“墨池”成“回”字形,“墨华亭”就在其中,池与亭有石板小桥相通。伫立在亭间池边,会使人想起王羲之当年“临池学书,池水尽黑”的故事来。池畔走廊两壁,有历代书家临摹《兰亭帖》等多种碑刻,是研究中国书法艺术的宝贵史料。

“墨池”左后方是“御碑亭”,亭基呈八角形,好像一座塔基平台。当中矗立一块高约三丈、阔一丈余的大理石巨碑。正面镌有清康熙手书《兰亭集序》全文,背阴为清乾隆游江南时写的《兰亭即事一律》诗。

兰亭,这座已有一千六百多年的胜迹,历史上有过很多次的倾废、兴建。王勃的名作《滕王阁序》上亦说:“呜呼!胜地不常,盛筵难再,兰亭已矣。”清代学者全祖望对兰亭做过考证,也曾说:“自刘宋至赵宋,其兴废不知又几度。”至清朝康熙、乾隆年间,它又经重建藻饰,始有今貌。1949年后,兰亭迭经修葺。1963年被列入浙江省重点文物保护单位。如今的兰亭变得端丽雅秀,吸引了更多的游人。

(中国新闻社1980年5月采用)

方岩揽胜

方岩，在浙江永康县境东首，山岩峭壁，平地突起，石骨崚嶒，庄严挺拔。它素以景色雄伟、奇特、凝重著称于江南。

从杭州乘浙赣铁路火车到义乌站下车，换乘长途汽车经东阳，就可直达岩下街。街在方岩下面，故名岩下。岩下街是只有一千多人口的小市镇，但镇上的高店房舍却十分整齐，而且别具风姿。它们多靠谷临街，为三层楼式，下层嵌于谷内，中层与街面相平，上层为楼。楼房正好斜对方岩峭壁，环境十分清幽，盛夏这里是消暑的好地方。

走进楼房栉比的岩下街，方岩就在眼前。方岩高三百八十四米，周围六里。近看岩壁，其石纹横理，叠叠重重，好像古书万卷堆在一起。南通一道，弯弯曲曲，垒石为级，叫作“百步峻磴”，至山腰而绝。再上是沿岩密架条石的石栈道，俗叫“飞桥”。走完“飞桥”，就到岩顶，这时横在眼前的是一对崔嵬大石，志书上叫它“透关”，俗称“峰门”，也有叫“天门”的。进了划然中劈的“天门”，旷然平衍，有地数百亩，中有一池，碧绿澄清，游鱼可数。临池建有宽宏高大的广慈寺。方岩山顶犹似雄狮盘踞，广慈寺即坐落在狮腹之中，前有青山为屏，后有松柏掩映，寺内有方塘，清洌明澄，终年不涸，翠竹环绕，景色秀丽。广慈寺初建于唐大中四年(850)，原名大悲寺，北宋治平二年(1065)改为广慈寺。寺中还有饭店和出售日用百货、青田石刻的小商铺，整整一排，当地群众称它为“天街”。

从方岩北面林木掩映的小路下来，行约三里，眼前又出现另一奇景：

五峰屏列，环回拥抱，仅开东南一口，远登好似城郭堡垒。这五个峰的名字也是很别致的，各依其形态而名。鸡鸣峰最高，状似金鸡啼日；桃花峰石色浅绛，很像三月的红桃；覆釜峰顶如满月，像一只锅底朝天的镬；瀑布峰流泉溅洒，喷沫万态，在骄阳下观看，虹彩纷呈，尤称奇迹；固后峰位于五峰的最深处，壁下有一可容千百人大石洞，洞口高书“五峰书院”四个大字。相传这里曾经是宋朱熹讲学的地方，现在山岩上还留有朱熹手书“兜率台”三字。现代著名作家郁达夫曾在《方岩纪静》中写道：“从前看中国画里的奇岩绝壁，皴法皱叠，苍劲雄伟到不可思议的地步。现在到了方岩，向各山略一举目，才知道南宗北派的画山点石，都还有未到之处。”真是绝妙之谈。

离五峰不远，有“灵岩”胜迹，它是一个南北相通、轩敞如大厦的石洞，广五丈，深七百五十丈，洞上下左右壁皆砥平无洼突，好似神功断削所成，故名“灵岩”。洞中有寺，额题“福善禅寺”，寺门是很狭的，但入内则是重房夹室，甚为宽敞。

这些年，方岩胜迹，经过几次修葺，寺院楼阁，雄伟壮观，自然风光，巍峨奇突，因而更是使人流连忘返。

（署“周大雁”笔名，中国新闻社 1980 年 5 月采用）

端午时节话鲥鱼

鲥鱼，宁波、绍兴俗称“箭鱼”，粤、桂二省则称三鯠或三鰲。属勒鱼科。明朝李时珍的《本草纲目》，关于鲥鱼名称，亦有一段注云：“初夏时有，余月则无，故名。”此鱼平时栖于海洋，每年春夏之交，即农历端午节前后，就联群溯江而上，到适当的地点产卵，秋初返于海洋中。

鲥鱼在珠江、长江、钱塘江都有出产，而以钱塘江流域的富阳与桐庐之间者为最美。俗传鲥鱼从钱塘江上溯至桐庐县境内的七里泷，才开始排卵。七里泷，就是现在的富春江水力发电站一带，上游有一座名传千古的严子陵钓台。“乱流新安口，北指严光濑。钓台碧云中，邈与苍岭对。”（李白诗句）严子陵是浙江余姚人，相传汉光武帝即位后，他被征召为谏议大夫，不就，隐居山林。富春江畔的钓台，就是他晚年的故居。传说严子陵第一次在这里垂钓，钓到一尾鲥鱼，又把它放生了，鲥鱼感恩不尽，从此它的子子孙孙每年都要到钓台下拜谢它。凡是参拜过严子陵的鲥鱼，他就在鱼唇上做一个红点的记号，所有唇有红点的鲥鱼为上品，其味特美。传说当然不足为信，但是据科学分析，鲥鱼所以每年最喜欢到七里泷一带产卵，主要是这里的水清，江底都是沙石，水的流速不快不慢，水温不高不低，适宜鱼卵的孵化，同时又无凶悍的鱼吞食它的后代，因此正是它们的安全“产房”。鲥鱼在产卵之后，鱼唇就会呈现淡红色，这就是所谓的“唇有朱点”的原因。产下的受精鱼卵，被江水缓缓冲流下去，一路冲流一路长大。在富春江里产的卵，冲到钱塘江就变成小鲥鱼了。

鲥鱼体扁长，雌鱼较雄鱼为大，前部背缘较薄，后背部较厚，腹部自臀鳍至头部为齿刻，锐利勒手。腮裂甚大，鳞带三角圆形，大而薄，极透明，头顶为青灰色，腮盖银灰而带金光。背鳍为灰白色而缘边带紫，眼周围为银白色而带金光，厥状美丽之至。鲥鱼鳞下含有脂肪很多，肉质细嫩，故烹调时不去鳞，和常鱼不同。鲥鱼不宜油煎，不宜汤煮，最好清蒸。加上火腿片、姜末、葱花等佐料，堪称色、香、味俱佳。至今，清蒸鲥鱼，还是富阳、桐庐等地菜馆的传统名菜。宋代大诗人苏东坡曾有诗赞鲥鱼云："芽姜紫醋炙银鱼，雪碗擎来二尺余。尚有桃花春气在，此中风味胜莼鲈。"当代大文学家郭沫若，二十世纪六十年代畅游风光如画的富春江时，也曾写下了"快艇溯钱塘，秋阳力尚刚。一江流碧玉，两岸点红霜。木筏排滩下，风帆背日张。鲥鱼时已过，齿颊有余香"的有名赞鲥诗句。

鲥鱼虽然多产于端午时节，但由于现在可以冷藏，因而一年四季仍可吃到新鲜鲥鱼。

（中国新闻社 1980 年 5 月采用）

绍兴腐乳

腐乳是绍兴有历史性的产品，和绍兴老酒一样驰名。早在明代嘉靖年间，绍兴腐乳就已运销各地。当时运销品种，以红乳为主。开始由绍兴幕友（俗称“绍兴师爷”）带到华北一带试销，逐渐引起各地注意。由此采购日繁，声誉更盛。它不仅畅销两广、华北和港澳，还远销新马、印尼、泰国、缅甸等处。经销腐乳的商店，往往挂有“绍兴南乳”的招牌。“咸亨”酱园出品的腐乳，1909年参加“南洋劝业会”，曾获得过金质奖牌；1916年在“巴拿马万国博览会”上又曾获金质奖牌和荣誉奖状。

绍兴腐乳成为名产，并不是偶然的。它选用上等黄豆、绍兴名酒、古田红曲、优良酱籽和秀润的鉴湖水配合制成，具有营养丰富、味道鲜美、解腥除腻、帮助消化、久不变质等特点，因而深受人们的欢迎。江浙农民，一到夏秋，差不多每餐必备。广州、香港一带，除佐餐外，还以红乳制作糕饼，称“南乳月饼”；菜馆酒楼，也有用以当酱煮菜的。绍兴人更有以腐乳卤煮肉者，奇香可口，堪称佳品。

绍兴腐乳产品分“红方”“醉方”“青方”“棋方”四类。“红方”又分“太方”“门顶”“三稣”“门大”“大方”“行大”六种，皆色红，味鲜美，含丰富的蛋白质和酵母酒香。“醉方”分“门醉”“单醉”两种，颜色淡黄。“青方”分“顶青”“门青”“行青”三种。青方不用酒，色青白，俗称“臭豆腐”，当地人很爱吃。“棋方”如一粒粒方形棋子，味鲜且柔，常作赠送远方亲友之礼品，因块小不整齐，故只称斤两，不点块数。

过去，做腐乳豆腐，磨豆靠人推磨，从鸡叫到摸黑，辛苦一天，一人只能磨六七百斤黄豆，现在用电力磨豆，同样一具磨，工效就提高了十倍。另外，滤浆用滤浆机，煮浆也用蒸气了，发酵更有专设的车间。绍兴腐乳越做越好，也就越受人们欢迎。它今天不仅畅销大江南北，而且在国外也重振声誉。同时绍兴咸亨食品厂，还恢复了“花雕腐乳”生产。“花雕腐乳”像“花雕”美酒一样，由富有经验的优秀技师，选上等南乳，装入洗净晒干的罐内，每二层加麦曲一层，每罐装六层，共二百八十至三百块，装好后，灌入状元红老酒和古田红曲，面上再加麦曲和盐，然后加盖密封，再在罐外用彩色瓷泥雕塑出精致的“稽山鉴水”“禹陵”“兰亭”等风景画，并在罐口镌上“中国绍兴腐乳”字样。看到这些标志，即令人馋涎欲滴。

（署“周芾”笔名，中国新闻社 1980 年 5 月采用）

夏日话绍兴纸扇

绍兴是中国著名的扇子产地，自古就有“绍兴雅扇”之称。《晋书·王羲之传》中，便有一则书圣王羲之为卖扇老婆婆题扇的故事：

尝在蕺山见一老姥，持六角竹扇卖之。羲之书其扇，各为五字。姥初有愠色。因谓姥曰：“但言是王右军书，以求百钱邪。”姥如其言，人竞买之。他日，姥又持扇来，羲之笑而不答。

如今绍兴城内蕺山南麓，尚有一题扇桥，据说就是当年王羲之为老姥题扇的地方。由此可知，绍兴制扇至少已有一千六百多年的历史了。

据云自王羲之以后，扇子也就同书画和文学艺术结下了不解之缘。唐代诗人杜牧的《秋夕》诗曰：“银烛秋光冷画屏，轻罗小扇扑流萤。天阶夜色凉如水，卧看牵牛织女星。”宋代诗人陆游也有团扇题诗的雅事。据周密《浩然斋雅谈》记载：放翁与馆阁诸人会饮于张功父南湖园，酒酣之时，主人以手中团扇求诗于翁，放翁即席作《饮张功父园戏题扇上》一绝以赠：“寒食清明数日中，西园春事又匆匆。梅花自避新桃李，不为高楼一笛风。”至于清初戏剧家孔尚任的《桃花扇传奇》，“借离合之情，写兴亡之感”，更是使扇子在戏曲中大放异彩。

绍兴会稽山终年青翠，自古多竹，又产佳纸，故纸扇在明、清之际就已与绍兴老酒、丝绸、茶叶齐名，被视为“绍兴四绝”。绍兴纸扇畅销沪杭、京津以至全国各地，并远销南洋群岛，深受国内外人士的欢迎。创于清光绪元年(1875)，闻名上海、杭州二地的王星记扇庄，它的制扇工厂就设在绍兴周家桥，这里几乎家家户户都生产纸扇，年产纸扇在一千二百万把以上。

绍兴纸扇种类很多，有经久耐用的黑纸扇，价廉物美的乌竹扇，色彩鲜艳的团扇以及专用的戏剧扇、舞蹈扇等。其中以檀香扇和黑纸扇最为著名。檀香扇是一种香味清雅、制作精细、图案清晰、收展自如的名贵工艺品。它的主要原料是檀香木，香型有玫瑰、雪梨等多种。此扇有“扇在香存”的特点，一把扇保存十年八年，扇起来依然满室清香；如把它放在衣箱内，还可防虫防蛀，深受国内外顾客的欢迎。黑纸扇的扇骨使用乌黑实心的棕竹制成，柔软轻滑，经久耐用，而且扇柄越用越光亮。它除扇风外，还可以用来挡雨、蔽日，素有“半把伞”之称。它的规格大小俱有，常见的为七寸、八寸、九寸，最大的一尺二寸，最小的只有三寸。除此之外，此扇黑色的扇面上还绘有工笔山水，书有蝇头小楷，贴有金箔、银箔，金光灿烂，富丽别致。故绍兴王星记纸扇厂生产的黑纸扇，曾荣获 1979 年“浙江省优质产品证书”。白纸扇，其扇面万紫千红，赏心悦目，内容大多反映中国各地的风景名胜和种种戏曲故事。戏剧扇、舞蹈扇，更是五彩缤纷。净丑角色用扇，可以百端张折、舞蹈跳蹦，不会破损；生旦角色用扇，温文尔雅，益增柔媚。近年来，绍兴纸扇工人还精心制作了一种小巧玲珑的轻便用扇，设计了“熊猫”“双燕”“嫦娥奔月”“孙悟空大闹天宫”等几十种画面，为传统的绍兴折扇增添了新的光彩。

（中国新闻社 1980 年 6 月采用）

徐文长和青藤书屋

绍兴城内前观巷大乘弄的青藤书屋，是明代杰出的书画家徐渭的故居。政府为保护文物古迹，已于今年七月初动工重修徐渭故居，以恢复原貌，接待中外来宾。

徐渭字文长，号天池，别号青藤。浙江山阴（今绍兴）人，生于明正德十六年(1521)二月四日。他是一位对后世影响很大的书画家。“诗、书、画”三者，在他的作品里完美地结合。明代文学家张岱赞道：“青藤之书，书中有画；青藤之画，画中有书。”在徐文长的画里、诗里，嬉笑怒骂，兼而有之。如《题画蟹》：“稻熟江村蟹正肥，双螯如戟挺青泥。若教纸上翻身看，应见团团董卓脐。”把封建王朝的权贵比作横行的螃蟹，真是一个大胆而辛辣的讽刺。当徐文长去世不久，诗人袁宏道在绍兴文学家陶望龄家中见到一册文长诗稿，“两人跃起，灯影下，读复叫，叫复读，僮仆睡者皆惊起”。后来袁宏道第一个为他遗留的诗文刻了集子，称他为“有明一代才人”。清代著名书画家郑板桥（郑燮）很敬仰徐文长，就曾刻有石印一枚：“徐青藤门下走狗郑燮。”清代花鸟画家李复堂也很推崇文长的字画，题画诗中有“青藤笔墨人间宝，世人得之真稀少”。近代大画家齐白石对徐渭也极为仰慕，曾写过一首非常有趣的诗：“青藤雪个远凡胎，缶老衰年别有才。我欲九原为走狗，三家门下转轮来。”（雪个，即朱耷；缶老，即吴昌硕）齐白石还说过：“恨不得生前三百年，或求为诸君（青藤、雪个、大涤子）磨墨理纸。诸君不纳，余于门之外，饿而不去，亦快事也。”（大涤

子即石涛，清初杰出画家）

近代花鸟画中流行的阔笔写意的泼墨画法，就是从徐渭开始发展起来的。徐渭的精心之作《墨葡萄》，就充分发挥了中国水墨画的笔墨技巧，画面上枝叶纵横错落，葡萄晶莹欲滴，泼辣豪放的笔法，形成了动人的气势。画上题的那首诗“半生落魄已成翁，独立书斋啸晚风。笔底明珠无处卖，闲抛闲掷野藤中”更是脍炙人口。徐渭晚年，尤为穷困，靠卖画为生，从他自己的《王元章墓》诗中也可看出。诗曰：“君画梅花来换米，予今换米亦梅花。安能唤起王居士，一笑花家与米家。”他在最困难的时候，忍痛把几千卷心爱的藏书都变卖一空。冬天没有棉被，只好拿稻草当被盖。他虽然这样潦倒，但始终疾恶如仇，坚持书画创作。直到现在，大江南北，特别是浙江一带，还流传着许多关于他的民间故事。徐渭于明万历二十一年(1593)七十三岁时，在贫病交迫中死去。

青藤书屋是一间旧式平屋，中隔一堵砖墙，被辟为内外二室。外室正中墙上悬挂着明末大画家陈洪绶题写的“青藤书屋”匾额和徐渭的画像。南首是一排方格长窗，窗前安放着具有明代特色的黑漆长方桌和靠背椅；东西两壁镌有《天池山人自题像赞》和《陈氏重修青藤书屋记》刻石。室内还保留着徐渭书写的“一尘不到”题额，陈列着徐渭的书画作品。书屋的方格长窗外，是一个小天井，在青砖砌成的花坛里，种有青藤一棵，是对徐渭的纪念。这里还有一个十尺见方的石砌小池，徐渭称“此池通泉，深不可测，水旱不涸，若有神异”。这就是“天池”。“天池”中竖立着方形石柱一根，上刻“砥柱中流”四字，也是徐渭所写。书屋东南面是一个园子，种着各种花木。整个书屋环境清幽，是读书的好地方。特别是在秋风送凉和春雨绵绵之际，更另有一番意境。

青藤书屋的结构布置十分精巧雅致。1962 年 10 月，郭沫若先生曾参观过青藤书屋，并称赞“屋虽不大，但幽雅不俗”。他对徐渭的书画作了很高的评价，并嘱绍兴人士要把青藤书屋好好保护下去。

（中国新闻社 1980 年 7 月采用）

1955 年 5 月,周芾棠(第 3 排左 2)作为宁波专区青年代表之一,参加浙江省青年第一次代表大会时合影

1956 年 6 月 1 日,周芾棠(第 3 排左 4)参加浙江省青年业余文学创作者会议时合影

浙江塘栖枇杷

"树繁碧玉叶,柯叠黄金丸。""五月江南碧苍苍,蚕老枇杷黄。"端午前后,正是枇杷应市之时。

浙江余杭县的塘栖、江苏吴县的洞庭山和福建莆田的宝坑,为中国三大枇杷产地,其中以塘栖枇杷产量为最多,品种也最好。该地枇杷林蜿蜒密布,冠盖浓郁,四时苍翠。枇杷初冬开花,每一花束由六十至九十朵小花组成。每逢隆冬腊月,百花凋零,枇杷花冒寒开放,洁白如玉,深为历代文人和画师所喜爱,称之为"枇杷晚翠"。近代著名画家吴昌硕,就常常于超山赏梅之后,来到邻近的塘栖,欣赏那团团绿树、累累金果的枇杷林,并就此创作了不少以枇杷为题材的中国画,其中有一幅题诗曰:"五月天热换葛衣,家家卢橘(枇杷的别称)黄且肥。鸟疑金弹不敢啄,忍饥空向林间飞。"塘栖枇杷品种主要有"白沙"与"红沙"之分。"白沙",皮白肉黄;"红沙",皮肉均黄中带红。塘栖"白沙",俗称"软刁",为枇杷中的极品,其形略长,外有芝麻斑点,特征在肉软而厚,水分多,入口鲜甜。因此前人有"虽岭南荔枝,无以过之矣"的美誉。塘栖的"大红袍",乃是"红沙"中的佳品,因果皮呈橙红色,果形较大而得名,它产量高,果子又耐于贮运,故销量颇巨。

枇杷原产中国,栽种历史非常悠久。根据《周礼·地官·场人》:"掌国之场圃,而树之果蓏珍异之物。"东汉郑康成注曰:"珍异,蒲桃、枇杷之属。"因此可知,至少在一千八百多年以前,枇杷已被中国人民作为果树栽植了。据说它最初产于四川的夹江，到了唐代，枇杷已被列为贡品，产地逐渐扩展到大江南北。唐朝的大诗人白居易曾有“淮山侧畔楚江阴，五月枇杷正满林”的诗句，来形容当时枇杷栽培的盛况。以后它又传往国外，日本、法国、英国、印度、阿尔及利亚、智利、澳大利亚、墨西哥、阿根廷等许多国家，都先后从中国引进了枇杷树。

枇杷，又名“卢橘”，江南民间有“夏月枇杷黄似橘”的俗谚。宋代大文学家苏东坡亦曾有“客来茶罢空无有，卢橘杨梅尚带酸”的诗句，故至今广东和港澳一带，还有人称枇杷为“卢橘”的。也有人将枇杷叫作“琵琶”，有人不悉此种称呼的由来，却把它当作笑柄。据说古时，有一个绍兴人收到了一筐从塘栖寄来的枇杷，大如鸡蛋，霎时喜出望外，但一看礼帖上写的却是“琵琶”，他就捧腹大笑，立即挥笔写了打油诗一首：“枇杷不是那琵琶，只为当年识字差。若使琵琶能结果，满城箫管尽开花。”这诗意在讥讽，但其实，把“枇杷”写作“琵琶”也不无道理。翻阅古籍，枇杷得名，就同琵琶有关。宋代《本草衍义》中，就有枇杷之称，是由于它的树叶形状很像琵琶的说法。

（署“周芾”笔名，中国新闻社 1980 年 6 月采用）

“绍兴”得名的来历

浙江古城绍兴，北宋时原名“越州”，南宋初年才改用今名。提起绍兴的得名，不能不引述一段历史故事。

公元1127年五月，宋朝的徽宗、钦宗两个皇帝被金兵俘虏。康王赵构在宗泽等大将的保卫下于归德（北宋的南京，今河南商丘）继位，做了皇帝，改年号“建炎”，这就是南宋的高宗。可是以赵构为首的南宋王朝，在金兵的进攻下，仍然只知逃命。当金兵奔袭赵构所在的扬州时，赵构又带着五六名宦官、十几个卫士私自逃跑了。皇帝逃得快，金兵也追得紧。赵构逃到杭州，又到越州、明州（宁波），一直被金兵赶下了东海，躲到渔船上避难。建炎四年(1130)的正月初一，宋高宗赵构就是在温州海边的大船上度过的。

大敌当前，老百姓却不怕金兵，纷纷拿起扁担、菜刀，和残暴的金兵战斗，终于赶走金兵。1130年四月，赵构才从海上归来，暂住越州。

当时越州的官民联合上表，请求皇帝题写府额。赵构在群情激昂的抗金斗争面前，也就不得不采用“绍（继承）祚中兴”的典故，把越州改名为绍兴府，并且在这里做了一年零八个月的皇帝。

次年，南宋朝廷又把年号改为绍兴元年(1131)，并把行在所从绍兴迁到了当时所谓“山外青山楼外楼，西湖歌舞几时休”的杭州，过着骄奢淫逸的生活去了。

（中国新闻社1980年7月采用）

石门洞与刘伯温

中国境内名山，称为洞天的，有三十六处。青田的石门，就是其中之一，《道书》中称为“石门洞天”。它离青田县城西约七十里，位于丽（水）青（田）公路的终点。其地层峦叠嶂，气象峥嵘，前临大溪，两峰壁立，对峙如门，故唤作“石门”。这两片岩石嵯峨矗立，于十里路外，就能遥遥望见。两巨岩一圆一方，形似旗鼓，故又名“旗鼓门”。南朝刘宋时太守谢灵运酷爱石门，曾在此居宿，并写有“石门新营，所住四面高山，回溪石濑，修竹茂林”之语，在他的诗集里也还有“跻险筑幽居，披云卧石门”之句，以颂石门洞天。

石门踞瓯江南岸，“门”宽五丈多，高三十多丈，下临深潭。左面的山顶，峭壁千仞，中间倒泻一道瀑布，经过岩石的冲激，三折而下，悬崖飞瀑，奔腾澎湃，成为奇观。《石门题咏录》记有“垂如匹练，气如白虹，溅如跳珠，散如轻雾”的话，是形容得惟妙惟肖的。

瀑布下面的深潭，面积十多亩，水色碧绿，清冽可爱，潭底斑驳的圆圆小石，跃然可见。深潭左面有一个洞，幽奇深邃，据说很可游玩，可惜经常为水淹没，游人往往不能一穷奇境。

石门山中，有曲径一条，始狭窄，及内则豁然开朗，有平地数亩，其间松竹交荫，四山围绕，峰中观天，似在井中。远望笔架峰，三叉凹凸，极富雅趣。

相传石门洞是明朝刘伯温的读书处。现尚存的刘伯温读书处遗址，正对着瀑布峭壁。刘伯温(1311—1375),浙江青田人,元末进士,曾任高安县丞、浙江元帅府都事等职。后因遭到元朝统治者的排挤,弃官回乡,隐居于青田石门山中著书立说,静观时变。明太祖朱元璋起兵后,刘伯温应聘为“军师”,帮助朱元璋策划军政要务,为新兴的有明一代建立规章制度,统一中国,成为明太祖的左右手。刘伯温不但文学好,擅长诗文,并且深谙天文、地理、数学、兵法,确是一位博学多艺、文武全才的能臣,后论功被封为诚意伯,著有《诚意伯集》。相传他的名作《卖柑者言》,就是在石门洞创作的,文中“金玉其外,败絮其中”的警句,言近而旨远。至于流传到今天的关于刘伯温的各种民间传说中,杂有过多的神秘成分,把刘伯温说成道家方士一类的人物,显然已不是他的本来面貌了。

(署“大雁”笔名,中国新闻社 1980 年 8 月采用)

绍兴的船

浙江绍兴，河流纵横交错，境内有鉴湖、狭猕湖、青甸湖、铜盘湖、戹石湖等湖泊。在这样的一个水乡，船自然就成为主要的交通工具了。

"绍兴船"有着悠久的历史，它的式样历代多有变迁。根据白居易"小航船亦画龙头"的诗句推测，唐时的西湖和鉴湖游船，大概在船头都绘上龙头，其船首尾翘起，一似现今端午竞渡的龙舟。到了北宋，鉴湖船则多漆以红色，故又有"红船撑入柳阴去"和"闹红一舸"等诗句。南宋时，由于皇室偏安江南，绍兴游船之风也盛极一时，不仅游船增多，制造也更加奇巧。当时民间游船最大的长五十余丈，可容百余人，而且画栋雕梁，精巧美观。至于官宦人家的游船，则是富丽豪华。到了明代，绍兴船就渐趋简朴。

从清末到现在，绍兴的船则大致可以分为两种，一种是"白篷"的，一种是"乌篷"的。白篷船船身较大，大抵作为运货用。乌篷船大的可分"三明瓦""四明瓦""五明瓦"……小的叫踏桨船，只能坐四五人。篷是半圆形的，用竹片编成，中夹竹箬，上涂黑油。在"乌篷船"当中，最适用的是"三道"，即"三明瓦"，船篷之高，可以使人直立，中间能放一张方桌，人们围坐四边，可以自由玩乐。鲁迅先生在绍兴府中学堂教书时，常坐这种船与同事去禹陵、兰亭和鉴湖游玩。关于乌篷船，《社戏》中有过一段非常生动的描述：

母亲送出来吩咐"要小心"的时候，我们已经点开船，在桥石上一磕，退后几尺,即又上前出了桥。于是架起两支橹,一支两人,一里一换,有说笑的,有嚷的,夹着潺潺的船头激水的声音,在左右都是碧绿的豆麦田地的河流中,飞一般径向赵庄前进了。

这是鲁迅童年时代与农村小朋友摇着橹去看社戏的情景。

船在绍兴,又起到公共汽车的作用。有一种叫“埠船”的,可坐二十多人,每天早晨从乡村里吹起海螺或敲锣,四面八方的人便都赶来,乘着“埠船”进城,也可以托带便信和物件。现在集镇里的供销店更用船代替了陆路上的货郎担,有了售货船,可以容纳更多的货物,满足四乡人们的需要,被称为“八宝船”,很受大家欢迎。近年,绍兴除“小火轮”“机帆船”外,还增添了美观雅致的“玻璃船”(小汽艇),航行在江湖之上。

绍兴到处是青山绿水,风景十分优美,假使你坐只小船缓缓地环游鉴湖一带,远处能看到起伏不平的会稽山,鉴湖两岸的乌柏树,供人休息的路亭,平直石板纤塘路,湖中的渔舍,各色各样的桥,摇着橹迎面而来的出畈船……这一切多具有“水乡”的风味。

(署“大雁”笔名,中国新闻社 1980 年 8 月采用)

西施亭

西施是中国古代民间一女子，在语言中，西施已成为美人的代名词。但是，两千多年来，西施所以为人们称道，却不是因为她倾国倾城的美貌，而因为她是中国历史上第一位为恢复故国而献身的女侠。

出浙江诸暨县城南门二里许的苎萝村，就是西施的故里。为了纪念西施姑娘，近年这里新建了一座西施亭。六角形的亭子造型古朴，着色和谐，亭内的横梁上有历代名人的赞诗和西施浣纱、送别、思念、泛湖的画面。此亭临江傍山，与浣江大桥遥相呼应，凭栏眺望，满目清新。

亭下溪边有一座兀立的岩壁，壁下相传是西施当年浣纱之处。壁上刻着“浣纱”两个斗大的字，传说是东晋大书法家王羲之的手笔。离“浣纱石”不远，有一座“浣溪亭”。亭壁上镶嵌着一块宽九尺、高二尺五寸的《募复建浣溪亭缘起》刻石，它记载着西施姑娘的事迹和有关她生平的辨正。

西施，原名夷光，因为她住在苎萝山下的西村，那里的村人都姓施，所以叫“西施”。她十六岁时，被越王勾践献给吴王夫差。后来越国灭了吴国，西施已经三十六岁了。关于她的归宿，向来有不同的说法。《越绝书》云：“吴亡后，西施复归范蠡，同泛五湖而去。”但冯梦龙的《情史》却说：“越既灭吴，乃沉西施于江。”可是现在诸暨苎萝山一带的人却又都说：吴国灭亡以后，西施仍旧回到苎萝村，仍旧和从前一样，经常到“浣溪”边浣纱。有一次因浣纱不幸失足落溪，村人抢救不及才死去的。

西施外柔而内刚，情温而性烈，明代诸暨人陈嘉谋就有诗以颂：

施氏山前旧有人，吴王宫殿几重新。
年来绿树村边月，夜半清溪梦里身。
衰草尽随眉黛落，飞花长逐杜鹃声。
西家女侠今何在？白苎轻萝谢四邻。

（中国新闻社 1980 年 8 月采用）

苎萝村和西施的传说

西施是中国民间所乐于称道的一位古代美女。两千多年来，西施为人们所景仰，不仅是为了她倾国倾城的美貌，更由于她是中国历史上第一位为恢复故国而献出自己青春的女英雄。

出浙江诸暨县南门二里路，有一个群山环绕、水木明瑟的村落，这就是西施故乡——苎萝村。据汉朝赵晔所著《吴越春秋》和其他有关文献记载，苎萝山下有东、西二村，村人多施姓，西施在西村，因此叫“西施”。她原名夷光，生长在一家贫苦农民家里，父亲砍柴，母亲浣纱，西施也经常帮助母亲到溪边洗濯。与西施同时被越王勾践献给吴王夫差的，据说还有江对岸村的郑旦，也是一个非常美丽的姑娘。

苎萝村在苎萝山下，山虽然很小，但有一点特色，山石都是紫红色的，当地称为“红粉石”，说是西施姑娘的胭脂染红的。苎萝村畔有若耶溪，又名“浣纱溪”，因西施姑娘曾经在这条溪上浣纱而得名。溪水碧绿，清澈见底，江中游鱼亦一一可数。溪旁有一天然方石，叫“浣纱石”，相传是西施当年浣纱的地方。浣纱石的上方，有一座兀立的岩壁，壁上刻着“浣纱”两个斗大的字，笔势飞搴，苍古可爱，据传是晋朝大书法家王羲之所题。

苎萝村现在已经没有姓施的人家了。但对江的浣东村，一百多户人家，绝大部分都姓郑。老渔民说，浣东村就是当年的东村，郑旦就是生长在这个村里的。

西施是春秋时代越国人。越国和毗邻的吴国有世仇。在一次战争中，越王勾践兵败被俘，只好向吴称臣，备受屈辱，但仍心犹未甘，卧薪尝胆，思念复国。西施就是在这样的情况下协助勾践进行复国活动的。当时吴越两国疆域的分布是这样的：钱塘江以东是越国；现在浙江省的杭州、嘉兴、湖州，以及江苏省淮河以南都属吴国。吴国的语音柔和清脆，听来悦耳，一直到现在还称为“吴侬软语”。可是越国的语音，比较生硬。越国君臣在西施学会歌舞以后，还担心一件事情，即怕西施可能因语音关系而不见悦于吴王。临行之日，西施从现在的绍兴动身，在渡过钱塘江以后，一切男女侍从，都换成了吴国的人，因此西施听到的尽是吴国的方言。在路上，她生怕生硬的语音为人见外，所以渡江后就不再开口说话，一面却默默地学习吴国语音。到了嘉兴，善于奉承的地方官送上了当地的名贵水果槜李，西施在尝了一口后，无意中吐出了这么一句话：“好香甜的果儿！”这时西施所发的语音，不再是生硬的越语，而是柔软的吴语了。西施开口说话的地方，后来叫作“女儿亭”。

关于吴国被越国灭亡后西施的下落，有种种传说。但这次我重访西施故里，看到了一块清朝举人陈蔚文手书的《浣溪亭》碑刻，上面对西施一生的事迹、生卒年月讲得十分具体。看来陈蔚文对于有关西施的历史文献是下过功夫研究的，他提出了一些新的考证。据他说，西施与郑旦是同一个人，西施就是郑旦。西施的母亲姓施，父亲姓郑，是施家的入赘女婿。西施生长在母家，所以叫西施。东施并无其人，是“后之好事者”“造作”出来的。范蠡奉越王之命寻觅美人献给吴王，在若耶溪畔遇到西施时，她才十六岁。吴国灭后，西施回到苎萝村侍奉老母，那时她已经三十六岁了。西施是因母亲去世，悲痛过甚投江死去的，死时年五十二岁。西施的族人后来全部迁移到萧山去了，故现在的浙江萧山县也有一个苎萝村。

在陈蔚文的这篇碑文里，对西施入吴是为了替越国报仇雪耻这一点十分强调，文章上说她“虽身在吴宫，而心实在报越；形虽与之（指吴王）

伴，而心尝在沼吴。”他认为西施之所以值得后人怀念，主要是因为她是一个伟大的爱国女性。他说，西施之貌“未尝甚美，但圆而红色，不用脂粉，自同于众人之粉饰”。而后人不察，“徒传其美，不亦误乎”！

（署“大雁”笔名，中国新闻社 1980 年 8 月采用）

东钱湖胜迹

不久前，在宁波城东南约十五公里的东钱湖“霞屿锁岚”风景点旁，发掘了一个奇异的石洞，洞口镌刻着“补陀洞天”四个苍古的大字。据有关文物单位考证，这个石洞是南宋时代的遗迹，距今已有八百多年的历史了，洞内石壁上镂空精雕着一条栩栩如生的石龙，旁又有两尊神态逼真的石雕佛像。相传此洞为南宋宰相史弥远的妻儿所建。据说史的妻子因患眼疾，曾多次赴舟山孤岛中的“海天佛国”——普济寺和法雨寺祈祷，后虽不治失明，但她的儿子还是以“普陀”之名，在此立“补陀洞天”为老娘祈求幸福。

东钱湖之水，来自周围山上的七十二条溪流，湖面有二十一平方公里，比杭州西湖大五倍。湖中的名胜古迹，除霞屿锁岚、补陀洞天外，尚有芦汀宿雁、陶公山、上林晓钟、月波楼，等等。陶公山，是湖中的一个绿色小岛，高二百五十米，住有渔民。世传陶朱公范蠡曾隐居此地。范蠡与越王勾践深谋二十余年，终灭吴，封上将军。蠡以为位尊爵厚，莫若功成隐退，且认为勾践其人，可与共患难，不可以同安乐，便浮海适齐，变姓名为鸱夷子皮，治产至数千万。齐王闻其贤，拜为丞相。可是蠡又复尽散其财，之后离开齐国到了东钱湖的陶山，自号陶朱公，耕蓄转物，逐十一之利，又致资累巨万，卒于陶山。至今陶山尚有陶朱公钓鱼矶在焉。

东钱湖，旧名万金湖，又号铁面湖。唐时名叫西湖，因鄮城（宁波古称）未迁时，此湖适在城西，故名西湖。宋仁宗庆历七年(1047)，王安石被任命为鄞县(即今宁波)知县,当时东钱湖已大部淤塞,鄞县面临干旱,农业生产下降,人民生活困苦。王安石了解此一情况后,即组织百姓浚治湖塘,建立湖界,设置碶石,并亲自下乡巡视水利的兴修,使东钱湖造福于人民。关于王安石治鄞的活动,邵伯温所著《邵氏闻见录》中就曾有如下记载:"王荆公知明州鄞县,读书为文章,三日一治县事,起堤堰,决陂塘,为水陆之利;贷谷于民,立息以偿,俾新陈相易;兴学校,严保伍,邑人便之。"王安石治理鄞县和东钱湖的活动,即成为之后"熙宁变法"的前奏。

(署"大雁"笔名,中国新闻社 1980 年 9 月采用)

雪窦山探胜

“千丈之岩，瀑泉飞雪。九曲之溪，流水涵云。”说的是浙江雪窦山胜景。

雪窦山位于奉化县溪口镇西北十余里，从宁波乘汽车可直达山麓。建于唐代的雪窦寺，就在这座山顶之上。寺门有长方大匾，红底金字，大书“四明第一山”五字。清雍正《宁波府志》称：“奉化县雪窦禅寺在县西五十里，唐光启年间建，明州刺史黄晟舍田三千三百亩以赡之。旧名瀑布。宋咸平三年，改名雪窦山资圣寺。淳祐二年，赐御书‘应梦名山’四字。元至元二十五年，又毁，所藏御书二部四十一卷俱无存。越二年复建。明洪武初改今额。为天下禅宗十刹之一。崇祯末毁于兵燹。今复兴。”这座雪窦寺，规模极大，内有唐朝时栽植的古柏、梅树各一株，至今犹生机盎然。

从雪窦寺出来，往西南走，过关山桥，穿入丛林。行约二里，便听到水声轰鸣，好像春雷乍发，原来对面就是“千丈岩”。山路旁有一亭子，可以凭栏观瀑，千丈岩是一排峭壁危岩，阔二十余丈，高五六十丈，一股巨大的悬泉从岩顶倾泻直下。由于岩壁多褶襞，当中几经曲折。抬眼望去，只见雪光耀眼，似乎飞雪飘拂在半空中，下端纳入一个突出于半壁的小潭，漫出来，就成了卷玉洒珠的水帘。水帘复注入再下边的一个小潭，再漫出水来，却撞在一些岩角上，被撕成几绺轻纱，以下竟成了一簇簇乳白色的飞烟，悠悠忽忽地飘游。真怪，那么大的一股水，好像都化作没有重量的烟雾，不过毕竟还是没有消失，你看谷底那泛着轻漪的一泓绿澄澄的潭水，不正是集聚而成的么！明代诗人汪礼约《发四明山中经雪窦寺登妙高台观瀑布杖策下溪口买舟顺流朗诵卢楠赋抵栎社宿句章先生明月榭旦发还南雷作》长诗有句云："目回万里尽，意豁千峰开。足底溪声激，泠泠清吹哀。石转惊飞流，槎来银汉秋。又疑广陵雪，喷薄钱塘丘。"足见瀑布之妙。

出观瀑小亭，顺山路可直达绝顶，这就是所谓"妙高台"了。妙高台亦称"天柱峰"，峰顶宽平如台，高出群山之上，故曰"妙高"。登台下视峻谷，削壁千仞，溪流潆绕其下，群峰环峙左右，郁郁葱葱。临崖有亭翼然，可以远瞩，可以俯眺。此时，雪窦全景尽收眼底，千丈岩瀑布，散处若洒雪，若撒花；合处如展匹练，如腾蛟龙，游者无不叹为观止。

妙高台右尚有狮子岩，形作狮子蹲踞之状，故名。从狮子岩转弯，步行五里，就可达"隐潭"。它分上、中、下三潭，源出隐潭山东西两峰，涧水从峰间下泻成瀑。寻石级至涧底，曰龙潭，为昔时祈雨之所。再下二里许，至中潭，其瀑自岩端冲激而下，瀑长十余丈，声若惊雷，色若电光，雄放幽丽，其胜不亚于千丈岩瀑布。再下里许，抵下潭，下潭广半亩，上覆危崖，荫天蔽日。潭水过此至镇下亭，与千丈岩之瀑布合流，而成"此行不为鲈鱼鲙，自爱名山入剡中"（李白诗）的剡溪了。

（署"大雁"笔名，中国新闻社 1980 年 9 月采用）

江心屿和王十朋

温州，是浙南最大的城市和海港，环山临水，风光秀丽。市北郊瓯江中流，屹立着一个绿色的小岛，这就是著名的江心孤屿，历来被比作仙岛蓬莱。历代诗人对孤屿更是题咏赞美不绝。谢灵运曾有“乱流趋正绝，孤屿媚中川。云日相辉映，空水共澄鲜”的诗句。李白《与周刚清溪玉镜潭宴别》诗亦云：“江亭有孤屿，千载迹犹存。”杜甫的《送裴二虬尉永嘉》中也写道：“孤屿亭何处，天涯水气中。”江心孤屿东西两端的小山上，所建古塔（即浮屠）至今尚存。东塔造于唐懿宗李漼咸通十年(869)，西塔建于宋太祖赵匡胤开宝二年(969)。孤屿，北宋时还分为东、西两个沙洲，中间横着一条川流。相传南宋绍兴七年(1137)，有一四川名僧叫清了和尚，填塞了中川，把孤屿连成一片，并建江心寺于其上。江心寺，一名中川寺，也就是宋末民族英雄文天祥痛书“乘潮一到中川寺”诗句的地方。

江心寺的山门上有一副非常别致的楹联：

云朝朝朝朝朝朝朝散，

潮长长长长长长长消。

连用这么多叠字的楹联，实在罕见。据说是南宋名臣王十朋所撰。王十朋，字龟龄，浙江乐清人。他家境贫困，少时曾在江心孤屿读书。一日，江心寺寺院落成，金碧辉煌，唯独缺大门对联一副，老和尚就想到了住在孤岛上苦读的才子王十朋，请他手撰一联，王也不推辞，立即挥笔写了上面这副别出心裁的对联。

这楹联的上联中，第一、第三、第四、第六和第八个“朝”字都属阴平，是早晨和上午的意思，都读作“zhāo”。其余的“朝”字，都属阳平，是朝拜、朝见的意思，都读作“朝廷”的“朝”。下联中，第一、第三、第四、第六和第八个“长”字，都属阳平，与“常”字通用；其余的属上声，与“涨”字通用。整副楹联即为：

云朝朝，朝朝朝，朝朝朝散；

潮长长，长长长，长长长消。

它的意思是：天上的云彩，清早向江心寺朝拜，天天都朝拜；早上朝拜，早上就散。滔滔的潮水，每天在瓯江中上涨，不息地上涨；经常上涨，又经常消退。

由于断句的不同，还可以有另外几种读法，但含义都是一样的。

王十朋是著名的南宋诗人。他于宋绍兴二十七年(1157)，赴临安(今杭州)参加殿试。“平生忧国丹心在”的王十朋，于一天之中洋洋洒洒写下了万言对策，对策切中时弊，被皇帝宋高宗(赵构)看中，擢为进士第一，也就是中了状元。王十朋是一个有见识的文人。“凭谁决得天河水，一洗乾坤万里清”就是他的爱国抱负。他为人刚直不阿，敢于犯颜直谏，敢于与秦桧的余孽抗争，因此得到了人们的称颂。八百多年来，关于他的传说和戏曲也特别多。元末明初南戏《荆钗记》就是写他与钱玉莲的爱情故事。《荆钗记》与《刘知远白兔记》《拜月亭记》《杀狗记》合称“四大传奇”，几百年来盛演不衰。

(署“周大雁”笔名，中国新闻社 1980 年 9 月采用)

金庭观和王右军墓

王羲之(303—361,一作321—379),字逸少,琅琊临沂(今山东临沂)人,曾任右军将军、会稽(今绍兴)内史,所以又称他为“王右军”。王羲之在中国书法艺术史上有特殊地位,他的书法继往开来,融会古法,集诸家之大成而树自己独特风格,所以早在唐朝他就已被尊称为“书圣”。他的《兰亭集序》,写得清新妍丽,遒媚劲健,而且变化多姿。其他楷书如《黄庭经》《乐毅论》《曹娥碑》,行书如《圣教序》,草书如《十七帖》等,都成了后世书法家学习的范本。

王右军晚年住在山水秀丽的浙江嵊县华堂村。华堂三面环山,满山竹林成片,绿叶遮天。村中有一条小溪流过,清流湍激。溪畔有一座古色古香的金庭观。相传,这里就是王羲之的故居。金庭观于南齐永元二年(500),经当时名士褚伯玉募款重建。之后又经历代修建,故现在还保存得很好。观内有王羲之的书楼,高二丈,可眺望耸拔挺秀的香炉、狮子二峰。相传王羲之曾在这书楼里苦心琢磨,把四方游历观察所见的怪石、老松、波涌、烟袅、猿行、鹤飞等形态和书法结合起来,终于得出了“永字八法”(“永”字的结构包括八种不同的笔法,包纳了汉隶、八分书和真楷书的基本笔法)的著名书法理论。当时有许多青年跑来向王羲之求教,他也总是不知疲倦地提掖后进。有一次,有一个青年从千里以外的地方,步行赶到华堂,向王羲之请教写字的“秘诀”。王羲之先没说什么,就陪他到书楼里看两件东西,一是书桌旁的一只大水缸,二是一只盛满秃笔的竹簦。王羲之指指这两样东西说:“写字的秘诀就在这里面,你磨墨把这缸的水用完,也写秃了一竹簦的毛笔,自然就能够知道了。”

当年王羲之“临池学书,池水尽黑”的“墨池”,至今也还有遗迹可辨。唐代文学家裴通,就曾专为书楼、墨池写过一篇绝妙的散文,名叫《金庭观右军书楼墨池记》。

王羲之的墨迹,因为历经沧桑,保存到今者已是寥寥无几。其中最著名的《快雪时晴帖》真迹,现尚存于祖国宝岛台湾。这一中外闻名的珍贵文物,据说就是王羲之于华堂金庭观书写的。《快雪时晴帖》高七寸一分,阔四寸六分,是他在冬天大雪初晴时写给朋友的信札。为行书体,帖上写着:“羲之顿首,快雪时晴,佳想安善,未果为结,力不次,王羲之顿首,山阴张侯。”(“山阴”即今绍兴)共二十八个字。历代鉴赏家评他的书法为“龙跳天门,虎卧凤阁”。

《快雪时晴帖》自宋以来,历经公、私名家收藏,流传有绪,是传世王羲之墨迹中最可靠的一种。此帖装成册页,前后二十四页,元代书家赵孟頫等都有题跋,对此帖极为欣赏。清乾隆皇帝也在帖旁题了“天下无双,古今鲜对”八个小字。

王羲之的坟墓在金庭观后的紫藤山下,已被列为文物保护单位。入口处,矗立一座高大的石牌坊,上书“晋王右军墓道”六个正楷大字。鹅卵石铺的地面,十分洁净。墓前竖一石碑,碑镌“晋右将军王公墓”七字,古朴庄严,令人肃然起敬。

如今,“书圣”王羲之晚年故里华堂,已由一村落变成一个热闹的集镇,前些年这里更新建了直通嵊县县城的公路。从县城到华堂,六十里,坐在舒舒服服的公共汽车里,隔窗“遥看一处攒云树,近入千家散花竹”,山岩、小溪、绿树、红花,多动人的境界啊!

离墓不远有一座石鼓山,山岩可容一二十人盘旋迂回其中。世传王羲之酷爱的家养白鹅曾飞至此,故又名灵鹅山,山下有灵鹅村。石鼓山山洞中的石头是生得很奇妙的,有的像鼓,有的像磬,有的似剑,有的似笔、砚、锯、帽、屏、枕、笏，真是“怪石层堆，如瓮覆立，玲珑曲折，不可名状”。

（中国新闻社 1980 年 10 月采用）

兰亭和王羲之

兰亭在绍兴城西南二十七里处。在一千六百多年前，就是晋永和九年(353)三月三日，王羲之与他的好友谢安、孙绰、王彬之及其子凝之、徽之等四十二人，在这里集宴，举行修禊之礼。王羲之写下著名的《兰亭集序》。当时文学上重视诗赋，散文也趋向骈体，而王羲之这篇集序，却纯粹用口语化的散文形式写就，具有清淡自然的风格。更由于他的书法为世人所珍重，因此更加盛传了。元代书法大家赵孟頫曾说："天下书法以右军为第一，右军书中以《兰亭》为第一。"于是，兰亭这地方，也就成为古今人士慕名而络绎往游的名胜了。

从绍兴城乘汽车往游兰亭，半小时余，就可到达亭南。绍兴是水乡，水上交通很便利，所以最好是雇坐乌篷船，可以坐在船头或拉开船篷，饱赏沿途水乡的景色。途经分水桥后，便又是一番山村的景色了。西望一带浓密的树林，露出几个亭阁的伸檐，衬托着含烟的远山，郁郁苍苍，层层深密，而密处又见空灵，构成一幅优美的风景画。这就是兰亭了。

进入兰亭，先要从石桥跨过一条小溪，水流淙淙，游鱼可数。走过小溪，步行百余步，就到了这个古迹的头门。穿过竹林，略向西行，就是传说中王羲之曾在这里放鹅的"鹅池"。池的南首有《鹅池碑》，立于倚大树而建的三角亭下。碑上刻着"鹅池"两个大字，相传是王羲之的真迹，也有说是他儿子王献之的手笔。王羲之喜欢鹅，也常写"鹅"字。许多珍重羲之书法的人，往往只求他写一个"鹅"字，视同珍宝。至今新昌大佛寺还立着一块“鹅碑”，碑上刻着一丈见方的“鹅”字，据说就是当年王羲之为报答这个寺的和尚赠鹅而留下的墨宝。

王羲之好鹅，至今仍为当地人们传颂。他的爱鹅，虽不及林和靖的爱鹤如子，但也是爱护得无微不至。据说，有一次，一只鹅因误啄明珠而死了，他心里难过了好几天，还特地为它筑了一个“鹅冢”。王羲之所以爱鹅，主要是因为他从鹅颈圆浑的造型及自然有力的转动中领悟到书法运笔的道理。他作书全以圆笔中锋出之，势聚劲达，浑厚秀丽，骨在肉中，或许得益于他早晚放鹅而观赏不倦。说起鹅，这里附近的农民的确多有养鹅的，是否也有追怀这位古人的用意呢？鹅身洁白，加上一个醒目的丹顶，色彩纯朴鲜明，三五成群，放牧芳草间或嬉游碧波上，为这一带江南景色增添了不少诗情画意。

池上有石板小桥。沿假山行，就到了“流觞曲水轩”。这是兰亭整个布局的主体，轩宽敞，檐昂然，结构大方，四周绕有走廊，前面是石板铺设的平台。这一日，正所谓“天朗气清，惠风和畅”。环顾四周，真是好山水。“此地有崇山峻岭，茂林修竹，又有清流激湍，映带左右”。王羲之在集序中早就作了真切生动的描绘。王羲之就是在这里写下《兰亭集序》的。这个集序的书法，历代早有很高的艺术评价：和平简静，遒丽天成。字与字之间紧相呼应，行与行之间气势茂密，从整体着眼，所书全文廿八行，三百二十余字中，有二十个“之”字，写得无一相同，充分表现了艺术上多样统一的特色。后来，唐太宗李世民很喜爱“二王”（王羲之、王献之）的书法，他从王羲之的七世孙智永和尚的徒弟辩才手里拿到了《兰亭》真迹，并命当时的书法名家欧阳询、褚遂良、冯承素等摹写刻印多份，转赠给皇子和近臣。从此，王羲之的书法遂成为全国书体的正宗。可惜，这个真迹在唐太宗死时作为殉葬品陪葬了。好在后人翻刻的碑帖很多，约有五百种以上，才不致完全湮没。

轩的左旁是“曲水”，这是传说当年王羲之与好友集宴的地方。修禊之礼，原是临水洗濯以祓除不祥的意思，也是中国古代民间进行清洁卫生的一种活动。但王羲之辈的所为却在于“群贤毕至，少长咸集”，大家沿溪散列而坐，“流觞曲水”，一边饮酒，一边吟诗，举行文人的雅集以“畅叙幽情”。

“曲水”与“墨池”相毗邻。“墨池”在一个很大的院落中，一进门就可看到迎面矗立在池中的造型优美的“墨华亭”，南北以石桥与大门及池后的书厅相通。池的左右有长廊，墙上嵌着碑石数十方，都是古今文人名士颂扬王氏的题书。据传当时王羲之临池书写，写毕都要到池中洗笔砚，以致“池水尽黑”，所以名为“墨池”。

此外还有“兰亭碑亭”及“御碑亭”等景物。前者是古兰亭的遗址，后者是清朝康熙书《兰亭序》巨碑所在。碑身高三丈余，字秀劲，颇为可观。碑阴是乾隆手书的《兰亭即事一律》一首：“向慕山阴镜里行，清游得胜惬平生。风华自昔称佳地，觞咏于今纪盛名。竹重春烟偏澹荡，花迟禊日尚敷荣。临池留得龙跳法，聚讼千秋不易评。”字迹清俊，引人瞩目。

今年，绍兴文物管理委员会又在这里新辟了“兰亭陈列室”，展出了多种《兰亭》拓片，包括墨迹和书画。

兰亭古迹也已修缮一新，接待各地游客。

（署“大雁”笔名，与柳村合作，中国新闻社 1980 年 12 月采用）

贺知章的故里绍兴

少小离家老大回，乡音无改鬓毛衰。
儿童相见不相识，笑问客从何处来。

走在绍兴市内蕺山地区长永居的街道上，常常想起唐代诗人贺知章的名句来。

长永居，四面环水，古称“荷叶地”。这里有三条平行的街道，街名都有个出典：学士街是唐学士贺知章的故里，唐皇街过去供奉过手执玉如意的“唐明皇菩萨”（贺知章是唐明皇的宠臣），永福街因有永福庵（相传为贺知章祈求永福之所）而得名。这三条街都与贺知章的生平事迹有关，因而整个长永居，也就成了名胜地。

贺知章(695—744)，字季真，曾自号会稽逸老、山阴道士和四明狂客，越州永兴（今萧山）人。他于唐武则天证圣元年(695)三十六岁中进士。唐玄宗时，在长安做过秘书监、礼部侍郎等官（正三品朝官）。

贺知章善于作诗和写字。诗以绝句见长，清新通俗，自成一格，所作《回乡偶书》富有情味，传颂极广。贺知章的书法，也造诣很深，对草书、隶书尤为擅长。在当时，就有好事者供其笺翰，每纸不过五十字，共传宝之。《龙瑞宫记》题刻就是他晚年书法艺术的代表作品之一。此题刻为楷书，在绍兴著名古迹大禹陵山背后，土名叫飞来石的地方。字镌刻在一块很大的岩壁上，共分十二行，一百多字，旁有后人题跋考证。摩崖字迹至今犹明显可辨。

贺知章于八十多岁高龄时上表于唐明皇，乞为道士，唐明皇答应了，赐镜湖一曲，御制赠行，返归故里越州，住会稽城(今绍兴)内。学士街的“明真观”，相传就是贺知章居住过的地方。观外石板通道入口处，原矗立有高大的石碑坊一座，牌坊横梁上书着“唐学士贺公故里”七个大字，此坊是清代嘉庆年间建造的。现在“明真观”一带十分热闹，已成为绍兴市的文化区之一。绍兴市文物管理委员会还保存着一块著名教育家蔡元培撰文的《重修贺秘监祠记》碑刻(“秘监”为贺知章官名)。又据史籍记载:绍兴五云门外的“道士庄”是贺知章晚年的住宅(贺知章信奉道教，晚年就曾在这里“清静无为”地当道士，直至“羽化”)。后来他舍宅为观，唐明皇曾赐名“千秋观”。宋代改“天长观”。如今的“道士庄”遗址前面，一带长堤，一湾镜水，垂柳隔道，水天一色，成为游览胜地。

(中国新闻社 1980 年 12 月采用)

新昌大佛寺

新昌名迹寺，登览景偏幽。
僧向云根老，泉从石缝流。
寒钟鸣远汉，瑞像出层楼。
到此看无厌，天台觉懒游。

这是唐代大诗人李白赞浙江新昌大佛寺的一首诗。从新昌县城乘汽车往西南行约二公里，便来到巨岩嵯峨、翠竹环抱的江南古刹大佛寺。

大佛寺所在的山，叫南明山。南明山一名石城山，亦名隐山。山形如骆驼，下有宝石，人称“骆驼卸宝”。据《新昌县志》和刘勰所撰《梁建安王造剡山石城寺石像碑》等古籍记载，在东晋时昙光曾于此开山。至南朝齐武帝萧赜永明四年(486)，有个名叫“护”的和尚，夜宿山下，“闻钟磬仙乐之音，又时现佛像，炜烨可骇，由是启愿凿百尺弥勒像”。后来护和尚去世，护的徒弟淑、祐二和尚继承他的遗愿，继续凿岩造佛。直至梁武帝萧衍天监十二年(513)，佛像始毕功而成。“龛高一十一丈，广七丈，深五丈。佛身通高一十丈，座广五丈有六尺。其面自发际至颐，长一丈八尺，广亦如之。目长六尺三寸，眉长七尺五寸，耳长一丈二尺，鼻长五尺三寸，口广六尺二寸。从发际至顶高一丈三尺，指掌通长一丈二尺五寸，广六尺五寸，足亦如之。两膝加趺，相去四丈五尺。”如此高大精工的石刻造像，实为大江东南所罕见。此石弥勒佛像，虽历经沧桑一千四百六十多年，至今面貌依旧。

寺内的大雄宝殿，倚石窟而建，五进殿宇，金碧辉煌，极为壮观。红墙绿竹之中，藏有隐岳洞，洞畔有濯缨亭，亭左有一摩崖，上镌宋代朱熹所书“天柱屹然”四个行楷字。沿殿后九曲小路逶迤渐进，危岩壁立，陡如刀削，宽阔的岩壁上，历代名人题咏不绝，尤以宋代大书法家米芾（又名黻，字元章）所书“面壁”二字，更为惹人注目。

大佛寺前的放生池，双池相连，中贯长堤，碧波粼粼，明净如镜。离大佛寺一里之地，还有一处胜迹，叫作千佛岩，洞内石雕千佛，至今犹存。洞外桃树千百株，每逢春三月里，桃花盛开，游览少女，漫步桃林，真有“人面桃花相映红”之感。

（署“大雁”笔名，中国新闻社 1980 年 12 月采用）

绍兴过年风俗

绍兴人过旧历年是富有地方色彩的。每年跨进阴历腊月，家庭主妇们就忙碌起来，赶办年货，裹粽子、打鲞冻。粽子的形式，大都是底为三角，上面尖锐形，亦有于一个大粽子的旁边，再加上一个小粽子，叫作“抱儿粽”；其他裹作长方形的，叫作“横抱粽”。粽子，除了纯用精白糯米裹的以外，又有加着红枣、黑豆、栗子、火腿、豆沙和肉的。打鲞冻也是绍兴民间普遍的风俗，就是用白鲞炖肉，冷却后凝结成冻。正月里的所谓吃鲞冻肉饭，就是指这。

祝福，绍兴有两种：一种是冬福，在年内立春前举行；一种是春福，举行于新正立春之后。冬福是庆祝一年的收获，春福是祈求未来的吉祥。鲁迅先生家里——覆盆桥周氏，是祝冬福的。祝福之后，将牲礼分割，一家团食，谓之散福。

除夕，绍兴俗称大年夜，亦称三十夜，是“月穷岁尽之日”，家家户户都要“洒扫门间，去尘秽，净庭户”，贴春联。入夜，闹街僻巷响起了阵阵鞭炮声。家人们团聚一起，“围炉而坐，酌酒谈笑”，谓之“守岁”。辞岁之后，长辈就给儿童分“压岁钱”。

次日大年初一，亲朋好友之间，往来拜节，互贺新年之喜。此时的绍兴街头更是热闹非凡。从清道桥到大江桥的闹市区，车水马龙，游人似云。正月初一的早餐，绍兴人照例不吃饭和粥，吃的是糯米做的汤团。汤团普遍是甜的，但也有佐以豆瓣和咸菜的八宝菜，以及油煎的绿笋等。

绍兴旧时人家,还习惯于夏历新年悬挂其祖先的神像。悬挂的时间,则自旧岁的除夕日起,至新年的正月十八日止。

（中国新闻社 1981 年 1 月采用）

绍兴毡帽

读过鲁迅小说《故乡》和《阿Q正传》的中外读者,一到绍兴,就对书中的闰土和阿Q等人物头上戴过的毡帽,产生了兴趣。

最近日本新剧作活动家访华团一行访问绍兴,在国际旅行社绍兴支社内开设的工艺品小卖部,看到了绍兴毡帽,非常高兴,说这是阿Q常戴的帽子,一下子把陈列在柜窗里的毡帽全部买去。日本朋友戴着毡帽去绍兴农村参观,当他们看到田里干活的农民也戴着毡帽时,就兴致勃勃地邀请农民合影留念。

绍兴"潘万盛"店生产的毡帽,在清代就已盛行。绍兴农民说,潘万盛毡帽有许多优点:一是一年四季好戴,冬天带着暖和,夏天戴着不热;二是风雨不透,即使淋着瓢泼大雨,也不易湿到里层,因而碰到紧要关头,可以用毡帽去盛水或者打老酒;三是坚牢耐用,一顶毡帽至少可戴七八年,多至十几年。戴着毡帽去开山或盖房子,石子砖头弹到头上都不会出血。农村俗话道"掼不破的毡帽",看来确非虚传。正因为有这么多优点,所以过去凡是绍兴农民,只要是男的,从七岁到老年,都戴毡帽。

毡帽为啥那么牢?这还要从绍兴"潘万盛"毡帽的商标——"虎"牌说起。何以取名虎牌?据一代一代的毡帽师傅传下来说,制毡的祖师,不是哪一个人,而是老虎。早先,老虎把羊拖到山洞里吃掉,吃剩下来的羊毛,随它堆在窝里。羊吃多了,羊毛堆得厚了,老虎身子又是那么重,就像垫褥被压,时间一长,羊毛与羊毛结成了毡毯。当农民把老虎的垫褥拉出来，怎么也拉不断了。这第一条血红的毡毯的发现，使人们悟出了“羊毛打结，千斤之力”的道理，才开始生产毡。当然，做绍兴毡帽比做毡毯还要难得多。从拣羊毛、倒耘、堆实、喷水、拌泥、去油、上帘，到捏坯子、车坯子、套圆盔、晒燥、剃毛，再到淘锅开煎、染色、上浆、弹毛，前后足有三十来道工序。潘万盛毡帽取的是纯粹羊毛，染的是树果汁液，施的是传统技艺，真称得上“只此一家，别无分设。甲级清水，货真价实”。

现在“潘万盛”百年老店，仍开设在绍兴市内，而且生意越做越兴旺。

（署“大雁”笔名，中国新闻社 1981 年 4 月采用）

浙江名茶赞

茶叶界有句老话:"茶叶做到老,名茶识不了。"

中国是茶叶的原产地之一。翻开茶叶史料,看看名茶著录,宛如进入百花世界,万紫千红,琳琅满目,千姿百态,应有尽有。这里谈一谈浙江名茶见闻,以飨读者。

杭州龙井茶:西湖风光美,龙井名茶佳。龙井茶,向以"色翠、香郁、味醇、形美"四绝著称中外,它"淡而远""香而清",别具一格,因此人们称它为"真善美"茶。如果用古人的诗句"自古佳茗似佳人"来形容,那是再恰当没有的了。据说清朝乾隆皇帝下江南时,就曾到杭州狮峰下的胡公庙品饮龙井茶,饮后赞不绝口,立即将庙前十八棵茶树,封为"御茶"。乾隆并曾亲书《观采茶作歌》一首以记之。自乾隆以后,历经茶农辛勤培育,龙井茶品质越来越高。龙井茶区人民梦寐以求的高山水利化、茶园梯磡化、炒茶电气化、运输机械化的理想,业已变成现实。龙井茶的产量也比解放前提高了将近四倍。1958 年创建的中国农业科学院茶叶研究所,就设在龙井茶区。茶叶研究所建立了"茶树品种园",搜集和保存了国内外一百多个珍贵的茶树品种。如今,到杭州参观访问的国际友人和港澳同胞,也常常去龙井品尝名茶。

云和惠明茶:惠明茶,产于浙江南部山区的云和县(原景宁县)。1915 年,在巴拿马举行的万国博览会上,惠明茶荣获了"金质奖章"和"一等证书",从而驰名遐迩,声震五洲。《惠明寺茶歌》中说:"敕木峰高插苍旻，南泉列岫排嶙峋。古柏老松何足数，山中茶树殊超伦。”“高山出好茶”，自是有来历的。近几年，惠明茶已完全恢复珍品生产，并于 1978 年冬季，参加广交会，获得外商好评。中外人士一致认为：惠明茶茶条肥壮紧结，色泽翠绿，毫显，汤色清澈明净，旗枪朵朵排列，滋味甘醇爽口，花香果香齐全。一杯淡，二杯鲜，三杯甘又醇，四杯五杯茶韵犹存，堪称茶中极品。

绍兴日铸茶：日铸茶，产于绍兴东南会稽山脉的日铸岭。这里阳坡朝暮有日，漫山遍布茂密茶蓬，古诗说：“侬家家住万山中，村北村南尽树丛。”就是它的写照。日铸茶在唐宋就已盛名远扬，欧阳修著《归田录》云：“草茶盛于两浙，两浙之品，日注为第一。”当时它已与贡茶“蒙山雀舌”媲美。明、清两朝更将平水王化的一个山岙辟为“御茶湾”，每年要选手巧的采茶姑娘，亲手采制特级日铸茶，以进贡朝廷。日铸茶，亦称日注茶，“珠”“注”同音，如今闻名全球的“绍兴平水珠茶”，就是由日铸茶长期发展而来的。新中国成立后，珠茶生产日益壮大。在绍兴城内的塔山下和缪家桥，新建了大规模的现代化茶厂，现在平均每一分钟就能生产精茶一担。珠茶产品不但畅销全国，还远销美国、摩洛哥、叙利亚、突尼斯、阿尔及利亚、埃及、苏丹、也门、阿富汗、意大利、比利时、瑞典、乌拉圭、罗马尼亚、英国、法国等五十几个国家。

雁荡毛峰茶：乐清县雁荡山，为中国东南景色瑰丽的名山之一。雁荡山所产的毛峰茶，在宋朝就已出名。宋梅尧臣的《颖公遗碧霄峰茗》诗：“到山春已晚，何更有新茶。峰顶应多雨，天寒始发芽。采时林狖静，蒸处石泉嘉。持作衣囊秘，分来五柳家。”就是历史见证。相传昔时，雁荡山茶树生长在绝壁峭立的高处，人工难以采摘，只有驯服猿猴才能上岩采下，所以叫作“猴茶”。这种茶树终年受雨露滋润，吸收岩隙有效矿质营养，茗味佳绝，被视为珍品，惜不易多得。现在的雁荡山毛峰茶，主要产于能仁寺的龙湫背、斗蟋涧、火仙铳等处，茶树旺茂，品质极优。雁荡山，近年已被列为新开放的旅游区，真是“游览雁荡名胜，品饮雁荡名茶，二者兼美，其乐无穷”了。

湖州紫笋茶：在中国名茶中，最早享有盛名的，当推湖州的紫帘开。“牡丹花笑金钿动，传奏吴兴紫笋来。”这是唐朝诗人张文规描绘湖州紫笋茶进贡宫廷的情景诗。紫笋茶产于长兴顾渚山，以其色紫而形似笋，故名。唐时采制紫笋茶盛况，好似正月闹元宵一样，顾渚山头人山人海。唐贞元年间，顾渚山谷制茶工匠有千余人，采茶役工三万人。山上并建有“境会亭”，以接待附近官吏。唐代诗人白乐天在苏州做官时，有诗句以赞此景：“遥闻境会茶山夜，珠翠歌钟俱绕身。盘下中分两州界，灯前合作一家春。”近年来，茶叶科学工作者曾多次观察顾渚山茶树的生物学特性。认为这种茶的嫩梗是红色的，叶长而尖，茶芽肥壮而带白色，正如苏东坡所说的“顾渚茶芽白于齿”。用开水沏泡紫笋茶，茶味鲜醇而回味带甜，是一种大有发展前途的好茶品。现在，顾渚山区茶农正在进一步研讨紫笋茶的栽培和采制技术，以使这一古老名茶重新焕发青春。

普陀山佛茶：普陀山与九华山、峨眉山、五台山同为中国佛教的四大名山。该山相传为观音大士道场，俗称南海。山上产一名茶，叫作“佛茶”。据民国《定海县志》记载，这里的茶叶可以治愈“肺痈血痢”，但产量甚少。“佛茶”形状似圆非圆，似眉非眉，近似蝌蚪之状。因此，“佛茶”在有的史料中也叫“凤尾茶”。过去，普陀“佛茶”，大多只为寺院僧侣用来接待或馈赠大施主和显赫的贵客。解放后，这里恢复和发展了“佛茶”茶园，并兴建了茶厂，产量比过去已增长了近十倍。现在去游览普陀名胜的人，也可以自由买到小盒精装的“佛茶”。

（署“周大雁”笔名，中国新闻社 1981 年 4 月采用；署“楚舒”笔名，载海外《采风》报 1981 年 4 月 21 日）

茅盾二三事

茅盾是中国现代文学巨匠之一，清光绪二十二年丙申五月二十五日(1896年7月5日)生于浙江省桐乡县乌镇。乌镇是一个历史悠久的古镇。清王朝在乌镇设驻防同知。据茅盾回忆说："同知衙门有东西辕门，大堂上一副对联是'屏藩两浙，控制三吴'，宛然是两江总督衙门的气派。"镇上古迹之一有唐代银杏，至今尚存，须四个成年人合抱，才围得住树身。茅盾为故乡写的一首《西江月》词中就有两句："唐代银杏宛在，昭明书室依稀。"

茅盾于1913年夏，毕业于杭州私立安定中学，为了报考北京大学预科，他离别了故乡。在二十世纪二三十年代，茅盾还间或回家乡探望母亲，而1940年母亲的去世，终于切断了他与故乡连接的纽带。茅盾自己说过："解放后，故乡日新月异，喜报频传。每当我从故乡来人的口中听到这些消息，总想回去看看，可又总是受到各种意外的干扰，其中就有'文化大革命'的'十年浩劫'。然而，漫长的岁月和迢迢千里的远隔，从未遮断我的乡思。"他又说过："浙江是个物产丰富，风景秀丽，人才辈出的地方。虽然我仅仅在那里度过了青少年时代，却深深地怀念它！"

茅盾姓沈，原名德鸿，字谳冰。这都是他祖父给取的。而到1917年1月20日在《学生》杂志第四卷第一号上发表译作《三百年后孵化之卵》时，他才自己改字"雁冰"。他还别名"玄珠"，出自《庄子·天地》："黄帝游于赤水之北，登于昆仑之丘，南望，还归，遗其玄珠。"又名"雁宾"，系由“雁冰”变化而来。取“鸿雁来宾”之义。他于1928年7月至1930年4月避难日本时,用过“方保宗”假名;从日本回国后,又用过“沈仲方”假名。抗日战争前,他在上海租房子时,在房票上填的是“沈明甫”假名,所以那时的《鲁迅日记》上,常常出现与“明甫”往来的记载。他在赠送友人书籍时,还曾取“雁冰”二字英译的第一个字母,署名“YP”,并署过“冰”字的古体“仌”。他又署过“玄”,见1938年8月28日写的“关于谈出版文化”的信末署名。并署“盾”,见1939年2月1日《鲁迅风》第四期《乱离中的作家书简:茅盾致若君书》信末署名。他更署过“世珍”,系借用夫人孔德祉的原名;署过“沈霞”,借用女儿的学名。

至于“茅盾”这个笔名的来历,据茅盾给艾扬的信中说,因当时社会上矛盾很多,自己思想上也有矛盾,故他写长篇小说《幻灭》时,就在原稿上署名“矛盾”,用以“讽刺别人也嘲笑自己”。但当《幻灭》在1927年9月10日出版的《小说月报》第十八卷第九号上发表时,《小说月报》的编辑叶圣陶,觉得这二字不像一个姓名,乃在矛字上加了一个草头,成为“茅盾”,这就成为他日后经常署用的震动文坛的笔名。

（署“大雁”笔名,中国新闻社1981年4月采用）

鲁迅在绍兴的家居生活

辛亥革命前后，鲁迅先生在绍兴教书时，星期六晚上一般都是回到家里来睡的，寒假、暑假也是在家里住。每次鲁迅从学校回到家中，总是先走到母亲的房间门口，亲切地喊声："娘！"声音十分爽朗响亮。然后跨进房间门，坐在靠铜面盆的椅子上，和母亲谈时事、讲新闻，有时讲绍兴都督王金发如何如何，老太太蛮有兴致地听着。说完了话，老太太说："休息去吧，老大！"这样鲁迅才到自己的房里去休息。

晚上，鲁迅睡得很迟。一个人在房间里点盏煤油灯看书、改簿本、写文章，常常到凌晨一两点钟不睏觉。鲁迅爱吸"翠鸟牌"香烟，十支装的，三个铜板一盒，盒面青绿色，像冬青叶子的颜色，上面画有一只彩色的鸟。鲁迅喝茶，爱用龙井茶叶，泡得很浓，晚上总要喝几盏振振精神。鲁迅有时也喝点绍兴老酒，但稍饮一些就脸红。鲁迅吃饭吃菜不讲究，有啥吃啥。鲁迅还喜欢吃一种叫"马尔顿"的水果糖，四个角子一瓶，糖为圆形，五颜六色，一瓶糖吃一个星期，这种糖只有绍兴上大路教育会馆对面的一爿店里才买得到。

鲁迅先生穿的衣裳是布做的，鞋子也是布面的，刚从日本回来的时候穿皮鞋，袜一般是着黑色的，有时也穿咖啡色的袜。有一次，老太太给鲁迅买来一块布、一块绸，准备做一件袍子。正待裁剪的时候，鲁迅回来了。老太太把衣料拿给他看。鲁迅问母亲："哪块做袍面？哪块做袍里？"老太太说："绸子的做面，布做里子。"鲁迅说："这样不好。还是布的做面，绸的做里。”母亲说：“调过来做，穿出去难看。”鲁迅说：“咦，穿衣服讲实惠，哪里是给人家好看的！”说完，母子俩都笑了，母亲点点头表示同意。

鲁迅平常也不差拨人。早晨，在鲁迅家帮工的王鹤照给打洗脸水去，鲁迅总是说：“鹤照，随便些，我自来！”有一次，鹤照与鲁迅三弟周建人在小堂前下象棋，歇了一歇，鲁迅二弟周作人来帮建人，鹤照输了，赌气管自走开。这时刚巧被鲁迅看见，他微笑说：“鹤照，棋输了，发脾气了？”王鹤照听了鲁迅先生的话，想想发脾气也不对，棋着输了，就应该再来嘛！这件事直至几十年后王鹤照老人还记得清楚。他对我说：“鲁迅先生总是这样平易近人，一点也没有架子。”

（中国新闻社 1981 年 6 月采用）

阿Q的“模特儿”
——谢阿桂

鲁迅先生的《阿Q正传》问世后,曾触动了当时某些人的神经,许多名士惶惶然,自动对号,以为有所影射。其实,阿Q在绍兴是实有其人的。

为纪念鲁迅先生诞生一百周年,鲁迅的名著《阿Q正传》将由上海电影制片厂搬上银幕。关于阿Q的“模特儿”,鲁迅故家的老工友王鹤照老伯伯曾对我讲过。

王老伯说:“辛亥革命前几年,在鲁迅故家新台门里打短工的,有谢阿富、阿桂两兄弟。阿桂原先人蛮好,也很老实。鲁迅先生从日本回来时,他已住在塔子桥头的土谷祠里了,做小偷,还常与别人揪着辫子打架,衣服当掉去戏赌。阿桂还常弄弄辫子胡说乱讲:‘辫子甩一甩,人要死一万!’‘辫子翘一翘,人要死多少。’有一天晚上,阿桂从西面隔壁梁家台门的砖墙缺口,爬到新台门里偷东西。鲁迅听见有人喊:‘有贼!有贼!’就从床上爬起来,推开窗门看看,这时阿桂正翻墙逃出,鲁迅就指指说:‘你阿桂!你阿桂!’当时鲁迅先生看了他被旧社会折磨成这般光景,十分感慨!”

王老伯又说:“辛亥年八月十九日(1911年10月10日)武昌起义,不久杭州光复,胜利消息传到绍兴,谢阿桂也飘飘然高兴极了。‘得得,锵锵,得锵令锵!’他边唱边走出了土谷祠,到热闹的东昌坊十字路口,他竟情不自禁地嚷了起来:‘好了!好了!到明朝(读‘早’),房子也有哉,老婆也有哉,白米饭也有得吃了……’嚷完,他又‘得得,锵锵,得得锵’

地到大街上去了。谢阿桂的嚷嚷,当时也颇引起人们的注意,特别是傅盛记米店的老板还大为吃惊呢。但不久,这事也就成为过去了。”

王老与我说时,虽年已古稀,但他经过自学,已能看鲁迅的《阿Q正传》了。他说:“现在我看《阿Q正传》,总觉得阿Q与谢阿桂似乎有点相像。这阿桂或许就是鲁迅酝酿创作‘阿Q’这个艺术形象时的原始素材吧!”

还有,读过《阿Q正传》的人会记得,阿Q嘴边常挂一句戏词“手执钢鞭将你打”。这一句唱词,据王鹤照老伯说,它出自绍剧《龙虎斗》一戏。那是当宋朝开国皇帝赵匡胤被一个十一岁的娃娃呼延赞杀得落花流水的时候,两个人对唱的:

赵:小将啊!
你若保寡人还朝转,
我与你江山四六分!
呼:不要!
赵:我与你江山平分?
呼:不要!
赵:罢,罢,罢,你做君来我做臣!
呼:不要!
不要,不要,三不要!
只要昏君命一条!
手执钢鞭将你打,
打死昏君抵父命。

再,阿Q另一句爱唱的戏词“悔不该,酒醉错斩了郑贤弟”,也出自绍兴流行的地方戏《龙虎斗》。郑贤弟,指赵匡胤手下的猛将郑子明。

(中国新闻社 1981 年 6 月采用)

绍兴与鲁迅

绍兴是中国的名城。“行山阴道上,千岩竞秀,万壑争流,令人应接不暇。”城里的大善塔,据说是一千四百七十多年前南朝梁武帝时的遗物。远在春秋战国时代,绍兴就是越国的都城。据地理学家考证,绍兴城的前身,即是公元前490年(越王勾践七年)建筑的山阴小城,它是利用一片沼泽平原上的大小九个孤丘而建立起来的。故明末散文大家张岱就曾著文说,绍兴城内不但水巷密如蛛网,而且也还有卧龙、戒珠、怪山、白马、彭山、火珠、鲍郎、峨眉、黄琢等九座山呢!卧龙山(绍兴俗名“府山”)是九山中最大的一座,方圆数里,现已开辟为“龙山公园”。

绍兴,这个文化古城,是历代名人辈出的地方。如“八年于外,三过其门而不入”的治水英雄大禹,“十年生聚,十年教训”、卧薪尝胆、发愤图强的勾践、范蠡和文种,汉代的哲学家王充,晋代的书法大家王羲之,唐代的著名诗人贺知章,南宋杰出的爱国诗人陆游,明代的大书画家徐渭,辛亥革命的先烈徐锡麟、陶成章和中国第一个为民主革命而牺牲的女英雄秋瑾,以及著名的教育学家蔡元培,等等。现在绍兴还保留着许多关于他们的遗迹。当然,绍兴今天最吸引人们的,还因为它是鲁迅先生的故乡。

在东昌坊口,一眼就可以看到一座花砖青瓦、飞檐翘角、宽敞明丽、雄伟庄严的新建筑,这就是“绍兴鲁迅纪念馆”。

绍兴是鲁迅童年和少年时期活动的中心,也是他后来许多作品所取材的地点。《朝花夕拾》中的“S城”,《呐喊》《彷徨》中的“鲁镇”,就是指的这个地方。

新台门鲁迅故居在鲁迅路二〇八号。从绍兴鲁迅纪念馆西侧的一座临街双扇黑油石库门进去,穿过一条长廊,便是“桂花明堂”。这天井里有一株茂盛的金桂,夏夜,幼年的鲁迅躺在小板桌上听祖母讲《猫是老虎的师父》《水漫金山》和《洪秀全军》的故事,便在这里。从“桂花明堂”进去,就看到两间旧式狭小的楼房,前面是一方块石板天井。楼下西边一间是鲁迅祖母和鲁迅小时的保姆“长妈妈”住的。东边一间用木板隔作前后两个半间,前半间按照绍兴俗例叫“小堂前”,是全家吃饭、会客的地方。后半间是鲁迅母亲的卧室,一张鲁迅母亲睡过的床,还是原物,紫红色的床架上雕着古朴的花纹。1881年9月25日(旧历八月初三),鲁迅就诞生在这张床上。床旁边鲁迅少年时候藏书的红色皮箱是配置的。鲁迅母亲很喜欢晚上临睡前,点起蜡烛放在“被桥板”上,戴了眼镜躺在床上看书。鲁迅在《自传》里写道:“母亲姓鲁,乡下人,她以自修得到能够看书的学力。”1919年,鲁迅从北京回来搬家,也正是在母亲房间里和“闰土”相会,使他忆起从前和少年闰土的纯真诚挚的友谊,他也是在这里感到中年闰土和自己之间隔了一层可悲的“厚障壁”。后来鲁迅为自己和闰土的下一代,期望着有新的生活而离别了故乡,告别了闰土,不久便发表了著名的小说《故乡》。

从鲁迅母亲卧室出来,穿过灶间外面的向北通道,出后门便是少年鲁迅的自由天地——百草园了。百草园还是原来的面貌,靠西的半截泥墙是当年遗物,镌着“梁界”二字的一块界石还镶嵌在泥墙的尽头。泥墙根一带,仍然有无限的乐趣,油蛉在这里低唱,蟋蟀们在这里弹琴。翻开断砖来,有时仍会遇见蜈蚣;还有斑蝥,倘若用手指按住它的脊梁,便会“啪”的一声,从后窍喷出一阵烟雾。

从新台门出来,向东迈上百步,经过一道石桥,就是鲁迅幼年的读书处——三味书屋了。正如鲁迅回忆所写的那样:“从一扇黑油的竹门进去，第三间是书房。中间挂着一块匾道：三味书屋；匾下面是一幅画，画着一只很肥大的梅花鹿伏在古树下。”书屋正中是寿镜吾老师的书桌，八仙桌上放着寿老先生的十分工整的手抄本：《唐诗》和《杂选本快笔》。寿老先生是一位性格耿直、很有骨气的人。屋子里，学生的座位一共有十一个；鲁迅的座位在东北角墙下，是一张带抽屉的长方形桌子，桌子后面放着一把略嫌低些的椅子。桌子上放着两本《孟子》、一个铜墨盒、一支上镌“真老卜鹤汀精选双料十里红”字样的毛笔。这儿光线很暗，空气也显得潮湿。但在这样的环境里，鲁迅仍然勤奋好学，以惊人的成绩博得老师的称赞、同学的羡慕。

三味书屋后面有一个很小的花园，是孩子们最好玩的地方。鲁迅在《朝花夕拾》里记述道：“三味书屋后面也有一个园，虽然小，但在那里也可以爬上花坛去折蜡梅花，在地上或桂花树上寻蝉蜕。”现在这些景物依然如故，花坛上的蜡梅还是原物，枝干杈丫已快伸过东墙。每逢寒冬腊月，花开得非常茂盛，香气四溢。上午九十点钟的时候，看花最好。冬天到这里参观的国际友人，最喜爱在蜡梅花下摄影留念。

（中国新闻社 1981 年 6 月采用）

阿Q与地保

鲁迅先生的名著《阿Q正传》里，几处写到了狐假虎威的地保。如：

然而地保进来了。“阿Q，你的妈妈的！你连赵家的用人都调戏起来，简直是造反。害得我晚上没有睡觉，你的妈妈的！”如是云云的教训了一通，阿Q自然没有话。临末，因为在晚上，应该送地保加倍酒钱四百文，阿Q正没有现钱，便用一顶毡帽做抵押，并且订定了五条件……

明、清两代，绍兴城里地区划分得最小的是坊。鲁迅先生出生的地方，叫都昌坊，也叫东陶坊、东昌坊。每坊设有一个地保，当时东昌坊的地保，名叫春荣，是个无赖，鸦片不离嘴，人们管他叫“乌烟鬼”。他常常和住在土谷祠里的谢阿桂（阿Q的模特儿）为难，从谢阿桂那里榨取钱财。然而看见绍兴府和山阴、会稽两县官员路过东昌坊，则不分大小，总是高声大喊：“东陶坊地总跪接大老爷！”恐怕轿里的老爷听不见，他还常常是接连不断地喊，有时错喊成：“大老爷跪接地总！”便挨一顿臭骂，还要拉倒打屁股！

地保，相当于古代的里正、亭长、地甲、保正。他管理全坊的公众事项，像水陆交通、迷路小孩、路尸、遗物、风化、治安、公共卫生、坊民纠纷……范围很广。凡民间往衙门告状，县老爷批示里总是说：“着该坊地保理处。”坊民争吵，由地保排解，称为“投地保”。地保生财有道，除过年挨户分发“时宪书”（即历书），端午分雄黄，加倍勒索钱钞外，每逢人家婚丧喜庆，他就备二百铜钿，红纸包包，送上门去，作为礼金。主人总说不敢当，分文未收，反而得回赠他一封铜钿，并请他白吃一顿酒饭。因此，有人说，地保好比一口钟，一碰着就要响。

地保，是由坊内乡绅保荐，官家据保荐的人指派。他的饭碗掌握在坊绅之手，万一对坊绅差唤不小心，绅士就拿起笔来写成一封八行书，送往县衙门，立刻会把地保撤换。因此地保在官绅面前，总是百依百顺，一副奴才相。

（中国新闻社 1981 年 7 月采用）

绍兴整修秋瑾烈士纪念碑

辛亥革命时期著名烈士“鉴湖女侠”秋瑾纪念碑,矗立在绍兴市中心的古轩亭口。此地为秋瑾女侠1907年7月15日就义遗址。纪念碑建于1929年。1930年,由蔡元培作记,三原于右任作书。可惜原碑于“十年动乱”期间被毁。今年,绍兴市人民政府为纪念辛亥革命七十周年,已于五月间动工整修,根据原拓片,聘请金石能手重镌蔡元培作记、于右任作书之碑文。

碑文曰:

中华民国十六年春,国民革命军戡定浙江,士庶欢乐。追念成功所自,莫不歌颂诸先烈之首犯大难,有以启之。而吾乡先烈,自徐先生锡麟、陶先生成章而后,以秋先生瑾为最著。民国之初,徐先生祠于西郭,陶先生祠于东湖,各有瞻仰之所。惟秋先生迄无表章,隆礼阙然。于是邑人王君世裕等,慨念兴起,议建祠筑亭,永昭功烈;具状政府言其事,并请款。会中央有不立专祠之决议,旋奉国民政府令,依内政部议,准建风雨亭及纪念碑,其经费由省政府会县估定筹拨。令既下,邑人之心大慰。乃遂相度地势,众意咸谓轩亭口为先生正命之地,宜建纪念碑;卧龙山之巅近西南处,可下瞰当年先生拘系之典史署,宜建风雨亭。鸠工庀材,不日成事。亭取“秋雨秋风”之句以为名。咏其诗,想见其为人,流连凭吊,情不自已。而轩亭口人烟稠密,往来肩摩,睹纪念碑之矗立,尤足以感动群情,廉顽立懦,盖必有后人继起建设,而先烈之勇往牺牲始不虚。然则是碑与亭,固为革命缔造之光,实以群众兴奋之剂，宜与徐陶纪念鼎分辉映云。十九年三月蔡元培记，三原于右任书。

据当年目睹秋瑾就义的老人说，清光绪三十三年丁未六月初六(1907年7月15日)清晨，天还没有亮，忽然监押秋瑾的牢门外人声汹汹，有人急骤地打门。禁婆开门一看，见清兵持枪列队，如临大敌。她知道这是要砍杀重罪犯了。禁婆见了秋瑾，不禁身子发抖。秋瑾见她这个模样，镇静地说："我一切都明白了，你不要怕！"秋瑾站着凝神思索了片刻，便沉着地离开牢房，昂头挺胸，拖着铁镣，直向横街走去。到了轩亭口，秋瑾从容地对狱官说："你们可以砍我的头，把我粉身碎骨，但是你们不能杀尽天下的革命党，不能挽回已失的公道人心。我中国四万万同胞，一定要实现自由平等……"这时，绍兴轩亭丁字街口，警戒森严，虎狼成群，警犬四伏，夜色朦胧……秋瑾烈士被残暴的清兵砍杀了。革命者的鲜血染红了行刑石，烈士的英气直贯九重霄。

秋瑾烈士被害的消息，激起了广大人民的震怒，全国、全世界的公正舆论强烈谴责清政府的暴行，很多留欧、留日的中国学生团体纷纷发电表示强烈抗议。在那黑暗岁月里，许多革命者和秋瑾的生前好友，曾冲破重重阻力，冒着杀头坐牢的风险，把秋瑾烈士的遗体收殓在一口白木棺材里，安放在府山脚下。之后，又从绍兴移到杭州，从杭州移到湖南，最后又迁离湖南，安葬在杭州市内。据记载，移尸安葬的那一天，人民群众沿街瞻仰和参加葬礼的有一万多人。

(署"周大雁"笔名，中国新闻社1981年7月采用)

暑天话李

李，一名嘉庆子，为中国夏季水果的一种。因各地品种不同，李子成熟期有早有迟，一般上市时间约在小暑前后开始至大暑前后结束。李子产区分布于江苏、浙江、山东、山西等省，真有"桃李满天下"的样子。南北品种众多，如徐州所产的桂花李，溧阳所产的嘉庆李，都很有名。但最好的李子却都产于浙江省，宁波金塘所产的一般称金塘李，个子大，青皮红肉，汁多味甜，有里水红或西瓜李之称。此外嘉兴所产槜李（亦称醉李），更为李中珍品。

槜李产于嘉兴桐乡，又称桐乡李。它最早产在嘉兴新篁净相寺一带，至春秋战国时代，屠甸、桃园一带种植槜李已很普遍，据清朝王逢辰所著《槜李谱》记述，在吴、越交战之时，越国陈兵石门，筑城拒吴。当时盛产槜李的桃园，亦筑土城，即历史上有名的"槜李城"。

槜李现产于桐乡县的城南乡及百花乡间的"桃园头"，即古战场槜李城遗址一带。据说离此稍远，其味即逊，大约水土不同的缘故，槜李非常"娇生惯养"，一般要嫁接后六七年方能结实，十年外的结实渐多，二十年后逐渐衰退。同时，在盛花期和结实期，它还怕风、怕雨、怕雾。为了克服这些弱点，"桃园头"的农民通常都把槜李种植在别的李树中间。

槜李果形圆而微扁，蒂短底平，皮色殷红，密缀黄点，取食最宜于摘下后约贮一二天，视其红晕透彻，鲜润如琥珀，则恰到好处。槜李的特点是皮薄、浆多、核小，食时可于皮上开一小孔，一吸而尽，味甘洌，并带酒香。

槜李还有一个特别的标记，就是每个果子顶端有一条指纹般的裂痕。据说当年吴王夫差宠妃西施爱吃槜李，吃前她每每用手指在槜李上掐一下，从此便留下了这种痕迹。当然这是无稽之谈，据植物学家研究分析，这种“槜李痕”是花萼黏附在果皮上形成的。

李子含有较多的铁质；含维生素乙又特别多，约为桃子的三倍；还含有苹果酸、蔗糖、钙盐、铁盐等物质。除夏日当水果食用外，一般都加工成蜜饯或李脯，或晒成李干。李干大部分出口外销，深受港澳同胞和南洋华侨的喜爱。

（署“大雁”笔名，中国新闻社 1981 年 7 月采用）

平湖和海宁的西瓜

西瓜，味甜而汁多。在夏日炎炎、热汗涔涔之际，打开一个西瓜，便会闻到阵阵清香，吃上几口，顿觉暑消热散，神清气爽。

据说，西瓜原产非洲。四千多年前，埃及人就在尼罗河畔种植西瓜。但是，1959 年浙江文物工作者在杭州水亩坂发掘新石器时代遗址时，发掘出西瓜等化石，证实中国种植西瓜的历史比埃及还早。

中国西瓜，以山东德州的喇嘛瓜、河南开封的朱砂红瓜、浙江平湖和海宁的西瓜，为最著名。

海宁西瓜具有瓜皮薄、糖分高、上口鲜，瓜体结实，便于运输和贮存等优点，因此很受中外人士的欢迎。相传清朝乾隆皇帝游江南至海宁，大学士陈元龙（海宁旧治盐官人，人称陈阁老）将海宁西瓜敬献给乾隆品尝，乾隆食之大为赞赏，从此海宁西瓜便成了年年进贡的贡品。

平湖西瓜汁多脆甜，素有“江南第一瓜”之称，它除供应内地市场外，还远销香港和南洋一带。

平湖西瓜，有马铃瓜、三白瓜、滨瓜、桃红瓜、解放瓜等。其中以马铃瓜为最好，皮色乌青，滋味蜜甜，形同橄榄，又像枕头，因此又有“橄榄马铃”和“枕头瓜”之称。

平湖“枕头瓜”，以产于平湖县南门外的曹兑、胜利、港中三地为最好。以前上海瓜商都以“真正南门外平湖西瓜”招徕顾客。“枕头瓜”中有一种瓜瓤火黄色的，称为“老虎黄西瓜”，味更甜美，为平湖西瓜中的极品。

（署“大雁”笔名，中国新闻社 1981 年 7 月采用）

1958 年 2 月 16 日，周芾棠在绍兴大禹陵留影（摄影：柯灵）

1958 年春节，周芾棠（前排右 1）牵头组织的绍兴市第一个鲁迅学习小组在绍兴鲁迅纪念馆百草园活动合影

绍兴整修长庆寺

长庆寺在绍兴城南塔子桥头，旧为“绍兴八大寺”之一，建于宋代，已有七百多年的历史。鲁迅先生的名作《我的第一个师父》(《且介亭杂文末编》)里写的“龙师父”，就是这寺的住持。寺离开新台门周家不远，出门向西，走到都昌坊口，转弯向北，再走几十步就到了。长庆寺于“文化大革命”期间被毁。今年9月25日，是鲁迅先生诞生一百周年纪念日，绍兴市人民政府根据各方意见，于6月间动工修复长庆寺，现寺外路亭已恢复原貌。飞檐翘角，精巧玲珑。寺院山墙、大门，也均已修复旧观，并于8月10日挂上了长庆寺横匾。匾高八十厘米，宽二百零五厘米，朱红底板上，写着“长庆寺”三个金色楷书大字，极惹游人注目。悬挂横匾当天，浙江电视台拍摄了新闻纪录片，参观者人山人海，道路为之堵塞。

鲁迅先生在周家是长男，据当时绍兴的一种迷信习俗，父亲怕他养不大，不到一岁，就把他抱到长庆寺里，拜了一位和尚为师，并取了一个法名叫作“长根”。鲁迅先生的作品里则写作“长庚”。和尚赠给鲁迅先生一件用橄榄形的各色小绸片缝缀而成的“百家衣”，还有一条称为“牛绳”的东西，上挂历本、镜子、银筛之类，据说是可以“辟邪”的。鲁迅的师父法名叫龙祖，又名“正贤”。人们都称他“龙师父”。龙师父会行医，内科、外科、小儿科都来得，是当时绍兴城里赫赫有名的挂牌医生。贫困人家到他那里诊病，他从来不收诊费，两次三次来看，也不嫌麻烦。左邻右舍有病，还常常亲自上门。当时谢阿桂(“阿Q”的模特儿)住在长庆寺对面的土谷祠里，非常穷困，病倒的时候，龙师父也免费给他看病，并出钱为他撮药。

龙师父玩弄乐器也很有才能，锣鼓、胡琴、琵琶，样样都很精通。每次小和尚学戏，总是他做的“后场头”（即乐器伴奏）。

龙师父送给鲁迅一个镌着“三宝弟子法名长根”八个字的银八卦，鲁迅幼年佩戴过，也已由鲁迅先生的夫人许广平女士于 1956 年赠给绍兴鲁迅纪念馆珍藏。

（中国新闻社 1981 年 8 月采用）

鲁迅小说中的绍兴风貌

孔乙己·咸亨酒店·绍兴酒

凡读过鲁迅小说《孔乙己》的人，都不会忘记孔乙己经常去喝酒的那爿“咸亨酒店”——曲尺形的大柜台，别致的温酒方式，下酒的茴香豆。

咸亨酒店真的有过。当年，在鲁迅故家绍兴新台门的东昌坊口，就有一家“咸亨酒店”。今年为纪念鲁迅先生诞生一百周年，接待国内外来客，此店正按原貌恢复之中。古人有“品物咸亨”之说，用“咸亨”作为店号，是取其通达顺利的意思。这爿咸亨酒店，双间店面，坐南朝北，是鲁迅的远房本家开的。而且也真的有个像孔乙己这样的人去喝酒，此人的绰号叫“孟夫子”。他读过书，但终于没有进学（中秀才），又不会营生，以至穷得几乎讨饭。他替人家抄书，可是因喜欢喝酒，有时候连书籍纸笔都卖掉了。穷极时，他混进书房里去偷书，当场被人抓住，他便说：“窃书不能算偷……窃书！……读书人的事，能算偷么？”当他在咸亨酒店受人嘲笑时，他也说过“君子固穷”“多乎哉？不多也”等一些《论语》上的话，引得满堂哄笑。许钦文老先生说，这个“孟夫子”，可能就是孔乙己的“模特儿”！

绍兴是驰名中外的酒乡，醇厚的绍兴老酒，醉倒过多少天涯人。绍兴乡下的农民，差不多都会做酒。特别是丰年，几乎家家都有酒缸。而本地人中间也确实大多数人会喝酒。从前，乡下人定媳妇，也是以几坛老酒作为彩礼的。农民之间,讲起话来还有一句口头禅,叫作“酒钿摘牢”,足见酒在农民心目中的地位了。

阿Q·闰土·绍兴毡帽

鲁迅的小说中,塑造农民形象时,往往把绍兴毡帽作为重要的一笔来描绘。如《故乡》中的闰土,少年时代是“紫色的圆脸,头戴一顶小毡帽”,中年时代却是灰黄色的脸,“头上是一顶破毡帽”。从毡帽的变化中体现主人公的遭遇。《阿Q正传》中先写“阿Q正没有现钱,便用一顶毡帽做抵押”,接着又写他“赤膊磕头之后,居然还剩几文,他也不再赎毡帽统统喝了酒了”。鲁迅先生曾特别强调过,阿Q必须戴毡帽,“只要在头上戴一顶瓜皮小帽,就失去了阿Q,我记得我给他戴的是毡帽”(《寄〈戏〉周刊编者信》),因为只有毡帽才能说明阿Q的社会地位。

说起绍兴毡帽的来历,还有一段有趣的传说。有一天,山区有一个猎人打着了一只老虎,因一时未打死,老虎拼命往自己窝中逃,猎人紧跟追踪,到了虎穴一看,这只老虎已奄奄一息了,猎人再加一弹把它打死。这时猎人发现虎穴中有一块像饼一样的东西,拿来一看,是由各种毛堆成的毡毯。原来老虎平日拖吃猪羊等牲畜时把余毛垫在自己窝里,经过多年摩擦就变成了圆形“毡毯”了。猎人把这块“毡毯”拿回家洗净晒干,改制成钢盔一样的帽子,戴在头上感到比任何帽子都暖和。于是便产生了绍兴毡帽。

过去,绍兴的商店里都设有财神座,用来招财进宝。独有毡帽店挂一张老虎的画,当作“祖师”,这也可说明毡帽的来历了。如今绍兴仍大量生产毡帽,外地游客也可在绍兴买到留作纪念的毡帽。

夏瑜·茶店·古轩亭口

读过鲁迅小说《药》的人都知道,小说中的夏瑜是影射秋瑾烈士的,当然在夏瑜身上还概括着许多别的烈士的崇高品质。

秋瑾被清政府杀害是在辛亥革命前四年,即 1907 年。就义的地方就是小说中被称为“古□亭口”的——古轩亭口。所谓“丁”字形的街头,是旧时绍兴一条贯穿南北的主要大街与府衙门出来的府横街的交接点。辛亥革命成功后,绍兴人民为追怀烈士自发筹资兴建了“秋瑾烈士纪念碑”。

秋瑾是我国民主革命的先驱者之一,别称“鉴湖女侠”。她于 1904 年在日本加入中国同盟会,为浙江分会会长。鲁迅与秋瑾虽是同乡,但认识秋瑾是到了日本以后的事。秋瑾被害时,鲁迅正在日本。噩耗传来,鲁迅十分悲愤,力主发电向清政府抗议。1929 年,在离轩亭口不远的卧龙山(即府山)西南,兴建了为纪念秋瑾女侠的风雨亭,亭内的柱子上镌有孙中山先生的题联:“江户矢丹忱,感君首赞同盟会;轩亭洒碧血,愧我今招侠女魂。”

作为小说《药》的主要背景和活动场所的茶馆,这是鲁迅先生经过精心选择的。茶馆也是绍兴的特色之一,其数量和酒店不相上下(因绍兴盛产茶叶,以平水珠茶和越红茶为最著名),街头巷尾处处可见,它是各阶层群众聚集的场所,也是议论“朝事”的地点。如今绍兴街头、里巷,酒店、茶店为数仍在二百家以上。当年绍兴府横街桥头的茶店就很热闹,而开茶店的又往往是夫妻二人,像华老栓(小说《药》里的人物)之类的家庭茶室,在绍兴是很普遍的。

(中国新闻社 1981 年 8 月采用)

风雨亭

被历代文人称为“千岩竞秀,万壑争流”的绍兴,城内也确有好几座山。可是塔山、蕺山都很低矮,黄琢山则有山之名,无山之实,不过是一块长在地上的岩石而已。可供人们登临眺望的,就要数卧龙山了。卧龙山是绍兴的眉目,它蜿蜒茜绿的姿态更增绍兴的美。南宋李光咏卧龙山诗句云:“家山好处寻难遍,日日当门只卧龙。”可知古人对它的印象了。

卧龙山上有“风雨”和“望海”二亭,分踞两个山峰。望海亭的由来虽久,可是吸引广大人民注意的却是风雨亭。原来风雨亭是为了纪念伟大的革命先烈秋瑾女侠而建造的。

秋瑾(1875—1907),籍贯绍兴。她于1875年11月8日生在福建省厦门市。当时,她的祖父秋嘉禾在福建做海防厅同知(比知府略小的官),全家随任到福建。秋瑾七岁的时候,偶然听到哥哥们读书的声音,便好奇地闯进书房。塾师无意中教给她几个字,谁知引发了秋瑾的学习兴趣,从此,开始了她的读书生活。她从小就喜欢杜甫的诗,也特别爱读《芝龛记》等小说,对古代女英雄秦良玉、沈云英等尤为敬佩。

秋瑾十八岁那年,随父到湖南湘潭,不久,遵父母之命和湘潭人王廷钧(字子芳)结婚。后王廷钧在清政府捐了一个户部主事的官职,就带了秋瑾到北京居住。秋瑾在北京,住在南半截胡同,认识了毗邻的吴芝瑛女士。吴亦喜爱文学,秋瑾经常在吴家阅读当时的新书报。秋、吴二人日夕过从,情同姐妹。

1904 年夏天，秋瑾在“亡国灭种事可哀，瓜分豆剖逼人来”的形势下，毅然打开金奁玉锁，变卖了珠花宝翠，只身去日本留学。

秋瑾到日本后不久，就结识了同乡爱国人士陶成章，并由陶介绍，认识了革命志士徐锡麟。次年，孙中山先生从欧洲到了日本，联合各革命团体组成中国同盟会，秋瑾被推举为同盟会浙江分会会长。

1906 年春天，秋瑾回到了当时江南革命中心的上海，就筹划资金创办了中国妇女第一份自己的报纸——《中国女报》。秋瑾在这里发表了著名的《发刊辞》和《勉女权歌》，并刊出了她用民间文艺形式写作的《精卫石》弹词。

1906 年冬季，徐锡麟要到安徽去，就把他和陶成章等在绍兴创办的、作为浙江革命中心的大通学堂，交给秋瑾主持。秋瑾在大通学堂，一面讲解革命道理，一面教学生学习军事技术，秘密训练浙江各地革命党人。同时，她为了祖国和人民，不管风霜，不避雨雪，忍着饥饿和疲劳，围着一块黑色的羊毛头巾(这块秋瑾用过的已有几个破洞的羊毛头巾，至今还保存在绍兴秋瑾故居，供人瞻仰)，几乎每天步行百里，亲自到嵊县、诸暨、缙云、义乌、金华、武义、兰溪等地访问会党领袖，秘密地把他们的武装力量编为八军，统称为“光复军”。由徐锡麟任首领，秋瑾任协领。秋瑾和徐锡麟还订出了一套进军南京的计划。秋瑾主持大通学堂期间，还曾在仓桥诸暨册局，设立体育会，亲任会长，动员女学生学习军事技术，编成女国民军。

然而，事情进行得并不顺利。他们原定在 1907 年 7 月 19 日(旧历六月初十)起义，但在 6 月下旬，武义、金华的光复军先后失败。徐锡麟在安庆举事不成，被清政府杀害。

1907 年 7 月 13 日下午，从杭州开来的清兵包围了大通学堂，当时秋瑾正在校内开会，看到敌兵到来，就挥手下令：“拼死守住，不要把半点便宜给敌人！”她就和学生以校门墙壁为掩护，与清兵格斗，当场就打死打伤了清兵好几十人。终因寡不敌众，失败了。

秋瑾被捕后，清政府派了绍兴知府和山阴、会稽二县知县，在深夜会审这位女英雄。当审讯逼供时，秋瑾态度安详，默不发言，提起笔来写了一个“秋”字，经官厅一再逼促，她连续写成了“秋风秋雨愁煞人”一句短诗，含蓄地表达了她对革命失败的惋惜和对国事的忧愤。7 月 15 日（农历六月初六日）清晨，秋瑾在绍兴城内轩亭口慷慨就义，时年三十二岁。

“秋风秋雨愁煞人”，这就是风雨亭一名的由来。从风雨亭中，后人可以体会到这位伟大的女革命家，将和青翠的卧龙山、明澈的鉴湖，同垂不朽。

（署“周大雁”笔名，中国新闻社 1981 年 8 月采用）

鲁迅与“金不换”毛笔

鲁迅先生说：“我无大刀，只有一枝笔，名叫金不换……我从小用惯，每枝五分的便宜笔。”鲁迅一生就是用这种当时被读书人目为“下等笔”的“金不换”，写下了近一千万字的文章、二十五年的日记。鲁迅逝世前两天——1936年10月17日，他还用“金不换”毛笔写下了一篇纪念他的老师章太炎先生的文章：《因太炎先生而想起的二三事》。逝世前十几个钟头，鲁迅还用“金不换”写下了最后一天的日记：“十八日星期”五字。

这枝鲁迅先生最后用过的“金不换”毛笔，现在还放在上海山阴路大陆新村九号鲁迅故居二楼的工作台上。

鲁迅用的“金不换”毛笔，都是托人从家乡绍兴“卜鹤汀”笔店买去的。据鲁迅胞弟周建人在《略讲关于鲁迅的事情》一书中回忆说：“他病时还叫我们托人去买这种笔，但买好寄到时，人已不在了。”当时的“卜鹤汀”笔庄，开设在绍兴城内水澄桥下，它创于清同治年间，“卜鹤汀”三字招牌，为清末绍兴书法家何彬(字桐侯，号曼老)所写。

卜鹤汀的笔以“双料金不换”最有名，它的笔头是用正冬黄鼠狼毛和淮兔毛混合制成的，并稍加一些芙蓉花的皮。因此色泽光润，稍有弹性，写起字来软中带硬，字迹清楚。笔杆用冬箭竹做，常年不会蛀损。同时价格便宜，因此买的人很多。

解放后，“卜鹤汀”百年老店所产“双料金不换”毛笔，曾行销北京、天津、上海、武汉、兰州、沈阳、哈尔滨、呼和浩特、乌鲁木齐等地。

现在，到绍兴参观的国际友人、华侨和港澳同胞，对这种用红木匣子盛装的“卜鹤汀双料金不换”毛笔也极感兴趣。如欧洲一位剧作家、诗人，当他买到了“金不换”毛笔时，就十分愉快地说：“这是最好的纪念品，我正学着写中国字！”

（中国新闻社 1981 年 9 月采用；载澳门《华侨报》1981 年 10 月 8 日）

菊花和菊花诗

杭州的深秋，无论走进哪个公园和风景区，随处可见鲜艳的丛菊和盆菊。目前正在西湖之滨聚景园举办的菊展会，更是萃西湖名菊于一园。展出的六百多个品种，五千多盆菊花，就颜色来看，黄、白、紫、红、橙、黛，五彩缤纷；就花型来看，莲座、飞舞、鱼鳞、蜂窝、细瓣、宽瓣、匙瓣，各显其姿。有的像一轮红日，有的像满天星斗；大如牡丹，小如桃花。还有花色多样、高达七层、一如宝塔的菊塔；一个植株上开花千余朵，圆似小台面的大立菊；也还有松、梅、竹、菊并茂的山水盆景菊，以及各种造型的紫菊和挂菊。

在如此繁多的菊花中，有不少是新品种。有以花比物的“绿云”，有以景拟花的“孔雀开屏”，有以神话典故喻菊花形态的“嫦娥奔月”“贵妃醉酒”；还有香气馥郁的“梨香菊”，红黄夹什的“火中炼金”，一花三色的“绿衣红裳”，等等。异香扑鼻，令人目不暇接。

菊花原产中国，早在三千年前的周代就有栽种。《礼记·月令篇》中说：“季秋之月，鞠有黄华。”孔颖达注疏《月令篇》云：“鞠者，草名，花色黄。”说明当时一到深秋，盛开的菊花都是黄色的。到了南北朝时，陶弘景在《名医别录》里将菊花分为两类：香气味甘者为“真菊”；味苦不堪食者为“苦薏”，即野菊。可见当时菊花品种也不过一二种。一直到了唐代，文人学士才有咏黄、白、紫色菊的诗词。例如，李商隐的“暗暗淡淡紫，融融冶冶黄”，白居易的“满园花菊郁金黄，中有孤丛色似霜”。这时，不仅有黄色菊，而且有紫色和白色菊了。自宋代起，菊花品种日渐增多。从北宋刘蒙的《菊谱》到南宋史铸的《百菊集谱》，已经记载了一百五十七种名目。南宋范成大的《范村菊谱》中，还谈到苏州的艺菊匠师能用嫁接法来繁殖菊花，使一个植株上同时开出几十朵花来。到了明代，菊花品种又有了发展。王象晋在他的《群芳谱》中记载的菊花品种为二百六十七种。现在菊花品种一年年增多，单是杭州花圃的菊花品种就超过一千个。至于全国的品种估计在三千个以上，菊花已成为举世闻名的花卉。

自古以来，菊花就深为人们喜爱。这除了因为在中国菊花最早是作为食用和药用而栽培的以外，人们还喜爱菊花能临寒霜盛开，冒寒风怒放。所以，古今以来以菊入诗的很多。唐代元稹的《咏菊诗》说："秋丛绕舍似陶家，遍绕篱边日渐斜。不是花中偏爱菊，此花开尽更无花。"北宋苏轼的诗句是"菊残犹有傲霜枝"，写出了菊花傲霜耐寒的神韵特色。

当代咏菊的诗词更多。朱德元帅 1954 年写的"奇花独立树枝头，玉骨冰肌眼底收。且盼和平同处日，愿将菊酒解前仇"，这首诗咏物寄意，托物寓情，一扫往昔骚人墨客咏菊的旧情怀，具有鲜明的时代风格。

（署"于之"笔名，中国新闻社 1981 年 10 月采用）

绍兴东湖游记

西湖的风景是中外闻名的，但是到过绍兴的人们，却争称东湖的雄伟胜过西湖的优美。假如说西湖是明慧的少女，那么东湖便可比为魁梧的汉子。

由绍兴城内坐乌篷船，出五云门，顺官塘东行七八里，远远地便望见绕门山拔地而起。这山生得奇特，仿佛被谁掰去了一半，使山的半壁削壁千尺，矗立在无垠的水乡田野上，宛似一页巨大的风帆。东湖，便静卧在这“风帆”下面。

踏上东湖的长堤，只见一湖清水，波平似镜，倒映着小桥亭台绿柳，显得幽静秀丽。对岸，却是削壁耸峙，怪石横空，古松蟠屈，十分粗犷雄伟。两者互相衬托，更有独特风味。霞川桥上题有一联云：“剪取镜湖一曲水，缩成瀛海三山图。”约略道出东湖景色的妙处。

原来从汉代起，绕门山便是石料场，经历代开采，不但将绕门山凿去了一半，还向地层凿入数丈，成了一个大石池。到了清代晚期，一个叫陶浚宣的乡绅沿池筑起一道长堤，才取名“东湖”。

沿堤由西向东，过横跨湖上的秦桥，便是桂岭。此处假山玲珑，石洞曲折，可以穿行。岭上有七八株老桂树，中秋桂花盛开时，香飘数里。桂岭右面削壁下，深潭中突起一堵石墙，墙上有仙桃洞，形如圆洞门，洞的一半没入潭中，划小乌篷船可以穿行。

沿堤东行，过万柳桥，便到横跨湖上的霞川桥。过霞川桥是听湫亭。

再前行，有一荷花池。仲夏，绿净如洗的田田荷叶和亭亭玉立的朵朵荷花，相映在青山碧水之间，“清水出芙蓉”，颇为动人。荷花池假山石匾上刻有“海上仙山”四篆字。

当乌篷小船穿过荷池，略一转头，就到了陶公洞。蓦地抬头时，四周已被悬岩围住。陶公洞是古代人开采石料时凿成的一条“回廊”，据说洞内水深五丈多，这样计算起来，从削壁顶到洞底，总在二十丈以上。古代劳动人民，用小小的锤凿在青石山下竟凿出偌大一个东湖，不由得令人起敬。想到这里，耳际仿佛还有锤声缭绕，眼前也浮现出宏伟惊险的劳动场景，而一湖碧水都化作古代石匠的汗珠，闪耀夺目。

（署“大雁”笔名，中国新闻社 1981 年 11 月采用）

绍酒的故乡
——东浦

东浦是一个小集镇，离绍兴城约五公里，交通很方便，陆路可乘汽车，水路有小火轮和乌篷船代步。它面临鉴湖，土地平坦肥沃，盛产稻米。这里也是辛亥革命烈士徐锡麟的家乡。

绍兴老酒素以东浦为最著名。二百多年前，这个小镇上余孝贞家所酿制的“金爵牌”绍酒，就曾获得清朝乾隆皇帝的题字，驰名苏杭。清代吴寿昌的《东浦酒》诗云：

郡号黄封擅，流行遍域中。
地迁方不验，市倍榷逾充。
润得无灰妙，清关制曲工。
醉乡宁在远，占住浦西东。

最近我有机会到东浦，趁便也访问过余孝贞的后裔余涛老先生。余涛老先生今年已经七十多岁了，他告诉我：孝贞酒最早以“竹叶青”著名，酒色碧绿澄清，香气馥郁，久藏不坏，在杭州极有声誉。当时跨进杭州酒店，只要说声：“拿碗孝贞来！”酒保就给你捧出一碗“竹叶青”。“孝贞”成了“竹叶青”酒的代名词。余涛老先生说：“孝贞酒名气这样大，这么好喝，但不是我们祖宗余孝贞亲自动手做的，做酒的是当地熟练的酿酒师。听我父亲讲，孝贞先生本人当时热衷的是‘拎考篮’，金榜题名，并不懂得酿酒。”孝贞酒后来还用木帆船海运至上海，为了适应上海人的口味，在酒里略加糖汁，制成了“玉碗盛来琥珀光”的“状元红”。余涛老先生又说：

“当时孝贞酒虽然销路很好，但每年顶多也不过产六七百缸。可是今天，仅绍兴鉴湖长春酒厂的东浦一个车间，就年产‘竹叶青’‘状元红’等名酒两万缸！”

（署“周大雁”笔名，中国新闻社 1981 年 11 月采用）

绍兴的太平天国壁画

绍兴，是中国保存太平天国壁画最多的城市之一，仅绍兴城内现存的太平军手绘壁画就有八处三十幅之多。

据目睹太平军进城的清“隐名氏”著的《越州纪略》中记载，太平军攻克绍兴后，曾“征工匠，穷绘事”。当时书生王彝寿（字子常）所著《越难志》中也有所述：“伪主将陆顺德以陷越功，封伪‘殿前斩恶留善顶天扶朝纲来王彩千岁’，乡官又入贺……拘画工绘龙虎人物于其壁。”由此可知，太平天国在绍兴曾组织广大的绘画工人从事壁画的创作，并且所作壁画是极其辉煌矞丽的。民间也有传说，来王陆顺德和忠王李秀成的义子李容发率领太平军打进绍兴之后，曾派人四出访问，谁有什么特长就给谁做什么工作。那些“船花”师傅会绘画，太平军就叫他们绘壁画。

绍兴的太平天国壁画，保存得最完整、最好的要算是鲁迅路二十八号的李家台门。一踏进这里的台门，就可以看到一块绍兴市文物管理委员会于1962年4月设立的“文物保护牌”，上书：“名称：太平天国壁画；类别：革命纪念物；级别：市级；简介：太平军在占领绍兴后所绘的壁画；保护范围：屏门六扇，壁画全部。”当管理员一打开轩昂的高厅大门，就使人如入画廊。只见后壁六扇高约一丈二尺、宽一丈六尺的大壁屏上，画着一条巨大的象征权势、叱咤风云的彩色神龙，龙头适画六扇屏门中间，双目圆睁，盆口怒张，龙身漂游，龙鳞闪耀，胜似杭州黄龙洞岩上雕刻的黄龙头。在封建社会里，龙作为统治者的象征，是不许随便乱画的。而太平天国的英雄们，却敢于打破封建主义的等级观念，大画特画五爪金龙，以褒扬太平军的权威。两旁巨型壁画，更是灿烂瑰丽。这里有《陆战图》，旌旗招展，战鼓紧擂，女将立于山头大树之下，临高指挥，十分英俊威武。有《庆功图》，帅旗高竖，载歌载舞，大殿园林均入画中。这里还有那雄浑神奇的青松、振翅飞翔的凤凰和强悍的醒狮、勇猛的大象，以及秀丽的山峦、奇异的石头，真是琳琅满目，美不胜收。据 1891 年生的陈阿元老翁说："我的祖先一直住在这附近，李家台门香火堂的壁画是太平军绘的。太平军曾以李家台门做公馆，住过一位高级将领。" 1863 年 3 月，太平军退出绍兴后，壁画曾被屋主多次粉抹，但刷后不久，壁画又从白壁上渗出来，而且仍然色彩鲜艳，就像刚刚画上去的一样。陈阿元幼时还看见过。因此住在那里的人说："太平军画的'壁画'是'神画'，粉刷不掉的。" 也有人说，可能是画工巧、颜料好的缘故。

绍兴保存的太平天国壁画，除了孟家桥李家台门外，还有前观巷凌家台门的《大山水花鸟画》，所绘松树，茁壮挺拔，青翠欲滴，活像山上搬来似的。探花桥探花台门的《绍兴水战图》、拜王桥张家台门的《屏门画》、昌安直街高家台门的《花卉画》、鲁迅路周家老台门的《云龙彩画》、下大路来王殿的《金龙画》、北海桥陈野夷台门的《彩绘屏门》，也均保存完好。这些壁画是研究太平天国史和中国美术史的珍贵资料，受到了国内外学者的重视。

（署"周大雁"笔名，中国新闻社 1981 年 11 月采用）

唐诗中的若耶溪

绍兴城东南有条来自平水镇的河流，名叫若耶溪。据清康熙《会稽县志》说，越王勾践时，这里是西施采莲、欧冶子铸剑的地方。大诗人李白就有《越女词》歌唱绍兴采莲少女。诗云：

耶溪采莲女，见客棹歌回。
笑入荷花去，佯羞不出来。

相传若耶溪有七十二支流，《剑南诗稿》（陆游著）中说："自秦望山而北，合三十六溪水为若耶溪。"它流经龙舌，汇于禹陵，出三江大闸而入东海。若耶溪头有一条筑在水中央的石板塘路，两旁碧水如镜。人在堤上行时，真有"人在鉴中，舟行画图"的幽美感觉。

若耶溪风景如画，历代很多诗人畅游过这里，李白、孟浩然、崔颢、王安石、苏轼、陆游、徐渭、王思任等都写过有关若耶溪的诗篇。唐诗人綦毋潜（复姓綦毋，名潜，字季通，唐开元进士）有《春泛若耶溪》："幽意无断绝，此去随所偶。晚风吹行舟，花路入溪口。际夜转西壑，隔山望南斗。潭烟飞溶溶，林月低向后。生事且弥漫，愿为持竿叟。"被选入《唐诗三百首》，千百年来，更是为全国老少所传诵。

这里还有很多的神话传说，其中以《樵风》的故事最有名。曾被鲁迅辑入《会稽郡故书杂集》之中。

相传绍兴市南有一座射的山，山腰有一深奥的山洞，洞里住着一位神仙。一天，若耶村的樵夫郑弘，划着小船沿着若耶溪来到射的山采薪，路上拾到了一支锋利的羽箭。郑弘拾箭不昧，侍立路旁等候失主回来找箭。他从早晨等到中午，中午等到傍晚，太阳西下的时候，才来了一个白发老翁。老翁说是来觅箭的，郑弘就把羽箭归还了他。老人向郑弘道谢，问他有什么要求。郑弘说："别无要求。只愁若耶溪樵哥们载薪为难，但愿早晨吹南风，傍晚又吹北风就好了。"老人说："这容易。"说罢，他就乘仙鹤而去。从此若耶村一带的采薪人，早去暮回，果然都碰到了"顺风"。这"顺风"后来就被人叫作"樵风"。吹顺风的一段地方，就被叫作"樵风渡"。

现在，若耶溪上游已新建了一个人工湖——平水江水库，它像一块闪耀着银光的明镜，镶嵌在绿色层峦之中。这个水库蓄水量为两千四百多万立方米，并有配套水利设施十个渡槽、六支倒虹吸、十四座泄洪洞，以及总长一百零二里的干渠和支渠，使灌区内的四万亩粮田获得自流灌溉。粮田产量由建库前的亩产五百多斤，迅速上升到一千四百斤以上。若耶溪上人工湖的建成，为秀丽的稽山镜水平添春色，若耶溪亦以新的姿态吸引了更多的游人。

（中国新闻社 1981 年 12 月采用）

宁波天一阁藏书楼

宁波天一阁在宁波市内月湖的西边，原是明兵部右侍郎范钦的藏书处，建于嘉靖四十年至四十五年(1561—1566)，是国内现存最早的藏书楼。据说，范钦在兴建书楼时曾反复考虑防火问题。后来他见到古书中有“天一生水”和“地六成之”的话，把书楼定名为“天一阁”，并在阁前凿一水池，蓄水防火。

清康熙四年(1665)，范钦的曾孙范光文又在书楼前后堆筑假山，环植竹木。假山占地面积不大，但造得相当精巧，用假山堆成“九狮一象”等动物形态，生动活泼，具有江南园林的特色。

到了民国年间，由于范氏后裔衰微，在藏书管理上已无能为力，以致天一阁墙垣倒塌，荒草满庭，藏书虫蛀霉烂，景象十分凄凉。到 1933 年才由一些地方人士筹款维修，并把原在孔庙内的尊经阁连同当地保存下来的一批历代碑版移建到天一阁后院，命名为“明州碑林”，和书楼连成一线，成为现在天一阁的一个组成部分。

天一阁原有藏书七万多卷，但在漫长的岁月中，由于官吏侵吞、战乱兵灾、虫蛀霉坏等多种原因，损失很大。特别是 1914 年，上海奸商雇用大盗，偷偷挖开天一阁楼顶，潜入十余天，依照奸商圈定的书目，盗窃珍贵书籍一千余种。到 1949 年，天一阁藏书大约只剩下一万三千卷，仅及原藏书的五分之一左右。

近三十年来，有关方面对天一阁进行了保护和维修。成立了专门机构对藏书进行了整理、抢救。经过多年的努力搜求，收回流传在外的天一阁原藏古籍三千余卷。一些地方藏书家也把自己珍藏的图书捐献给天一阁收藏。目前天一阁藏书已有三十万卷左右，其中各种珍版善本就有八万余卷，使阁中藏书更趋充实、完备了。

过去，天一阁的主人范钦及其后人对于藏书都是束之高阁，秘不示人，致使很多学者千里慕名而来，却望阁兴叹而去。现在，为了使古籍能更好地发挥作用，天一阁已对藏书进行了精心整理修补，并新建了藏书楼和阅览室，接待各地大专院校和科学研究单位，为他们提供研究资料。1961 年以来，天一阁还陆续影印出版了《天一阁藏明代地方志选刊》一百十余种。

（中国新闻社 1981 年 12 月采用）

稻熟江村蟹正肥

稻熟江村蟹正肥,双螯如戟挺青泥。

若教纸上翻身看,应见团团董卓脐。

这是明代大书画家徐渭(字文长,绍兴人)的《题画蟹》名诗。河蟹,是浙江的特产。每年西风响,蟹脚痒,菊黄稻香,捉蟹忙。夏历十月、十一月间,杭(州)、嘉(兴)、湖(州)和萧(山)、绍(兴)、宁(波)的水网地带,稻熟江村蟹正肥,是捕捉河蟹的旺季。

河蟹,又称湖蟹、毛蟹、螃蟹。在我国古代,人们称它为“无肠公子”。《抱朴子》一书说:“无肠公子者,蟹也。”连明朝著名医家李时珍也错认它无肠。其实,蟹并非无肠。蟹脐内壁正中夹有一条黑色隆起物,上通胃,下边直达肛门,这便是它的肠。

螃蟹,浑身铁甲,两眼朝天,双钳乱舞,气势汹汹,昼伏夜出,横行无忌,因此,人们又称它为“横行甲士”。历史上人们习惯把它比作残害忠良、祸国殃民的奸臣。近代国画大师齐白石曾在自己作的《螃蟹》画上,题了句十分有名的诗:“看你横行到几时!”大文豪鲁迅也曾说过:“第一个吃螃蟹的人,却是最勇敢的。”鲁迅还曾在名篇《论雷峰塔的倒掉》一文中,非常风趣而又极形象地写道:

秋高稻熟时节,吴越间所多的是螃蟹,煮到通红之后,无论取那一只,揭开背壳来,里面就有黄,有膏;倘是雌的,就有石榴子一般鲜红的子。先将这些吃完,即一定露出一个圆锥形的薄膜,再用小刀小心地沿着锥底切下,取出，翻转，使里面向外，只要不破，便变成一个罗汉模样的东西，有头脸，身子，是坐着的，我们那里的小孩子都称他“蟹和尚”，就是躲在里面避难的法海。

螃蟹一生，有很多时间生活在淡水河流和湖泊中。每当深秋开始交配。交配后，雌蟹却要游上几十里甚至几百里，到河口附近的浅海里去产卵。所以宋朝傅肱所著《蟹谱》中也曾说道：“蟹至秋冬之交，即自江顺流而归诸海。”螃蟹的这一生殖活动，形成了一年一度的秋季蟹汛。产下的卵到次年春末孵化成蚤状幼体。蚤状幼体经过几次蜕皮，变态为大眼幼体。大眼幼体逆水而上，回到淡水里再蜕一次壳始成幼蟹。然后定居在“父母”居住过的淡水之乡。幼蟹在江河湖泊中成长后，又按照它的遗传习性和生理要求，重复祖先们的经历。

当前正是蟹汛大忙时节，熟练的捕蟹农民，于黄昏初至，即将一张张的丝网横放在河蟹经常出没的河道中，点上一盏盏小汽灯。夜阑人静，河蟹一见亮光，便纷纷爬来。碰到网也不退让，真是横冲直撞，自投罗网。因蟹脚多，一碰上网就被勾住，逃不掉了。多时，一个农民一夜就能捕到十几斤螃蟹呢！

河蟹肉质细嫩，滋味鲜美，营养丰富。常见的吃蟹方法有：煮蟹或蒸蟹、剔烩、醉蟹等。嘉兴有种名菜，叫作“芙蓉蟹”，据说，早在清朝乾隆年间，有个名叫朱二娘的开了一爿小酒店，二娘心灵手巧，年轻貌美，“能剥蟹脱壳，而蟹仍全”，加上蛋清等辅料烹制成“芙蓉蟹”，色味腴美，鲜嫩可口，因而生意兴旺。当时就有人写诗赞道：

两颊桃花朱二娘，调羹和汁客争尝。
纤纤巧擘芙蓉蟹，近口涎流玉笋香。

（中国新闻社 1981 年 12 月采用）

陈老莲在绍兴的遗迹

陈洪绶(1598—1652),字章侯,号老莲,是明末清初的大画家。原籍绍兴诸暨,山阴(今绍兴)是他的第二故乡。

洪绶少颖异,幼年即喜绘画。“年四岁,就塾妇翁家,翁家方治室,以粉垩壁。……洪绶累案登其上,画汉前将军关侯像,长十尺余,拱而立。翁见侯像,惊下拜,遂以室奉侯。”(《陈洪绶传》)十岁从当时著名画家蓝瑛学画,“十四岁悬其画市中”,居然能“立致金钱”。

陈洪绶十八岁那年到山阴,从著名爱国学者刘宗周(号念台)学,有了“济世匡国”的大志。后来到了北京,捐为国子监生。但当他看到朝政日非,深感绝望,遂不受内廷供奉之命,离京南返。1646年夏,清兵蹂躏浙东,洪绶在绍兴云门寺落发为僧一年余,自号“悔迟”。

绍兴城内前观巷大乘弄的青藤书屋,是明代大画家徐渭(字文长,号青藤)的故居。陈洪绶晚年也在这里住过。高悬厅上的“青藤书屋”四字匾额,就是陈洪绶的手笔。

洪绶晚年在绍兴、杭州卖画,过着颠沛贫困的生活。但他爱憎分明,正气凛然。明末奸臣马士英从南京逃到绍兴,“以缥帛玉斝卑礼求一见”,洪绶“闭门拒之。挽绶好友乞一纸,终不可得”。“豪贵有势力者索之,虽千金不为搦笔”。清军“力逼之”,亦不肯画。但是,“小夫稚子”来索笔墨,“无勿应也”“藉其生者数十百家”。

陈洪绶在绍兴作过许多画,如今绍兴城内拜王桥的“古画壁庙”正殿上的关圣像，传说就是他手绘的。

陈洪绶所作花鸟、山水画，构图新奇，色彩秾丽，富于装饰情趣。人物画，造型夸张，线条细劲，着重思想感情的刻画，造诣最深。他的作品，在当时，“海内传模者”就有数千家之多，甚至远波到朝鲜、日本等国。据说日本王子就曾以千金求洪绶之画。陈洪绶的画风影响后世很大，从清初的刘源（伴阮）、金史（古良），到清末的“三任”（任熊、任薰、任颐）等艺术家，无不取法于他。

陈洪绶在五十五岁那年死于绍兴，葬于绍兴罾底山麓。墓极简单，堆土为坟，上植草皮，墓前碑文曰：“明翰林陈章侯公暨德配来氏宜人韩氏宜人合墓”。现已受到重视和保护。

（中国新闻社 1981 年 12 月采用）

元宵话灯彩
——浙江风情录

农历正月十五日是传统的元宵佳节。这一天，浙江民间习俗要挂灯，人们要看灯、猜灯谜、放爆竹、吃元宵，因此元宵节又叫“灯节”。

唐时，浙江经济文化昌盛。那时的元宵节开始于上元（正月初八开始），所以也叫“上元节”。到十五月亮圆时，杭州、越州（今绍兴）、明州（今宁波）城内，“歌舞百戏，麟麟相切，乐声嘈杂”，仕女拥挤，灯火通明如昼。可见热闹非常，节日活动达于高潮。南宋时，杭州是都城所在，绍兴也曾做过临时行都，因此元宵灯节更加兴盛。所谓“绛纱笼烛，照耀如昼”，连亘十余里，耳目不暇给。更兼家家灯火，处处管弦，巧制新装，竞夸华丽，游人玩赏，竟夕不眠。当时元宵花灯，或扎人物、花卉，或扎鸟、兽、虫、鱼；有的五彩玲珑，有的旋转如飞；有的用珠子串成，有的用羊皮、罗帛糊制；最奇的是一种像玻璃球似的无骨灯。真是“灯树千光照，花焰七枝开”，盛况空前。

浙江的灯彩，以海宁硖石花灯、乐清龙舟灯和东阳的红纱宫灯为最著名。

硖石灯彩，在江南一带素享盛名。它曾在1913年的南洋劝业会和1934年的巴黎灯彩赛会上，分别获得国际奖章和奖状。近年来，硖石灯彩在继承针刺艺术传统的基础上，又有了新的发展，如海宁木器厂创作的“天女散花灯”，将针刺图案与木雕花纹融合在一起，全灯用三十万针刺成各种美丽图案，并配以精致木雕。海宁县果菜杂品公司制作的“庆丰亭”，在亭柱、翼栏、檐甍和吊灯上，均刺有各种果菜图案，加上亭内安放的艳丽多姿的瓜果，寓果菜大丰收于大型灯彩之中，真使观者啧啧称奇。

如今乐清“龙舟灯”，也是别开生面。龙船长三米，宽二米，高二点五米。船上共建有七十个亭台楼阁，每一个内饰有一台节目，均取材于传统剧目、民间故事，近二百个泥塑人物都会转、会动，只要一摇龙船，即可见梁兄缓步送“贤弟”，嫦娥飞速飘月宫，孙悟空舞起金箍棒……

东阳的红纱宫灯有六角、四角、花篮吊灯、壁灯等品种。它们的做工极其考究，灯架全用白木做成，架上雕刻着精致龙凤图案，灯壁周围都有图案装饰，背面衬糊红绢纱。灯光透过红纱，金碧辉煌，璀璨夺目。

元宵灯节，浙江人民参加灯会是件乐事，即使在门庭或室内挂上一二只彩灯，也觉得是种乐趣。

（中国新闻社 1981 年 12 月采用）

绍兴过年风俗谈

“三十夜的吃，正月初一的穿”，在绍兴是很讲究的。

农历除夕前一天晚上，绍兴俗称“小年夜”。这一夜，家家户户备些干果、糕点、菜肴，欢庆一年平平安安，预祝来年顺顺利利。然后，全家老小吃年糕，取吉利话叫“年糕年糕，一年比一年高，生活一年比一年好”。这一夜也称“散福”，大家幸福。这种习俗，在越剧《祥林嫂》中也可以看到。

除夕，俗称“大年夜”或“年卅夜”。这一夜，绍兴民间有三件大事，就是接灶、祭祖和分岁。迎来灶神，祭过祖先，一家人就围坐一桌，团团圆圆地吃年夜饭，共享天伦之乐。称为“团年”，又叫“分岁”。吃的大都是象征吉利的喜庆的菜。如豆芽菜，叫“如意菜”，指黄豆芽去根后，形状像“如意”一样。冬笋、千张、冬腌菜等八种原料，不加荤料，用素油煸炒，叫“八宝菜”。还有一种名菜，叫“全家福”。古时称“十”为“全”，是用发皮、鸡块、腰花、虾仁、笋片、肉片、白肚、鸡肫、火腿、香菇十种原料烹调而成的，具有色艳、汁稠、口味多样的特点。吃的鱼要买鲢鱼，叫“连连发财”。大年夜的一碗鱼，在绍兴是不能马上吃的，饭后要放到米缸里去，称为“年年有余”。吃的薄饼，叫“春饼”或“春卷”，象征春天的美好。“大年夜”还要吃鱼圆，寓意“家庭团圆”；吃螟蛹，是取“今年富，明年更富”的意思。绍兴还有一碗特别的菜，叫“鲞冻肉”，碗面上一定搁上一个白鲞头，叫作“有想头”。

三十夜“分岁”完毕，主妇还要做汤团，准备第二天早晨吃的。接着是“辞岁”，小孩要向大人行礼，意即明年再见。这时，大人就把事先用红纸包着的压岁钱分给孩子。

绍兴这种古朴的过年风俗，现在也还是有保存着的。“散福”“团年”“分压岁钱”，城乡多数人家仍照传统的办法在做。大年初一，开门第一件事，也还是放爆仗，所谓“爆竹一声除旧”。然后大人、小孩穿着新衣，戴着新帽，逛大街，游名胜古迹，互相拜年，恭贺新禧！

（中国新闻社 1982 年 1 月采用）

绍兴香糕

绍兴香糕以“香、脆、甜”闻名于中外，与绍酒、越鸡、蠡城腐乳相媲美。远在明代，绍兴香糕就已出名。在科举时代，浙东宁、绍一带，考生要到省城或京都应试，长途跋涉，便以香糕作为干粮，这样绍兴香糕就流传至省城、京都，所以又有“进京香糕”之称。

据民间传说，绍兴市长桥与保佑桥之间，有一家叫作“王金四房”的年糕店，生产潮糕“印糕”供应市场。有时潮糕供过于求，如再存放下去，就有发霉变质的危险。制作者出于无奈，便利用火炉将剩下来的潮糕焙成“糕干”出售，这样就形成了香糕的雏形。这种糕干保管容易，携带方便，颇受顾客欢迎，因此店家争相仿制。后来在做糕时，又加上香料等辅助材料，使糕干色、香、味臻为上乘，这样糕干的名称也随之改为香糕了。

绍兴香糕，从前最负盛名的是“孟大茂”。而最早经营香糕的却是钟同和、马仁和、王大茂。明末进士倪元璐为钟同和题“同和香糕”匾额一方，因此当时钟同和香糕的声誉很高。然而因为经营不善，被后来者居上。清嘉庆十二年(1807)，王大茂出盘给孟姓，而改为孟大茂，孟大茂的产品超过了钟同和。因而这以后，孟大茂香糕就成为绍兴的名产了。

绍兴香糕的品种，起初只有香糕、琴糕两种(“琴糕”因糕上有三条线纹，其状如琴，故名)。后来陆续增加的花式品种有桂花香糕、玫瑰松糕、椒盐香糕、宁式香糕、银丝鸡骨糕、松花琴糕、朝笏糕，等等。最近又有蛋黄、杏仁、奶油等新品种。

绍兴香糕是用精白米、糖，以及中药材、香料等制成的，先以米粉拌糖，制成固定模型，上笼蒸熟，再分铺铁丝架上烘干。制糕工人总结了“细筛、缓筛、勤搓、烘透”的操作规程，因此它的质地干燥松脆，气味香甜芬芳，脍炙人口。香糕营养丰富，容易消化，老幼咸宜。在烧酒里浸过的香糕，可治腹泻。再加便于携带，易于久藏，因此很受消费者的欢迎。浙江人在春节期间常以香糕作为馈送亲友的礼品。外地和港、澳同胞来绍兴省亲会友的也都要带几盒香糕回去。近年以来，香糕的销售量更大大增加了。

（署“周大雁”笔名，中国新闻社 1982 年 1 月采用）

枫桥香榧

俗话说:“香榧好吃树难栽。”浙江诸暨枫桥所产香榧,是中国传统的地方特产,稀有的珍贵干果。

香榧古称赤果,又名榧子、玉榧、玉山果等。香榧树高大挺拔,枝叶葱翠。香榧的经济价值很高,全身都是宝。宋朝著名诗人苏东坡在《送郑户曹赋席上果得榧子》诗中,对香榧和榧树作了高度赞颂和评价:“彼美玉山果,粲为金盘实。瘴雾脱蛮溪,清樽奉佳客。客行何以赠,一语当加璧。祝君如此果,德膏以自泽。驱攘三彭仇,已我心腹疾。愿君如此木,凛凛傲霜雪。斫为君倚几,滑净不容削。物微兴不浅,此赠毋轻掷。”香榧种仁营养丰富,含油率在百分之四十以上,含蛋白质百分之十,是出口和内销的畅销品。香榧还可以作药用,具有化痰止咳、润肺补腰、疗痔驱虫,以及医治小儿遗尿症等功效。香榧采收后,还可以获得相当于香榧三倍以上的香榧外壳(即假种皮),可提炼芳香油,是制造香皂、化妆品、食品的好原料。香榧树的木材质地纹理致密,耐腐而不会扭曲,用来造船和作枕木,使用寿命很长。用榧木做家具,光滑美观,是难得的珍品。唐朝宰相李德裕称香榧树为奇木,曰:“木之奇者,有天台之金松琪树、稽山之海棠榧桧。”稽山,在今绍兴,包括枫桥在内。

香榧树在果木中,也算得上是“长寿星”。但成长较慢,一般在栽种十二年以后才开始结果,三十年以后进入盛果期。一株榧树的年产量一般在五十斤以上,多的上百斤,甚至有二三百斤。香榧树的“生育期”为二三百年，有的甚至可活到上千岁。因此，当地农民流传着“香榧熟，衣食足”“一年熟，三年足”的农谚。农民称它是“摇钱树”“万年花果树”。

香榧树开花结果，也与众不同。它的果实从开花到成熟，要经过三个年头。香榧的开花期是四五月间。第一年开了花，结出的果实很少，长得很慢。到第二年又开出一批花，结出一批果。第一年的果实，也在树上继续生长。第三年开花结果以后，第一年的果实才在树上慢条斯理地长大成熟。这样，年年开花，年年结果，年年成熟。在同一棵香榧树上，每年夏秋都挂着三种大小不同的果实。在枫桥一带就有“千年香榧三代果”的说法。这种现象，在其他果木中是很少见的。

（中国新闻社 1982 年 1 月采用）

春日谈纸鹞

绍兴人有句俗话，叫作“正月灯，二月鹞”。二三月里，春光明媚，正是孩子们放纸鹞（即风筝）的好时节。

纸鹞的历史，由来已久。相传南北朝的时候，梁武帝被侯景围困于台城，简文缚纸鸢，飞空告急于外。古籍《询刍录》中亦有记载：“五代汉李邺于宫中作纸鸢，引线乘风为戏。后于鸢首以竹为笛，使风入竹，声如筝鸣，故名风筝。”由此可知，纸鹞至少已有一千年的历史了。

在绍兴，从正月的后半个月起，便已经有人在放风筝了。只要到空旷的地方去，便可以见到一群少年儿童，有的牵了鹞线，在前面飞奔；有的捧了鹞子，向天空猛丢；有的在拍手欢笑；有的在出神地观赏纸鹞翱翔天空。

鹞的种类，分为轻力的和重力的两样。轻力的因为小的缘故，所以吃风力较弱；重力的则形式较大，所受的风力亦较大。小的风筝，容易使它的形象逼真；大的风筝，则可以带上很多附品，故各有长处。

鹞的花样是很多的，在绍兴所习见的，有瓦片鹞、衣裳鹞、蝴蝶鹞、蟹鹞、蜈蚣鹞、老鹰鹞、其字鹞、台字鹞、单喜字鹞、双喜字鹞等。

鹞的糊法，是用竹制成骨架，然后糊上纸。因为要使它升到空中去，骨架便得轻；又因为要支撑它的平面，不致被风所吹折，便应有相当的强度。故此关于竹工方面，须有五个必要的条件：一、要求轻；二、要有相当的强度；三、要有均等的弹性；四、要有均等的轻重；五、做成的骨架，要互相对称。纸工方面，也有三个必要的条件：一、要软而韧，使它糊在骨架的上面，服帖粘固，被风送上时不致被吹破；二、要没有伸缩性，使纸鹞被太阳晒着时，不致有破裂之虞；三、糊纸的时候，要使它和骨架完全贴合，这样，在受到风力时，才能维持纸鹞的平衡，而不致轻重不齐放不上去。

比较讲究的风筝上有许多花纹。这种花纹不是画上去而是弹上去的。弹花纹的方法，是先用厚纸剪成各式花样，平铺于糊在骨架的纸上，然后用一支毛笔，蘸好颜料，左手持笔，右手执一支小棒，在近笔头处轻轻地敲着，这样笔头的色液便化成了细点，飞落在纸上。弹到相当的浓度后，把那所剪的花样移去，这时纸鹞上就出现了花朵或山水人物，颇为美观。

鹞的构造，以瓦片鹞、衣裳鹞为最简单，而以双喜字鹞、蜈蚣鹞、蟹鹞为较繁复，故而使纸鹞在空中保持平稳的把总线也有多少的不同。像瓦片鹞的把总线只需三根，而双喜字鹞则用八根线来作把总了。

还有人在纸鹞身上装一把鹞琴，等纸鹞高飞天空，受着风吹，它就发出琴笛之声，如同在天空中奏着音乐一般，非常好听。

（署“燕儿”笔名，中国新闻社 1982 年 2 月采用）

东阳木雕

浙江东阳木雕，是中国古老的民间工艺之一，至今已有一千多年的历史。它的前期，主要用于宫殿、庙宇、楼台、亭阁等建筑物上的装饰，因而许多名胜都留下了东阳木雕的陈迹。北京故宫、杭州灵隐寺都有东阳木雕艺术品。到清朝末年，东阳木雕逐渐发展演变为雕刻屏风、壁挂和日用家具。

东阳木雕的原料取自樟木。樟木纹理美丽，坚固耐用。用它雕制成的艺术品，芳香扑鼻，不生蠹虫。它的雕法大致可以分为圆雕、深雕、浅雕、镂空雕等数种。圆雕多用于雕刻佛像。镂空雕刻到了清乾隆时有了新发展，使用了铜丝锯(后来改用钢丝锯)。深雕和浅雕的艺术构图与中国绘画有共同点，要求散点透视，构图饱满。传统的东阳木雕，工具简单，工场简易，艺人们一般都能刻能画。一块平凡的樟木，经过艺人们的设计、加工，成为精致可爱又有艺术价值的实用品或欣赏品，怎能不令人叫绝呢?

东阳木雕产品，1911 年开始出口，在国际上早就享有盛誉。现年八十五岁高龄的楼水明，是第五届全国人民代表大会的代表，国家还授予他“全国工艺美术家”的称号，并曾两次派他出国传授木雕技艺。

二十多年来，东阳木雕工艺品已分别到日本、美国、罗马尼亚、德国、加拿大、喀麦隆、塞内加尔、多哥、毛里求斯、巴基斯坦、叙利亚等国家展出。东阳木雕厂去年为新加坡最大的酒家“董宫酒店”雕制了一套大型木雕工艺品，由二十四幅条屏组成，总长度三百余米，重量达三十吨。每幅条屏高十二米，宽一点二米。屏面上分别雕刻着“郑和下西洋”“岳飞抗金兵”“穆桂英挂帅”“李太白回书”“三英战吕布”“八仙过海”“牛郎织女”等传统画。

东阳的木雕樟木箱也种类繁多，其中“百鸟朝凤”满地花箱，向来为名牌产品。去年它又荣获了中华人民共和国轻工业部颁发的优质产品奖状。

现在，东阳木雕已有六千一百多个花色品种，其中一千二百多种产品远销七十多个国家和地区。港澳同胞、海外华侨和国际友人特赴东阳木雕厂观赏的也日益增多。日本等国还派木雕代表团到东阳考察。北京科学教育电影制片厂，已把《东阳木雕》搬上了银幕。

（署“周大雁”笔名，中国新闻社 1982 年 2 月采用）

记严子陵钓台

唐朝诗人许浑有题严子陵钓台的绝句:“潮去潮来洲渚春,山花如绣草如茵。严陵台下桐江水,解钓鲈鱼能几人。”读后会使人顿增一访胜迹的心情。

钓鱼台在桐庐县的七里泷。从杭州乘汽车经富阳到桐庐的芝厦下车,步行数里就到了严光濑。严光濑又名严陵濑、子陵滩。那里,两岸奇峰兀立,崖壁如削,杂树丛生,景色千变万化,像一幅展不尽的画卷。崖顶上东西两处均建有石亭。亭四周苍翠悦目,使人胸襟舒爽,悠然意远。

东台,是汉朝严子陵垂钓过的地方。严子陵名光,一名遵,本来姓庄,因避汉明帝刘庄的讳,改称严,原籍余姚,是东汉的高士。他和汉光武帝刘秀,少年时同学,是很要好的朋友,后来又帮助刘秀中兴汉室,立下了汗马功劳。刘秀做了皇帝以后,他不肯做官,便改换姓名,隐居不出。躲避到富春江一带,自食其力,垂钓自给,年八十余,病终于家。宋代著名文学家范仲淹为之作《严先生祠堂记》以赞之,文中说:“云山苍苍,江水泱泱,先生之风,山高水长。”

西台,系南宋末年爱国志士谢翱(字皋羽)痛哭民族英雄文天祥的处所。当谢翱听到文天祥壮烈就义的消息,满怀悲愤地登上西亭,以竹如意击石,长歌号啕,声泪俱下,哭祭文天祥,写下了悲壮动人的《登西台恸哭记》,传颂至今。

东西二台相互衔接,离水面五六十米,历来的游者常有这样的疑问:钓台离水面那么远,东汉的严子陵既不是身长丈八的巨人,又不是持八九丈长的钓竿,如何能钓到鱼?有人说,因年代久远了,山川是会变迁的,原来的钓台可能并不如此。这说法是有些牵强的。因为东汉到现在不过将近两千年的时间,自然风貌尚不致变迁到这样的地步!不过人们游钓台的本意,是仰慕严子陵的风骨和富春江的景色,所以尽管对钓台感到怀疑,并不因此而减少对钓台的向往和爱慕。我想,严子陵钓鱼自然在江畔,这台很可能是他居住或游玩过的地方,也可能是后人筑台纪念他的。

(中国新闻社 1982 年 2 月采用)

中国著名土特产天目银杏

到过江西庐山的人，无不为“匡庐奇秀”拍手叫绝；登上安徽黄山的人，更是被那“奇峰云海”迷恋陶醉；攀登浙江天目山的人，则要对那“大树华盖”的银杏兴叹不已。

银杏是中国珍贵的树种之一，又名白果树、鸭脚树、公孙树。一千七百多年前的魏晋时代，有一位曾使“洛阳纸贵”的著名文人左思，就在他的《吴都赋》中提到过“平仲”之木。据考，这便是白果树的古名。宋朝诗人杨万里有《银杏》诗：

深灰浅火略相遭，小苦微甘韵最高。
未必鸡头如鸭脚，不妨银杏伴金桃。

银杏的寿命，可长数百年甚至数千年，被誉为植物世界的“老寿星”。在山东省莒县西郊浮来山北麓的宝林寺前院，有一株世界著名的大银杏树，树高二十四米以上，比七层楼房还高，枝叶繁茂，浓荫盖地。经有关部门鉴定，这棵大银杏树的树龄已有三千多年。据古籍记载，远在春秋时代，鲁国和莒国的国君曾约会于浮来山大树下；古碑上也说：“大树龙盘会鲁侯，烟云如盖笼浮丘。形分瓣瓣莲花座，质比层层螺髻头。”至于浙江奉化雪窦寺的汉代银杏、北京大觉寺的辽代银杏、安徽贵池县茅坦村的明朝洪武银杏，不管它们的年岁多高，名声多大，但它们的祖籍都是在天目山区。

据中外专家断言：天目山区是世界银杏的发见地。在太古时，银杏遍布世界各地,后来大都被冰川摧毁,唯在中国南方保存下来了。而南方又仅在天目山腰发现野生的银杏,后来传到中国的北方和日本,然后落脚全球。

天目银杏属落叶乔木,每年三月间发叶,四月放花,秋末果熟。果实和叶子均可入药,有润肺、止咳、平喘、祛痰、收敛、解毒的功能。天目银杏树,纹理紧密,结构细致,既刚又柔,不易变形,是雕刻、制作家具、木模和建筑的好材料。树叶熬汁喷洒在果树等农作物上可以杀除害虫。如在衣箱或书橱中放置几片银杏树叶,还能防止虫蛀。

(署“大雁”笔名,中国新闻社 1982 年 3 月采用)

清明话习俗

公历 4 月 5 日，是清明节。

“满街杨柳绿丝烟，画出清明二月天。”按照中国古老的习俗，清明时节，是祭扫祖墓的日子。

清明的前一天，家家寒食，不起烟火，又称寒食节。典出“介子推不言禄”的故事。春秋时，晋公子重耳逃亡卫国，介子推和几个朝臣一直伴随着他，后来粮尽食断，重耳几乎饿死，介子推暗中从自己脚上割块肉煮给重耳吃。之后，重耳立为晋文公，封赏群臣，却把介子推忘了。介子推也不愿争功，和母亲到山西的绵山去隐居了。但介子推的邻人不平，上书晋文公。晋文公才想起了介子推，到绵山去找，却找不到。邻人建议道，介子推是个孝子，如果举火烧山林，而留一条路，他必定负其母而出。可是大火烧了三天三夜，仍不见人影，晋文公就派人仔细查看。谁知，介子推母子抱着一棵柳树，被活活烧死。晋文公葬介子推母子在绵山，并把绵山改名为介山，以志纪念。人们为了纪念介子推，就在他死的这天，不举火，吃冷食。这就是寒食节的由来。如今江浙一带农村，许多地方还保持着这个古朴的风俗。

清明扫墓的习俗，也早就有了。杭州、绍兴的清明节活动，在明朝以前已经很热闹。这一天，人们纷纷去扫墓祭祖。车马聚集，湖上陆上，非常热闹。现在人们在祖先墓前祭扫之外，还要去烈士陵园凭吊。

清明节，民间还有“插柳”的习俗，所以风俗志上也称为“柳节”。这习俗，据说起源于唐朝，到五代和宋时，才“清明日家家以柳条插门上”。绍兴人在祭扫祖墓时，往往又顺便在墓旁插柳，以作扫墓标记。有时还在家门口栽柳“以记年岁”。后来就发展成为清明植树的习俗。

清明节，正是“春郊草木明，秀色如可揽”的大好季节，古时人们还在这时开展“踏青野宴”活动。宋代词人张先就曾写过“芳洲拾翠暮忘归，秀野踏青来不定”的词句。如今江浙人民特别是青少年，仍在清明前后进行踏青郊游，参观名胜古迹，欣赏大自然欣欣向荣的景色。绍兴还有放风筝比赛的活动。

（中国新闻社 1982 年 3 月采用）

桃花 · 水蜜桃

“东风四月白堤路，树树桃花间柳花。”阴历四月暮春之时，杭州西湖白堤路上，碧桃花继山茶花之后怒放。西湖碧桃的主要品种有：红碧桃、白碧桃、垂枝碧桃、撒金碧桃等。这些碧桃花并不结果，全部生命力都倾注在花朵上，因而满树都是繁花，色彩极为秾丽。加之堤上漫天飞舞的柳絮杨花，景色真是幽美极了。

“山桃红花满上头，蜀江春水拍山流。”（刘禹锡）“竹外桃花三两枝，春江水暖鸭先知。”（苏轼）开花结果的桃品，在中国最有名的要算是浙江奉化的水蜜桃、山东肥城的大佛桃、江苏太仓的蟠桃和河北深州的蜜桃。奉化水蜜桃的种植已有一千多年的历史了，它的上品是“玉露桃”和“黄露桃”。“玉露桃”色、香、味俱佳，果型又可分平顶、尖顶、卵形三种。皮韧而满布茸毛，皮色鲜艳而有红色细点，果肉清白成蜜色，柔软多汁，甘甜醇香，品种极佳。每年赤日炎炎之际，大批运销宁波、杭州、上海等地，近年更有飞机、快轮运销香港、澳门，深受各地人们的欢迎。“黄露桃”果大色黄，肉质肥厚，汁多欲滴，色泽优美。用“黄露桃”制成的蜜桃罐头，既有新鲜水果的特色，又有罐头食品的风味，是加工制罐的良品。现在，在奉化水蜜桃中，又新增了一种呈扁圆形的玉露蟠桃，一口咬进，甜蜜使人欲醉。

（中国新闻社 1982 年 4 月采用）

富春江鲥鱼

安石榴花猩血鲜，凉荷高叶碧田田。

鲥鱼入市河豚罢，已破江南打麦天。

——宋代陈造《早夏》

眼前正是江南打麦，樱红笋绿，鲥鱼上市的时节。

鲥鱼，是中国的名贵鱼类之一。宁波、绍兴俗称箭鱼，粤、桂称三鯠或三黧。明代医学大家李时珍著的《本草纲目》上说“初夏时有，余月则无”，故名鲥鱼。

鲥鱼主要出产在珠江、长江和浙江省的富春江。而以富春江的鲥鱼为最佳。鲥鱼一生中，大部分时间是在海洋里度过的。每年春夏之交，成熟的鲥鱼便成群结队地溯江而上，到淡水区产卵、繁殖。幼鱼在淡水中生长约四个月，再顺流而下，在海洋里发育长大。这样年复一年，就形成了一年一度的鱼汛。

到富春江来产卵的鲥鱼，由钱塘江逆水洄游数百里，到桐庐县境内的七里泷才开始排卵。七里泷上游有一座严子陵钓台。传说严子陵第一次在这里垂钓，钓到一尾鲥鱼，又把它放生了。鲥鱼感恩不尽，从此它的子子孙孙每年都要到钓台下拜谢严子陵。凡是参拜过严子陵的鲥鱼，他就在鱼唇上做一个红点的记号。所以唇有红点的鲥鱼为最上品。传说当然不足为信，据科学分析，鲥鱼所以要每年逆水而上，到七里泷一带产卵，主要是这里的江水既清又浅，江底都是沙石，水的流速不快不慢，水的温度不高不低，适宜鱼卵的孵化，同时又无凶悍的鱼吞食它的后代，正是安全的“产房”。鲥鱼在产卵之后，鱼唇就会呈现淡红色，这就是所谓“唇有朱点”的原因。产下的鱼卵受精后，被水冲流下去，一路冲流一路长大。在富春江里产的卵，冲到钱塘江就变成小鲥鱼了。

鲥鱼对于它自己的鳞最为爱惜，就像人们爱护自己的眼珠一样。古籍中曾说：“鲥鱼挂网而不动，护其鳞也。”渔民就根据鲥鱼的这一特性，在富春江七里泷下游的河湾埠、排门山、桐君山脚一带设置了一道道渔网，一旦鲥鱼被网扎住鳞片，就不会动弹，任凭渔民捕捉了。另据当地渔民说，把鲥鱼鳞用石灰水浸过晒干，一层层地铲起来，可以做妇女首饰用的花钿，像银质一般耀眼。

鲥鱼不但鲜美可口，在医药上也很有价值，可滋补虚劳，鲥鱼油还能医治烫伤。

（署“周大雁”笔名，中国新闻社 1982 年 5 月采用）

夏令话火腿

炎夏将届，肉食多感油腻，煨汤烧菜，放少许火腿极佳。

火腿产地以浙江金华、云南宣威、江苏如皋为三大中心。所产火腿，各有千秋。其中尤以金华火腿（又称南腿）最为有名。

传说在宋朝时就已有了金华火腿。当地父老说是宋朝民族英雄宗泽创始的。宗泽是金华府义乌县人，他到河南去做官，路上带鲜肉不方便，就用盐腌了肉带到北方，不想腌过的肉别有风味，得到人们的赞美，于是金华、义乌等地，腌肉之风大行，不久即发展成为火腿。

金华火腿，皮色黄亮，肉色红润，外形美观，香味清醇，用来蒸熟切片或熬汤，均鲜美无比。浙省农民不仅会养猪，每年到冬至火腿腌制期，金华、东阳、义乌、永康、汤溪、兰溪、浦江、武义等地火腿厂和农民，精选每只八斤上下的鲜猪后腿，加工精制，多数集中金华后外运，故统称“金华火腿”。

金华火腿品种很多，其中以“蒋腿”“竹叶熏腿”“茶腿”“野猪腿”“戌腿”“甜腿”等最为著名。

蒋腿又称“冬腿”，是冬至到立春期间腌的，其制法最为精细，是火腿中的极品。据说它是从前东阳上蒋村一个叫蒋雪舫的做出名的，当地流传着“金华火腿出东阳，东阳火腿出上蒋”，就是指此而言。如今东阳火腿厂的技师正与蒋雪舫的后裔共同研制高质量的“蒋腿”，以飨食者。

竹叶熏腿，多产于浦江，当地汤家村出产的特别好。它的腌制方法与一般火腿的不同之处，在于将腌好的火腿悬挂在灶头，用烧竹或竹叶的烟熏烤。浦江山多，盛产毛竹，居民常用竹叶做燃料，熏制竹叶腿非常方便。火腿经竹烟熏后，色泽深黑，味带竹香，特别可口。

茶腿，是春分后入腌的，因天气已渐暖，故腌制时在盐中要稍加土硝，可以使肉色鲜艳，并可防腐。因它的味淡而香，可以佐茗，故名“茶腿”。

野猪腿，又叫“山珍腿”，也很名贵，是用野猪的后腿制成的。野猪腿肉极精，制成的火腿脍炙人口。为表明是野味，胫部常留有黑毛为记。

戌腿，是以狗腿制成的，因狗在十二地支中属戌，故名。戌腿色、香、味特异，价格也较高。

甜腿，用糖和椒盐制成，是夏令的畅销品。

金华火腿除上述传统的名产外，近年来还制成了风腿、圆腿、冻腿、辣椒腿和果味腿等新品种，更是精益求精了。

（中国新闻社 1982 年 5 月采用）

青田有奇石

青田有奇石，寿山足比肩。

匪独青如玉，五彩竞相宣。

浙江青田，风光秀丽，是著名的侨乡，那里以产青田石雕闻名于世。有一种“冻石”，又名“灯光石”，有天然的丰富色彩。有的黑白相间，对比强烈；有的色彩相连，十分和谐。据说有一种叫“映水红”的青田冻石，把一两块放在水缸里，就能将一缸清水映得通红。因此明代屠隆所著《考槃余事》中说：“青田石中有莹洁如玉，照之灿若灯辉，谓之‘灯光石’。今顿踊贵，价重于玉。”

青田石，由于色彩丰富，质地细腻，刻起来又不松不脆，是一种得天独厚的雕凿原料。

所谓青田石，并不是泛指青田县所有的石头，而是专指产于青田县山口村到方山一带岩洞里的石头。山口村离青田县城二十余里，是青田石雕的发源地。这里山势起伏，状似鲤鱼跳跃，所以叫作“鲤鱼奇坑”。相传很早很早的时候，有一个读过几年书的老石匠，他在鲤鱼山开凿岩石时，发现一座陡壁上题了一首诗：“直岩下，横岩腰，十万两黄金耀；谁人开得黄金耀，千贯银债一时销。”老石匠心领神会，就以这首诗为线索，在山上搭了个茅棚，风餐露宿，忍饥挨饿，翻山越岭整整找了十二个月，终于开采到了一窝“冻石”。那石头有的青如竹叶，有的黄同蒸粟，晶莹透亮，堪称宝玉。老石匠高兴极了，就在这鲤鱼山下的山口村住了下来，而且子孙后代也以雕石为生。因此直到现在，山口村几乎每户人家都还备有一张雕石刻用的“图书凳”，屋里放着一堆大大小小的雕刻石，许多人都是石雕工艺的能手。

山口村所产的石雕，“大者仙佛多威仪，小者杯杓几案施。精者篆刻蟠蛟螭，顽者虎豹熊罴狮”。既有人物、动物作品，又有几案陈设品。自宋代以来，历受赞誉。青田的石雕，1909 年在南洋劝业会上曾获得金银牌奖章。1915 年又在巴拿马万国赛会上获得了特别奖。在那次赛会上有两件大型青田石雕，曾轰动国际，蜚声于世。一件叫“天宝山”，石料重九百多斤，作品表现了辛亥革命时，国民革命军进攻南京天宝山，冲锋陷阵的情景，场面壮阔，人物众多，构图复杂，雕刻十分细腻。另一件是“轮船”，作品高、宽、阔各一米左右，刻有前、中、后舱，分上、中、下三层，船上烟囱耸立，驾驶室、救生船、铁锚、救生圈应有尽有，镂雕精致，细微毕现。

青田石雕故乡——山口村，今非昔比，开采“冻石”已采用电力动力机械。人们跨过架在龙溪上的铁索桥，沿着盘山小路，走进青田石矿洞，就像走进了一座迷宫。四周是坚硬的花岗岩，地下铺着一条矿轨，凭借电灯的亮光慢慢前行，一忽儿往东弯，一忽儿朝西拐，左右交错，上下贯通，没有矿工的带领，进去后是难以出来的。据说新的石雕产品种类很多，如“百花吐艳”“雁荡山”“西湖全景”“三老赏画”“高粱”“咏梅”“骏马奔腾”等，听听这些名字，就可以想见花样的繁富了。

（署“周简段”笔名，中国新闻社 1982 年 7 月采用）

姓名 周芾棠 年龄 23
職別 紹兴市特約記者
地址 青年团紹兴市委
有效期限 自一九五一年九月起 至一九五二年六月止
新少年報編輯部發

1951 年 9 月，周芾棠任《新少年报》特约记者时的记者证

1962 年 2 月，周芾棠与钱进娟结婚留影

1961 年，周芾棠（左 5）与中共绍兴县委宣传部副部长陈立民（左 3）、绍兴鲁迅纪念馆王鹤照（左 4 ）、章贵（左 2）等先生在绍兴鲁迅故居合影

浙江花边

精致的手工艺品——花边，为中国著名特产之一。浙江花边尤为全国之魁，产地为萧山、绍兴和乐清等县。

花边又叫“万缕丝”，或“万里斯”（为“威尼斯”的谐音）。传说1911年初由意大利商人传入中国，由于中国妇女针黹精巧，产品渐受欧美人士欢迎。今天，浙江花边已行销世界五大洲的五十多个国家和地区。意大利、巴西等国家，还把浙江花边作为女儿的嫁妆。摩洛哥的王宫里，还用成套的浙江花边装饰。

现在，仅浙江省萧山、绍兴和乐清三地，从事挑花工艺的妇女就有近五十万人，产量比1949年增加了三十多倍。原来只有“万缕丝”，现在又增加了“镶边”。“镶边”是“万缕丝”和绣花相结合的产物。浙江花边的品种，有床罩、台毯、窗帘、沙发套、坐垫、披肩、胸花、茶几套、钢琴罩、果篮罩、上衣、裙子等三十多种。挑花的针法也有“花三针”“穿线”“蛇皮”等二十多种。花样规格达二十多种。

浙江花边构图新颖别致，富有中国民族特色。艳丽的牡丹、玫瑰、菊花和红梅、葡萄，尤引人喜爱，被誉为“天上云霞，地上鲜花”。近年来，挑花图案还从花卉果木发展到山水风景和飞禽走兽，如“西湖风光”“苏州园林”“黄山云海”“蝶恋花”和“熊猫啃竹”等。在杭州飞机场的贵宾室里，挂着一幅“西湖全景”的窗帘，做工非常精致。姑娘们用巧手挑出了“苏堤春晓”“三潭印月”“柳浪闻莺”“花港观鱼”“平湖秋月”等驰名遐迩的胜迹。这幅“西湖全景”花边高六米、宽十八米，是浙江花边有史以来最大的一幅。

（署“大雁”笔名，中国新闻社 1982 年 8 月采用）

兰亭和兰亭古道

浙江绍兴漓渚的“兰亭”，是东晋大书法家王羲之写《兰亭集序》的地方。

亭外一池绿水，常有白鹅在悠然嬉游。兰亭内竖一高大的石碑，上刻“鹅池”二字。笔势飘若浮云，矫若惊龙。相传，“鹅”字是王羲之的手笔。“池”字则为其子献之所书。献之的书法，有“小圣”之称。一碑二字，父子合璧，堪称书坛珍品。

鹅池左近是“兰亭碑亭”。亭中石碑书“兰亭”二字，为清圣祖玄烨(康熙)“御笔”。

兰亭碑亭左邻为“流觞亭”，建筑宏丽雅致，门楣正中挂着书有“流觞亭”三字的匾额，为江夏太守李树堂旧题。四周绕以回廊，配设花岗石低栏，可供游人休憩。亭内正中悬一“曲水邀欢处”题额。额下是一幅扇面形彩色“修禊”古画。两旁陈列传世的流觞曲水图拓片，书法爱好者往往在此流连。

流觞亭外面是一片石板铺成的平地，前方曲水蜿蜒，卵石叠岸。不远处即为“御碑亭”，亭基呈八角形，中竖高约三丈、宽一丈余的大理石丰碑。正面镌有清康熙亲笔所书的《兰亭集序》，背阴为清高宗弘历(乾隆)游江南时写的《兰亭即事一律》诗。

出兰亭竹篱花墙向西，约行五十米，便到了兰亭古道。此古道是兰亭文物保护管理所为引兰亭江碧水灌“流觞曲水”小溪时，在二米深的地下发现的。

古道东临兰亭江，西倚鱼池，北为长堤，南靠林木蓊郁的小山，残长六点八米，宽二点六二米，路中央铺长条花岗石，石条两侧砌有对称的“人”字形花色青砖，工艺整齐美观。四周砌有石坎，坎上置雕花石栏，并立碑记事，以资保护。经专家鉴定，此道当为宋代通往兰亭的“山阴道”。因山洪暴发，淤沙冲积，竟长眠地下千年。据说，宋代道路，保存这样完好的，尚属罕见。如今重见天日，因此格外引起游人的兴趣。

（中国新闻社 1986 年 6 月采用）

范仲淹与清白泉

范仲淹少时刻苦好学，壮而忧国忧民。其《岳阳楼记》中“先天下之忧而忧，后天下之乐而乐”的名句，一直脍炙人口。宋仁宗宝元、康定中，范任越州（今绍兴）知州。政务之暇，醉心于饱览稽山鉴水的佳丽风光。

一日，范仲淹登越州城内的卧龙山，见南麓有一片荆棘丛生的旷地，于是鸠工开荒植树，意外地发现了一口废井，淘去淤泥，“视其泉，清而白色，味之甚甘”，“当大暑时，饮之若饵白雪，咀轻冰，凛如也。当严冬时，若遇爱日、得阳春，温如也……”范仲淹十分高兴。“又引嘉宾，以建溪、日注、卧龙、云门之茗试之，则甘液华滋，说人襟灵。”于是命名此泉为“清白泉”，旁边的凉堂为“清白堂”，并写了一篇《清白堂记》，借此宣扬“所守不迁”“所施不私”“清白而有德义，为官师之规”的正气。

范仲淹不但以“清白”励官吏，且以“清白”为操守，身体力行。现据《言行拾遗事录》摘其一二，可见一斑：

公子纯仁娶妇将归。或传妇以罗为帷幔。公闻之不悦，曰：“罗绮岂帷幔之物耶！吾家素清俭，安得乱吾家法。敢持归吾家，当火于庭。”

公过夜就寝，即自计一日食饮奉养之费及所为之事，果自奉之费与所为之事相称，则鼾鼻熟寐；或不然，则终夕不能安眠，明日必求所以称之者。

九百多年来，清白泉和清白堂几经兴废。据清代悔堂老人所著《越中杂识》载，“清白堂”自范仲淹建后，“嘉定中，郡守汪纲重建之。康熙间，知府俞卿改建于大堂之东”。清白堂毁圮于清末，不复存在。清白泉则在今年重现于卧龙山的“越王殿”下，泉长约三米，宽近二米，井前青石墁地，三面护以雕栏；另一面倚山岩，岩壁摩崖有“清白泉，甲子”五字。摩崖之下，有一山洞，凭栏细听，可闻泉水叮咚声。“清白泉”里侧并列两块太湖石碑刻：一为《重建镇越堂记》；另一为《复清白泉记》，由明代绍兴知府戴琥撰文，同知黄璧书丹，推官蒋谊篆额。

（中国新闻社 1986 年 11 月采用）

古城绍兴的水井

浙江绍兴，境内特多名山水，“峰嵘隆峻，吐纳云雾”“潭壑镜澈，清流泻注”。地下水资源也异常丰富，城镇乡村水井比比皆是，所以古城绍兴又有“井城”之谓。

绍兴的水井水质洁净甘洌。水井的内壁多用坚实的条砖砌成，外形的装饰也别具匠心。东街路鱼儿桥河沿十七号内的瓜楞井，为明代万历朝内阁首辅朱赓所凿建，井口围以状若老南瓜的大井圈，石质硕厚，外形美观；井底镇有一条千年不烂的松木游龙，龙口衔有一颗圆木宝珠。大旱年间，井水仍碧水莹莹。搅动井水时，水面会出现一条分水线，像游丝般不断摆动，然后慢慢消失。

绍兴水井井圈大都镌有铭文，它是断代的佐证之一。钱清区夏履乡中心小学校内的芳泉古井，井栏为台梯形，四方刻有“芳泉古井”四个刀笔淋漓的隶体大字。这口井据说早在唐代就已有之，而现在的井栏，栏旁题刻则为明万历三十一年(1603)所置。明代古建筑“吕府十三厅”附近的“龙门井”，也已有近四百年的历史了，井栏犹完好无损，上镌隶书“龙门井”三字，亦清晰可辨。

绍兴境内还有许多水井与历史名人的活动有关。东晋大书法家王献之(字子敬)寓居平江乡云门寺时，常到上灶玉笥山下访古探胜，临池学书，笔头写秃了，便取下扔进小溪边的一口智井内。日久天长，笔头竟积了满满一井。王献之书法兼精诸体，尤以行草书擅名。后人为纪念他锲而不舍的学习精神，把上述智井叫作“王子敬笔仓”，如今这名传百世的“笔仓”，还保存在玉笥山下的显圣寺后面。

南宋大诗人陆游幼年跟曾几读史学诗的禹迹寺，至今亦尚遗古井一口。井系双眼井，井旁竖一石碑，镌“禹迹寺古井”五字，为当今江南“爨宝子”体名家、八十六岁老人周庸邨先生所书。

此外，绍兴有的井还保存过一些珍贵的文物，如缪家桥河沿的一口宋井，1963年绍兴市文物部门就曾发掘清理出四十余件宋代越窑青瓷、龙泉窑青瓷和江西青白瓷器。

（中国新闻社 1986 年 11 月采用）

谜语与曹娥碑

谜语，在中国古代称廋辞（廋，就是隐藏、藏匿的意思）和隐语。《韩非子》上说："右司马御座而与王隐曰。"《新五代史・李业传》上也有这样一段记载："时天下旱、蝗，黄河决溢……而帝方与业（指李业）及聂文进、后赞、郭允明等狎昵，多为廋语相诮戏。"可见，廋语隐辞，已有悠久的历史。

东汉著名文学家、音乐家和书法家蔡邕在浙江上虞曹娥碑阴上所书"黄绢幼妇，外孙齑臼"的谜语，就是中国早期富有聪明智慧的廋辞之一。

这曹娥碑现在还矗立在曹娥江边，外围铁栅，栅门上镂空雕出"汉碑"两个篆书大字。今年，这里又新建"碑廊"，碑廊后面的"双桧亭""饮酒亭"和"曹娥墓"均已修缮一新。曹娥碑右侧的"曹娥庙"，亦已于今年八月恢复旧貌，对外开放。

关于曹娥碑上的掌故，据《上虞县志》记载：孝女曹娥是上虞曹盱之女。汉安二年(143)五月五日迎伍君，逆流而上，为水所淹，不得其尸。娥年十四，沿江号哭，旬有七日，于父沉处赴水而死，经五日，抱父尸出。国人哀其孝义，为歌河女之章。至元嘉元年(151)县令度尚改葬娥于江南道旁，并立碑以志其事。蔡邕来观，适夜，以手摸其文读之，题曰："黄绢幼妇，外孙齑臼。"后杨修解之曰："黄娟，色丝也；幼妇，少女也；外孙，女之子也；齑臼，受辛也。盖'绝妙好辞'也。"

曹娥原碑在晋初已经失传，现存于辽宁省博物馆的《曹娥诔辞》，据传是东晋大书法家王羲之所书。如今浙江上虞曹娥江畔的曹娥碑，则是宋元祐八年(1093)正月，由书法家蔡卞(王安石女婿)据汉碑拓本摹书的，距今也有近九百年的历史了。

(中国新闻社 1986 年 11 月采用)

任伯年学画趣闻

今年是绘画大师任伯年逝世九十周年。

任伯年名颐，浙江山阴人。他幼年家境贫寒，父亲任鹤声是一位民间肖像画工，任伯年自小得到父亲的指授。有一天，伯年父外出，适有友人来访，见鹤声不在，稍坐即去。伯年不识其人姓名，随即画了一幅肖像给父亲看。任父看了说："噢，原来是他。"这时候任伯年还不满十岁。

另有一次，任伯年去绍兴农村，看到一个很有趣的斗牛情景，因为身边未带画具，便撩起长衫，用指甲在下摆上刻了斗牛的速写，回家就创作出一幅动人的《斗牛图》，他还在画上题了一首诗："丹青来自万物中，指甲可以当笔用。若问此画如何成，看余袍上指刻痕。"可见其惊人的创作才能。

后来任伯年到了上海，在一家扇庄做事。当时沪上画家中，任熊（字渭长）享誉最高，伯年就模仿他的人物画绘扇卖钱。这事被任熊发现了，他便亲自跑到这家扇铺订了五把扇子，并指定要任渭长画的仕女，约定三天后取货。伯年如数交出，渭长看了"任渭长"画的扇面，笑笑道："你见到任渭长了吗？"伯年随口答道："他是我家叔叔，怎么没见过呢？"渭长哈哈大笑，拍拍伯年的肩膀说："那我就算是你的叔叔吧。"任渭长看到任伯年的才情，打心眼里喜欢，就收他为弟子。继而伯年又从任熊的堂弟任薰（字阜长）学画。因而与任熊、任薰被合称为画坛"三任"。他并取法陈洪绶、华喦，但又脱离前人窠臼，不为成法所束缚。他能在屏条、册页、折扇等不同幅面上创造种种新颖多变的布局，给人一种明快、清新的感觉。他笔下的鸟，或争高枝，或语丛叶，或振翅疾飞，或敛翼戏水……神态多变而逼真。因而著名旅日华侨作家陈舜臣评任伯年的画说："他绝非拙于山水。他的审美情趣，与其表现山水，不如说更着意于表现花鸟吧！"这个看法是极有见地的。

（中国新闻社1986年11月采用；署"周简段"笔名，载香港《华侨日报》1986年12月13日）

鲁迅手植的水野栀子

在浙江省绍兴市鲁迅纪念馆的花圃里,有一盆鲁迅青年时代手植的水野栀子(日本名称),特别令参观者瞩目。水野栀子是常绿灌木,叶子很像杜鹃,花形宛如栀子而略小。每逢端午时节,花儿盛开,馥郁清香,沁人心脾。

这盆鲁迅手植的珍贵花卉,是他早年从日本留学回国时带回来的。1963 年,鲁迅的姨表弟郦辛农先生赠送给绍兴鲁迅纪念馆。郦辛农,《鲁迅日记》中写作“郦藕人”,是中国近代最早的四位养蜂专家之一。当年,鲁迅曾把这盆水野栀子,栽在花盆里,搁置在周家新台门故居天井的石条凳上。1919 年 12 月,鲁迅从北京回绍兴,搬家北上。郦辛农曾到新台门去看望表哥鲁迅,当时鲁迅先生正在整理行装,看到辛农表弟去很是高兴,对他说:“你喜欢花草,这盆水野栀子就送给你吧!”说着,亲手把它捧给了辛农。郦老先生格外珍惜表兄亲赠的这盆来自东邻的花卉,几十年来,虽历经战乱,而盆花却依然青枝绿叶,花香宜人。

鲁迅先生一生辛勤笔耕,也热爱自然科学,特别是植物学。他从小喜欢种花,在新台门故居的天井里,就栽培过几十种花草。他在杭州和绍兴教书时,一有空闲就去野外采集植物,制作标本。而今,从各地搜集到的鲁迅文物中,这是唯一由鲁迅手栽的鲜活花木。

郦辛农先生已于 1971 年 5 月去世,享年八十岁。

(中国新闻社 1986 年 11 月采用)

绍兴宋桥“广宁桥”

浙江绍兴，是中国江南著名的水乡城市，有“东西南北桥相望”“画桥三百映越州”之称。据清光绪年间绘制的《绍兴府城衢路图》记载，当时绍兴城内有石桥二百二十九座。

这众多的石桥中，有一座叫广宁桥。相传此处本无桥，过往百姓须摆渡过河。好事者集资建桥，以利往来百姓广受安宁，因名“广宁桥”。该桥全长六十米，宽五米，高四点六米，两边各有二十级台阶，桥上有八根石柱，柱端分别雕有精美生动的石狮和荷花，是浙江省特有的七边形单拱石桥之一。河深桥宽，雄伟挺拔，以往是绍兴府新官上任，水道必由之路。

据宋嘉泰《会稽志》记载，南宋绍兴年间，有乡绅名韩有功者，夏夜常与诸生在桥上纳凉，谈论古今天下事。韩有功故世后，诸生怀念先生，曾有“河梁风月故时秋，不见先生曳杖游。万叠远青愁对起，一川涨绿泪争流”的诗句。于此可见，广宁桥在宋时已建。宋桥，过去我们只在北宋画家张择端的《清明上河图》和南宋画家李嵩的《小殿纳凉图》上偶尔见到，现存实物，在国内已经屈指可数。可见此桥是十分珍贵的。

广宁桥至明隆庆年间渐圮，明神宗朱翊钧万历二年(1574)，才由桥堍的华严寺僧募款重修。之后，在清康熙三年(1664)又修缮一次，始得今日面貌。

广宁桥桥身高大，桥洞像一面大而圆的明镜，可以照见市中心的梁天监三年(504)建造的大善塔。云光水色,塔影浮动,景色奇幻。民谣云:“大善塔,塔顶尖,尖如笔,画尽稽山鉴水;广宁桥,桥洞圆,圆如镜,照见山会二县。”古越绍兴城内有一运河,自南门流入,至闹市大江桥,东折出昌安门,纵贯十余里。昔时山阴、会稽分治,此河系二县之界河。河东属会稽县,河西为山阴县。故民谣有“照见山会二县”之说。

(中国新闻社 1986 年 11 月采用)

绍兴新发现一批重要文化遗址和文物

浙江绍兴有关部门自去年以来组织专门人员进行了一次八个月左右的文物普查、复查，发现和核实的文化遗址、文物古迹近一千二百处（件）。

在杭州湾畔的马鞍山东麓，又发现了一处新石器时代晚期的村落遗址，发掘到了完整的或可以复原的器物一百多件。还找到近十处越窑窑址，其时代可上溯到战国，下至唐代、北宋，出土器物有碗、碟、盒、盘、罐、壶、杯、灯盏、瓷兽等。

绍兴遗存下来的古建筑也十分丰富，其中仅明代梁柱式木结构建筑就发现了一百四十三处。这些古建筑经四百年左右，至今仍有人居住。

绍兴是江南著名的水乡，河网密布，桥梁栉比，据不完全统计，现有各种桥梁三千余座。这些桥，大多用青石板建成，结构形式丰富多样，有平桥、曲桥、洞桥、廊桥、连拱桥、多脚桥等。现在越城内外，被列入重点文物保护单位的桥梁有五十七座，如拜王桥、谢公桥、题扇桥等都已有千年以上的历史。城东的八字桥，为梁式石桥，建于宋理宗宝祐四年(1256)，它的桥面设计呈“八”字形，结构美观，建造稳固。

这次普查，还在市区上大路兴文桥直街八号内发现了十六道石碑，其中有明代著名书画家倪元璐（字玉如，号鸿宝，浙江上虞人）的超妙行书碑刻。在查到的关王庙内的清代壁画，奇逸潇洒，形神逼肖，至今仍色彩鲜艳。

此外,在绍兴县农村,还保存着三十五座完好的戏台,除建筑精美的“旱台”外,在马山东安村还有一座三面环水的“河台”。这种河台,就是鲁迅在《社戏》中所描写的绍兴戏台。

（中国新闻社 1986 年 11 月采用）

剑灶·铸铺岙·越王剑

浙江绍兴素称文物之邦,早在春秋战国时代,绍兴就是越国的都城,以铸剑闻名于天下。东汉袁康、吴平辑录的《越绝书》上说:“昔者,越王勾践有宝剑五,闻于天下。”这五把宝剑即湛卢、鱼肠、纯钩、胜邪和巨阙。这些剑是越王勾践的父亲允常请了越国的铸剑巧匠欧冶子,广采“五金之精英”苦心炼成的。

在绍兴平水区上灶乡境内,有一处胜迹,叫作“剑灶”,亦称“欧乡”,相传为欧冶子铸剑的地方。剑灶,共有上灶、中灶、下灶三处灶基,是从南到北一字排着的三个自然村,南接日铸岭,西靠若耶溪(今名平水江)。这里群峰争秀,云海汹涌,清溪如镜,山径迂回。唐代诗人独孤及曾有“冶工铸剑今已远,此地空余日铸山。吊古尚传三灶在,清游曾有几人闲”之句。

上灶乡境内,还有一个叫作“铸铺岙”的小山村。此村古名铸浦,亦称锡浦,为昔欧冶子铸神剑之所。至今尚存有“欧冶祠”和“淬剑大井”遗址。

欧冶子在剑灶和铸铺岙炼制的五把名剑,现在虽然还没有找到,如“鱼肠剑”已殉葬于吴王阖闾墓中,秦始皇曾派人挖掘,但只挖了一个大坑,并无所获。这个大坑就是如今苏州虎丘的剑池。但历史经过了两千四百多年,越王勾践自己佩用的另一把宝剑,却已于1965年12月在湖北江陵楚墓中出土。此剑长五十五点七厘米,柄上缠以丝绳,剑格两面饰有花纹，整个剑身满饰菱形暗纹，靠近“格”处铸有“越王鸠浅自作用剑”八个鸟篆错金铭文。“鸠浅”即勾践。这把勾践自用剑出土时，剑身插在素漆的木鞘内，不仅没有腐蚀，而且寒光逼人，仍然锋利无比。经人当场试验，宝剑轻轻一挥，就能把十几层厚的白纸截然断开，见者无不啧啧称奇。据复旦大学静电加速器实验室在静电加速器上，利用质子 X 荧光真空分析，此剑的表面各部位是由铜、锡、铝、铁、硫、砷诸元素组成，并且根据剑身各个部位着力点的不同，金属元素的含量亦各有不同。由此可知，当时越国的铸剑匠师，已熟练地掌握了各种金属元素的合成技术。

（中国新闻社 1987 年 1 月采用）

酒中珍品"善酿酒"

近闻在法国巴黎举行的第十二届国际食品博览会上，绍兴酒厂出品的塔牌绍兴酒，又一次荣获国际金质奖。这是绍兴酒第四次获得国际金牌了。

记得绍兴酒第一次获奖是在1910年，当时沈永和和谦豫萃墨记酿坊所出的绍兴"善酿酒"，曾分别获得南洋劝业会的奖状和特等金牌。第二次是1915年，绍兴鉴湖长春酒厂出产的善酿酒又同金华火腿并驾齐驱，在"巴拿马太平洋万国博览会"上各获得了金牌一枚和奖状一张。

"善酿酒"在清代宣统二年(1910)由沈永和酿坊创始。该酿坊原以配制酱油而闻名，酿酒师傅从酱油酿制中得到启发，试以酱油代水的母子酱油原理来酿制绍酒，得以成功。此中，"善"是良好之意，"酿"即酒娘或酒母，包含有母子之原义。所以善酿酒是品质优良的母子酒。至于这酒的来历，在民间却又另有一番传说。据说早在一千多年前，绍兴的酿酒师傅就酿制了一种味道与众不同的黄酒。这种黄酒，用陈年黄酒代替湖水，放入糯米酿醪中，所以，醇厚甘冽，风味奇绝，成为风靡一时的佳品，在一些宴席上受到青睐。但是，这种美酒取什么名字呢？聪明的酿酒师傅想取一个有特色的名字。正巧，唐玄宗天宝十四载(755)李白写了一首诗，诗名叫《哭宣城善酿纪叟》，诗云："纪叟黄泉里，还应酿老春。夜台无李白，沽酒与何人？"聪明的酿酒师傅，觉得这首诗的题目中"善酿"二字，移用过来作为酒名，很有特色，道出了酒的酿制工善、精良。因此，就用“善酿”二字定为这一酒的名称，所以历来又把善酿酒叫作“太白酒”。

善酿酒为深黄色，其香芳郁，质地特浓，酒精含量为百分之十五到十六，刺激性较小。适量饮用，有兴奋精神、促进食欲、生津补血、解除疲劳的功效。如果用作烹饪调料，能除腥增香，味道更佳；用于制药能使药性行于酒内而增加疗效，补身养气。善酿酒的含糖量以葡萄糖为主，尚有麦芽糖、乳糖、什糖等八九种，故属半甜酒类，饮时以微加温，配以甜味果肴或点心最适宜。由于善酿酒具有香、甜、醇、柔、绵、爽的特色，因而被世人视为酒中珍品。

（中国新闻社1987年1月采用；署“周简段”笔名，载香港《华侨日报》1987年1月27日）

寒冬话蜡梅

春到愁魔待厌禳。试东风第一，道家妆。蜡丸偷寄紫琼霜。檀心展，凭付与檀郎。

金磬敛花房。相逢应只在，水仙旁。色香空尽转难忘。人何处？沉痛觅姚黄。

这是前人顾贞观的《蜡梅花底感旧调寄小重山》词。

眼下正是寒风凛冽的时节，望野外百花早谢，就连生来傲寒的梅花也还不敢抛头露面，唯有江南人家门前的蜡梅，却"挺秀色于冰涂，厉贞心于寒道"，繁花满枝，芳香四溢，向人间预报新春将临的信息。

蜡梅，也作腊梅，其实非梅。梅属蔷薇科，为乔木；蜡梅则属蜡梅科，为灌木。据"西湖花隐翁"陈淏子（一名扶摇）于清康熙戊辰年(1688)所著的《花镜》记载，蜡梅产于中国各地，其中以"素心蜡梅""磬口蜡梅"和"檀香蜡梅"最为名贵，属观赏蜡梅中的上品。

素心蜡梅的花瓣、花心和花蕊，都呈蜡黄色，香气极为浓烈。中国文学家鲁迅幼年读书的三味书屋内有一棵一百五十年历史的老蜡梅，即为素心蜡梅。如今这棵老蜡梅枝干已快伸过东墙，着花比幼树更为茂盛，被誉为"繁花盛丽天下无"。

磬口蜡梅花蕾浑圆，上部花瓣稍向内弯曲，虽盛开而半含，形如一磬，故名。檀香蜡梅开花时间最早，花色深黄，味如檀香，这种蜡梅现在已经很少见了。

供观赏的蜡梅花,还有“荤心蜡梅”和“荷花蜡梅”。荤心蜡梅外瓣呈松花黄,内瓣中心泛紫色。荷花蜡梅花儿大,瓣儿尖,很像一朵缩小了的荷花。还有一种蜡梅叫“狗英蜡梅”,因名字不雅,故有人把它讹作“九英蜡梅”。这是一种未经接种的野生蜡梅,花小、香淡、瓣尖,属蜡梅中的下品。

近年,在浙江临安县的顺溪坞、大明山和天台县的华顶峰、赤城山等地,还发现了一种野生的“夏蜡梅”,盛夏开花,花瓣洁白如雪,花冠比檀香蜡梅大两倍,花香袭人,因而被称为“幽谷佳人”。这种生于云雾高山上的夏蜡梅,现已为园林部门引种成功,移植于公园的花圃之中,使盛夏游客于赤日炎炎下,可闻到蜡梅的浓香。

(中国新闻社 1987 年 1 月采用)

枫桥香榧价值高

浙江诸暨是西施的故乡。诸暨的枫桥镇有一种很有名的特产,叫作香榧。香榧树属紫杉科常绿乔木,不怕高温,能耐严寒,树干高大挺拔,枝叶葱翠,远远望去像一座绿色的宝塔。宋代著名诗人梅尧臣有诗赞道:“粜柏移皆活,风霜不变青。”苏东坡亦遗有“愿君如此木,凛凛傲霜雪”的名句。

枫桥香榧壳薄,肉质芳香酥脆,十分可口,是香榧中的上品。它的果实从开花到成熟,要经过三个年头。第一年结的果实很小,长得很慢。到第二年又开出一批花,结出一批果,第一年的果实,仍在树上生长。等到第三年开花结果以后,第一年的果实才慢慢成熟,到深秋就可采摘了。清宣统《诸暨县志》称它“每生果三年始可采”。这样年年开花,年年结果,年年成熟,轮转无穷。这种现象在果木队伍中异常罕见,被人们称为“祖、父、孙三世同堂”,枫桥人也有叫香榧为“三代果”的。

香榧不仅香脆味美,而且营养丰富,老少咸宜。据化验,香榧含油率在百分之四十以上,超过花生、芝麻。此外还有蛋白质、碳水化合物等成分。既可榨油,也可炒食,还可药用。具有止咳、顺气、消痔、润肺、驱虫等功效。

香榧树木质坚韧,有油脂芳香,纹理细密,有弹性,发光泽,耐水温,入水经久不腐,是制作贵重家具和造船、建筑上的良材。香榧树的外皮,含有丰富的单宁,可以炼制工业上极有价值的烤胶。

近几年,枫桥香榧树已发展到十万株。仅东溪乡今年就可产香榧近百万斤,除供应国内市场外,还向新加坡等国家出口。

（载香港《晶报》1987 年 2 月 5 日）

绍兴奇桥

百舸千舟摇摇摇，一河两岸桥桥桥。

俯身水底见桥影，侧耳河面闻桨声。

这是绍兴水乡特有的画景。绍兴城外河网密布，城内水道纵横。千百年来，绍兴人利用当地丰富的石料资源，在水面上架起了数以千计的石桥。其中有不少桥造型之别致，结构之精美，功能之特异，为国内外所罕见。

绍兴城北的八字桥，为绍兴现存石桥中有确切纪年的最古老的单孔宋桥。桥高五米，桥面条石并列，微微拱起。桥墩石柱略向外倾。桥东端沿河岸向南、北两个方向落坡，西端则向西、南两个方向落坡，平面呈一“八”字形，古代技师在设计中匠心独运地解决了错综复杂的水上建筑问题。它与《金明池争标图》《四景山水图》等宋画中所展示的仙桥相比，有着异曲同工之妙。

“白玉长堤路，乌篷小画船。”位于绍兴城西古运河上的百孔纤道桥，是唐以来人们行舟背纤的通道，也是目前国内外仅有的桥型。它全长三百八十六点二米，每个桥墩伸出水面，支撑着一百五十跨接连不断的桥孔，故当地又有“石索桥”之称。漫步桥上，两旁绿水双流，波光潋滟；极目远眺，仿佛一条练带伸向远方。

以五代吴越国王钱镠早年平董昌之乱，“郡人拜谒于此”而得名的单孔“拜王桥”，坐落在城内卧龙山麓。它全长二十米，桥跨五米左右，桥孔七边形,介乎石梁桥与石拱桥之间。该桥用料较石拱桥为少,但跨越能力却超过了石拱桥。据悉,迄今国内外尚未发现类似石桥。现在绍兴城乡保存完好如拜王桥者,尚有谢公桥、迎恩桥、宝珠桥、昌安桥、广宁桥等多座石桥。

位于坡塘乡栖凫村的“三接桥”,是现存水乡桥梁中的奇品。此桥三个桥堍跨越三段河流,一桥可代替三桥,既省工节料,又外形美观,故为众多桥梁专家所瞩目。

（中国新闻社 1987 年 2 月采用）

绍兴周宅的四季桂

眼前正是北国千里冰封万里雪飘的时候，唯地处浙东平原绍兴周宅的一棵四季桂，却是绿叶满枝，金黄簇簇，香气四溢！所谓绍兴周宅，就是二十世纪三十年代初驰名文坛的周树人（鲁迅）、周作人和周建人三兄弟的故宅。

桂花树，可分为金桂、银桂、丹桂和四季桂四种。金、银、丹三桂，每逢八月中秋前后盛开繁花。只有这四季桂，除仲秋开花外，冬、春两季的枝头也还会装金戴翠呢！

这棵四季桂，是周家新台门里的遗物，已有近二百年的历史了。周作人于清光绪二十四年戊戌(1898)一月二十九日，十四岁那年为怀念亡弟椿寿而作的《七绝·冬夜有感》，就是在这里写的。诗云：

空庭寂寞伴青灯，倍觉凄凄感不胜。

犹忆当年丹桂下，凭栏听唱《一颗星》。

《一颗星》为绍兴儿歌，富有情趣，因此儿童最爱唱之。

这个长着四季桂的地方，周家叫作“花厅”。从前周氏房族每年“祝福”“除夕接神”“元旦送神”等过年大事，都是在这里举行的。

这株四季桂原有三根粗壮的丫枝，每枝直径二十厘米以上。1954年初，它突然生了一场“大病”，枝叶渐近枯萎。后请来一位花木师傅用两米长的螺钻在树边试探。待钻到尺许时，感到钢钻忽然很松了。这时，就成群结队地飞出了一大簇一大簇的白蚁，白蚁上上下下密密麻麻地停满了桂树。怎么办呢？有经验的花匠移掉了桂花树四周的假山，在树根掘出了满满两箩筐白蚁窠，还掘出了一只破缸。估计这株四季桂，当初是种在缸里的。捣毁了蚁窠后，花木师傅再往树上喷洒了药液，白蚁像下雪子似的纷纷往下滚落。不多时，掉在地上的白蚁就有一寸之厚。消灭了树根白蚁，再经药物喷射、涂治，四季桂才又枯木逢春，从垂死中复苏，重开茂盛的金色香花了。

现在，这里已作为绍兴鲁迅纪念馆的"贵宾接待室"。四季桂也已生儿育女繁殖了后代，并被列为"百年古树"之一，受到了重点保护。海外友人到绍兴参观，都对这株四季桂格外感兴趣。欧洲著名画家德其卡·马祖诺夫曾说："这是一株非常珍贵的桂花树。只有人民当家作主的今天才这样重视文物。"危地马拉作家、诗人阿斯图利亚斯，也曾在四季桂下写下了这样一段热情洋溢的题词："在鲁迅故居附近，我们更好地了解了鲁迅先生的作品：朴素的风景，果树的色彩，这大自然的景致倒映在水中，像一场真实的梦境。"

（中国新闻社1987年2月采用；载美国《美洲华侨日报》1987年2月25日）

越剧诞生地乃是恐龙故乡

浙江嵊县是越剧的诞生地。著名越剧演员赵瑞花、筱丹桂、姚水娟、袁雪芬、范瑞娟、竺水招、王文娟、周宝奎等都是嵊县人。嵊县，地处会稽山和四明山之间，是一块山谷盆地，中间有一条宽阔的清澈如镜的剡溪，自西向东畅流无阻。这里自古山川韶秀，为历代文人所羡慕。唐代大诗人李白就曾有诗道："此行不为鲈鱼鲙，自爱名山入剡中。"殊不知风光秀丽的越剧发源地，还是恐龙的故乡呢！

最近，在嵊县普义乡白泥墩村的覆船山猪肝岩层中，就发现了一窝原生环形放射状排列的恐龙蛋化石。恐龙蛋化石，呈椭圆形，比鹅蛋要大，卵石内底是空的，摇晃起来，里面还有积水的响声。"咚咚！咚咚！"十分悦耳。这些恐龙蛋化石，现在已由当地农民送到嵊县文物保护管理委员会妥善保存。

恐龙，是地球上古老的爬行动物。这种统治地球长达一亿四千万年的庞然大物，为何在距今六千五百万年的中生代末期全部灭绝，人们众说纷纭，莫衷一是，至今尚未有明确的答案。如今嵊县这批标准恐龙蛋化石的出土，对于研究浙江古生物的演化、古气候、古地理环境、地壳变迁和寻找矿床，都有极为重要的科学价值。特别是对揭示恐龙灭绝之谜，提供了具体生动的实物资料。美国科学家沃尔特·阿尔瓦雷斯父子曾提出了"恐龙灭绝于小行星"的假说。他们认为，在六千五百万年前的白垩纪末期，有一颗小行星或彗星突然坠落到地球上来，掀起了大量的尘埃。这些尘埃笼罩了地球，阻挡了阳光，造成天昏地暗，气温急剧下降，植物无法生存，大量死亡，使得以植物为生的恐龙也难逃厄运，相继绝灭。嵊县恐龙蛋化石在岩层中的发现，也就进一步为科学家在白垩纪土层中寻找天体撞击地球后残留下来的痕迹，提供了可贵的线索。

（署“周大雁”笔名，中国新闻社 1987 年 2 月采用）

赏梅·品梅·话梅

烟姿玉骨，淡淡东风色。勾引春光一半出，犹带几分羞涩。

陇头倚雪眠霜，寒肌密抱疏香。待得罗浮梦破，美人打点新妆。

这是清代尤展成的《梅蕊》调寄《清平乐》词。

早春二月，红梅缀雪，冻蕊盈香，独步早春，向人们传来了“百花齐放，万紫千红”的信息。

梅，是中国特有的花果树之一，相传已有三千多年的栽培历史。早在商代，梅子和盐一样，是餐桌上的调味品，所以后来人们有“盐梅金鼎美调和”的说法。

据《西京杂记》记载，梅花原为单瓣，到了汉朝初年，已有重瓣的佳丽梅花出现。隋唐之时，植梅已遍及全国。至今浙江天台国清寺大雄宝殿右侧，尚建有“梅亭”一座，亭前有隋梅一株，老枝横斜，苍虬多姿。经寺僧精心培育，仍然古树新枝，生机勃发。眼下正是隋梅花开之时，疏枝横空，香满古刹。

位于杭州之北、临平之西，离塘栖镇约四公里的超山，素称“十里梅海”。它和苏州的邓尉、无锡的梅园，号称中国江南三大梅区。而超山的梅花，又算得上是这三大梅区的魁首。此地有两株老梅，一唐一宋，尤其闻名。宋梅在超山脚下，虽虬干曲枝，鳞苔似甲，但仍苍劲有力，占春极早，花有六瓣，是当今罕见的名种。唐梅植于大明堂院内的石坛中，近代著名国画家、金石大师吴昌硕，曾十分喜爱它，题有《画梅》诗一首：

十年不到香雪海，梅花忆我我忆梅。

何时买棹冒雪去，便向花前倾一杯。

梅，不仅花容俏丽，长势奇特，能供人观赏，而且经济价值很高。梅，从枝到根，从花到叶，全身是宝。梅花可供药用，在神话剧《白蛇传》中，就有"乌梅"避疫的故事。梅的果实，鲜嫩多汁，酸而解渴。在《世说新语》里记有"望梅止渴"的故事。据说有一次曹操率领三军，迷失了道路，将士们口渴舌燥，懒于行进。曹操告诉大家前面有梅林结子，可以止渴。将士们听了皆口中生津，遂使干渴渐消。诗人罗隐还有诗专咏此事：

天赐胭脂一抹腮，盘中磊落笛中哀。

虽然未得和羹便，曾与将军止渴来。

据说今安徽省含山县的梅山，便是当年曹操带兵望梅止渴的地方。

（署"棠燕"笔名，中国新闻社 1987 年 2 月采用）

青青江南柳

碧玉妆成一树高，万条垂下绿丝绦。
不知细叶谁裁出，二月春风似剪刀。

这是唐代诗人贺知章的《咏柳》诗。

目前江南一带正是天气转暖、春雷骤响的时候，是栽杨插柳的好时节。俗语说，“有心栽花花不发，无意插柳柳成荫”。杨柳是很容易成活的。只要折几丝柳枝，插于庭院，浇足了水，不久它就会生根。两三年以后，它便亭亭玉立，浓荫覆盖，十年左右即干径盈尺，长大成材了。

杨柳树的栽培在中国已有三千多年的历史。《诗经》云：“昔我往矣，杨柳依依。”人们早就把翠绿的柳丝，作为亲人别离的赠品。杨柳青青，又代表中国江南的春色。在古典诗词中，往往用杨柳来点缀春天的风景。唐代大诗人白居易在杭州时所作的《钱塘湖春行》一诗中，有“最爱湖东行不足，绿杨阴里白沙堤”之句。明代末年，浙江杰出的画家陈老莲寓居杭州吴山火德庙西爽阁时，所作的一首七绝《醉中书怀》：“青山到处便成家，不得出门每自嗟；若得西湖桥畔住，妻儿杨柳共桃花。”反映出了这位多情的画家，对西湖春色的眷恋之深。据《熙朝乐事》等记载，江南城乡自南宋以来，每逢清明寒食，都以插柳戴柳为乐，民间亦有“清明不戴柳，死了变黄狗”之谚。更有古诗曰：“清明一霎又今朝，叫得沿街卖柳条。相约北邻诸姐妹，一枝斜插绿云翘。”都是这一风俗的记录。如今浙东绍兴、宁波一带人家，在清明祭扫祖墓之时，往往在墓旁插柳，作为已经扫墓的标志。

杨柳树的种类很多，在杭州西湖、苏州石湖、无锡太湖、嘉兴南湖、绍兴东湖、宁波东钱湖，常见的有枝条细长、扶疏下垂、飘拂水面、婀娜多姿的垂柳，有小枝蜷曲的龙须柳，有树冠浑圆、完整的馒头柳，有树干高大直立的旱柳，还有枝条丛生的雪柳，以及那类似松柏针叶的柽柳，真是千姿百态，各显千秋。

近年，江南名城苏（州）、杭（州）、绍（兴）、甬（宁波），在城乡内外、河旁湖畔、街道里弄，遍植杨柳、桃树，用来美化环境，“一株杨柳一株桃”“树树桃花间柳花”，已成为这里的新景色。

（署“棠燕”笔名，中国新闻社 1987 年 2 月采用）

茶中奇珍“日铸雪芽”

当前节令惊蛰已过，清明将至。江南野外，风和日丽，柳绿桃红，春光烂漫。正是采摘第一批春茶——“明前茶”（即清明前采摘的茶叶）的时候了。

说起“明前茶”，要数浙江绍兴会稽山上日铸岭所产的“日铸茶”了。日铸茶也称“日铸雪芽”。自宋朝以来，被列为贡品，茶名极盛。

日铸岭距“平水珠茶”的集散地平水镇不远。岭下有两个自然村，一个叫上祝，一个叫下祝，就是产日铸茶的地方。这里地势高峻，土质肥沃略带酸性，晴天能受到充分的光照，雨天易于排水。温度适中，雨量充沛，有出产名茶的自然环境。

相传古代日铸岭上，有几棵奇特的茶树，茶芽白而嫩长，有奇异香味，称为绝品。每年春分一过，清明之前，地方官就要挑选手巧的采茶姑娘，采制特级的“日铸雪芽”，以进贡朝廷，供皇帝品用。所谓“雪芽”，以其嫩芽初出，如同莲心，故又称“莲心”。这是“珍品”中的“奇珍”。南宋嘉泰《会稽志》中有所载：“日铸芽纤白而长，其绝品长至三二寸，不过十数株。余虽不逮，亦非他产所可望。味甘软而永，多啜宜人，无停滞酸噎之患。”

在品味“日铸雪芽”时，洁白的瓷杯里，放上一撮上等的日铸茶，用若耶溪的清泉冲泡，只见杯中浮起根根状如莲心的叶芽，然后缓缓下沉，啜上一口，余味无穷。

如今,日铸岭上的茶树已不是昔日的十数株,而是层层梯坎茶园,上下相接。当年生产贡品的“御茶湾”里的茶园,也已不是几亩、几十亩,而是上百亩,山山相连,远远望去,成片的密植连生茶树,树冠一片嫩绿,采茶姑娘们的欢声笑语此起彼伏,充满了勃勃生机。

(中国新闻社 1987 年 3 月采用;载法国《欧洲时报》1987 年 4 月 9 日)

今日杭甬运河

位于杭州湾南岸的杭(州)甬(宁波)运河,是和萧(山)甬(宁波)铁路平行的一条交通大动脉。又称浙东运河。

杭甬运河,自杭州市属的萧山县临浦镇进船,南经绍兴蜿蜒东行,经上虞、余姚等县市,直达宁波市属的镇海入海。全长二百五十二公里。杭甬运河横贯宁(波)绍(兴)平原,由于各段水位不同,航道深浅宽窄不一,在二十世纪五十年代还只能分段通航。随着宁绍平原经济的发展,1979 年曹娥升船机站建成,从此杭甬运河可顺利穿越曹娥江。近年,宁绍平原成了上海经济区的重要组成部分。宁波是中国沿海十四个开放城市之一。尤其是镇海港区万吨级泊位的建成投产和宁波北仑港区十公里深水岸线的开发利用,宁波港的疏港问题趋于突出。目前,萧甬铁路疏运物资已趋“饱和”状态。因此,开发杭甬运河,为萧甬铁路分流的经济战略价值就越来越大。1983 年 7 月,杭甬运河进行全线疏浚,第一期工程完工,全线已能通航二十五吨级船舶。1984 年,运河水系运量已达到一千三百六十七万吨。

杭甬运河发端于春秋时代。越王勾践的谋士计倪大夫,曾提出过围堤、筑塘和开凿河道的计划。到了汉代,杭甬运河的绍兴段已正式通航。至东汉顺帝永和五年(140),会稽郡守马臻发动军民完成了“鉴湖工程”的建造之后,这条河道便围入湖光山色的鉴湖湖堤之内。

从绍兴城西郭门经柯桥、钱清、西兴,而到达钱塘江边的另一条运河，初名“漕渠”，是公元300年前后，晋会稽内史贺循主持开凿的。当时主要用于灌溉。所以河道从钱清到郡城（绍兴）的这一段，与鉴湖湖堤基本平行。鉴湖的每一处斗门、闸、堰、阴沟，都和这条运河直接沟通。这一运河的重要性，还在于它联系了曹娥江以东的交通，可以直达明州（宁波）。当时钱塘江河口滩多水浅，因此从明州经余姚、上虞、绍兴而到杭州的航道，长期以来就十分兴旺。

近悉京杭大运河即将沟通钱塘江，并进而与浙东运河相沟通，至此，浙东运河将进入新的繁荣时代。

（中国新闻社1987年3月采用）

绍兴的佛教造像艺术

中国的佛教造像，以敦煌和云冈的石窟艺术群为最著名。江南一带虽不乏石山，但造像艺术则不多见。其中浙江古城绍兴的几处精美石佛，颇值得一提。

绍兴北面柯桥镇的柯岩造像，是绍兴佛教造像中时代较早、保存较好的一尊。它兀立于绍兴石景“绝胜”柯岩的一块畚箕型巨岩内。据《柯山小志》记载，柯岩原为青石山，山多石坚，为民所采，“石佛高五丈六尺，相传隋开皇间，有石工发愿为之，未成而逝，以禅之子，子复禅孙，三世讫功”。大佛为螺形发髻，额部宽阔，双目俯视，两耳垂肩，法相庄严；通领袈裟，腰带作小结但并不甩向左肘；手印作说法模样，体态安详，与南京栖霞山的隋代石佛十分相似。

位于绍兴城西下方桥镇石佛寺内的羊山造像，是一座几乎与柯岩造像同龄的石刻珍品。考石佛寺内《羊石山石佛庵碑记》等可知，隋开皇时，越国公杨素采羊山之石以筑罗城（即今绍兴城），及城竣工，留下一块“高数十丈，周围十余丈”的孤岩，当时民间艺术家就在岩内巧妙地凿了一尊高达七米的石佛造像。这尊造像除服饰与前者稍似外，容相丰圆，方脸也更为突出，它与北魏末期或中唐造像有着明显的区别。据民间传说，这座佛像共雕琢了七世才完成，因而佛龛前的石门框上，就有“片石偶留幻出庄严色相，七世始成浪传开凿神奇”的石联。石佛双膝盘曲，不露足迹端坐，但底下那个仰莲底座，经当代石窟艺术专家鉴定，似系后世重加修凿，“从外形看，应较柯岩石佛为晚”。

绍兴的佛教造像，除单龛外，在城南九里山石屋禅院附近，也有一处由三个摩崖壁龛组成的清代石刻群体。造像坐北朝南，西面一龛最大，龛内释迦牟尼居中，身披袈裟，双手相叠，置于膝前，仪态端庄；左侧的无量寿佛，神态沉静，貌似诵经；右侧为药师如来佛，形象传神。在西龛东侧另有一龛，内为两尊观音。其一斜执如意杖，右上方置净瓶；另一袖挂宝珠，左上角有一衔环仙鸽，翱翔云天。观音像的东面崖壁小龛内，有一弥勒像，欢眉大眼，袒胸露腹，笑容可掬，均系不可多得的艺术精品。

（中国新闻社 1987 年 3 月采用）

大型竹编“天坛”

今年年初，浙江省新昌县工艺竹编厂创作编制的大型竹编“天坛”，被送往在美国洛杉矶举行的中国浙江工艺展览会展出。这座按照北京天坛祈年殿的造型，结合竹编工艺的特点进行再创作的竹编制品，集编织、雕刻工艺于一体，是中国迄今唯一的仿古建筑大型竹编珍品。

浙江新昌，是绍兴地区的一个山区县。这里山岭逶迤，江河奔泻，自然风光十分秀丽。山上除了产毛竹外，还有中国稀有的迟燕竹和水竹。特别是水竹，纤维紧密细长，质地柔韧，适宜劈丝，是竹编的好材料。新昌竹编，早在晋代就已闻名遐迩，“书圣”王羲之的好友许询，曾题有《竹扇》诗，赞美这里的竹编工艺品：

良工眇芳林，妙思触物骋。
篾疑秋蝉翼，团取望舒景。

明、清时，江南一带书生赴京赶考挑的“考篮”，也多是新昌和嵊县的竹编制品。

近几年来，新昌竹编工艺发展很快。产品已有篮、盘、罐、盒、屏风，模拟动物、人物、建筑、家具和灯具等十多个大类、几千个花色品种，除供应国内市场，还远销日本、美国、新加坡等国家。

这次参展的竹编“天坛”祈年殿，总高二点零八米，直径二点一米，殿顶用头发丝一样的细篾丝编织而成。圆顶共有三层，下大上小，呈宝塔状，每层都盖有蓝色的竹制琉璃瓦，最上面是鎏金宝顶，在阳光照射下闪闪发光。前楣和挑檐桁上装饰着金龙、金凤等传统图案。周围配有十二座竹制大门和七十二扇窗户。门窗都用一百八十根起寸(在一寸长的距离内,可以排列一百八十根细篾丝)的细篾串菊花眼编成。铺地的石块,为了显示汉白玉的质感,用了双层漂白竹簧,拼成三百八十四块石板。同时用了六百七十二根漂白的竹栏杆。上圈扶栏雕有二百二十四条游龙和八十八只下水的龙头。中圈扶栏雕有二百二十四只飞凤和八十八只下水的凤头。皇帝行走的御道上端,编有四条七厘米长的金龙并四只七厘米长的金凤,还镶嵌着竹编的朵朵白云。祈年殿的金匾上,雕有九龙抢珠的图画。

整座竹编“天坛”,采用“菊花眼”“隐格子”“龟背”“插筋”“藤扎”“贴花”“竹雕”“翻簧”“镶嵌”“弹花”和“穿丝”等一百多种编织技艺,再现了天坛祈年殿庄严、典雅、宏伟、美丽的古建筑风格,成为中国竹编工艺的一朵奇葩。

(中国新闻社 1987 年 2 月采用;署“阿棠”笔名,载香港《晶报》1987 年 3 月 5 日、法国《欧洲时报》1987 年 3 月 7 日)

从绍兴出土文物看古越文化

浙江绍兴的历史沿革,可上溯到远古:大禹治水功成,会诸侯于会稽,死葬绍兴,至今会稽山麓尚有宏伟的大禹陵。绍兴的兴邦复国,则始于两千五百九十多年前的春秋越国。这些都已有史记载。

近年,绍兴昌安门外的里谷社村古文化遗址,因建造纸厂,结合排污工程建设,先后发掘出大批越国文物,从中足见当年越王勾践“十年生聚,十年教训”,全国上下明耻教战、发愤图强的痕迹。这两次发掘,总面积约一百四十平方米,其文化层厚五十至八十厘米,可划分为上下两个层次。共出土完整的和可拼补复原的器物有六百多件,并有陶片数万片。

这些出土的越国文物,多为陶器,其中以泥质黑衣陶、灰陶为主,还有印纹硬陶、夹砂陶、泥质红陶和原始青瓷。泥质陶器中以罐、豆居多,盆、钵、盘、甑、鼎、器盖、鐎盉、权等次之。印纹陶器形为坛、罐、杯之属,有“米”字、方格、麻布、菱格填线等花纹。当时的越国制陶匠人,巧妙地将竹篾编织物和葛布的花纹用于印纹硬陶的纹饰,从侧面可以看到当时越国的竹编和葛布生产的盛况。越国境内,群山起伏,峰峦重叠,满山竹林,郁郁葱葱,因而多精编竹篾器皿。葛布见于东汉袁康、吴平撰著的《越绝书》第八卷中:“葛山者,勾践罢吴,种葛,使越女织治葛布,献于吴王夫差,去县七里。”从里谷社村遗址出土的陶器纹饰中,可见葛布的经纬已相当均匀,手工纺织也相当精细,同样十分难得地反映出了当年越国织布装饰设计的水准。

里谷社村遗址出土的其他越国器物中，还有捕鱼用的网坠，纺纱机上用的纺轮、纺锭，以及制造陶器用的抵手、陶拍等。此外，尚有残铜镰、铜刻刀、铜削、青铜块、石刀与稻谷、甜瓜籽、核桃，并有兽骨、砺石等。同时，还发现了仿铜乐器的陶钟和仿玉的陶璧。

此外还发现有陶井圈和用于建筑的板瓦、筒瓦、栏杆砖等。春秋战国时代的建房用砖、瓦，这在绍兴尚属首次发现。陶瓦均为灰陶，系用还原火焰烧成，表面有制作时拍印上去的绳纹，并有瓦钉。《越绝书》云："山阴大城者，范蠡所筑治也，今传谓之蠡城。陆门三，水门三，决西北，亦有事。""美人宫，周五百九十步，陆门二，水门一，今北坛利里丘土城，勾践所习教美女西施、郑旦宫台也。"据考古学家介绍，从越国板瓦和筒瓦的出土，可知"蠡城"和"美人宫"所用的砖瓦，已是十分精美的了。

（署"棠燕"笔名，中国新闻社 1987 年 3 月采用）

古城绍兴的新建筑

古城绍兴，“东西南北桥相望”，街坊依河而设，民居傍水而建，台门院落构筑别致，黛瓦粉墙古朴典雅，是典型的江南水乡城市。绍兴的城市规划，具有鲜明的地方建筑特色。如今，绍兴市政当局一面按传统风貌保护古城；同时随着经济建设的迅速发展，改造旧城和扩建新城已刻不容缓。

兴建反映地方特色的仿古建筑，是旧城改造的一项重要内容。继去年在狮子街口、飞来山（塔山）下，新建了一里长的仿古“府河步行街”之后，今年年初又在秋瑾烈士就义的轩亭口，兴建了一条仿古街道——轩亭口商业街。这条街道全长三百米，共建造二层、三层仿古商业用房四千四百多平方米。街面建筑层次分明，错落有致，粉墙、青瓦、坡顶、骑楼、马头墙组合为一体，黑白相间，古雅质朴，配上书法家们所写的各种字体的金字招牌，充分显示出绍兴古城的风貌。现在这条街上已有“卜鹤汀商场”“天成银楼”“荣禄春酒楼”“越艺斋书店”“福香村茶食店”“三阳泰水果店”等二十八家商店营业。

在恢复古建筑的同时，绍兴新城建筑的成绩也令人瞩目。市区目前最大的住宅区“白马新村”已于去年建成。新村占地五十九亩，总建筑面积七万六千多平方米，共有住宅三十七幢，住宅区内设有商场、小学、幼儿园、托儿所、邮电所等公共设施。有一千三百多户居民已搬进新居。今年春节前后，又有“花园畈”“螺蛳畈”两个新商品住宅区建成，建筑面积十一万二千二百平方米，拥有两千多套住宅。

此外，绍兴市城建部门还对一些街道进行了拓宽和地下管网的配套建设。绍兴第一座现代化交通桥梁——昌安立交桥及全部配套工程也已在去年十月底竣工。

（中国新闻社 1987 年 4 月 17 日采用；载香港《晶报》1987 年 5 月 21 日）

仲夏枇杷黄似橘

几阵疏疏梅子雨。也催得、嫩黄如许。笑逐金丸，看携素手，犹带晓来纤露。

寒叶青青香树树。记东溪、旧曾游处，日影堂阴，雪晴花下，长见那人窥户。

这是清代朱竹垞的《明月棹孤舟・枇杷》词。

“五月江南碧苍苍，蚕老枇杷黄。”眼下正是枇杷由青变黄，渐渐成熟的时节。此时，走进江南枇杷园，到处可见一球球、一簇簇金灿灿、黄澄澄的果实，如满天星斗，在葱茏的绿叶中隐现。“树繁碧玉叶，柯叠黄金丸”的诗句，确实描绘得十分得当。

中国民间有“夏月枇杷黄似橘”的说法。端午前后，人们尝到的第一种鲜果，就是汁多味甜、清香可口、色泽如橘的枇杷。因此古人又把枇杷叫作“卢橘”。苏东坡有“客来茶罢空无有，卢橘微黄尚带酸”的诗句。近代吴昌硕亦有诗云：“五月天热换葛衣，家家卢橘黄且肥。鸟疑金弹不敢啄，忍饥空向林间飞。”

也有人将枇杷叫作“琵琶”。有人不了解这种称呼的由来，却把它当作笑柄。当年某人收到一筐友人相赠的枇杷，而礼帖上却写的是“琵琶”，他就捧腹大笑，写了一首打油诗：“枇杷不是那琵琶，只为当年识字差。若是琵琶能结果，满城箫管尽开花。”明代大画家沈周（字启南，号石田，晚号白石翁）也曾有过同样的误解。一天，有人送枇杷给他，信上也把“枇杷”写作“琵琶”。沈周就戏答一函云:“承惠琵琶,开奁骇甚!听之无声,食之有味,乃知古来司马泪于浔阳,明妃怨于塞上,皆为一啖之需耳。今后觅之,当于杨柳晓风、梧桐秋雨之际也。”其实枇杷名称的由来,就同琵琶有关。因为枇杷树叶很像乐器中的琵琶,所以有人就将“枇杷”写成“琵琶”了。

中国枇杷的产区,多在江、浙、闽、赣、皖、湘、鄂、粤、桂、川、黔等省,其中尤以浙江余杭县的塘栖镇、江苏太湖的洞庭山和福建莆田的宝坑最有名,并称中国三大枇杷产地。

浙江塘栖枇杷,今年年产量可破万担大关,品种共有十多个,以“夹脚”“杨墩”“青碧”和“红毛丫头”最优。“软刁白沙”是珍贵品种,皮黄肉白,味甜赛蜜,食后如饮琼浆,满口生津。还有“大红袍”,肉厚核小,汁多味甜,而且红彤彤的果子,大如鸡蛋,大的七八颗便有一斤,因而格外受人喜爱。“大红袍”还耐于贮运,可远销大江南北及港、澳和东南亚等地。国内市场上供应的枇杷,也以“大红袍”为主。近年,位于古运河畔的浙江德清县也广种枇杷,全县已有枇杷园一千六百多亩,德清县的雷甸、城关等乡镇,几乎家家庭院都栽上了枇杷树。仲夏时节,在繁忙的古运河上,那满载着一筐筐枇杷的小划船,川流不息地驶向收购站,使古老的运河增添了勃勃生气!

(中国新闻社 1987 年 5 月采用;载香港《晶报》1987 年 7 月 8 日;收入中国新闻社专稿部编《对外专稿选》总第 6 辑,1988 年)

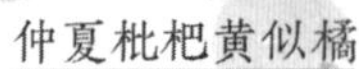

沃洲山·水帘洞·余粮石

唐代大诗人白居易作《沃洲山禅院记》云:“东南山水,越为首,剡为面,沃洲、天姥为眉目。”沃洲山在浙江新昌县城东十五公里处,高百丈余,周十里,山上古木盘结,巉岩危立。它北通四明山,下绕大溪,与天姥山相对峙,道家称为第十五福地。相传这里为晋代高僧支遁的栖居地。晋末名僧白道猷于此建沃洲禅院。山有纪念宋代抗金名将宗泽的真君殿,建于清光绪年间。殿内有三白堂,壁间砌有宋刻《沃洲山禅院记》石碑,记载了白道猷创建禅院和唐朝西域僧白寂然重建的经过,白居易为之作记。“三白堂”之名本此。

真君殿下,近年新建了沃洲湖(又叫长诏水库),坝高六十米,蓄水一亿六千万立方米,是浙江闻名的人工湖。湖面深入山谷十余里,形成湖中有山、山中有湖的秀丽景色。沃洲湖碧水万顷,鱼虾满湖,灌溉着新昌、嵊县、上虞三县的良田沃土。

离沃洲湖不远,还有一个“水帘洞”。洞高十丈,宽三丈余,洞口飞瀑从高处喷薄而下,好似垂帘一般。飞瀑随风飘荡,经日光映照,五彩缤纷,光辉夺目。洞中悬石如猪肝,滴水微红,下有石盘盛之。据民间传说,很早以前,这洞里挂着一个石猪肝,被识宝的“徽州朝奉”得去了,但蒂头还在,因而日夜淌水不停。

水帘洞的岩壁上,还留有宋代理学家、文学家朱熹的《题任氏壁》:“舟兮子猷剡溪也,屐兮谢安东山也。不舟不屐,其水濂乎?水濂其人乎?

人其水濂乎？任公成道，游于斯，咏于斯，朝而往，暮而归，其乐岂有涯哉！”朱熹游水帘洞后，还曾作诗曰：

水帘幽谷我来游，拂面飞泉最醒眸。

一片水帘遮洞口，何人卷得上帘钩。

水帘洞的后山，出产有一种奇石，叫作“余粮石”。相传是大禹治水时吃剩的馒头变成的。这种石头的形状都是圆的，的确很像馒头。大的直径三五厘米，小的只有算盘珠那般大。圆石的外层，是厚薄不匀的松质石壳，颜色白如面粉。里层有的是红褐色的细沙粒团；有的红白相间，酷似瘦猪肉；有的是白色六棱石英晶条，像是萝卜丝。因此，人们分别把这种奇石说成是“豆沙馒”“肉馒”“萝卜丝馒”。这“余粮石”真正的成因，据考古地质学家分析：亿万年以前，这里火山爆发，熔浆夹着渣滓从火山口喷出，坠落在山坡的岩尖上，再向下滚动，逐渐变成这种表里不一的圆石。那些纯石英岩浆成为透明洁白的结晶体，而渣滓、杂质则由于冷却速度不同，而变成红、紫和褐色的了。

（中国新闻社 1987 年 5 月采用）

立夏话樱桃

樱桃为一年中上市最早的水果，每年立夏前后，樱桃甜熟，红艳艳，亮晶晶，十分惹人喜爱。北方人称樱桃为“第一枝春果”，南方则叫它“水果的眼睛”。意思都是说它有着“领头”的地位。只要樱桃一上市，其他各种水果也就陆续成熟了。

樱桃古称“含桃”。同时，因为它成熟早，果形圆如珍珠，红似宝石，且容易引起黄莺和其他鸟类的啄食，所以又称“莺桃”。昔人蔡云曾有诗云：“消梅松脆莺桃熟，穞麦甘香蚕豆鲜。鸭子调盐剖红玉，海蛳入馔数青钱。”“莺桃”成熟的时候，也是青梅尝新的时节。鸭子，这里指咸蛋。旧时食海蛳必以青铜钱穿钳，去锐处而收其肉。

樱桃原产于长江中下游一带，在中国已有三千余年的栽培历史，之后传入黄河中下游地区。现在浙江的临平樱桃产量甚丰，品质亦佳，个小，色淡红，味鲜而多汁。浙江余杭的塘栖和西施故乡诸暨，樱桃产量也年近万担左右。江苏沿沪宁线一带也盛产樱桃，其中尤以南京玄武湖所产的最著名。至于山东的樱桃，主要来自青岛、烟台等地，以“洋种”为多，颗粒大，色深红美观，使人一见就觉馋涎欲滴。

樱桃甘温无毒，具有调中益脾、滋润皮肤的功效。现代医学分析，樱桃含有糖分、柠檬酸、酒石酸等有机酸和维生素A、维生素B、维生素C等多种维生素，还有磷、铁等矿物质。每百克含铁六毫克，含铁量比苹果、鸭梨、橘子的含量都高。常吃樱桃，有利于缺铁性贫血患者恢复健康。

樱桃对土质要求不高,各种土壤均可栽培。如今绍兴山阴道上农家,往往在庭前屋后种上几株樱桃。花开时“繁英如雪”,极为雅致。它既可作观赏花木,又是初夏佳果,经济效益亦高,因而受到农家的欢迎。

《竹枝词》云:“清和天气暖风徐,脱尽棉衣四月初。庆誉典旁沽戴酒,樱桃市上买鲥鱼。”浙东一带风俗,“立夏吃樱桃,一年不发痧”。每逢立夏这一天,家家户户都要买些酒、鱼和樱桃尝新。

(中国新闻社 1987 年 5 月采用)

绍兴陈洪绶墓

今年是明末清初杰出画家陈洪绶逝世三百三十五周年。陈洪绶故乡绍兴为纪念这位继往开来的艺术宗师,已拨款重修坐落在绍兴南池乡横绷岭的陈洪绶墓,并于近日竣工。

重修后的陈洪绶墓,以早年出版的《陈洪绶年谱》附录照片为依据,并经过多次实地踏勘,精心设计而成。墓室坐南朝北,四周围以块石,上覆黄土,遍植草皮,葱茏如毯。墓前竖一横式石碑,正中镌刻“明翰林陈章侯公暨德配来氏宜人韩氏宜人合墓”十行大字(每行二字),上下款题“乾隆六十年八月裔孙允绅立”和“光绪辛丑花朝裔孙司事重修”字样。墓前是供人凭吊的拜台,台面大块石板平滑光洁,与里侧素雅大方的石祭桌浑然一体,增加了墓地肃穆庄严的气势。

陈洪绶(1598—1652),字章侯,号老莲,原籍绍兴府诸暨县,山阴(今绍兴)是他的第二故乡。洪绶少年聪慧,喜爱绘画。四岁时到萧山长河来斯行家读书,见书房粉刷一新,就乘室内无人之际,登案画了一幅长达十尺余的《关侯像》。来斯行见了惊喜不已,居然把它供奉起来。洪绶十岁那年,拜老画家蓝瑛为师学画。到十四岁,其画艺已经达到“悬其画市中”便能“立致金钱”的地步。随着年岁的增长,陈洪绶对绘画技巧更是心摹手追。有一次,他在杭州府学见到宋代名画家李公麟的《孔子像》和“七十二圣”石刻画像,便费时十天临了副本,朋友们都认为已酷肖原作,他听了很高兴,又照样临了一本,但人家反以为不如前次逼真,可他却反而更高兴了。因为他的作品已从形似进入了神似的佳境,陶铸出了自己的特色。

陈洪绶十八岁来到山阴,师从浙东著名学者刘宗周,受到刘宗周爱国思想的熏陶,增长了洞察朝政弊病和社会阴秽的能力。陈洪绶一生境遇坎坷,郁郁不得志,晚年移居青藤画派创始人徐渭故居青藤书屋,以写字卖画为生。

陈洪绶一生绘画作品宏富,山水、花鸟笔法挺拔峻峭。他画人物画,巧妙地运用艺术夸张手法,抒发自己的思想感情。他刻意创作的木刻《九歌图》十一幅,和《西厢记》《水浒叶子》等大批绣像插图,成为海内数千家竞相效仿的楷模。据说日本王子曾以千金购求洪绶之画。他的画风对后世画苑产生了很深的影响。

陈洪绶去世后,墓葬横绷岭。墓简朴雅致,墓地四周青山合抱,松柏苍翠,景色如画,他将和千岩竞秀、万壑争流的稽山镜水万古长青。

（中国新闻社 1987 年 6 月采用）

金华侍王府重新开放

浙江省重点文物保护单位——金华太平天国侍王府，经重新修葺，已于今年五月起正式对外开放。

侍王府位于金华市区酒坊巷，是太平天国后期将领中第三号人物侍王李世贤在浙江的指挥所(一、二号人物为陈玉成、李秀成)。李世贤是广西藤县人，和李秀成同村，十八岁投身太平军，以“少勇刚强”，被天王洪秀全提拔重用，成为太平军的五军主将之一，1860年初又以战功封为侍王。李世贤是一位优秀的军事家。他的部队以骁勇善战、纪律严明著称。侍王府，是李世贤1861年5月攻克金华后修建的。总面积两万四千多平方米。分东、西两院，东院原是清政府的试士院，现存有照壁、正厅、后厅、耐寒轩等建筑。照壁是太平军兴建的，高约六米，面宽十七米，正中有石雕团龙，龙眼凸出，龙嘴张开，龙爪外伸，龙须透空。这件艺术真品是中国稀有的太平天国文物。团龙的基座上有石雕双龙抢珠、双凤牡丹、仙鹤寿桃、双狮戏球，封护檐下有砖雕军士出行，边框上有砖雕游龙，均雕刻精致，形态生动。

迎门的正厅，是侍王的“议事厅”。西院是太平军就千户所旧址兴建的，共有四进。入门厅，过穿廊，便是李世贤的办公处。后有平屋五间，为侍王和王娘(太平军称王妃为王娘)的寝室。最后有平屋九间，为王府卫队住处。这些建筑的墙壁和梁架上满是彩画，计有六十八幅之多，形成太平天国时期的一个艺术宝库。壁画的内容，除常见的云龙、丹凤、松鹤、猫蝶、柏鹿、蜂猴、望楼兵营、楼台亭阁、山水花卉等以外，最突出的是有一部分描绘农民从事生产活动的画面，如四季捕鱼图、深山采樵图等。壁画中有人物，具有浓厚的生活气息。

西院门厅的西南空地，是太平军的练兵场。后进的北部土丘为望楼遗址。正门后，还有五代吴越国王钱镠时植下的古柏两株，迄今枝叶繁茂，苍翠多姿。前来参观的中外游客，都喜欢在古柏下拍照留念。

（中国新闻社 1987 年 6 月采用）

绍兴蔡元培故居修复一新

绍兴蔡元培故居,已在他诞生一百二十周年前夕按原貌修复一新,并正式对外开放。

蔡元培先生是中国著名的教育家、科学家和革命家。他于1868年1月11日出生在浙江省绍兴府山阴县城内笔飞弄,附近有笔架山、笔架桥、题扇桥、戒珠讲寺(系“书圣”王羲之故宅),是一处闹中处静的民居。

蔡元培故居建筑始建于明代晚期,共三进,占地一千六百七十平方米(合二点五亩)。主体建筑坐北朝南。大厅系五开间木构平层,青石墁地。正中的两扇落地木门和两侧二十余扇格窗,用密密麻麻的小木条雕饰而成,纵横交错,做工精细。屋顶正脊间隔叠出层层花瓣,其下整齐的瓦楞檐口配以印花勾头、滴水,简朴典雅,不落俗套。故居第三进坐楼为清代中期重建,也是五间。楼下东首一间,就是蔡元培先生的诞生处。楼下堂前间,有古色古香的书桌、茶几和四把大靠背椅,1906年蔡元培曾经在这里接待过鉴湖女侠秋瑾,并曾和她一起共商浙皖起义军国大事。1985年2月,美国驻华大使馆经济官史伯明博士,为寻觅蔡元培史迹,就曾专程来此调查访问。他说:“蔡元培先生不仅了解旧中国,也了解西方国家,是个了不起的人物。”

据存仁堂《蔡氏宗谱》记载,蔡元培先世自明末由诸暨迁山阴(今绍兴)。初时,以艺山售薪为业。至高祖以下,始从事商业。祖父廷桢(又名嘉谟,字佳木),曾任一典当铺之经理。父宝煜(又名光普,字耀山),曾任当地一钱庄之经理。母周氏。

蔡元培小名阿培，进私塾后，才取名元培。原字鹤卿，后改字仲申，别号鹤庼。在爱国学社时，常用民友为号。至主编《警钟》日报时，则曰“吾亦一民耳，何谓民友”。因取“周余黎民，靡有孑遗”两句中各一字，改号孑民。

蔡元培从出生到十七岁中秀才，二十三岁中举人，二十六岁中进士被钦点为“翰林”，其间，他就一直生活在这座蔡家台门里。以后，他数度返乡在绍兴工作（包括任中西学堂校长），也多半住在这里。蔡元培从小刻苦好学，博览群书。他就曾在这座古老的房子里，用蝇头小楷，于《绍兴先正遗书》《墨子》《周易小义》《群书拾补》《重论文斋笔录》等许许多多的古书空白上，写下了读书心得体会。

（中国新闻社 1988 年 1 月采用）

十三层珍珠“六和塔”

浙江绍兴市稀金工艺品公司制作的大型工艺品“稀金珍珠宝塔”，近日运往美国佐治亚州亚特兰大市，参加今年二月间在该市举办的“中国浙江工艺品展洽会”。

这座罕见的珍珠宝塔，是以杭州钱塘江畔的六和塔为原型制成的。珍珠塔高五十八点五厘米，重八千二百八十克，总共用了两万一千零九十九颗大小不同的上等珍珠。塔外观作八角形，分十三层，腰檐层层叠出，宽度向上递减，檐上明亮，檐下阴暗，明暗相间，衬托分明。六和塔传统建筑中宜于远望的处理手法，也用到了珍珠宝塔身上。珍珠塔上还有稀金花窗二百八十八扇，挂钟一百零四个，最小的挂钟直径只有零点五五厘米，而且颗颗能动，粒粒会响。微风起时，挂钟琤琮有声，煞是好听。

六和塔，又名“六合塔”。初建于北宋开宝三年(970)，是由当时雄踞一方的吴越国王钱俶为镇压江潮而筑的。因其地旧有六和寺，塔以寺名，故叫六和塔。“六合”则是取“天地四方”的意思。

据《水浒传》记载，梁山泊的英雄花和尚鲁智深圆寂于此，那位在景阳冈上赤手空拳打死吊睛白额猛虎的行者武松，也老死于此。故旧时六和塔内曾留有鲁智深和武松的遗迹。六和塔下为古龙山渡，钱塘江大桥未建之前，过往行人，大都在此横渡过江。

（中国新闻社1988年2月采用；署“周袁”笔名，载《美洲华侨日报》1988年3月22日）

1964年10月下旬，周芾棠（左4）与陈柏龄（左1）、钟心一（左3）、王巨贤先生（左5），欢送王植庭先生（左2）支援农村建设

1965年春，周芾棠（中坐者）在绍兴大禹陵窆石亭为青少年讲大禹治水的故事

蔡元培撰四言韵文碑刻

在沪杭甬铁路线上有一个热闹的大站，叫曹娥站。离曹娥站不远，有一座金碧辉煌的古建筑——曹娥庙。庙内除工艺精湛的木雕、砖雕、石雕和灿烂璘丽的壁画、楹联外，还珍藏着许多古今名人的碑刻，其中有一块就是蔡元培于 1934 年 4 月撰书的《谷母连夫人墓碑》。此碑系浙江上虞县烟糖公司不久前在百官镇改建仓库时从地下发现的。碑高九十厘米，宽四十八厘米。每字长三点八厘米，阔三厘米。碑文为楷体竖行阴刻，正文共五行，用四字句韵文编写。它追述了谷君对国民革命军速渡曹娥江的帮助，赞扬了谷母连夫人的良好品德。碑文如下：

曹江之滨，有镇百官。革军过境，速渡维难。赖我谷君，善为调度。谁其佐之，曰贤内助。夫人氏连，枕湖书楼。及笄嫔谷，家政克修。孝顺翁姑，亲和妯娌。教子课孙，敦悦诗礼。如何不吊，考终七一。夫子神伤，族亲泪溢。佳城葱郁，在兹鹤山。母仪不朽，宽鄙廉顽。

碑刻正文上方书“谷母连夫人墓碑绍兴蔡元培敬撰并书”十六字。正文后署“夫谷旸率男斯耀斯懋孙椿生蓝生庚生高生吉生东生谨立”诸字。

蔡元培是中国近代著名的民主革命家、教育家和科学家，曾被称为“学界泰斗，人世楷模”。蔡元培善文，亦工书法，此碑不仅是研究浙江近代史不可多得的珍贵资料，而且也是一件十分难得的书法艺术作品。

（中国新闻社 1988 年 2 月采用；载澳门《华侨报》1988 年 4 月 12 日）

浙江仙都鼎湖峰

“皇都归客入仙都，厌看西湖看鼎湖。”这是南宋状元、诗人王十朋于淳熙十年癸卯(1183)游了浙江仙都鼎湖峰后所作的诗句。

鼎湖峰又名玉柱峰、独峰，俗称“石笋”。它“身”高一百六十八米，“胸”围三十余米，“腰”厚近二十米。独株石笋，“身材”如此“魁梧”，堪称世界奇迹，故它享有“天下第一石”“环球第一笋”之称。

鼎湖峰之称，因石笋之巅有湖，方圆丈余。相传轩辕黄帝曾铸鼎于此，故名。东晋文豪谢灵运著《名山记》云：“缙云山旁，孤石屹然干云，高三百丈，三面临水。周围一百六十丈。顶有湖，生莲花。”仙都鼎湖峰属缙云县，谢所云“孤石”，当即指此。

鼎湖峰拔地而起，直冲霄汉，雄伟壮观，恰似吴承恩在《西游记》中着意描绘的镇海神针；这壁立千仞的巨石下面，便是碧水如玉、游鱼可数的好溪。因而唐代诗人徐凝有诗云：

黄帝旌旗去不回，空余片石碧崔嵬。
有时风卷鼎湖浪，散作晴天雨点来。

青天白日，细雨蒙蒙；玑飞玉溅，五彩缤纷，真人间“仙都”也。鼎湖峰崖壁上有明万历年间的摩崖石刻“鼎湖胜迹”四字，每字三米见方，也称得上是江南奇观。

清代才子袁枚曾慨叹：“仙都名久传，未到头已仰。可惜鼎湖高，可望不可上。”“秀拔山川清气上，直衔星斗夜光寒。”壁立一百六十多米的鼎湖峰，确实使人有“蜀道难攀”之感，但是，据当地人告诉笔者，攀缘征服过此峰的却也不乏其人。1940年夏天，就有刘氏三雄，以八百斤黄麻揉成一根特长的绳索，随带干粮，系腰越险，“飞升”鼎湖，在上面生活了一周，采到了吊兰、灵芝、岩皮等多种珍贵药材，还捡到了天鹅的羽毛。刘氏三雄，至今尚有一雄健在。

离鼎湖峰不远，还有一个“倪翁洞”，亦名“阳谷洞”，它也是仙都风景区的主要景点之一。唐代小篆书法家、缙云县令李阳冰所书“倪翁洞”三字，刻于洞口石上，笔势“淳古严肃”“力有万夫”，被誉为“虎笔”。后人为保护这方稀世珍品，在台上盖了一亭，取名“凭虚阁”。李书得阁遮护，虽历时一千二百余年，至今犹字迹清晰。倪翁洞右侧有独峰书院遗址，为宋代著名理学家朱熹讲学处，如今仍保存得很好。

（中国新闻社1988年5月采用）

贺知章致仕与绍兴地名

四明有狂客，风流贺季真。
长安一相见，呼我谪仙人。
昔好杯中物，翻为松下尘。
金龟换酒处，却忆泪沾巾。

这是唐代大诗人李白为纪念贺知章所写的一首名诗。贺知章(659—744)，字季真，自号“四明狂客”。越州人。少以文词知名，证圣元年(695)举进士，开元中任礼部侍郎，兼集贤院学士，迁太子宾客，授秘书监。他于仕途五十余年，居官清要，礼贤下士，奖掖后进，备极辛劳，因而深得唐玄宗器重和唐肃宗——当年太子的厚爱。

天宝三年(744)，贺知章以耄耋之年告老还乡。住越州千秋观(今绍兴城内贺秘监祠遗址)。后人因贺曾任集贤院学士多年，遂将他住过的一条街，名之为“学士街”。如今，学士街仍在，它从新建北路起至保佑桥石童庙止，全长五百余米。路面用青石板铺成，平坦整洁，富有绍兴地方特色。中国已故总理周恩来祖居“百岁堂”后门，就在这条街上。

贺知章归绍兴后，皇上仍遣使屡加存问，询以所需，但贺知章只求周宫湖水面数顷为放生池，故史有“赐镜湖一曲”之载。据说，当年唐天子使臣捧绢制诏谕(圣旨)由水路坐船而来，至学士街附近的一个湾口登岸，故后人称该地为“至诏湾”。如今“至诏湾”亦存，它南从猫儿桥河沿开始，北至长桥止，全长约三百米。因这一段河道弯曲，形同猪爪，故“至诏湾”俗名又叫“猪爪湾”。

天子使臣登岸后，循河湾西行，至千秋观后一小巷。贺知章焚香出迎，天子使臣便于此降诏，后人遂名这小巷为“降诏弄”。如今“降诏弄”亦保存完好，它南起永福街，北至斜桥河沿，全长约一百米。当今绍剧名伶江南美猴王六龄童章宗义——彩色电影《三打白骨精》中孙悟空的主演，也就住在这条弄里。

（中国新闻社1988年7月采用；载美国《美洲华侨日报》1988年8月6日；收入《中国新闻·港澳和海外华文报刊文选》1989年2月）

唐诗与若耶溪

《唐诗三百首》中有一首綦毋潜的《春泛若耶溪》五言古诗：

幽意无断绝，此去随所偶。
晚风吹行舟，花路入溪口。
际夜转西壑，隔山望南斗。
潭烟飞溶溶，林月低向后。
生事且弥漫，愿为持竿叟。

綦毋潜(692—749)，字孝通（一作季通），荆南（治今湖北江陵）人。唐开元进士，曾任右拾遗，终著作郎。他所作《春泛若耶溪》一诗，题目虽是春泛，而所咏不是日间，却是夜里。所以“晚”字是全诗的主题。同时以“吹行舟”切“泛”字，“花路”切“春”字，使人得见夜景如画。末两句“即景生情”，但仍以“持竿”切“溪水”。可见全诗上下呼应，用字非常严谨。

綦毋潜所咏若耶溪，在今浙江绍兴城东南，据清康熙《会稽县志》记载，越王勾践时，这里是美女西施采莲的地方。唐代孟浩然的“白首垂钓翁，新妆浣纱女”，李白的“若耶溪畔采莲女，笑隔荷花共人语”，都生动地描绘了这一史实。

若耶溪源于林木葱郁的若耶山，山下有一碧水晶莹的深潭，据说就是郦道元在《水经注》中所云的“樵岘麻潭”。南宋大诗人陆游在《剑南诗稿》中说：“自秦望山而北，合三十六溪水为若耶溪。”它流经龙舌，汇于禹陵，出三江大闸而入东海，全长百里。若耶溪头有一条筑在水中央的石塘路，两旁流水如镜，乌篷小船交相往来。人在堤上缓缓行走时，真有“人在镜中，舟行画图”的幽美感觉。

如今，风景如画的若耶溪上游，已新建了一个比杭州西子湖大数倍的人工湖——平水江水库，为驰名遐迩的稽山鉴水增加了春色。平水江水库不仅能灌溉二万四千亩良田，还在水库大坝的底部建造了一个水电站，每年能发电二百万度，可供应附近十个乡的照明。今年当地政府还拨款七十五万元，清除了若耶溪中的淤泥六万九千立方米，垒坎七千立方米，从而使若耶溪以新的魅力吸引更多的中外游客，也为历史文化名城绍兴平添了情趣。

（中国新闻社 1988 年 8 月采用）

绍兴出土唐海兽葡萄奇镜

今年五月，浙江绍兴县文物保护管理所在安昌镇旗山村征集到一面唐代海兽葡萄奇镜，它是该村砖瓦厂在西扆山取砖土时发现的。

这面铜镜直径十点八厘米，边缘厚一点二厘来。镜面微凸，光可鉴人。镜背中央椭圆形的大纽上，铸有一只似在蠕动的乌龟。纽外有凸棱一周，将花纹分为内外二区。内区四只高浮雕的海兽正朝逆时针方向鼓目咧嘴，昂首舒足，嬉戏攀缘于缠枝葡萄之间，姿态迥异，宛然如生；外区八只小鸟分布四周，或展翅飞翔，或啄食葡萄。它们与柔长的葡萄枝条、舒展的花叶、丰硕的果实有机地组合在一起，形成一幅既古朴雅致，又耐人寻味的艺术图案，堪称中国古代铜镜中的珍奇之品。

铜镜是古代人们梳妆打扮时的用具之一，早在殷商时期就已有之。海兽葡萄镜是唐代存世的少见铜镜之一。它的主题纹饰海兽，多属海马之类，但是海马这个名称，由于最初给它命名的人未曾解释，因而使得后来的考古学家扑朔迷离，莫衷一是。早年就有德国学者提出，“海马”并非铜镜纹饰中的兽，本是伊朗与祭祀有关的神圣动物，东传后才讹变为“海马”。其后也有中外学者从字面上分析，认为“海马”很可能含有海外来的马的意思。至于另一种主题纹饰葡萄，自从汉武帝派张骞出使西域带回后，逐渐在大江南北得到栽培。到了唐代，葡萄作为人们所喜闻乐见的纹样，已被普遍地应用到丝织品和青铜器皿上。唐代大诗人白居易在《和梦游春诗一百韵》中的“带襭紫葡萄，袴花红石竹”两句，就是对丝织品上的葡萄纹最贴切的描述。总之,海兽葡萄镜是唐代能工巧匠将海兽和葡萄这两种外来的动物和植物,融会贯通,创造出来的具有自己民族特色的装饰纹样的镜子。无怪乎日本学者要把海兽葡萄镜誉为“多谜之镜”“凝结了欧亚大陆文明之镜”了。

(中国新闻社 1988 年 9 月采用)

浙江第一阁

——海盐千佛阁重修竣工

海盐千佛阁，素称“浙江第一阁”，近已重修竣工，恢复原有风貌，正式对外开放。海盐县邮电局和海盐县博物馆为此联合发行了“海盐千佛阁重修纪念封”。

千佛阁坐落在海盐县城所在地的武原镇天宁寺路。天宁寺原本规模宏伟，有天王殿、大雄宝殿、千佛阁、镇海塔和钟楼、禅堂、方丈、僧寮等建筑，共占地九十余亩。现存千佛阁和镇海塔基两座古迹。

千佛阁始建于唐大历三年(768)。元末为张士诚所毁。明太祖朱元璋洪武元年(1368)戊申，由名僧梵琦募捐重建，改名“大宝阁”，后圮。明末朱由检崇祯元年(1628)戊辰重建，有重筑石台记碑刻和文学家胡震亨赋长诗为证，并被后者赞誉为“千秋壮观”。清乾隆至同治间，又曾两次重修。

这次修复的千佛阁，面宽五间，进深四间，高二十三米，分上、下两层，建筑面积共一千平方米。阁基为太湖石须弥座。上有石刻浮雕和题记六十多幅。在枫栱、雀替、梁头等处，雕刻仙禽瑞兽、吉祥花卉百余幅。阁顶为重檐歇山顶。整座建筑气势雄伟，结构科学，工艺精美，堪称古阁之英华。

距千佛阁北五十米有镇海塔，创建于南宋淳熙十六年(1189)。元至元三年(1337)，由名僧梵琦重建，共七级，平面为八边形。抗日战争期间，遭日寇炮击，现残存四层，残高二十点七米，台基为须弥座，有石雕，保持着元代风格。古塔虽伤痕累累,但仍屹立未倒。现此塔亦已受到海盐县重点保护。

（中国新闻社 1988 年 9 月采用）

从“加饭酒”说起

报载,中国礼宾工作已有所改革,国宴不用烈性的茅台酒了。不久前,李鹏总理在欢迎日本首相竹下登的国宴上,就用了浙江绍兴的加饭酒。

加饭酒,是绍兴老酒中的名牌。素有“酒中独步”“中华第一味”的美称。它是以元红酒为基础精制而成的。顾名思义,“加饭”就是多加原料的意思。元红酒,又称状元红,因过去酒坛外壁涂朱红色而得名。用元红酒酿制的加饭酒,色泽深黄带红,透明晶莹,显露琥珀之光。它的糖度高于元红酒,酒精含量为百分之十八至十九,总含酸为百分之零点四五,属低浓度半干型酒类。故酒味醇厚,兼备香、柔、绵、爽,并且酸、甜、苦、辣、咸五味俱全,一口喝下去,回味无穷。加饭酒的刺激性小,适量常饮,有兴奋精神、促进食欲、生津补血、解除疲劳的功效。添入烹饪做调料,能除腥增香添味,并有健脾的效能。若用于制药,能使药性移行于酒内,从而增加疗功。因此,加饭酒历来为人们所乐用,成为绍兴酒中之佼。

千百年来,在古老的绍兴酒乡,人们已与加饭酒结下了不解之缘。逢年过节,红白喜事,绍兴人都离不开此酒。绍兴的风俗,孩子出生三天宴客,叫“三朝酒”。满一个月,叫“满月酒”,也叫“剃头酒”。孩子到周岁,吃“周岁酒”。贺生日,叫“吃寿酒”。定媳妇,叫“订婚酒”。结婚吃“喜酒”,男家办的叫“筵席酒”,女家办的叫“出阁酒”。新婚夫妇首次去女家,叫“回门酒”。人死悼亡,叫“开奠酒”。埋葬时吃的叫“安葬酒”。新屋落成,吃“贺房酒”,乔迁志喜叫“进屋酒”。商店新开叫“开张酒”,年终分余吃“分红酒”。出远门时吃“饯行酒”,返归时吃“洗尘酒”。清明节吃“春酒”。端午节吃“雄黄酒”。中秋节吃“赏月酒”。除夕夜吃“团聚酒”。过春节吃“年酒”。正月十五吃“元宵酒”。平日无事而请吃的酒,绍兴人则还有一个好听的名字,叫“吃要酒”。真是名目繁多。

绍兴加饭酒中,还有一种很有名的酒,叫作“花雕酒”,也叫“女儿酒”。清代道光年间梁章钜撰的《浪迹续谈》中云:“今绍兴酒通行海内,可谓酒之正宗。……最佳者名女儿酒,相传富家养女,初弥月,即开酿数坛,直至此女出门,即以此酒陪嫁,则至近亦十许年,其坛率以彩绘,名曰花雕。”所以绍兴人生了女孩,道贺者就说:“恭喜花雕进门。”

(中国新闻社 1988 年 9 月采用;署“周简段”笔名,载香港《华侨日报》1988 年 12 月 16 日)

“不老老人”裘吉生

“不老老人”，是中国现代名医裘吉生晚年的自号。裘君原名庆元。他以“遇病化吉，就医皆生”为志愿，遂改名“吉生”。裘君原籍浙江绍兴，后迁居杭州。

1916年8月，孙中山先生到绍兴视察，随行胡汉民偶患急病，卧床不起，经裘君用中西药会诊，药到病除。孙先生非常高兴，即手书“救民疾苦，孙文题词”立轴一幅，赠给裘吉生。

二十世纪二十年代中期，裘吉生在杭州办《三三医报》，成立中西兼备的“三三医院”，刊印《三三医书》，名满江南。裘君所谓三三，取《礼记》“医不三世，不服其药”及《左传》“三折肱知为良医”之义。三三医院院址，记得先在杭州十五奎巷四牌楼，后迁将军路柳营路口。医院规模不大，但声誉甚高。医院前厅悬一紫红巨匾，上面写的就是孙中山手笔“救民疾苦”四个刚劲健美的大字。

裘君对医学竭力主张打破中医守秘陋习，他曾在亲自设计的一期《绍兴医药学报》封面上，书一大“秘”字，一人手持大锤猛向“秘”字砸去。别人的书后往往印上“版权所有，翻印必究”“有著作权，不准翻印”等字眼，而裘君却与众不同，偏偏在他编辑出版的《三三医书》《三三医报》上，特地注明“准许翻印，版权所无”八个引人注目的大字，一时在医坛传为佳话。

抗日战争期间，裘吉生携眷辗转行医于浙东、浙西山区。记得当时还有一个趣闻。有一次，裘君在行医回家的路上，看到四个人抬着一口薄皮棺材，后面跟着一个哭得死去活来的老妇。忽然，棺材缝里流出了几滴血，滴在一座石板桥上。裘君在血迹边蹲下身子，对着血迹细细察看起来。凭着他多年对各种疾病的诊治经验，察觉这几滴血尚未变乌发黑，并捏摸了凝结程度，认为这个被装进棺材的人并不是真死。于是飞步奔下石桥，向棺材急追，并大声喊道："停下，快停下！人还没有死，快把棺材拉回来！我也许能救活他。"老妇对裘君说："您大概是医生吧？棺材里是我的独生女，因为孩子生不下来，死过去已一日一夜了。您真能救活她吗？"裘君说："试试看吧！"抬棺材的人就把棺材放在地上，打开棺盖一看，棺材里的妇人没有一丝血色。裘君一摸妇女的脉，还在微弱地跳动，他赶紧选好部位，给病人扎了一针。不一会儿，一个胖娃娃"哇哇"地生下来了。产妇也睁开了眼睛。老妇感激得说不出话来，就赶紧给裘君磕头。送殡的人和看热闹的人，无不称赞他医道高明。

抗日战争胜利后，裘君始回杭州。但终因颠沛流离，积劳成疾，于1947年病逝于杭城，终年七十二岁。

（署"周简段"笔名，中国新闻社1988年10月采用）

沈园的六朝井亭

南宋诗人陆游题《钗头凤》词的绍兴沈园，今年十月新添了一座六朝井亭。这座井亭是绍兴市文物管理处在原址基础上，按宋式图样精心设计，并由徽州古建筑工程公司负责重建的。

沈园的六朝井亭是井与亭的有机结合。井亭中央光滑的石井栏下，深隐着一座直径不过一尺半的古井。它是去年浙江省文物考古研究所，在沈园进行考古发掘时发现的。井壁砌筑着一块块楔形青砖，砖的两面拍印着密密麻麻的绳纹，一端露出布局匀称、纵横交错的几何图案，是六朝时期特有的装饰。它与井内出土的遗物互相印证，被文物考古专家确定是六朝开掘、唐宋沿用的古井。这种历经一千多年而基本保存完好的古井，在绍兴尚属罕见，因而弥足珍贵。

六朝古井的上面，覆盖着一座飞檐翘角、结构精巧的六边形仿宋亭子，这自然是为了点缀园林之胜。亭内两面铺设石凳，也给游人提供了小憩之所。这座井亭更有一个奇妙之处，就是在亭顶中央开了一个八角形的洞口。从外表看，它好像把攒尖顶的尖削去了，这在建筑上称为“盝顶”，其作用在于亭顶正对井口处开口，能使光线较多地注入井中，使本来阴暗难辨的井内水位看得一清二楚。另外，在修理水井时常需用长竿，有了这个洞口，竿子上下摆动也就方便得多了。

（中国新闻社 1988 年 10 月采用）

绍兴古桥趣闻

绍兴是江南著名的水乡。在众多的河道水巷、市坊村落、山区溪流里，有许多古代的桥梁。平桥、拱桥、纤桥、塘桥、亭桥、廊桥，五步一登，十步一跨，玲珑剔透，轻盈枕水，千姿百态。无桥不成市，无桥不成镇，无桥不成村，无桥不成路，小桥流水构成了越中的特色。

在绍兴城乡三千多座石桥中，有一座“广宁桥”，此桥建于南宋绍兴年间，十分珍贵。桥身高大，桥洞像一面大而圆的明镜，可以照见市中心的梁天监三年(504)建造的大善塔。民谣云：“大善塔，塔顶尖，尖如笔，画尽稽山鉴水；广宁桥，桥洞圆，圆如镜，照见山(阴)会(稽)二县。”

绍兴石桥众多，对当地风土民俗的形成有一定的影响。过去绍兴民众迎亲时，花轿要先过桥、杀鹅，然后再拜堂。花轿过桥还要有一定的路线，以讨“彩头”(吉利)。城东北要经过“万安”“福禄”“长安”“宝祐”桥，城西北要经过“万安”“谢公”“鲤鱼”桥，城南要经过“五福”“大庆”“金斗”桥。绍兴城郊有一个东浦镇，可谓“垂虹玉带门前事，千古名桥出东浦”。这里也有许多用青石板建成的雕刻精工的古桥，当时还流传有这样一首有趣的民谣：“磕头跪拜上大桥，上下趁船马院桥，东浦老酒越甫桥，吹吹打打薛家桥，说东说西大木桥，卖鱼买肉走洞桥，哭哭啼啼过庙桥，欢天喜地跨新桥。”

绍兴乡下还有一座清和桥，说起这座桥，还有一段有趣的故事。一日，和尚、秀才、少妇三人在清和桥同乘一只小船到城里去。太阳猛烈，只有中舱盖有箬篷，还有一条小凳可坐。于是三人争中舱座位，互不相让。船老大说："不要争了，我出一题'清和桥'，一人一字，按各人身份做一诗对，谁对得好，中舱就让谁坐。"于是和尚先对："有水也是清，无水也是青，去水加争便是静。静静寺，人人爱，做方丈，新体态，坐莲台，乐无穷，吃的是油煎豆腐菠龙菜，中舱是我该。"秀才说声："慢！"也不慌不忙地念道："有口也是和，无口也是禾，去口加斗便是科。科科中，人人爱，做状元，新体态，游金街，乐无穷，吃的是羊羔美酒猪肉块，中舱是我该。"少妇也不示弱，说道："有木也是桥，无木也是乔，去木加女便是娇。娇娇女，人人爱，做新娘，新体态，坐花堂，乐无穷，鸳鸯帐里成双对，赛过美酒菠龙菜，中舱是我该。"船老大听了哈哈大笑，连声称赞，说"少奶奶"对得有理，对得有味，这中舱应该让"少奶奶"坐。

（中国新闻社1988年10月采用；署"周简段"笔名，载香港《华侨日报》1988年10月3日）

绍兴酒镇
——东浦

浙江绍兴西北部的东浦镇,是一个具有江南水乡风光的美丽小镇。

东浦镇紧连鉴湖,境内河湖纵横,水质特优,因此,很早以前就发展酿酒业。所谓“酒满街头”“香溢巷尾”,便是这名酒之乡“东浦酒镇”的写照。镇上有一家创设于明代的“孝贞酒坊”,它的牌号就是明武宗正德皇帝品尝该坊出品的绍兴老酒后御笔亲题的。清御史李慈铭的《越缦堂日记补》中,也有“东浦十里闻酒香”的记载。如今,镇上规模较大的酒厂还有六家,年产黄酒三百四十多万斤。主要产品有加饭酒、善酿酒、香雪酒、元红酒和花雕酒等,畅销全国各地,并远销东南亚各国。近年东浦镇酒厂还在上海开设了“咸亨酒店”,格局与绍兴老式的酒店相似,具有浓郁的地方特色,因而顾客盈门,生意兴隆。

近几年来,该镇的乡镇企业有长足的发展,目前全镇有乡镇企业一百四十三家,形成了以轻纺工业为重点,五金建材为基础,酿酒工业为特色,服装、皮革、印染、瓷件行业同步发展的工业体系。全镇乡镇企业产值已达一亿元以上,成为浙江省闻名的年收入增长速度最快的集镇之一。

东浦镇也是辛亥革命烈士徐锡麟的故乡。徐锡麟 1873 年 12 月 17 日出生在这个镇上的孙家溇,当年叫“一经堂”的大院里。今年正是徐烈士诞生一百十五周年纪念。故乡为纪念这位为国捐躯的先烈,已于去年对他的故居进行了修缮,恢复了原貌。在东浦镇上,以徐烈士名字命名的,还有一条新建的“锡麟街”。这条宽阔整洁的水泥马路,可同时并行三辆大卡车。锡麟街的中段竖有一座新建的徐锡麟铜像,东侧有徐锡麟纪念堂。这里还有新建的东浦影剧院、敬老院、锡麟中学、体育场、农贸市场、自来水厂,以及商业大楼、高级宾馆等,锡麟街已成了镇上新的文化区和商业区。

(中国新闻社 1988 年 10 月采用)

放翁恋情绝唱处　今日已复旧池台

江南著名园林——浙江绍兴沈园复建工程，历时近两年，已于近日竣工。自今年10月17日起正式对外开放，接待四方来宾。

沈园，是南宋著名爱国诗人陆游（号放翁）题《钗头凤》词的地方。据宋周密《齐东野语》等书记载，陆游初娶唐琬为妻，夫妇感情甚好。但陆母不喜欢唐氏，强迫陆游休妻，夫妻二人经不住礼教的压力，最终分离。唐氏后来改嫁赵士程，陆游再娶王氏。宋绍兴二十五年(1155)春，陆游与唐琬在沈园不期而遇，唐氏以酒肴款待。陆游很难过，就在园壁上题了《钗头凤》一词："红酥手，黄縢酒，满城春色宫墙柳。东风恶，欢情薄。一怀愁绪，几年离索。错！错！错！春如旧，人空瘦，泪痕红浥鲛绡透。桃花落，闲池阁。山盟虽在，锦书难托。莫！莫！莫！"哀伤之情，表达得淋漓尽致。唐氏不堪这种沉重的打击，旧情难忘，不久就含恨死去。从此，沈园成为放翁与唐琬的恋情绝唱之地。八百多年过去了，此地不知使多少人感怀落泪，不少人以之为题材，写出了催人泪下的作品，如桂馥《后四声猿》中的《题园壁》，吴梅《霜厓三剧》中的《陆务观寄怨钗头凤》，等等。

"城上斜阳画角哀，沈园非复旧池台。伤心桥下春波绿，曾是惊鸿照影来。"（陆游《沈园》诗）早在放翁在世时，沈园就已几经变迁。延至清末，历尽沧桑，几成废墟。这次恢复重建的沈园，面积达十一亩八分。是据沈氏后裔保存的《沈园图》，经古建园林专家朱光亚设计重建的。复建的双桂堂，分前后两进，由二廊相接，毗邻园门，为修复后的沈园第一景，气派恢宏，充分显示了宋代建筑的粗犷特色。凿有一千多只榫头，只只榫头相扣紧密，无一疏漏。同时复建的还有八咏楼、孤鹤轩、俯仰亭、六朝井亭、水天一色池、宋井亭、草亭、沈园遗物壁等古色古香的仿宋建筑群。园内叠石成山，曲径通幽。山上孤亭曲栏，山下溪流环绕，夹岸种桃植柳，间以梅林修竹。苍松翠柏，芳轩飞阁，亭台荷池，小桥回廊，又题有陆游怀念唐琬的诗词。真所谓"诗人足千秋，耿耿丹心，曾洒爱国千行泪；名园亦万古，融融春色，犹有梅花万树香"。

（中国新闻社 1988 年 11 月采用）

蔡元培的一篇佚文

今年是中国近代著名教育家蔡元培先生诞辰一百二十周年。纪念之际，浙江嵊县于敦伦堂《王氏宗谱》中，发现了蔡元培于 1917 年为王季高母徐珍梅题的“女杰”二字。字后附有蔡先生撰写的一段跋语：

宋岳母以精忠报国四字勖子成名，一时士大夫群相与贤之。王母徐老孺人，揆其生平课儿，正与相同。《淮南子》曰：“智过千人谓之俊，百人谓之杰。”妇人身处闺闱，而能以天下国家为心，其识见固超出寻常万万矣。因以二字奉赠，俾知今世尚有是人，并不使岳母专美于前云。时中华民国六年，蔡元培谨跋。

这段跋语，不见于《蔡元培全集》和蔡元培的其他文集，是蔡先生的佚文。

王季高，即王金发，辛亥革命时期的一个风云人物，被孙中山先生誉为“东南英杰”。王金发曾以“绿林豪客”称雄一方，走上革命道路后，为完成革命党交给的任务，出生入死，在所不惜。光复杭州一役，他身任敢死队队长，奋勇突击；任绍兴军政分府都督期间，他节镇越东，改革弊政，更是立下了不朽功勋；“二次革命”中，他力主武力讨袁，自任浙江驻沪讨袁军总司令，讨袁失败后被袁世凯的走狗杀害于杭州，终年才三十三岁。王金发慷慨就义后，革命党人的一副挽联云：“怪事起风波，谁教热血男儿，报国未酬吾党愿；英魂归月下，忍见白头老母，倚闾犹是望儿归。”

王金发短暂的一生，充满传奇色彩，堪称民主革命的坚强战士。他的成长,与其母的严格教育密切相关。他“幼时延师教之读,性戆多力,每雄长群儿,独畏母,闻呼声辄奔,以是知孺人家之严焉”。

王金发牺牲后,王母“教育遗孤,护持寡媳”。“三次革命以起,孺人接济民党”倒袁,仍倾其力。故蔡元培先生称她为“女杰”,并以“岳母”相誉。

(中国新闻社 1988 年 11 月采用)

禹王庙的“怪兽”

已好多年没到大禹陵和禹王庙去游览了。今见报载大禹陵和禹王庙已修缮一新,不觉使我想起了当年游禹王庙时见到的一些“怪兽”。

那是一个风和日丽的旅游时节,我们从绍兴汽车站下车,雇了一只乌篷小船,经若耶溪,过禹宫桥,由禹池弃舟登岸,步入禹王庙大门,就看到一堵高约五米、宽十余米的方砖照壁。壁间镶嵌着一只青石雕刻的巨兽,它直挺挺的独角,铜铃似的双眼,血盆般的大口,尖锐的牙齿,形状十分凶猛,身上有鳞,但又不是麒麟,它是神话传说中的巨兽,叫作“獠”。它足踏元宝、如意、珊瑚、玉杯,旁有摇钱树、灵芝草,皆人间财宝。据说,此兽凶狠无比,贪得无厌,山林中的野兽被它吃完了,来到人世间吞噬金银财宝,还不能满足其贪欲。有一天,它来到海边,看到初升的太阳,妄图一口吞下去,结果掉到大海里淹死了。这是一幅造型生动、耐人玩味、很有寓言意味的雕刻。

从禹王庙拜殿越“百步金阶”,就可以看到“负斧凿而朝侯”的大禹塑像,像高达殿顶,要仰起头来才看得见他戴着冕旒的头脸。从大殿出来往东便是“窆石亭”,亭子附近竖立着不少高大的石碑,每一块石碑下面都有一只形似乌龟的动物驮着,有人称之“王八驮石碑”。其实,那驮碑者并非乌龟,而是罕见的赑屃,又称蠵龟,虽说称“龟”,但与乌龟不同属类。乌龟系陆地爬行动物,形体小,四肢短,趾有蹼,多生活在水边,吃植物或小动物。赑屃系海洋爬行动物,形体大,背壳为褐色,腹面为淡黄,前后肢俱呈鳍足状，大时常见一爪。《文选》张衡《西京赋》中早有“巨灵赑屃”之说。绍兴民间传说，赑屃是大禹治水时的坐骑，禹踏着赑屃在滔滔江湖上指挥人们战胜洪灾。后来赑屃还用爪将绍兴斗门山和马鞍山扒开一个很大的缺口，使洪水顺势而下，注入东海。由于它力大无穷，善于负重，禹死后就在禹王庙驮碑，继续为民效劳。

在禹王庙内外我们还看到了其他一些“怪兽”：曰“螭吻”，形似兽，性好望，蹲于禹庙屋脊；曰“蒲牢”，形似龙而小，性好吼叫，制于钟纽；曰“狴犴”，形似虎，有威力，立于庙门；曰“蚣蝮”，性好水，立于桥柱；曰“睚眦”，性好杀，立于刀环。真是光怪陆离，奇形怪状，引人遐想。

（署“周简段”笔名，中国新闻社 1988 年 11 月采用）

漫话浙江赭山浮石

“江流曲似阳冰篆，山色丹如葛令砂。”这是古人曹汉炎咏浙江赭山的两句诗。

赭山，在钱塘江下游，是杭州湾的“喉舌”，现属萧山县东沙地区。小镇不大，人口不过万余。但历史悠久，名气不小。北宋的两员名将焦赞、孟良的故居就在此地。离此不远的欢潭，与南宋民族英雄岳武穆有关，相传岳飞率兵抗金，行军过泉水潭侧，曾笑饮泉水。为此，当地居民将泉水潭筑成石砌的七角潭，定名欢潭。潭旁栏石上刻有“宋岳武穆行军经此，饮潭水而欢”十三个大字。

赭山通体皆为赤色，山上石头由于久经东海波涛冲刷，皆成空洞，形态奇异，柔曲圆润，玲珑多窍，皱纹纵横，涡洞相套，大小有致，姿态秀美，实在耐人品赏。同时，赭山的石头还有一个显著的特点，就是不但孔隙繁多，而且质地疏松，放在水面，久而不沉，因此叫作“浮石”。相传当年小康王赵构南逃，金兵紧追，到钱江，只见白茫茫一片，无一船只可渡。赵构正在为难之际，他的手下替他找来了一块很大的赭山浮石，小康王便是靠着这浮石渡江，得以保全性命，后来终于在临安（今杭州）做了三十二年的“绍兴皇帝”。

为了开发赭山浮石宝藏，近年这里已办起了五家工艺品厂，加工制作山石盆景。在胸有丘壑的匠师的精心立意布局下，经过锯截、胶合、雕琢和细心巧置，缀以草木苔藓、舟桥亭台，构成形神皆备的立体画面，置于浅水盆内，颇有“青山隐隐水迢迢”的诗意。或一阜崛起，孤峰独秀；或群峰耸翠，逶迤连绵。匠师把南国的波光岛影、北疆的崇山峻岭，路南石林、阳朔山水、泰山绝顶、太湖烟云、三峡风光、雁荡胜景等，都收之一掌间，妙趣横生，令人叹为观止。

赭山镇上还有一位多年从事盆景制作的老艺人蔡宝和，他随手拣来一块浮石，经过一番琢磨，就能造出“别有洞天”“夫妻峰”“飞来山”“巫山云雾”“孤岛垂钓”等有无限情趣的盆景。难怪著名越剧表演艺术家张桂凤（在《梁山伯与祝英台》彩色电影中饰演祝员外）回赭山老家探亲时，看到家乡惟妙惟肖的浮石盆景，禁不住连声赞叹说：“在微小的盆中能体现祖国名山大川的壮丽景色，真不容易，美极了！”

（中国新闻社 1989 年 1 月采用）

浙江嵊县新发现《武岭蒋氏宗谱》

最近，浙江省嵊县文物管理委员会在调查全县家谱时，于李家洋村发现了一部1947年纂修的《武岭蒋氏宗谱》。李家洋村以蒋姓居多，早年由奉化溪口迁至嵊县。该村蒋姓长者回忆说："1947年，得知奉化溪口蒋氏大宗祠修谱，我族携旧谱前去认宗。经核对，确系武岭支派（武岭，是奉化溪口的一座山），因得会纂。1948年谱成，领得一册分藏。几经动乱，此谱得以完好保存，确是一件幸事。"这部《武岭蒋氏宗谱》，是当年蒋介石先生亲自倡修的。蒋在谱内亲笔题写的《先系考序》中云："先太夫人八十生辰纪念，适长儿经国遣人从故乡倭寇重围中，密携宗谱间道入赣，辗转送达于重庆。余三复循诵，几忘寝食，追惟先太夫人慈德之隆，益切不肖报本之恩……今岁戊子，吾族重修宗谱，特聘武进吴先生为总裁，主其事；慈溪陈君布雷，鄞县沙君文若为编纂，襄其成。"武进吴先生，即蒋介石最为尊崇的吴稚晖。宗谱卷首长篇序文和内外题签，均出自吴之手。沙文若，即当今著名书法大家沙孟海先生。沙先生依然健在，住在杭州西子湖之畔。

宗谱分《先系考》《旧谱考》《行第歌》《世系》《世牒》《事状志》《赠言志》《家训志》《祠祀志》《故居志》《乡土志》等十一目，分三十二卷，共六大册。系四十一厘米乘二十八厘米开本，大型线装，由上海中华书局用聚珍仿宋版排印。谱中附有《蒋母教子图》。此谱不仅内容考稽精慎，体例别有创新，而且装帧美观大方，堪称谱牒中的精品。

李家洋村的长者追忆道:“1948 年 12 月,溪口举行进谱典礼,宗祠各房都摆祭演戏,大张酒席,挂灯结彩,相当热闹。典礼循旧规由宗长主祭,各房房长陪祭。纂修人员例不参与,但被邀与宴。当时前方军事正急,蒋介石先生自己未到。”

(中国新闻社 1989 年 1 月采用;载《美洲华侨日报》1989 年 2 月 11 日)

倪吉仁家庭毒蛇养殖场

《晋书·乐广传》中“杯弓蛇影”的故事，以及“一朝被蛇咬，十年怕井绳”的民谚，都说明人们对蛇的惧怕。可是，这对于浙江绍兴县陶里乡倪家浦村农民倪吉仁来说，却另当别论。

倪吉仁非但不怕蛇，还在家里办了个毒蛇养殖场，他的妻子倪丽娟、大女儿倪亚萍、小女儿倪亚军都是这个“毒蛇养殖场”的工作人员。

蛇场位于离倪吉仁家不远的一块一百多平方米的泥地上。蛇场四周是四五米高的围墙，围墙内的墙角下，是一间间用小草扇搭成的小草屋。屋外长满青草、翠竹和绿树，草木丛中还挖了一个半米深的小水塘。这里饲养着两万多条蝮蛇，还有少量的眼镜蛇。蝮蛇习惯于晚上活动、觅食，白天睡觉、休息，它们喜欢在潮湿、阴暗的地方睡觉，夜里还要下水游泳、洗澡。于是，小水塘就成为蝮蛇的游泳池，而小草屋则是蝮蛇的卧室。

蝮蛇，在中药里颇为珍贵，蝮蛇干配以草药，有延年益寿之功。利用蝮蛇制成蛇粉、蛇酒等，可治疗恶性肿瘤、风湿症、关节炎等疾病。在现代医学中，蝮蛇毒液制成的注射剂，具有明显的抗癌、抗凝血作用，所以在国际市场上，“蛇毒物”的价值比黄金还高。养殖毒蛇，提取“蛇毒物”，好比开一座金矿。倪吉仁在春、夏、秋三季，将每条肥壮的毒蛇隔两周挤一次毒液，还把提取到的毒液在低温低压的条件下，加工成白色颗粒状结晶体，像白糖一样，这就是昂贵的“蛇毒物”。

现在倪吉仁家庭毒蛇养殖场制作的“蛇毒物”，不仅畅销国内，还远销海外，受到外商的欢迎。倪吉仁一家每年至少收入人民币一万元，已成了远近闻名的“万元户”。

（中国新闻社 1989 年 2 月采用；载香港《晶报》1989 年 3 月 8 日）

漫话浙江平水珠茶

“素瓷雪色缥沫香，何似诸仙琼蕊浆。”这是唐代“茶圣”陆羽的挚友、诗人释皎然在著名的《饮茶歌诮崔石使君》中赞赏浙江绍兴名茶的诗句。

平水，是一个集镇的名字，位于浙江绍兴的会稽山区。早在唐代这里就是邻近各县的茶叶集散之地，这里生产的珠茶是非常独特的茶叶品种，其外形浑圆紧结，故又称圆茶，色泽绿润，香味浓郁，经久耐泡，被誉为“绿色的珍珠”。

平水珠茶由“日铸茶”发展而来。“日铸茶”产于平水镇附近的日铸岭，宋代文学家欧阳修就曾有“两浙之品，日铸第一”的说法。

珠茶是中国外销绿茶中的珍品。最初出口的珠茶，曾以“熙春”或“贡熙”为名，意思是进贡清朝康熙皇帝的茶叶。据文献记载，1843 年到 1894 年的五十年间，是中国外销珠茶的高峰时期，最高年出口量达二十万担，占浙江茶叶出口量的半数。当时在伦敦市场上的珠茶价格，仅次于风靡欧洲的“武夷茶”。

现在，平水茶区的面貌已经发生了很大的变化，茶园面积和茶叶产量都成倍增长。仅若耶溪头的平水江水库附近，近四十年来，就新辟了六千亩茶叶地。地处会稽云雾山中的型塘夏泽村村民在采制珠茶时，采用“杀青”“揉捻”“炒二青”“炒三青”“炒对锅”“炒大锅”等一套精制作业法，大大提高了珠茶的质量，该村生产的“高山云雾珠茶”，被嗜茶者赞为“江南第一名茶”。

目前,平水珠茶已行销四十多个国家和地区。绍兴茶厂生产的“天坛牌”特级珠茶,于1984年荣获国家金质奖;1985年4月在西班牙优质食品评比中,又夺得世界金质奖。

（中国新闻社1989年3月采用）

访西施故里苎萝村

西施越溪女，出自苎萝山。

秀色掩今古，荷花羞玉颜。

这是唐代大诗人李白《西施》一诗中的诗句。

提起西施，人们都知道她是中国的“四大美女”之首。其实两千多年来，西施之所以受到人们的景仰和传颂，倒不只因她的“羞花闭月”之貌，更主要的还是她那种舍己为国的精神。

西施，姓施，名夷光，又叫先施。浙江诸暨苎萝山村人。诸暨原系浙东古城，自秦建县至今已有两千多年的历史。城墙为明代大将胡大海任县令时所建。现大部分城墙已拆除，改成宽广的马路，可容汽车往来。浙赣铁路自北而南沿城穿过。设有诸暨车务段。诸暨火车站的广场上，新近雕塑安放了一座美女西施的汉白玉像。街上有百货充足的新建西施大楼。出南门，有一条平坦的浣纱路，它沿浦阳江直上约二里，便是风光秀丽的苎萝山，山很小，方圆不过里许，但山石都是紫红色的。当地称为“红粉石”，说是西施姑娘的胭脂染红的。近年这里已新建了一座西施亭。六角形的亭子造型古朴，着色和谐，亭内的横梁上有历代名人的赞诗和画。

西施亭下溪边有一座兀立的岩壁，壁下有一天然方石叫作“浣纱石”，相传是西施当年浣纱的地方。《舆地志》上说：“诸暨县罗山，西施、郑旦所居，有方石，云是西施晒纱处。”浣纱石上方的岩壁上镌刻着“浣纱”两个斗大的字，笔势飞搴，苍劲有力，据说是东晋大书法家王羲之的手笔。古人亦曾有“春深姿媚碧苔纹，石上书题王右军”的诗句。如今西施亭和浣纱石之间，已铺设了石阶，游人可以自由上下，观赏名迹。

苎萝山村现在已经没有姓施的人家了。但对江的浣东村，却还有姓郑的。据当地长者说，和西施一道进献吴王夫差的越国美女郑旦，就是生长在这个村子里的。

诸暨县城郊外，还有一个与西施有关的碧水潭。相传西施奉越王勾践之命，忍辱负重，委曲求全，远嫁敌国，路经碧水潭时，鱼儿争观其美，浮游水面，潭内顿成白色。待鱼儿见到西施时，惊艳急沉。后人借用此典，比喻西施有“沉鱼之美”。从此该潭遂称为“白鱼潭”。

（中国新闻社 1989 年 3 月采用）

春寒料峭茶花开

一捻指痕轻染，千片汗，色微销。乍醒沉香亭上梦，芳魂带叶飘。照耀临池处，恍上马，映多娇。疑向三郎语，时作舞纤腰。

这是清代诗人董舜民所咏山茶花的《好时光》词。

山茶花是山茶科山茶属常绿灌木，其叶为革质，呈卵形或椭圆形，表面光亮，边缘有细齿。每当春天来临的时候，山茶花便竞相开放，“树头万朵齐吞火，残云烧红半个天”，姿色佳丽，耀眼生辉。山茶花的耐久是很出名的。一朵花，往往能开二十多天，有的还弥月不落，鲜艳如故。所以古人说山茶“雪里开花到春晚，世间耐久孰如君”。它吐蕊于红梅之前，凋零于桃李之后。难怪诗人司空图说，牡丹与山茶花相比，简直不能算是花了。

山茶花中，云南所产的山茶，居中国第一，称为“滇茶”。《滇中茶花记》说：

茶花最甲海内，种类七十有二。冬末春初盛开，大于牡丹，一望若火齐云锦，烁日蒸霞。南城邓直指有茶花百韵诗，言茶有十绝：一、艳而不妖；一、寿经三四百年，尚如新植；一、枝干高耸四五尺，大可合抱；一、肤纹苍润，黯若古云气樽罍；一、枝条黝纠，状如麈尾龙形；一、蟠根轮囷离奇，可凭而几，可藉而枕；一、丰叶深沉如幄；一、性耐霜雪，四时常青；一、次第开放，历二三月；一、水养瓶中，十余日颜色不变。

云南山茶的七十多个品种中，最突出的是一种叫“鹤顶红”的山茶花，它大如莲花，猩红如血，中心全部塞满，好似鹤顶。

华东地区的山茶花也品种繁多，蔚为奇观。蒲松龄在《聊斋志异》《香玉》篇中所写“崂山下清宫，耐冬高二丈，大数十围”的这株山茶树，至今还在山东半岛崂山的下清宫中生长得很好。宋代爱国诗人陆放翁酷爱山茶，曾赋诗咏叹：

东园三日雨兼风，桃李飘零扫地空。

惟有山茶偏耐久，绿丛又放数枝红。

如今放翁故里绍兴，仍多山茶，千花万蕊，满树红光。

广西邕亭县近些年还发现了一种叫“金茶花”的新品种，这是当今世界上稀有名贵的茶花。金茶花叶绿，互生，椭圆形，先端渐尖。每株花少，开放时很好看，花瓣上像涂了一层蜡，太阳一照，金光熠熠，确实使人神往！

（中国新闻社 1989 年 4 月采用）

水果的“眼睛”
——樱桃

清和天气暖风徐，脱尽棉衣四月初。
庆誉典旁沽戴酒，樱桃市上买鲥鱼。

这是一首流行于江浙的《竹枝词》古诗，诗中所说的“四月”是指农历四月。

樱桃是一年中上市最早的水果，行家称它为“水果的眼睛”，意思是它有着“带头”的地位。只要樱桃一见，其他各种水果也就接着上市了，因此又叫它为“第一枝春果”。

樱桃系蔷薇科落叶乔木，在中国有悠久的栽培历史，《广雅》称其为楔桃，《尔雅》中则称为荆桃，《博物志》中又称牛桃，《本草纲目》始称莺桃（因黄莺喜啄，故名），另外它还有朱桃、含桃的称呼。

樱桃树枝光洁，姿态优美，春天开花，色彩鲜艳，呈红色、黄色、紫色，或淡红色、紫红色、紫黑色，阵阵清香，沁人心脾。初夏结红色核果，晶莹透亮，宛若珍珠玛瑙，深具魅力，故是十分理想的庭园观赏树。

中国主要樱桃生长区是浙江、山东、江苏、安徽四省。浙江的樱桃，以临平产量最丰，品质亦最佳，个子小，色淡红，味鲜甜而多汁；诸暨的樱桃也很有名，清人郭凤沼诗云：“乌槎白沥树萦环，四月樱桃血色殷。露叶五更莺未起，游船齐泊蔼山湾。”乌槎、白沥、蔼山湾，都是诸暨的风景名胜之地。今年西施故乡诸暨樱桃又获得了丰收，绿树红果，水汪汪，亮晶晶，缀满浣江两岸。

山东烟台大樱桃，品质优异驰誉中外，它形似心脏，果大皮薄，肉质丰满，嫩脆多汁，甜酸适度，是难得的佳果。它的主要品种有早紫、小紫、大紫、水晶、那翁、鸡心、秋鸡心、玻璃泡和毛酸九个，集中分布在烟台、福山以及烟台南山的南北两麓。中国栽培樱桃树已有三千多年的历史，但引种大樱桃，却只有一百多年。大樱桃原产于亚洲西部和欧洲东南部，是公元 1870 年前后，由旅居国外的华侨引进的，因而它又叫“洋种”。目前烟台市大樱桃的产量比二十世纪五十年代初已增加了十倍，它除供应国内外，还远销南洋群岛。

江苏省沿沪宁线一带都生产樱桃，尤以南京最盛。南京樱桃以东塘（俗名短把）、银珠（俗名矮个子）、垂丝（俗名一点红）和青叶儿诸品种顶著名。安徽，在太和、临泉一带，到处可见樱桃树。这里的樱桃，成熟期早，含糖量高，核内无仁，加工成的樱桃干特别好吃，故明、清时曾被列为贡品。

（中国新闻社 1989 年 6 月采用；载香港《晶报》1989 年 7 月 8 日）

大型工艺珍宝“六和塔”

最近，浙江绍兴越城稀金工艺厂总工程师陈吉富，用珍珠、玛瑙、翡翠、稀金制成了一座大型工艺珍宝“六和塔”。

此塔是以中国杭州全国重点文物保护单位“六和塔”为原型精工制造的。它高一百三十厘米，重四十九公斤，外观八角，十三层，而里面实际却有七层。一层为“初地坚固”，二层为“二谛俱融”，三层为“三明净域”，四层为“四天宝网”，五层为“五云扶盖”，六层为“六鳌负载”，七层为“七宝庄严”。全塔共用上等珍珠五万一千三百一十八颗，红玛瑙花窗二百九十六扇，黄稀金花窗二百十八扇，黄稀金墙十六面，白稀金柱子三百三十六根，高档翡翠一百零四粒。另外，十三层檐角上还悬有铁马（铃）共一百零四只，微风起时，琤琮有声，十分悦耳动听。

六和塔，位于钱江之滨的月轮山上。它始建于北宋开宝三年(970)，因该地旧有六和寺，故称六和塔。其义出于佛经，即：身和同住，口和无争，意和同悦，戒和同修，见和同解，利和同均。更有称六合塔，是取天、地、东、南、西、北六方，以显示其广阔的含义。六和塔初建时，规模很大，塔身上还装有塔灯，在钱塘江上夜航的船舶，都利用它来作航标。

如今六和塔的外檐回廊，宽阔舒展，登塔的人可以从塔内走出，饱览江山秀色。正如元代诗人白廷玉《同陈太傅诸公同登六和塔》诗所云：“烂烂沧海开，落落云气悬。群峰可俯拾，背阅黄鹄骞。”

（中国新闻社 1989 年 6 月采用；载香港《晶报》1989 年 7 月 9 日）

“诸老大”粽子

粽子是我国民间传统的节日食品。江浙人过年祭灶,吃“灶司粽”;清明上坟,吃“清明粽”;端午划龙舟,吃“端午粽”。粽子有三角、四角和枕头形的,还有形若小宝塔的、长及尺许的,品种有桃花粽、八宝粽、火腿粽、红枣粽等。个头大者每只重约一斤,小者一两可得四枚。

江浙粽子中,最有名的要算湖州“诸老大”粽子。“诸粽”的创始人诸老大,原名诸光潮,小名景川,绍兴城里人。十四岁那年,诸光潮到湖州投奔胞兄,先进茶食店,后弃职卖粽。因身材高大,在挎桶叫卖时特别显眼,人们不知他姓甚名谁,就管叫他“老大”(大个儿的意思)。后来慢慢熟悉了,知道他姓诸,见了面就叫他“诸老大”,表示亲昵。随着生意的逐渐扩大,粽子名声的日益提高,“诸老大”这个名称,也就从绰号演变成了招牌。

“诸老大”粽子之所以脍炙人口,有人说粽子里放了蛇汤,因之既鲜口又防馊;也有人说有一张祖传秘方,照方制作自然美味可口,久放不坏。其实“诸老大”并没有什么祖传秘方,有的只是五条简单的规定,但实现起来却又很不简单。这就是:一、选料特别认真。“诸粽”选用的糯米,颗粒饱满壮实。“猪油细沙粽”糖分足,做细沙用的赤豆,则必用“大红袍”,所以晶亮乌墨。“火肉粽子”,用的是上好腿肉。裹粽用的箬壳,选用徽州优箬,质地柔软而有韧性,叶片修长而宽大。用此优箬制粽,清香扑鼻,沁人心脾,风味独到。二、操作手艺好。“诸粽”在抗战前都是自家人制作，手艺代代相传，连丝草绕匝间距都十分均匀，打结也很美观，印托亦很清楚。三、突出色、香、味。首先是色，剥开“诸粽”，甜粽米白糯软，咬一口便是乌黑发亮、油晶晶的细沙；咸粽为酱黄色，肉色鲜嫩，油光闪闪，引人食欲。其次是香，“诸粽”每天下午三时左右快煮熟时，香气四溢，引得过路行人趁热买几个回家，一饱口福。这种香除了原料本身的混合香之外，还夹杂着一种玫瑰香。四、讲究清洁卫生。如粽箬不煮熟不用，破箬、脏箬不用，用过的粽箬不用，等等。五、适应时令，品种多样化。“诸粽”除甜粽、咸粽外，还随着时令的变化，翻出多样化的品种，如蚕豆粽、豌豆粽，清明前后的赤豆粽，等等。此外还有火腿粽、鸡肉粽、排骨粽、香肠粽等。所以“诸老大”一年四季生意兴隆。

（中国新闻社 1989 年 6 月采用；署“周简段”笔名，载香港《华侨日报》1989 年 7 月 26 日）

炎夏话鲜桃

食桃种其核，一年核生芽。

二年长枝叶，三年桃有花。

这是唐代大诗人白居易《种桃歌》里的诗句。

桃树在中国已有三千多年栽培的历史。它最早野生在陕西、甘肃等高原地带，后经人工长期培育，才发展成为可口的家桃。之后中国的桃树又先后传入了世界各地。现在，已是“桃李满天下”了。

桃，属蔷薇科，系落叶小乔木，高四至八米。小枝光滑，冬芽具绒毛。叶椭圆状披针形，具锯齿，叶基有蜜腺。花单生，多为粉红色或白色。核果近球形，表面有茸毛，肉厚汁多。俗语说：“吃烂杏一箩，不如吃鲜桃一颗。”所以桃子在古代就被称为“消烦止渴，解暑去热”的佳品。桃子含有比苹果更多的蛋白质和粗纤维，还含有维生素C和多量蔗糖，营养价值颇高。在医药上，桃子还有增进人体胆汁分泌、促进胃肠蠕动、治疗便秘的功效。桃的种仁，性平，味苦，主治瘀血停滞、经闭腹痛、症积、跌扑肿痛等症。桃的干幼果称“瘪桃干”，也可入药。

桃的品种很多。上海水蜜桃、浙江奉化水蜜桃、山东肥城大佛桃、河北深州蜜桃、四川潼南黄桃、辽宁大连黄桃、江苏无锡水蜜桃和沛县冬桃等，都是驰名中外的佳桃果品。

上海水蜜桃，产于上海郊县，以宝山县吴淞、上海县龙华最为著名。这里所产的水蜜桃肉质柔软，皮薄色艳，汁多味甜，香气浓郁，入口即化。

食者如把熟透洁净的桃子拨破一小片皮层,用嘴吮饮,就能把果实中的浆质吸尽,而且回味无穷。

奉化水蜜桃,以玉露桃最为著名。玉露水蜜桃皮韧而满布茸毛,皮色鲜嫩而有红色细点,果肉呈蜜白色,鲜甜芳香,十分可口。目前奉化全县已有一万二千多亩桃园,年产蜜桃十万担以上。

山东肥城大佛桃,素有“群桃之冠”的美称。它硕大丰满,甘甜细嫩,外形美观。一般每个桃重六至八两,大者一个可达一斤。关于此桃名称的来历,其说法有三:一说此桃成熟于中秋节前后,当地百姓用以供佛,故称“佛桃”;一说此桃在宋代被列为贡品,“佛桃”一名是皇帝封的;还有一说,谓此桃原产于肥城佛庄,故名叫“佛桃”。

河北深州蜜桃,以“红蜜”和“白蜜”两种为最好,皮薄肉细,汁甜如蜜。过去是皇宫中帝王、贵妃专门享用的贡品。

四川潼南生产的黄桃,多用来制作“黄桃罐头”。它以色泽好、味道正而获得“潼南黄桃,得天独厚”的好评。黄桃罐头远销日本等二十多个国家和地区,深受外商欢迎。大连黄桃,大如鹅卵,其色如金,加工制成的罐头,品质已超过国外名牌。

无锡水蜜桃,也被称为“玉露蜜桃”,是桃果中的上品,多生长于太湖之滨。

江苏沛县冬桃,是一种奇特、罕见的果品。它开花于春天,果熟于冬至前后。由于冬桃成熟期长,在树上经受了“三伏”的考验,所以特别好吃,味道既香又甜,细细品来,还有点冰糖味呢!

(中国新闻社 1989 年 8 月采用)

绍兴平阳寺之谜

坐落在浙江绍兴城南约四十五里的平江乡平阳寺，是世上罕见的“一尘不染”的古寺。

从绍兴城内乘公共汽车，出稽山门，过横绷岭，至平阳站下车，再行十数分钟，但见苍翠的群山之中，拱卫着一座古老的寺宇，它就是平阳寺。平阳寺现存坐北朝南主体楼屋一进及侧屋数间，楼屋面阔七间，每间宽约四米，进深三间。梁柱粗硕，少事雕饰，给人以朴实无华之感。令人惊异的是，这里的梁柱一年四季都没有一点灰尘，而且虫不蛀，鸟不宿，连蜘蛛也不来结网，似乎此间真是远离红尘的清净世界。相传，清朝初年，顺治皇帝福临南游至绍兴平阳寺，曾隐居寺内为僧。他嫌寺内不够清洁，特藏放了一颗“吃尘宝珠”。每当夜阑人静之时，“吃尘珠”便悄悄地出来吸尘纳垢，所以寺内没有虫子和尘埃。不过，传说毕竟只是传说，顺治皇帝并没有到过平阳寺。

据专家分析，这种奇怪现象是寺内通风条件好，梁架中嵌有一种名叫“黄桧”的木料造成的。黄桧属柏科植物，内含芳香油，能散发一股特殊的清香。虫子和麻雀不喜欢这种气味，少来问津，因而寺内能够保持“一尘不染”。由此看来，古人在建筑学方面有许多宝贵的经验。

平阳寺，原名平阳观，创建于宋、元之间，后一度废圮。至清顺治十六年(1659)，始下诏重建，寺内供奉顺治皇帝的御像。清康熙四十四年(1705)，康熙皇帝玄烨赐额“传灯寺”，并题“名香清梵”横匾一块，赠寺住持弘觉禅师“田黄钵”一只、红绸袈裟一件。清康熙五十二年(1713),康熙皇帝又赐给平阳寺御书《金刚经》一部。清乾隆五十二年(1787),乾隆皇帝弘历又将《大云》《轮祷》二经颁给平阳寺。从此,平阳寺声名远播,成为浙东名寺之一。

(中国新闻社 1989 年 8 月采用)

秋尽江南蟹正肥

稻熟江村蟹正肥,双螯如戟挺青泥。
若教纸上翻身看,应见团团董卓脐。

这是明代大文学家、书画家徐渭(字文长)的一首有名的题蟹诗。

“西风响,蟹脚痒。”金秋时节,菊黄蟹肥,正是捕捉湖蟹的旺季。湖蟹,又称河蟹、毛蟹、螃蟹,是中国的特产。螃蟹长到“二秋龄”,性腺便发育成熟。每年秋冬之交,它们成群结队,顺着河川支流,向海口游去,在江海交界的浅水域里产卵繁殖。第二年夏天,孵出的蟹苗,又溯流而上,重返河、湖中栖息,逐渐成长为大蟹。对于蟹的这个生殖习性,早在宋代,傅肱就在其所著的《蟹谱》中提及:“蟹至秋冬之交,即自江顺流而归诸海。”

湖蟹中最有名的要数阳澄湖清水大闸蟹。阳澄湖是江苏昆山、吴县和常熟交界处的一个淡水湖泊,方圆一百二十多里。这里所产的螃蟹,具有黄毛、青背、白肚、金爪四大特征。刚捕到的大闸蟹,放在玻璃板上能够八爪挺立,脐背隆起,双螯腾空,威风凛凛,大有神圣不可侵犯之势。

浙江嘉兴南湖的螃蟹,也十分出名。它浑身铁甲,青里光洁,肉味鲜美。诚如大诗人李白在《月下独酌》中所写:“蟹螯即金液,糟丘是蓬莱。且须饮美酒,乘月醉高台。”

以往,人们视蟹为水稻的天敌,元高德基《平江记事》载:“大德丁未(即元大德十一年,1307 年),吴中蟹厄如蝗,平田皆满。稻谷荡尽。吴谚有蟹荒蟹乱之说，正谓此也。”而今绍兴新豆姜村农民马张寿，在他那三亩七分三厘的早稻田里培育蟹苗，获得成功。

螃蟹，古人又称之为“无肠公子”。《抱朴子》一书说：“无肠公子者，蟹也。”《红楼梦》一书中，贾宝玉的咏蟹诗里也错认为它无肠。贾诗云：“持螯更喜桂阴凉，泼醋擂姜兴欲狂。饕餮王孙应有酒，横行公子却无肠。”其实蟹并非无肠，蟹脐内壁正中央有一条黑色隆起物，上通胃，下通肛门，短且细小，这便是它的肠。

螃蟹有多种食用方法，可蒸，可煮，可腌制，亦可酒醉。江苏兴化的“中庄醉蟹”，在醉蟹中尤为著名。它制作特别讲究，主要材料有螃蟹、米酒、烧酒、食盐、花椒、八角等，要经过备料、入缸密封、翻动、再密封等过程，总共七十二道工序，约需两个月的时间。因此产量较小，只能满足出口和国内一些大、中城市高级餐馆的需要。

（中国新闻社 1989 年 11 月采用）

浙江新旅游区
——穿岩十九峰

浙江省新昌县旅游主管部门新近在县城以西五十里的镜岭乡下张村附近,发现了一个新的风景旅游区——穿岩十九峰。

所谓“穿岩”,在群山环抱、一水东流的下张村村口仰观,只见其左侧岩顶有一巨孔,形如满月,阳光从洞穴穿过,奇妙无比。故名。

所谓“十九峰”,按形态而命名为鹅鼻峰、缆船峰、狮子峰、阳岫峰、泗洲峰、文殊峰、普贤峰、幞头峰、卓剑峰、棋盘峰、蒸饼峰、香炉峰、笔架峰、望海峰、金钟峰、新妇峰、摆棋峰、罄峰、马鞍峰,峰峰相连,横亘五里。山上古松森列,林木葱茏,并有喷珠溅玉、洒若飞雪的“瀑布”,堪称壮观。十九峰下绿水萦回,摩岩琳琅满目。盛夏入山,尤觉清凉舒爽,是一处天然的避暑胜地。

穿岩山上有一大洞,深广可容千人,乡人叫“穿岩洞”,俗呼“千人洞”。但此洞洞口隐藏于巉岩削壁之间,若无人指点,虽在洞侧仍不得其门而入。洞口有一碑,上书《穿岩洞碑记》,为民国二十三年(1934)所立。碑文云:“穿岩层峦叠翠,连峰矗天。其下沃水回环,绿波荡漾,往往为探奇趋胜之士所盘桓……”洞左,有一清澈如镜的小石池,究其水之源头,见池上岩石湿润,茵苔满铺,时有水滴下落,然其势甚缓,两滴之间,需三五秒钟。仅此叮咚水滴,年长日久,竟致陷石为池。足可见“锲而不舍,金石可镂”之理。

穿岩,又有新老之别,上述为新穿岩。老穿岩,又称别有洞天,须翻山历险方可一睹。这里山势跌宕起伏,有万马奔腾之势。清晨或雨后荫翳时刻,云雾缭绕,人行其间,迷幻不定,宛若置身神话世界,使人神往。老穿岩山上有一古墓,为明崇祯皇帝的内侍高起潜之墓。墓前牌坊上书"皇明钦命总提督江北各藩镇兵马并沿江一带水师整理船只器械催儹一应粮饷便宜行事司礼监秉笔太监讳起潜龙潭高公之神墓"诸字。此碑为南明弘光乙酉年(1645)所立。这位崇祯的内侍,于崇祯帝在万岁山寿皇亭畔的一株老槐树上自缢身亡后,只身逃出北京城。他曾在此山点兵抗清,图复大明,后虽不成,但其功固在,因此也引游人凭吊。墓旁悬崖上有古柏一株,传为高氏手植,犹枝干苍劲,气势不凡。

现新昌县政府正修道路,以吸引更多的中外游人。

(中国新闻社 1990 年 1 月采用)

越剧博物馆在浙江嵊县建成

中国第一个戏曲剧种博物馆——越剧博物馆,已于日前在越剧诞生地——浙江嵊县建成。越剧博物馆坐落在风景秀丽的嵊县城内鹿胎山南麓,建筑面积二千二百多平方米,是一幢仿古式三层楼房。

目前,该馆在全国越剧界人士的大力支持下,已征集到一批珍贵的越剧资料,其中有越剧创始人,二十世纪二十年代男班名伶金荣水及誉满中外的“越剧十姐妹”等著名越剧演员的剧照、生活照、纪念照;有已故著名越剧演员姚水娟、筱丹桂、赵瑞花等的遗物、戏服和道具等;还有早年女子越剧“三花”(施银花、赵瑞花、王杏花)之魁,号称“花旦鼻祖”的施银花的剧照。这些宝贵的资料,不久将与参观者见面。

越剧发源于嵊县剡溪两岸的农村,这里山川俊美,风光如画,且多“草木才子”——富有艺术天才的农民。平日间,《撑排号子》和《看牛山歌》响彻溪畔山林,《三番十二郎》《摇船调》和《双看相》等表达真挚爱情和生活情趣的幽默小调也处处可闻。越剧就是吸取了这些民间说唱艺术的精华,于 1906 年登上舞台的。经过八十多年的探索,已从地方性的民间小戏,发展成为全国性的大剧种,且已驰名世界。据嵊县越剧博物馆统计,现在全国各地的越剧团已有一百一十四个。

(中国新闻社 1990 年 2 月采用)

二十世纪七十年代中期，周芾棠（右）与著名鲁迅研究专家薛绥之先生（左）在绍兴三味书屋后园合影

1975年春，周芾棠（左）、谢德铣（右）与鲁迅笔下“闰土”原型章闰水幼子章长明先生（中）合影

绍兴新出土的“魂瓶”

“魂瓶”是中国古代的冥器，一种高级随葬器物，又称谷仓、堆塑罐，多系青瓷器。绍兴是中国青瓷发源地之一，所谓“九秋风露越窑开，夺得千峰翠色来”便是。因此，绍兴便时有越窑青瓷珍品“魂瓶”出土。如1987年绍兴县南池乡横绷岭古墓葬内就出土了一件西晋青瓷“魂瓶”，同年该县富盛镇东山头也出土了一件三国青瓷“魂瓶”；1988年绍兴县上蒋乡凤凰山西晋永嘉七年(313)古墓内发现了青瓷“魂瓶”；1989年下半年绍兴县娄宫附近的小山坡古墓葬内，还出土了一件三国孙吴时期制作的“青瓷”魂瓶。

绍兴县南池乡横绷岭的西晋砖室墓中出土的“魂瓶”，通高五十厘米，全身釉色深绿，胎质精细，晶莹润泽。上部主体建筑屋顶，采用遮殿式覆盖，前后左右四面下坡，脊角高翘，瓦楞分明。屋顶以下圆筒形的屋身一旁开一方窗，窗前两侧斜倚小瓶四只，瓶口祥鸟栖息，昂首引颈，振翅欲飞，象征着墓主灵魂升天，长生不死。小瓶下面又置层层相叠的楼台两座，楼前设左右双阙，建筑精美，气势非凡，充分反映了当时绍兴地区高超的建筑艺术。

“魂瓶”的肩部塑着八个形象生动的乐伎，他们浓眉深目，双膝跪坐，或抚琴，或吹笙，或击鼓，或说唱。“魂瓶”的正面竖立一碑，由龟趺驮着，碑额上刻“会稽”二字，其下镌“出始宁，用此丧葬，宜子孙，作吏高迁，众无极”等铭文。

“魂瓶”的下部为罐体，侈口圆唇，上腹鼓出，下腹内收，罐体四周堆贴着两行骑射和禽兽图案，造型逼肖。

绍兴近年出土的几件越窑青瓷“魂瓶”，代表了六朝时期绍兴地区青瓷制造的高超工艺水平，同时也是当时贵族住宅、园林建筑以及人民生活、服饰、经济和思想状况的再现，为研究中国古代文明史提供了极其宝贵的实物资料。

（中国新闻社 1990 年 2 月采用）

春节过后话春联

过春节,贴春联,是一种风俗,也是一种高雅的文化活动。近年来,国内一些报刊,每年春节前后都刊出许多文情并茂的优秀春联,有的报刊还举行征联活动,往往有数以亿万计的民众踊跃参与。为此集思广益,也就佳作纷呈了。

春节前,笔者在河北省石家庄郊区农村参观访问,看到家家门口已贴了春联。今年是马年,联中写马的自然不少。“银蛇追风去,龙鳞闪烁;青鬃奋蹄来,马到成功。”龙马并提,颇有气势。

言为心声,人们因不同的遭遇而产生的不同心态,并自由发挥于春联之中:“常过岭壑知路难,饱经风霜感时暖。”“锦世泽莫如为善,振家声还是读书。”苦辣酸甜,俱在其中。

从春联中,还可以看出人们对改革的态度:“改革十年歌盛世,开放一曲奏新春。”“勤劳有用武之地,致富无后顾之忧。”“天泰地泰三阳泰,家和人和万事和。”有位台属在春联中写道:“沧海无心分陆岛,人间有情全国家。”其企盼祖国统一之情,跃然纸上。

(中国新闻社 1990 年 3 月采用)

蔡元培为贺知章故宅撰写碑刻

今年3月5日是中国著名教育家蔡元培先生逝世五十周年纪念日。在这之前,蔡元培的故乡绍兴发现了一块蔡为贺知章故宅撰写的碑刻,题目叫《重修贺秘监祠记》。此碑文写于1937年8月。它对研究唐代大诗人贺知章故宅变迁及其生平颇有益处,故特全文录后以飨读者:

贺秘监故宅千秋观,本在会稽五云乡。天宝七载,改天长,至宋犹存。张淏宝庆《会稽绪志》所谓一曲鉴湖,长堤十里,春波之桥跨截湖面者,固非城中所有也。其在县廨东北一里许者,则为秘监之行馆,万历《会稽志》明真观下云:宋乾道中,史浩奏移千秋馆旧额建。又名鸿熙馆。明永乐中,改明真,盖亦几经变迁矣。清嘉庆中,里人重修,有碑存观中。近年以来,祀事废缺。今浙江第三区专员永新贺君名扬灵者,秘监之第四十一世孙也。守越两载,政通人和,文献保存,犹所注重。议恢复秘监祠,请于大府,获报可,需资三千余版。期月而成,丹雘焕然,属记于余。余惟秘监立朝,正当开元全盛之时,一旦挂冠,天子赋诗赠行,百官云集走送,其事甚盛,当时稀有,故其名特高。而秘监确能遗落荣利,等朱门于蓬户,识山水之清音,属辞染翰,事事精工,嚼然狂客之踪,无愧风流之号。后之人低徊慨慕,历久而不能忘者,良有以也。永频繁而新庙貌,不亦宜乎!而其徙赣遐裔,适来作宰,以政事受乡人崇仰。祠成之日,瞻对肃雍,后先辉映,岂非事之可纪者欤!

贺秘监祠,即今劳动小学遗址,在绍兴城内的学士街。学士街全长约五百米,宽三米余,从新建北路起至保佑桥石童庙止,此街中段有中国已故总理周恩来祖居百岁堂住宅，路面全用青石板铺成。因贺知章曾任礼部侍郎加集贤院学士，故名学士街。

蔡元培一生热爱祖国，曾多次为乡贤树碑立传。这位“少小离家老大回，乡音无改鬓毛衰。儿童相见不相识，笑问客从何处来”的“四明狂客”“秘书外监”，更是他崇敬的诗人之一。1937 年底，淞沪沦陷，蔡元培避居香港。逝世前夕，他仍惦念着祖国和故乡，写下《咏红叶》四绝：

霜叶红于二月花，故乡乌桕荫农家。
不须更畏吴江冷，自有温情熨晚霞。

春游牛首秋栖霞，秋色由来红叶赊。
我后我先曾绚烂，物稀为贵我犹夸。

枫叶荻花瑟瑟秋，江州司马感牢愁。
而今痛苦何时已，白骨皑皑战血流。

半江红树卖鲈鱼，记得真州好景无？
斗笠绿蓑风雨里，淮南一例哭穷途。

（中国新闻社 1990 年 3 月采用）

绍兴发现《酒仙碑》

浙江绍兴是中国黄酒的发源地。据文献记载,绍兴酿酒已有两千四百多年历史。在绍兴县东浦镇赏祊村戒定寺内,人们最近发现一块湮没已久的《酒仙神诞演庆碑记》,它是绍兴酒文化史悠久的一个佐证。

东浦赏祊位于鉴湖之滨,早在宋代即为绍兴的酿酒中心。清末,荣获南洋劝业会金牌奖的谦豫萃墨记酿坊,就开设在赏祊村。《酒仙神诞演庆碑记》,高二点七一米,宽零点九二米,碑身厚零点一二米。它用绍兴特产的大青石凿成,碑额上方运用深雕和浮雕手法,刻出"双龙戏珠"的图案,"龙珠"内还雕了一个圆形的篆书"寿"字,象征着人们渴望酒业兴旺和"福寿双全"的美好愿望。碑文为大楷正书,笔力雄劲;刻工亦粗犷精悍,显然均出自民间艺人之手。

碑记全文共五百七十字,阴刻,每字约三点五厘米见方。写有"吾乡多造酒为生,而于酒仙尊神诞辰,典礼阙如,殊不足以仰答神庥,以昭诚敬"等字样。碑文两侧还刻有横卧的"工"字形阔边纹饰,以示美观。碑下未设石基座。

此碑刻于咸丰七年丁巳,即 1857 年,其时正是绍兴酒的极盛时期,近千户人家的赏祊村,几乎"家家酿酒,户户发财"。据老人回忆,戒定寺内旧日还曾供奉一尊"酒仙菩萨"。菩萨高约一米,宽零点六米,脸膛红润,醉眼,短须,通身贴金,下设石砌台基。关于这个"酒仙"来历,有人说他便是"少小离家老大回"的唐朝诗人贺知章,也有人说他是南宋著名爱国诗人陆放翁。因为他们都是绍兴人，也都爱喝绍兴老酒。但据曾在戒定寺内当过和尚的樊阿潮师父说，这位“酒仙”不是贺知章，也不是陆游，而是游览过绍兴许多古迹名胜的唐代大诗人李白。

以往一年一度的酒仙神诞演庆会期，为农历七月初六至初八，共三天。这期间赏祊一带十分热闹，“画船箫鼓，竞日通宵”，“村村设祭演戏，家家杀鸡宰鹅”。酿酒大户家，宾客盈门，商贾云集，恭贺盛会，选购绍酒，终日宴席不散。这“酒仙庙会”，其实也就是绍兴的“酒业市会”。

（中国新闻社 1990 年 4 月采用）

绍兴的酒文化

今年四月二日至四日，浙江绍兴举办了“首届绍兴黄酒节”。国内外酒商云集，参观新设的“绍兴黄酒馆”，品尝风味独特的绍兴老酒，讨论绍兴酒文化的发展，盛况空前。

酒在绍兴有两千四百多年的历史，酒与绍兴人的生活早已结下不解之缘。“老酒日日醉，皇帝万万岁”至今仍是绍兴人的一句口头禅。绍兴人对酒确实怀着一种超乎常物的喜爱，所谓“剁螺蛳过酒，强盗赶来勿肯走”，虽不免夸张，但也足以反映出绍兴人对酒的特殊感情。

绍兴人喝酒，喜欢缓酌慢饮，一边细细品味，一边闲话家常。他们常常从三皇五帝、妖魔鬼怪、趣闻轶事、电视电影，一直谈到男婚女嫁、市面行情。真有“刘伶遗风”，其乐融融。

绍兴黄酒浓度低，酒精含量为百分之十五至二十，刺激性小，适量而饮，有兴奋精神、促进食欲、生津补血、解除疲劳的功效。如作烹饪调料，则能除腥增香。用于制药，能使药性移行于酒内以补身养气。去年，绍兴酿酒总公司、浙江省轻工业研究所与杭州胡庆余堂制药厂共同研制开发的“加饭宝”酒，就具有保健、滋补、医疗的作用，因而很受消费者的欢迎。

绍兴黄酒，酸、甜、苦、辣、鲜，五味俱全，香、醇、柔、绵、爽，风格独具，因此会喝酒的人说：“绍兴黄酒，一进喉咙就会自然滑下去，回味无穷。”

绍兴黄酒是一个总称，细细来分，它的品种又很多。从酿制方法来分，有“元红酒”，又称状元红，因过去酒坛外壁涂朱红色而得名；“加饭酒”，以元红酒为基料，精酿而成，顾名思义是多加原料的意思；“善酿酒”，以贮存一至三年的陈元红酒代水酿成的双套酒，又称“母子酒”，其色深黄，其香芳郁，其味甘醇，被誉为“酒中之王”，饮时宜微加温，配以甜味菜肴或点心做下酒菜最适宜；“香雪酒”，又称“盖面”，芬芳幽香，醇和鲜甜，酒液呈琥珀色，为绍兴酒的高档品种。另外，还有“鲜酿酒”“竹叶青酒”“福橘酒”“花红酒”“桂花酒”等。

绍兴黄酒按销路又可分为“路庄酒”和“市酒”两种，“路庄酒”远销外埠（如南洋群岛）；市酒指在绍兴本地出售的，除“元红”“加饭”“香雪”“善酿”等名酒外，还有霜降前后酿制的“新酒”，这种“新酒”，酒精浓度较低，适宜不会喝酒的人尝新。

（中国新闻社 1990 年 4 月采用）

绍兴的水上戏台

泛舟江南水乡绍兴的一些乡村、集镇，常常看到社庙旁屹立着一座座临水而筑的古戏台，它们造型别致，因地制宜，情趣盎然，是绍兴风光的一大特色。

绍兴戏台，又名万年台。最典型的水上戏台，要属绍兴县柯桥区湖塘乡的宾舍村戏台。宾舍村戏台是一座四面环水的水中戏台，创建于明代，清代屡次重修。台顶翼角高翘，台内天花板正中做成八边形藻井，井壁彩绘“暗八仙”图案。前台柱上刻有一副隶书戏联：“事非虚夸，礼义廉耻固所有；颜虽臆造，人性天理莫道无。”系近代著名书法家沈桐生的亲笔。后台柱上亦刻有一副小篆戏联：“舜乐尧歌，音容时闻九曲里；秦弦赵管，声律常留宾舍村。”台基高一点二米，用清一色的石板封闭而成。前沿中央伸出两根方形石柱，断面上刻有篆体阴文“践迹”二字。据说该村每年农历四月十六日整夜上演全本《琵琶记》，演至蔡伯喈（即汉代文学家、音乐家、书法家蔡邕）得中状元，东方已泛鱼白，艺人唱至“月淡星稀天已明”时，正好一脚跨上“践迹”，作望天状。如若艺人不懂规矩，疏漏此一情节，则循例要罚戏班从头敷演。台前的石柱又承托石板，称为“台舌”。后台檐墙下开有一门，演戏时，戏班五明瓦的大船也可停靠于此，进出十分方便。

绍兴县管墅乡东周村瓜田庙的临河戏台，也富有特色。戏台正对庙门，两面背水。台顶均采用单檐歇山顶，飞檐翘角，古朴典雅，屋脊上的龙形吻兽，口吞正脊，身披鳞甲，栩栩如生。新甸乡凤仪村的珠墅庙临河戏台，平面采用前台一间、后台三间的形式，活像一个“丁”字，故当地农民又叫它“丁字台”。

此外，在绍兴城外的迎驾桥村，还可见到一座伏波枕流的跨河戏台。整齐的石砌河道两岸竖起四根方形台柱，台旁边有一座专供行人观戏的单孔咸宁桥。村民演戏，台上灯火辉煌，锣鼓喧天；台下舟楫往来，桨声欸乃。四周人山人海，热闹非凡。真如文豪鲁迅在《社戏》中所说：“我疑心画上见过的仙境，就在这里出现了。”

（中国新闻社 1990 年 5 月采用）

仲夏杨梅满山林

五月杨梅已满林，初疑一颗价千金。
味方河朔葡萄重，色比泸南荔子深。

这是古人赞美杨梅的诗篇。

杨梅是中国著名的特产鲜果之一。李时珍在《本草纲目》里说杨梅“形如水杨子，而味似梅”，故名“杨梅”。清代号称“西湖花隐翁”的陈淏子（一名扶摇），也曾在《花镜》上说，杨梅“为吴越佳果”。宋代文豪苏东坡亦说：“闽广荔枝，……西凉葡萄，……未若吴越杨梅也。”可见江苏和浙江古已是著名的杨梅产地。太湖洞庭东山的荔枝种、马迹山的乌梅种、浙江余姚的荸荠种、萧山杜家的迟色杨梅、上虞杨家岭的水晶杨梅，都是最负盛名的优良杨梅品种。

杨梅系杨梅科常绿乔木，干高二丈许，叶长椭圆形，花小单性，雌雄异株，果实呈球形，是一种核果，果肉由很多肉柱聚集而成，外表无皮，有众多小突起。一般四月开花，夏至成熟。其颜色有红、白、紫三种，红胜于白，紫胜于红。依其品种的不同，突起的刺亦有尖圆之分，削刺多为红色，其味略差。圆刺多为紫杨梅，味甜多汁，品质极佳。

杨梅为药食俱优的仲夏佳果。它含有蛋白质、脂肪、糖、钙、磷、铁，以及维生素C和多种维生素B，有生津止渴、帮助消化的功效。据研究，杨梅果仁所含的维生素B17，对治疗癌症有一定功效。

江南城乡尤其是苏杭、宁绍一带，每逢杨梅上市，家家户户都喜欢用烧酒浸泡杨梅。盛夏暑气袭人，饭前餐后吃几颗酒浸杨梅或喝上一小杯杨梅烧酒，顿觉暑消神爽，精神百倍。陈年的杨梅烧酒，还可以治疗腹泻和中暑等多种疾病。

关于杨梅还有一则趣闻。旧时江浙读书人赴京赶考，与闽邑人相遇，闲谈之间各地话及家乡特产。闽人谓荔枝乃果中上品，而江浙人称颂杨梅为时令佳果。所谓“闽乡玉女含冰雪，吴郡星郎驾火云”。玉女星郎，将荔枝与杨梅比作天生的一对，真妙极了。明代有个叫孙昇的人，在京为官，想到“万壑杨梅绚紫霞”，便感叹“自从名系金闺籍，每岁尝时不在家”了。

近几年江南杨梅种植发展很快，以浙江萧山为例，目前该市已有杨梅林四千多亩，分布在所前、长河、闻堰、浦沿、欢潭等乡镇，而所前的杜家、红星等村，杨梅产量又几乎占全市的一半。杜家村民采摘杨梅，还有“五不上篮”的惯例，即未红透的不上篮、颗粒小的不上篮、破损出水的不上篮、鸟雀啄过的不上篮、落地果子不上篮。由于精心采摘，所以杜家杨梅多年来一直驰名沪杭，远销港澳，成为杨梅中的珍品。

（中国新闻社 1990 年 6 月采用）

鉴湖古今谈

今年,绍兴鉴湖在风风雨雨中度过了它的第一千八百五十个年头。鉴湖原名镜湖,相传皇帝铸镜于此,故名。晋王羲之有诗:“山阴道上行,如在镜中游。”明代文学家袁宏道亦有诗说:“钱塘艳若花,山阴芊如草。六朝以上人,不闻西湖好。平生王献之,酷爱山阴道。彼此俱清奇,输他得名早。”把山阴道上的鉴湖和杭州西湖相提并论,并指出它比西湖还出名得早。

当年,鉴湖面积非常广阔,所谓“鉴湖八百里”,远山近水,碧波照映,风光确实很美。明代张思聪有诗云:“八百里湖光此地收,长桥水接鉴湖流。半林枫叶深如画,夹岸山谷尽入秋。荇带斜牵鸿雁影,渔歌遥递木兰舟。微风荡桨休归去,十里江空月正钩。”

鉴湖的形成,还有一段感人的故事:公元二世纪时,绍兴还是“水乡泽国”,经常洪水泛滥,海潮内侵,老百姓无以为生,只有卖儿鬻女逃荒。东汉永和五年(140),新上任的会稽太守马臻非常关心百姓疾苦,发动绍兴、上虞、萧山三县百姓,自萧山至曹娥,修筑一条长达百余公里的堤塘,塘身由绍兴特产的大青石砌成,工程十分巨大。开有堰和闸,把会稽山区流下来的三十六条河流的水汇集成一个大水库,这就是后来的“鉴湖”。干旱时开闸放水灌溉田地,山洪来时又可蓄水,使宁(波)绍(兴)平原千万亩农田受益,人民的生命财产亦得到保护。

老百姓拥戴马太守,但当地土豪却与马臻做了冤家对头,给他列了四条“罪状”,诬告他移用国库、毁坏庐墓、淹没良田、溺死百姓。汉顺帝刘保昏庸无道,竟准了土豪的恶状,把马太守召回京城,不问青红皂白,处以死刑。此举激起绍兴人民的义愤,他们把马太守的遗骸偷偷运回绍兴,葬于鉴湖之滨,并在跨湖桥畔建造了马太守庙,正殿两壁,绘了三十二幅马太守为民治水的连环画。如今庙宇尚存,马臻墓亦十分完好。

鉴湖在中国水利史上具有很高的地位,其面积之大,堤坡之长,泄水建筑之多(水门六十九所),在当时及之后的一段时期内均可冠之以首。时至今日,鉴湖的面积虽已大大缩小,但它仍是绍兴百万人民生活和工农业生产中必不可少的水资源。驰名中外的绍兴老酒,就是用精白糯米、优良麦曲,加上鉴湖水酿制而成的,所以绍兴老酒,又叫“鉴湖名酒”。

(中国新闻社 1990 年 6 月采用)

浙江黄岩发现五代戏剧砖刻

不久前，浙江黄岩文物主管部门在省级重点文物保护单位——灵石寺塔大修时，于塔砖中发现了六块罕见的五代戏剧砖刻。

这六块已逾千年的戏剧砖雕，其中两块为方形砖，呈米黄色。所雕人物，有浓眉大眼、戴四脚幞头、身着交领窄袖袍衫、腰围阔带、脚穿绮履的男性；也有杏眼樱口、戴幞头、身着尖领窄袖袍衫、胸间系带、脚蹬绮履、启口引颈的女性。这两块砖均眉目传神，栩栩如生，似乎都是演出场面的生动写照。另四块也为方形，所刻同样是戏剧人物，但颜色呈青灰。人物中有戴硬脚幞头、着圆领中袖大袍、腰围大带、穿靴、双手捧笏、举步趋前的官宦，有垂眉蹙额、孔武有力的武职人员，还有身着短衫裤、手持觥形物、弓腰蹲步、作行走状的小丑等。这批古砖对研究中国的戏剧史，特别是“南戏”的发展和吴越国的文化史，都具有很高的文物价值。

同时发现的还有刻着“长愿吴越国王姓钱万岁”“长愿吴越国万岁万万岁”等吉祥颂语的铭文砖多块。经专家鉴定，这六块阴线浅刻的戏剧砖雕，当作于五代吴越国国王钱镠和他的子孙执政期间。据《南词叙录》《猥谈》等古籍记载，“南戏”于北宋末年在浙、闽一带地区形成，后来流行于南宋王朝行都临安（今杭州）和陪都绍兴。当时家住绍兴鉴湖之滨三山村的南宋大诗人陆游，就曾有《小舟游近村，舍舟步归》诗，其中之一记录了当年的民间说唱表演艺术活动：

斜阳古柳赵家庄，负鼓盲翁正作场。

死后是非谁管得？满村听说蔡中郎。

因“戏文”产生于南宋地区，故称为“南戏”。

现在黄岩灵石寺塔戏剧砖雕的发现，说明早在五代十国时期，在中国的东南台州黄岩一带就已有比较普遍的戏剧演出，从而把“南戏”的历史，又向前推进了二百多年。

（中国新闻社 1990 年 7 月采用）

金秋说蟹

"稻熟江村蟹正肥""西风响，蟹脚痒"。秋风一起，天气渐凉，捕捉螃蟹的季节也便到了。

中国蟹的资源十分丰富，南北方均有出产，种类有六百种左右，有梭子蟹（蝤蛑）、青蟹、玉蟹、菱蟹、扇蟹、和尚蟹等，尤其是杭（州）、嘉（兴）、湖（州）和宁（波）、绍（兴）、萧（山）等水网地带所产的淡水河蟹（即螃蟹，又称毛蟹、绒螯蟹），体型肥大，肉质鲜美，更为人们所喜爱。

中国人食蟹有着悠久的历史，司马氏统治的晋代就有"鹿尾蟹黄"一菜。隋炀帝最爱吃的一道专用菜，便是"镂金龙凤蟹"（即在糖醉蟹上面盖一张镂刻龙凤图形的装饰画）。宋高宗赵构的食谱中，有"螃蟹清羹"一馔。元代大画家倪瓒（字元镇，号云林），煮食螃蟹时必"挤橙齑，醋供"，用以去腥杀菌，增添美味。清代画家李瑞清，自号清道人，平生癖好清雅，但他吃起螃蟹来却馋相毕露，闻蟹即"齿颊生香"，自揭脐盖，细将指甲挑剔，而且一次非剥食一百只不可，因此被人们称为"李百蟹"。

螃蟹，在中国古代，还被称为"无肠公子"。《抱朴子》上说："无肠公子者，蟹也。"其实蟹并非无肠。蟹脐内壁正中央有一条黑色的隆起物，上通胃，下边直达肛门，这便是它的肠。只是肠子短且细，不很明显罢了。

中国古今咏蟹的诗句也很多。唐代大诗人李白在《月下独酌》中写道："蟹螯即金液，糟丘是蓬莱。且须饮美酒，乘月醉高台。"南宋大诗人陆游诗云："蟹黄旋擘馋涎堕，酒渌初倾老眼明。"曹雪芹的名著《红楼梦》

中有“铁甲长戈死未忘，堆盘色相喜先尝。螯封嫩玉双双满，壳凸红脂块块香”的咏螃蟹佳句。近代国学大师章太炎和他的夫人汤国黎寓居苏州，当食到阳澄湖清水大闸蟹时，汤国黎情不自禁地吟出了“不是阳澄湖蟹好，人生何必住苏州”。

产蟹的地方，吃蟹也十分讲究。他们先是挑蟹，要挑个大、肢全、活动力强的蟹，民间常以“顶角膏蟹”为最佳。选购靓的膏蟹，可将蟹放在日光处或灯光下看，其两顶角上呈现一片红色的即为上上品。蟹选好后，洗净，放在水中让其吐去杂物，然后用线捆扎肢体，使之无法动弹。不然的话，在烧煮中容易落掉蟹脚，影响鲜味。捆扎好后，将蟹放入蒸笼蒸煮到蟹身呈红色为止。吃时轻敲细剔，把肥嫩的蟹肉取出，慢慢品尝，其味无穷。近年，南京、上海和杭州等地还恢复精制“醉蟹”，于市上销售，成为俏货。“醉蟹”，便是选用上等淡水活蟹，再加上绍兴酒、大曲、糖、醋、生姜、花椒、味精等，加盖封严。“醉蟹”以生食为佳，其味之鲜美是其他海鲜无法相比的，实为特级美馔。以此蟹下酒，别具风味。

（中国新闻社 1990 年 10 月采用；署“周简段”笔名，载香港《华侨日报》1990 年 11 月 27 日）

中国的“威尼斯”
——绍兴

绍兴是中国的一座典型的水乡风光城市。十八世纪，法国传教士到绍兴传教，看到城内纵横交错的河道、千姿百态的石桥、各具风格的船只，惊奇地称呼绍兴城为“中国的威尼斯”。

绍兴城外河湖密布，临水为户，绕水为村，环水为镇，可说比比皆是。据新近统计，现在绍兴县和越城区的一千一百多个行政村中，水村就有七百多个；六十八个区乡集镇中，水镇就有四十三个。水村和水镇的建造格局，都因河而异，或“一”字形，或“十”字形，或“井”字形，或曲折形，或弧线形，不一而足。

至于绍兴古城，它始建于越王勾践七年(前490)，距今已有两千四百八十年的历史。城周四十里，古有城门十座，其中水门就有五座：一为东郭门，正东向，位于今都昌坊路东端；二为南门，又名南堰门、植利门，在今解放南路的末端，正南向；三为西郭门，又名迎恩门，有吊桥，正西向，据文献记载，越王勾践曾卧薪尝胆于此门外的箭楼；四为都泗门，又名都赐门、督护门，东向偏北；五为水偏门，又名延禧门，西南向，今建有偏门桥。绍兴自古繁华，早在南宋之时，就已成了“堰限江河，津通漕输。航瓯(今温州)舶闽(今福建)，浮鄞(今宁波)达吴(今苏州)”的“全国大邑四十处之冠”。故南宋状元王十朋在《会稽三赋》中，就有“栋宇峥嵘，舟车旁午，壮百雉之巍垣，镇六州而开府”的对水城绍兴的赞语。

绍兴到了清代，据光绪癸巳(1893)会稽宗能述识《绍兴府城衢路图》

记载，绍兴全城还有河道三十三条，总长约六十公里，石桥二百二十九座，大小湖池二十七个，面积约三十五公顷。城内街道，有“一河一街”，也有“一河两街”，形成了“有街必有河”的别致布局。有的大户人家，商贾水运还直抵住宅，在家门口设有深水船坞，可停泊大船。1949 年以后，绍兴城内虽已有部分污水河道被填，但至今仍还保留绿水长流的河道十七条，总长为三十一公里，占城区面积的百分之七点八。自宋至今的桥梁，城内也还有七十五座。如八字桥、广宁桥、题扇桥、香桥、光相桥、拜王桥等，或以历史悠久著称，或以结构特别见长，或以名人典故驰名，均具有较高的文物价值和艺术价值。绍兴城内的碧霞池、东大池、双池、北海池等，亦仍池水清碧，游鱼可数。故古城绍兴至今仍不失为中国地区中心城市中河最多、桥最多、池最多的典型水城。

（中国新闻社 1990 年 8 月采用；载法国《欧洲时报》1990 年 8 月 30 日；入选中国新闻社编《中国新闻 · 星期刊》第 10 期）

绍兴的两座“酒联”桥

绍兴素称“名桥之都”“名酒之乡”,城乡石桥据记载就有三千多座。在众多的石桥中,也有不少与酒文化密切相关的,其中“酒联”桥就有两座。

一座叫“荫毓桥”,在绍兴县柯桥镇阮社村。它是座单孔石拱桥,重建于清朝光绪年间,至今仍十分完好。桥全长十四点四五米,面宽三点四米,拱圈呈马蹄形,近似中国古典园林中的月洞门,最宽处约四点五米,两拱脚净距四米,可供运载绍兴老酒的大船单行出入。此桥更引人瞩目的还是拱圈两壁上所镌的一副与酒有关的对联:

几处村酤祭两阮,

一声渔笛忆中郎。

“中郎”,便是东汉著名文学家、音乐家和杰出的书法家蔡邕,著有《蔡中郎集》。蔡邕当年曾流浪绍兴柯桥、阮社一带,于此创制了音乐史上闻名的“柯亭笛”。“酤”,便是酒;“两阮”,便是“竹林七贤”中的阮籍、阮咸叔侄。阮社村,原名竹村,这里盛产翠竹,盛酿佳酒。如今名闻中外,每年产“鉴湖名酒”一万吨以上,建有现代化贮酒库的云集酒厂,就开设在阮社村。相传阮氏叔侄生当魏晋之时,感时伤乱,又惧被祸,遂筑舍居住于此,纵酒谈玄,品酒吟诗。后人怀念先贤,故有“渔笛忆中郎”“村酤祭两阮”之说。

另一座,叫“新桥”,在绍兴县东浦镇上。这也是一座与绍兴老酒有关的三孔石拱桥，桥面宽两米，中孔跨径四米，可供叠满花雕美酒的大木船穿行。两边孔均净跨二米，却只能通乌篷小船。桥孔都采用薄形墩，既利于泄洪，又利于船只往来。新桥的中孔两侧，设置着两根横锁石，它的顶端伸出桥外，琢成兽头，怒目圆睁，咧嘴卷舌，栩栩欲活。横锁石下配有长条形的间壁，上面阴刻两副大楷楹联：

其东曰：

新建虹成在越浦，
桥横镜影便济民。

其西曰：

浦北中心为酒国，
桥西出口是鹅池。

桥联镌刻虽逾百年，至今仍十分清晰。东浦确实不愧为“酒国”。近一两百年来，它是绍兴老酒酿制最集中的地方，素有“东浦十里闻酒香”的赞语。清末，驰名东南亚、曾获“南洋劝业会”金牌奖的谦豫萃墨记酿坊，就开设在东浦镇的赏祊村。如今这里也仍然酒肆林立，酿酒成风，酒类繁多，生意十分兴隆。

（中国新闻社 1990 年 9 月采用）

嘉兴古桥趣谈

浙江嘉兴，地处太湖流域，素称“水乡泽国”。大小河港，交叉相连，总长为三千零四十八公里，平均每平方公里就有河港三点五公里。因为多水，也就多桥，嘉兴四城门一出，必有大桥。东有宣公桥，南有娱老桥，西有西丽桥，北有北丽桥。其中尤以西丽桥规模为最大，面阔约三米，每级台阶皆用整条长石。除石栏柱上雕有石狮以外，桥堍还有脱空的大石狮，东西各一对。石狮有两人高，姿态各异，神情活现。有的昂首挺胸，仰望云天；有的双目凝神，注视桥面；有的侧身转首，似在倾听桥下潺潺流水；有的侧首瞋目，实在威风凛凛。其雕凿技术之精，堪称桥梁装饰中的佳品。西丽桥为嘉兴三塔塘通杭州官道的必经之地，可能因此格外讲究，与众不同。

如今西丽桥已改建，但它所留下的一首急口令，却仍脍炙人口，广为流传：

稀奇，稀奇，西丽桥浪四只石狮子，跌啦水里死脱哩！

嘉兴方言，“西”“死”“稀”同音，“狮”“水”读音相近。这样，读得快了，也就妙趣横生，令人捧腹大笑不止。

嘉兴除趣味盎然的西丽桥外，另外也还有几座既有趣味又很有文物价值的石桥。

如长虹桥，在嘉兴王江泾镇一里街东南首。王江泾，古名闻川，是春秋吴国射襄城旧址。长虹桥雄踞塘岸，横跨大运河，是一座罕见的巨型三孔实腹石拱桥，气势宏伟，遥遥相望，形似长虹卧波，故称长虹桥。长虹桥始建于明万历年间，清康熙、光绪年间两次重修，桥跨度长七十二点八米，水面至桥顶高十八点八米，有阶梯五十七级，桥面宽近五米，是浙江北部平原在软基上修建的最大石拱桥。

如秀城桥，在嘉兴市区缸甏汇，它横跨秀水河，是单孔实腹石拱桥。此桥始建于明朝景泰元年(1450)。秀城桥一带是嘉兴最早的商业中心，“水道脉分棹鳞次”，舟楫往来，穿梭不断，至今仍留有石岸踏步，是贸易集中地的水陆码头。它为研究中国和浙江的商业发展史提供了重要的实物资料。

在嘉兴洪合乡洪合村，还有一座十分有名的“国界桥”。国界桥历史悠久，它是春秋战国之际吴、越二国的分界处，故称国界桥。桥的南北两岸原为草荡，面积各数千亩，相传为吴越古战场遗址。当年吴越争霸，这里战争频繁。《春秋》《左传》《汉书·地理志》等古籍所载的“柴辟”、“檇李”（也作“醉李”“就李”）、“语儿”（也作“御儿”）等吴越战地，均在今“国界桥”一带。据民间所传，此桥始建于宋，现桥为清朝初年重建。桥的结构是石柱平板抬梁式石平桥，横跨九里港上，长十三点二米，宽一点五八米。桥两边的桥门洞内凿有石像两尊，刻线分明，神态如生。北为吴王夫差，南为越王勾践。桥身上所镌“国界桥”三字，系楷书，笔画圆劲厚重，结构中密，很有气魄，至今字迹清晰完整。此桥对研究春秋吴越史地具有一定的历史价值。

（中国新闻社 1990 年 10 月采用）

1981 年，周芾棠为无锡市中学教师讲鲁迅与绍兴的故事

1984 年 10 月，周芾棠（右）与著名作家、翻译家、出版家楼适夷先生（左）在绍兴饭店合影

越王允常陵寝新发现

越王允常，是中国春秋时期最后一位霸主越王勾践的父亲。允常自己也是一位叱咤风云的英雄人物，他为了抗击吴国侵略，身先士卒，奋勇杀敌，与越国军民同甘共苦，终于打败吴军，逼使吴王阖闾在苏州城外三十里处筑“武城”，百里处设“宿甲”，以防备越兵反攻。公元前 497 年，越王允常去世，墓葬绍兴城西南的木客山中。但由于年隔久远，地名更易，到现在确切的陵寝位置已是扑朔迷离，成为当今越文化研究中的一个谜。

不久前，笔者因去离绍兴城西南约十三公里的娄宫镇木栅村参观晋唐墓考古发掘，在与村民和考古工作者的闲谈中，竟意外地了解到有关允常陵——木客大冢的情况。

原来，木栅村古称木客，村外分布着姜婆山、杨家山、印山、叩老鹰山等大小山丘近十座，其中的印山，最初便叫木客山。东汉史学家袁康、吴平的《越绝书》上说，木客一带多巨木，越王勾践灭吴后不久，曾派两千八百人乘着楼船，浩浩荡荡地来到这里砍伐松柏，用以制作木筏，北上称霸。因当时伐木工人称为“木客”，这座小山也就被称为“木客山”了。

在当地老人和考古工作者的引导下，我来到木客山当地勘察。这是一座高五十米、方圆一点五里的馒头形小山，山上的熟土均呈红褐色。山坡四周有一圈整齐凹陷的平地，宽二三十米，状若壕沟，俗呼塘沟弄。当地盛传木客山在很久以前是一个平缓微隆的小山丘，后来因为要在此建造王坟，便从山坡四周担土垒高，从此留下了这些原始的塘沟遗迹。二十世纪五十年代中期，木栅村在木客山西南麓的塘沟弄上开掘水库时，曾于三米深的地下挖出一条宽近零点六米的鹅卵石路，路面铺砌整齐，直达山中，路旁还发现了一截碳化了的大木头。考古工作者说，这条路很可能就是当年越王允常陵寝的通道。如今，水库的水位下降时，鹅卵石路还能隐隐约约地见到。

越王允常的陵寝在木客山，除了古地方文献有记载外，北魏著名地理学家郦道元的《水经注》中也曾写到，公元前473年，越灭吴后，越王勾践逐鹿中原，徙都琅邪（今山东诸城县琅邪台东北），号称霸王。他一度想把允常的陵寝也迁往那里，但当迁寝的队伍来到木客山时，突然间狂风骤起，飞沙走石，天昏地暗，无法接近陵寝。勾践闻讯后，以为父王允常显灵，不愿迁徙，于是便放弃了原本的打算。这段话虽然带有一定的神话和迷信色彩，但至少可以说明，越王允常的陵寝一直在木客山中。

（中国新闻社1990年11月采用；载法国《欧洲时报》1990年12月27日）

“倪天医”其人其墓

从绍兴城出水偏门,坐乌篷小船沿着鉴湖,行十多公里,便到了“十里湖塘七尺庙,三山十堰廿眼桥”的湖塘乡古城村,村上有一座奇特的“天医墓”,它是前人为纪念清初绍兴著名医学家倪涵初而建造的。

倪涵初是绍兴县柯桥区管墅乡亭后倪家人,秀才出身,自幼酷爱医术,年轻时就在乡里有了名气。后来当他知道江苏吴县有位叫叶天士的医学大师,便脚着芒鞋,不辞辛劳,步行前往求教。叶天士,名桂,字香岩,继承家学,集众人之长,自成一家。其治疗各科疾病,能灵活运用古法,处方精简,用药配伍有独到见解。对治奇经、脾胃、儿科等病,尤为擅长。由于倪涵初虚心好学,因而深得叶氏医学精髓。

倪涵初曾曰:“医有经世之术而学在其中。”倪“爰乃索书《内经》,精研岐黄,精内科,治之多能活人,声闻远迩”。他对病人无论贫富亲疏,都能一视同仁。病家来请,不论白天黑夜,酷暑严寒,都随叫随到。他坐船出诊时,还常带些名贵的药材,遇到家境贫寒、穷愁潦倒的病人,便将药材奉送,分文不取。其医术之高明、医德之高尚颇得病家赞赏,被称作“天医”。他为人性慈厚,其济世救贫之轶事,更是数不胜数。

倪涵初著有《伤寒少补》一卷,《疟痢三方》一卷。《疟痢三方》即《倪涵初疟痢三方》。倪氏对疟疾、痢疾各拟三方,介绍其适应症及加减用法,处方平易有效。对于痢疾治法,提出“忌温补”“忌大下”“忌分利”“忌发汗”四忌。其书收入《济世专门编》中。

倪涵初死后，葬在柯桥区湖塘乡古城村的古城岭下，这里青山环抱，溪水长流，景色如画。倪涵初墓，是一座简朴的土坟，墓顶植有一株高大粗硕的红枫，几百年来人们悉加保护，就是“十年浩劫”的“文化大革命”中，也未遭受破坏。倪涵初墓前起初只有一张简陋的石祭桌，大约到了清代中叶，当地人为了纪念这位神医，便又在墓旁建起了两进“天医殿”。殿虽规模不大，但却自成特色。第一进殿内壁间，至今还竖着一块清道光年间镌刻的《修路碑记》，碑高一点九米，宽零点七米，碑文叙述了倪涵初生平事迹。

“天医殿”的第二进为两开间正殿，殿内中央是一尊“天医”塑像。据当地老人反映，过去每年农历八月二十日倪涵初生日前后，附近的人们纷至沓来，燃香点烛，祈求“天医”辟邪驱病，消灾灭祸，以表达对这位毕生救民疾苦的“天医”深深的缅怀。

（中国新闻社 1991 年 1 月采用）

赵汝适与《诸蕃志》

《诸蕃志》是宋代的一部十分著名的外国地理著作，它的作者赵汝适是宋太宗赵炅的八世孙，但《宋史》未为之立传，给后世研究《诸蕃志》的人带来了一定的困难。不过值得庆幸的是，赵汝适的墓志于近年在浙江省临海市岭外乡岭外村的一位叫钱元璋的居民家中被发现。

《赵汝适圹志》石高九十九厘米，宽六十七厘米，厚五厘米。石质光洁清亮，墓志文字保存完好。全文共二十一行，每行三十六字，字径一点五厘米。志文为其长子赵崇缜所撰，简约无华，堪称信史。

赵汝适是一位颇有成就的地理学家，字伯可，为太宗皇帝八世孙、濮安懿王六世子。他生于宋孝宗乾道六年(1170)，从宋光宗绍熙二年(1191)起，他曾先后在许多地方任过职，其中最重要的是宋宁宗嘉定十七年(1224)至宋理宗宝庆元年(1225)，任福建路市舶提举兼权泉州的那段经历。赵于“市舶提举”任上，虽短短两年，但勤奋自勉，对海国之事，曾亲为询访，于1225年写成“叙述详核”的不朽之作——《诸蕃志》。《诸蕃志》共分二卷：上卷记述海外诸国情况，包括当时东北亚、东南亚、印度半岛、阿拉伯半岛及意大利半岛等地区的诸国；下卷记物产，以物为纲，记产地、制作、用途及运销；末殿以《海南地理志》。该书对研究宋代海上交通、对外贸易及与当时各国友好交往，均具有宝贵的文献价值。特别是研究宋代的陶瓷外销，更是少不了这本稀世之作。赵汝适于宋理宗绍定四年(1231)致仕卒，同年十月葬于浙江省“临海县重晖乡赵岙山之原”。赵汝适墓早毁，志石系钱元璋于岭外村北一里处一西向山坡乱石中拣得。现此一珍贵文物已由临海市博物馆珍藏。

（中国新闻社 1991 年 2 月采用）

绍兴酒家处处有

俗谚说:“温州出棋手,绍兴出老酒。”“绍兴三只缸,酒缸、酱缸加染缸。”绍兴的酿酒业名闻天下。千百年来,经久不衰。直至今天,绍兴东西两路,年产黄酒二十吨以上的厂家就有近百家。

论规模,设在绍兴市内北海桥的“绍兴酿酒总公司”在当地可谓首屈一指,年产“古越龙山”牌加饭酒等名牌酒一万八千四百吨以上。北京钓鱼台国宾馆专用的“国宴酒”,就是这家公司生产的。

饮誉中外的“会稽山”牌优质黄酒,出自东风酒厂。该厂原名云集酒厂,创建于清乾隆八年(1743)。1915年,云集酒坊的产品作为绍兴酒的代表,参加美国旧金山为庆祝巴拿马运河通航而举办的“巴拿马太平洋万国博览会”,获得了国际金牌奖。现在,这家位于绍兴县柯桥镇阮社村的酒厂,又投资人民币二千一百六十万元,兴建了年产万吨黄酒的机械化车间。

在绍兴偏门外跨湖桥下的鉴湖之滨,有一家创建于清康熙三年(1664)的老字号酒厂——沈永和酒厂。清宣统二年(1910),沈永和墨记酒坊酿造的善酿酒和马山镇谦豫萃酒坊酿造的加饭酒,代表绍兴酒参加在南京举办的“南洋劝业会”展览,获得清政府颁发的特等金牌和优等奖状,这也是绍兴酒所得的第一枚金牌。如今,这家酒厂年产黄酒约为九千五百吨。

设在东关镇上的上虞酒厂,号称绍兴东路酒的代表,年产黄酒九千吨以上。该厂出产的“越红酒”“女儿红”酒，畅销海内外。尤其是“女儿红”酒，以古朴典雅、闻名绝世的龙泉窑青瓷为包装，深受港澳同胞和东南亚华侨的欢迎。

绍兴的黄酒厂家，星罗棋布，各具所长。在“东浦十里闻酒香”“绍兴老酒出东浦”的东浦镇上，便有年产黄酒六千五百吨的东浦酒厂。位于宋代大诗人陆游故里“三山”的鉴湖酒厂，是一家成功的乡镇企业，部分产品已进入国际市场。阮港村（兰亭附近）的咸亨酿酒厂，产品去年在北京亚运会上成为畅销品。至于地处“十里湖塘七尺庙，三山十堰廿眼桥”的绍兴县酒厂，所产黄酒在新加坡、马来西亚、日本、德国、美国等地颇为走俏，去年所换外汇列绍兴全县乡镇酒厂之冠。

（中国新闻社 1991 年 3 月采用）

春日话兰花

阳春三月，江南的兰花陆续开放。“坐久不知香在室，推窗时有蝶飞来。”温馨、素洁、高雅、朴实无华的幽兰，历来被人们推崇备至，尊为“香祖”“王者香”“空谷仙子”“花中君子”，或“天下第一香”，也有“兰之香盖一国”之说，故称国香。

“气如兰兮长不改，心若兰兮终不移。”人们在歌颂坚定不移的气节和情谊时，总以兰花为象征。南宋著名画家郑思肖、清代大画家郑板桥以及近代艺术大师吴昌硕等，均以兰自况，画兰也都有其独特的风格。中国古代，称好的文章、书法为“兰章”；称真挚的友谊为“兰交”“兰谊”；高尚的人品，赞作“兰心蕙质”；优秀的人物谢世，则称为“兰摧玉折”。兰花已成为人间一切美好事物的象征。

“幽兰在山谷，本自无人识。只为馨香重，求者遍山隅。”兰花本是野生，中国南方许多省的树木茂盛的深山野谷之中多有生长。根据东汉《越绝书》记载，远在春秋末期，越王勾践已经在绍兴兰渚山种兰了。这里应是中国兰花最早的产地，而中国兰艺史至少已有两千五百年了。

兰科植物有五百余属，一万多种。如今兰花的故乡绍兴，经人工栽培的名贵兰花就有两百多种。传统名兰“宋梅”“环球荷鼎”，闻名中外，“金边玉衣”“银边玉衣”“菊瓣蝴蝶”“盖一荷”等兰花新品种脱颖而出，屡次在全国性的兰花展览中获得金奖和优秀品种奖。绍兴兰花现在还有不少出口，远销日本、泰国、新加坡、美国等地，受到海外兰花界友人的赞美和欢迎。

兰花的花、叶都很美,在中国画中,加上笔墨情趣,兰花更加美妙多姿。它被人们誉为“花中四君子”之一,实是当之无愧。

兰花除供观赏闻香外,其根、叶、花均有一定的药用价值。江南民间取建兰花蕾泡茶或加水酌放冰糖炖服,以治久咳不止。取叶或全草加水煎服治咳嗽、尿路感染。根则用于治跌打损伤、疮肿等。

(中国新闻社 1991 年 4 月采用)

绍兴茶馆具风情

绍兴人爱喝酒，也爱饮茶。所谓“卖酒的青帘高飏，卖茶的红炭满炉”，是指绍兴的大街小巷，酒店、茶馆到处可见。抗日战争以前，绍兴茶馆最盛时仅城里就有一百多家。它们大都开设在沿河桥头地带，如万安桥、酒务桥、凰仪桥、小江桥、兴文桥、北海桥、都亭桥、保佑桥、八字桥、广宁桥、探花桥、题扇桥等河沿。有的干脆把茶馆建于桥头，如陆放翁题诗的香桥茶馆，便是一个桥楼。这大概是为了能使茶客看到河上往来的船只，以增添饮茶谈笑的情趣。茶馆大都有店号，如“适庐”“镜花缘”“第一楼”“一乐天”“林泉居”等。其中“适庐”是当时绍兴城里最有名气的茶馆，店堂布置得古色古香，墙上挂满名人书画。

绍兴人爱喝清茶，而且喜欢在茶里放点香花。比如在红茶里放几片玫瑰花瓣，绿茶里放三两朵玳玳花。新年新岁，按风俗习惯，茶馆里卖“元宝茶”。说是“元宝茶”，实际上还是清茶一杯，只外加两只青橄榄和小金橘而已。无非是为了讨个吉利口彩：“吃碗元宝茶，一年四季元宝滚进来。”

茶馆是公共场所，人们大都是到茶馆里来休息，一面细细品茶，一面闲话家常。从三皇五帝、趣闻轶事，一直谈到男婚女嫁、市面行情，甚至还谈婆媳相争、夫妻吵架，谈得兴浓时，茶馆内外充满了快活的气氛。而茶馆的店主又往往熟谙人情世故，信息最为灵通了。绍兴人形容他们“天上晓得一半，地上知道全盘”，所以又有“茶博士”之称。

绍兴的茶馆为了招徕茶客，还往往在室内搭个小台，安排说书、演唱绍兴滩簧（俗名鹦歌班）和绍兴莲花落。演唱的民间艺人，往往用家喻户晓的“绰号”挂牌，如“特聘绍兴滩簧名角‘看篮五十’父女献艺，今晚演出‘打闯楼’”等。演员报酬不是票房收入，大都是演到一半，由茶馆、店主挨桌收取，随缘乐助，无甚定规。

绍兴乡间茶馆，从前又是议事和调解纠纷的地方，绍兴人俗称“吃讲茶”。茶馆里最外面放有两张桌子，俗呼“马头桌”。这不是任何人随便能坐的，唯有那些声望高、说话算数的人，才有资格去坐。甲乙两人发生争执，双方就约定时间去茶馆，先按茶客人数，不论认识与否，各给泡茶一碗。接着，由甲乙双方分别向茶客陈述纠纷的前因后果和各自的态度，让茶客评理。最后，由坐“马头桌”的人做出裁定。其余茶客，便附和说：“某店王话咚算数哉！”

（中国新闻社1991年5月采用；署“周简段”笔名，载香港《华侨日报》1991年9月8日）

西施故里的新景点
——斗岩

西施故里诸暨,新近发现一处新景点——斗岩。

斗岩,位于诸暨城西南十四公里,萧(山)金(华)公路近年从山下通过。这里自然景观十分丰富,山上林木葱郁,山间泉水叮咚,林中鸟语花香。从幽谷曲径缓缓向上攀登,经"仙人迎客",过"金井龙潭""猛虎长啸",登上"白云禅院",即入景区中心。禅院遗址前有一岩石,高约五米,现巨岩顶峰造一竹亭,名为"白云亭"。登亭环顾四周,只见峰回路转,奇岩、怪石、竹海、松涛,比比皆是。朝南眺,驼背峰下一尊天生"弥勒大佛"坐像,如雕如琢,栩栩如生,其高数百米。侧向西看,两条山脊如龙入海,一条山脊裸露如"黄龙",另一条山脊上长满青翠草木像"青龙"。二龙汇合处,有一直径数十米的孤石,活像"二龙戏珠",惹人注目。

走下白云亭,向东走十余米,有两块怪石,一大一小。大的似"玉兔下山",小的像"金蟾吃果",饶有情趣。穿过竹林,绝壁下见一断层,形成数米深夹缝。抬头仰望,只见一线亮光,故称"一线天"。

斗岩的"凉风洞",离"白云禅院"不远,是一处避暑胜地。洞口高、宽各一米,呈三角形。热天,从洞口冲出一股冷气流,寒不可挡,当地农民在洞口放上一碗热气腾腾的猪肉,不过半小时,即成冻肉,为暑天难得的佳肴。后人依洞口建一屋,人在室内坐定,凉风阵阵,透入肌肤,暑汗立刻收敛。

"金井龙潭",久旱不涸,潭水清澈凉爽。龙潭之上有一方石碑,刻着

《喜雨歌》一篇，记的是清代同治十二年癸酉夏五月十二日(1873年6月6日)，诸暨知县刘引之，见久旱无雨，时值芒种，百姓焦急，父母官便登斗岩山龙王殿为民求雨，幸遇成功，使浦阳江两岸七十万亩良田免受干旱之苦，刘引之为此撰写了《喜雨歌并序》。刘引之为民求雨的故事，一直在诸暨民间广为流传，百姓感其德，立庙祀之。

目前，斗岩风景区已进行实地科学考察，将逐步建设成一个观赏、登山、疗养、旅游的好地方。斗岩景区道路已整修拓宽，形成环线，小客车已可直通山脚；景区内已设有招待所，可供一百人同时进餐；设有小店、茶室和摄影服务部；并新置贮水塔一座，可贮水十吨，满足一般游客用水需要。

（中国新闻社1991年5月采用）

绍兴出土罕见青铜“鸠杖”

浙江省绍兴县漓渚镇中庄村农民，最近在离村不远的坝头山麓挖掘鱼塘时，挖出了一件罕见的“鸠杖”。杖首、杖尾均为青铜铸造，保存十分完好，揩净污泥，拭去铜锈，犹青灰发亮。唯木制杖柄，已腐朽无存。经鉴定，该“鸠杖”为春秋晚期越国所制，是十分珍贵的历史文物。

杖，即手杖、扶杖。古人席地而坐，老人出行，则持杖着履，后以“杖履”为敬老之辞。

鸠杖，系杖头置鸠饰或刻有鸠形图案的拐杖。绍兴出土的“鸠杖”为铜质，杖首长二十六点七厘米，銎径三点七厘米。上端立一铜制鸠鸟，短喙翘尾，两翅微展，神态栩栩如生。铜鸠通身饰云雷纹、蝉翅纹和双线水波纹，至今线条仍清晰可辨。杖尾又称杖镦、杖末，饰作“断发文身”的跪坐铜制人像，高三十点六五厘米，銎径三点六厘米。铜人双目平视，双手放置膝部，脑后有一椎髻，额上至耳部断去头发，肩、背、股、臀满饰云纹和几何纹，手臂上部为蝉翅纹，下为弦纹。

中国东南沿海地区古代鸟类崇拜盛行，在长江下游三角洲地区，从河姆渡、马家浜、良渚诸文化遗址发现的鸟形图像，到前些年绍兴三零六号战国墓出土铜屋模型的鸟形图腾柱，说明近七千年的历史中，这一带的人一直信奉鸟祖。《越绝书》《吴越春秋》皆云会稽（今绍兴）有鸟田。古籍并记有“会稽鸟耘”的故事：从前大禹在位十年，外出巡守，死于会稽。于是就有鸠鸟来此耕田，春天啄去草根，秋天啄去杂草，以报效这位治水英雄。所以当地的县官,三令五申,不许百姓捕杀这种鸟类,否则就算犯罪。《搜神记》《博物志》也有越地深山有似鸠名冶鸟,为“越祝之祖”的传说。《山海经·海内东经》则言在震泽(今太湖)、会稽山(今绍兴境内)附近有“始鸠之国”。有的文物专家还认为鸠浅(即越王勾践)是以鸠为图腾所属的氏族后裔。这些均可以说明绍兴出土的“青铜鸠杖”,何以“著鸠于端”的道理。

(中国新闻社 1991 年 5 月采用)

中国名茶话“日铸”

江南四月,正是采摘春茶的好时节。

说起春茶,浙江绍兴会稽山区日铸岭所产的“日铸茶”颇具特色。日铸茶,又名“日注茶”,也称“日铸雪芽”。自宋代以来被列为贡品,茶名极盛。北宋中叶文坛领袖欧阳修所著《归田录》云:“草茶盛于两浙,两浙之品,日铸第一。”《康熙浙江通志》卷十七《物产》“绍兴府·日铸茶”条云:“出日铸岭,岭下有僧寺,名资寿。其阳坡名油车,朝暮常有日,产茶绝奇。”

日铸岭距驰名中外的“平水珠茶”集散地平水镇不远。岭下的资寿寺(日铸寺)尚存。油车坡附近有两个小小的山村:一个叫上祝,全村只有四十五户人家,二百二十二口人;一个叫下祝,比上祝稍大一些,有一百二十户人家,五百六十八口人。这两个村便是如今出产“日铸雪芽”的地方。这里地处丘陵地带,峰峦起伏,崎岖不平,土质肥沃略带酸性,全年雨量充沛,又易于排水,温度适中,属亚热带季风气候,全年无霜期二百四十天以上,有出产名茶的良好自然环境。

相传古代日铸岭上,有十几棵奇特的茶树,翠绿的茶叶细细弯弯,披着一层白白的茸毛,自有千般与众不同的风姿,远闻即清香扑鼻,妙不可言。地方官吏为讨好皇帝,每年都要挑选几个手巧的姑娘,于清明节之前,轻轻采摘嫩绿的新芽,精心制成特级的“日铸雪芽”,以进贡朝廷,供皇帝品用。所谓“雪芽”,以其嫩芽初出,如同莲心,故名,它是“珍品”中的奇珍。宋吴处厚《青箱杂记》中云:“日铸茶芽纤白而长,其绝品长至二三寸,不过十数株。余虽未逮,亦非他产可望。味甘软而永,多啜宜人,无停滞酸噎之患。”宋杨彦龄的《杨公笔录》中也有记载:“会稽日铸山……茶尤奇,所收绝少,其真者芽长寸余,自有麝气。”而南宋大诗人陆游对故乡的名茶“日铸雪芽”,更是厚爱备至,写有多诗称道。他在安国院试茶后,写有诗云:“我是江南桑苎家,汲泉闲品故园茶。只应碧缶苍鹰爪,可压红囊白雪芽。”并在诗后自注道:“日铸贮以小瓶,蜡纸丹印封之。顾渚贮以红蓝缣囊。皆有岁贡。”

(中国新闻社 1991 年 6 月采用)

绍兴酒的别名

俗语说:“绍兴三只缸,酒缸、酱缸加染缸。”酒缸是用来制酒的。说起绍兴酒,我便想起了它还有许多风趣的别名,有的直露通俗,有的耐人寻味。

绍兴酒最普遍的称呼,叫作“老酒”。因为绍兴酒具有“越陈越香”“越陈越醇”的特色。越中民谚云:“人要老格好,酒要陈格好”“陈酒味醇,老友情深”。

绍兴黄酒还有一个高雅的代名词,叫作“名士”。清代著名诗人袁子才(名枚,号简斋)曾云:“绍兴酒如清官循吏,不掺一毫造作,而其味方真。又如名士耆英长留人间,阅尽世故而其质愈厚……余常称绍兴酒为名士,烧酒为光棍。”他把绍兴黄酒誉为“名士”“清官”,而把烧酒比作“光棍”,可谓惟妙惟肖,得体极了。

绍兴酒又名“迷魂汤”。喝酒过多,似乎迷了魂一般,故越地村妇见丈夫酒醉归来,往往骂道:“死尸!哪里灌了迷魂汤哉!”

绍兴文人称呼绍兴酒,还有一个独具特色的名字,叫“黄封”。因绍兴酒是用黄泥封坛的,窖藏数年,启封款待客人,其色香俱美。宋代大诗人陆游所作《钗头凤》词中有“红酥手,黄縢酒,满城春色宫墙柳”之句,宋词研究专家夏承焘注云:“黄縢酒,即黄封酒。”清代诗人吴寿昌咏《东浦酒》中亦曾云:“郡号黄封擅,流行盛域中。”

另外,用拆字的方法给绍兴酒取的别名还有“三酉”,因“酒”的偏旁是“三点水”。绍兴人还谐称“三酉”为“三友”。有人上酒店，便喜称：“到‘三友’家里去。”

以上可见，绍兴酒的别名很多，但最具特色的，却莫过于“绍兴”了。即以产地作为酒的别名。《师友尺牍偶存》里说，有位叫王西庄的在一封信中云，他读着友人来信，感到写得绝妙，便拍着桌子叫道：“快拿‘绍兴’来！”

（署“周简段”笔名，中国新闻社 1991 年 6 月采用）

葡萄时节话葡萄

半生落魄已成翁，独立书斋啸晚风。

笔底明珠无处卖，闲抛闲掷野藤中。

这是明代大书画家徐渭缘物寄情为自己《墨葡萄》一画所作的题画诗。

葡萄，是世界上栽培最早、分布最广的果树之一。葡萄栽培起源于地中海、黑海沿岸，有五千年至七千年的历史。中国中原栽培的葡萄是从大宛国（今苏联乌兹别克）传入的，据说张骞出使西域时，便带回了葡萄、苜蓿等种子。在南北朝之前，葡萄仍为难得之物，大多只种在皇宫苑囿和贵族王公的园林中，而未普及到民间。到了唐代，全国各地不但大片种植葡萄，而且西域的葡萄酒酿造法也传到了内地。

葡萄为多年生木质藤本植物，一般在五月间开淡黄色小花，紧接着结果。七月至九月为成熟季节，果实为浆果。根据大小、颜色、风味和成熟期的不同，葡萄又可分为许多品种，比如中国最著名的葡萄产地新疆，就有葡萄地方品种不下六十个。比较出名的有红似玛瑙、香脆爽口的“红葡萄”，绿如翡翠、汁多味清的“马奶子”，个大、早熟、产量高的“喀什噶尔”等。最为名贵的主栽品种还是“无核白”，这种葡萄晶莹剔透，皮薄无核，含糖量很高，最大的特点是能晾制成葡萄干，它占了吐鲁番葡萄产量的八成以上。河北省宣化市自古因盛产葡萄而有“葡萄城”之誉。宣化葡萄皮薄肉厚，味甘醇美，其中“牛奶葡萄”是各品中的佼佼者。“牛奶葡萄”粒大，椭圆形，酷似奶牛乳头，最大一串可重二公斤以上，含糖量高达百分之二十一点三，含酸量低至百分之零点五二，可剥皮取肉，可刀切分瓣，故有“刀切‘牛奶’不流汁”之说。“牛奶葡萄”在清代曾作为珍果进贡皇宫，1909年，在巴拿马国际农产物博览会上曾获荣誉奖。二十世纪五十年代至今，“牛奶葡萄”一直销往港澳地区。

（中国新闻社1991年8月采用）

金秋螃蟹话趣闻

丹桂飘香，金风送爽，又是一年一度持螯赏菊的时节了。

古人称蟹为“含黄伯”，认为“四方之味，当许含黄伯为第一”。而在蟹族中，又以河蟹最出名。河蟹即螃蟹，是中国的特产。螃蟹自古是人们喜爱的佳肴，《晋书》中记载着一个叫毕卓的文人，他宣称：“右手持酒杯，左手持蟹螯，拍浮酒船中，便足了一生矣。”可见其贪杯食蟹已到了迷魂的程度。

螃蟹，浑身铁甲，两眼朝天，双钳乱舞，气势汹汹，早先人们是不大敢碰它的，更不要说捕而食之了。直至周代，传说有个县大闹蟹灾，父母官为了清除蟹害，铤而走险，率领百姓捕蟹烧煮，并带头剥食。结果不仅没有送命，反而尝到了蟹的美味。随之百姓相继仿效，捕蟹代粮，居然安度饥荒。在中国南方产蟹的地方，人们不怕蟹了。但在陕西无蟹的地方，人们还是把它当作“怪物”。宋代科学家沈括在《梦溪笔谈》中记述道：“关中无螃蟹，元丰中，余在陕西，闻秦州人家收得一干蟹，土人怖其形状，以为怪物。每人家有病疟者，则借去挂门户上，往往遂差。”接着他开玩笑说：“不但人不识，鬼亦不识也。”

古人咏蟹的诗句很多，讽刺诗占了很大的一部分。最有名的讽刺诗，是明代画家徐渭的题画蟹诗：“稻熟江村蟹正肥，双螯如戟挺青泥。若教纸上翻身看，应见团团董卓脐。”董卓脐，便是董卓的肚脐。东汉末奸臣董卓被诛后，弃市街头，尸体肥胖，看管的士兵用火点燃其肚脐为灯，脂膏流了一地。画家以蟹喻人，鞭挞横行无忌的官僚、权贵，可谓入木三分。宋代诗人黄庭坚也有一首咏蟹诗云："怒目横行与虎争，寒沙奔火祸胎成。虽为天上三辰次，未免人间五鼎烹。"诗中句句咏蟹，但实则是借蟹针砭那些贪官污吏，亦深刻之至。

蟹壳中有一物，剥出极似和尚打坐。《白蛇传》说，这是凶狠的法海和尚被白娘子及小青妹妹打败，走投无路，逃入蟹壳藏身，就再也走不出来了。这个民间故事，反映了人们对代表封建势力的法海和尚的憎恶。

螃蟹的生活习性和生理特征说来也是非常有趣的。横行是它的最大特征，在动物界仅有蟹类如此行走，所以曹雪芹在《红楼梦》里称它为"横行公子"，绍兴民间则称它为"横爬将军"。蟹脚虽多，然而它的肌节只能向两旁伸缩，所以非横行不可。螃蟹的行动很敏捷，在陆地上很难抓住它，如果只抓牢它的大腿，它会挣断而逃，还能再生新爪。它不仅在水中生活，还能爬上陆地，不仅能在淡水中生活，还要到海里去游览，算得上是动物界的"旅行家"。

（署"周简段"笔名，中国新闻社 1991 年 10 月采用）

访绍兴东浦徐锡麟故居

在浙江绍兴城西北约五公里的东浦镇，有一座坐北朝南的清代砖木结构建筑——徐家台门，这就是辛亥革命先烈徐锡麟的故居。门楣上的“徐锡麟故居”五个楷书大字，为王昆仑所书。

徐锡麟的祖上家境贫寒，在故里只住着几间小屋。到徐锡麟父亲徐凤鸣这一辈，由于经商致富，徐家住房才逐渐扩大，形成了三进台门。如今台门内，徐锡麟当年的用房大都还保持着原来的面貌。

“桐映书屋”在台门的西首。入口处为一狭长小弄，门斗门楼用青石砌成，门楣上方悬一枣木匾额，题着“桐映书屋”四个刚劲有力的楷书。步入门楼，迎面是一个石板天井，天井右侧的第二间平屋，是徐锡麟父亲的书房，徐锡麟的童年和少年时代以父为师，背诵《神童诗》《千字文》和《三字经》时，便在这里。书屋内有一把旧藤椅，为徐家遗物，徐锡麟烈士幼年就曾坐在这把椅子上读书。

紧邻书房南侧有面宽三间的“一经堂”大院。据说堂名来历，系出于古诗“遗子满籯金，何如教一经”。厅堂正中，高悬“梅园”横匾，两侧挂一副“为善最乐，读书更佳”的对联。堂前天井两旁石砌花坛中，各栽桂花树一株。我们去访问时，正逢桂花盛开，幽香四溢。据东浦老人说，当年徐锡麟在刻苦读书、作文之余，常背着父亲溜到这儿挥拳踢腿、跳桌爬树，因地制宜地进行体育活动，因而练得一副强健的体格，这为他日后从事艰苦的革命工作，带来了不少的好处。

徐锡麟烈士的卧室，在梅园楼上东首一间。这里书桌、木床按原样摆着，书架上放着许多线装古书，有徐烈士读过的整套《吴越春秋》和《太平天国全书》。徐锡麟卧床背后屏板上的一大幅《烟熏松鹤图》是原物，它已保存了一个世纪，犹色彩鲜艳，栩栩如生。

如今楼房虽旧，但昔日的情景犹依稀活在东浦老人的记忆里。在参观烈士故居的时候，人们不断地给我介绍烈士的轶闻。徐锡麟在少年时代就对数学产生了兴趣，中国古代的数学多与天文有关系，因此他也研究天文学。每当皓月当空的夜晚，他便爬上楼窗的石板檐廊（现在石板檐廊还保存得很好，无一点损坏），凭栏仰观天空的星宿，仔细核对天文图像，并且随手改订。在积累大量观察资料的基础上，他精心制成了一架直径三尺的“浑天仪”。如今，这架徐锡麟烈士手制的天文仪器，还保存在绍兴市文物管理处的藏品室里呢。

（中国新闻社 1991 年 10 月采用）

绍兴的清代禁赌碑

前不久,浙江省绍兴县后诸村发现了一块清代《禁赌碑》。

这块碑,高二米,宽零点八一米,用绍兴特产的绕门山青石凿成,质地坚实,石面光润平整。碑额横刻“禁赌碑”三个楷书大字。碑文竖行阴刻楷书二百余字,字字斩截爽利,一丝不苟。碑四周留有凸起边框,匀整大雅。此碑系清德宗载湉光绪三十一年(1905),立于村西首慧静庵内。

后诸村在碧波荡漾的狭猕湖之北。这虽然是一个只有一百九十一户人家的小村庄,但水上交通十分方便,有航船、埠船、乌篷小船和村村镇镇相通。旧时,这里每逢秋收农闲之际,赌风极盛。他们并非是“赌胜马蹄下,由来轻七尺”(李颀《古意》诗)的打赌、赌东道,而是用财物作注比输赢的斗牌、掷骰子、押牌宝等。《禁赌碑》列述了当时后诸村的一些无业游民借名开设茶店,进行聚赌抽头,引诱他人参赌,从中渔利肥己,致使不少参赌者倾家荡产,发展到铤而走险,盗窃、抢劫,酿成了严重的社会问题。为此,当地一些正义之士,便根据县衙门里的有关法规,与要求戒赌、禁赌的村民一起,通过出资演禁赌戏的方式,把本村和邻村前来看戏的人聚集起来,在“大庭广众”之中,把此碑作为村规民约竖立庵内。碑文除谆谆告诫村民杜绝赌博歪风外,还明令今后如发现有人继续聚赌和窝赌,全村“首事”(德高望重的村长)可以当即捉拿,送县衙惩办,甚至连窝赌者家的房屋也要一并开单充公。

《禁赌碑》反映了百姓的心声。据村里的老年人说,自从此碑竖立以后,后诸村一带的赌博歪风得到有效的制止。为教育村民“以古为鉴”,严禁赌博,做遵纪守法的公民,当地村民委员会已将此《禁赌碑》洗净擦干,重竖于村中交通道口。往来行人,无不伫立瞩目。

（中国新闻社 1991 年 10 月采用）

白马湖与春晖中学

春晖中学是中国的一所名牌中学，素有“北有南开，南有春晖”之誉。它创办于1922年，马上将迎来七十周年校庆。

春晖中学坐落在浙江上虞县东部五驿乡境内、杭甬铁路驿亭站西南侧的白马湖畔。白马湖是一个潟湖，周围二十余公里，三面环山，重岫叠巘，碧水如天。滨湖诸山三十六涧，悉汇于湖。她具有“西子风光”，更兼“太湖之美”。据《水经注》云，创始时塘堤屡坍，民以白马祭之，故名白马潭。一说晋时县令周鹏举因大旱找水，乘白马入湖。泉水涌而人不出，百姓以为他成了湖神，故改旧名“渔浦”为白马湖。湖中有癸巳山、羊山、月山，渔村农舍，田园如画。散文大家朱自清曾描述道：“‘按图索骥’去找白马湖的青，白马湖的绿，白马湖的静，白马湖与山的亲密”“闪闪闪闪的，像好看的眼睛”，她确实是令人陶醉的。

春晖中学是民主革命家、教育家经亨颐为了“育我虞之英才”“与时俱进”，征得热心桑梓教育事业的上虞富商陈春澜二十万银元的捐助而创办的。以“春晖”为校名，喻学校像春天的阳光之于万物一样，培育青少年茁壮成长，并隐含纪念陈氏之意。春晖校园占地面积一百一十亩，校舍为当时最新的瑞典式建筑，仰山楼、西雨楼、一字楼、二字房、曲院之间，小道石砌，回廊勾连，既具古朴典雅之幽美，又含清新绰约之风韵，着实是一个读书的好去处。

学校优美的环境，吸引了“一班气味相投的教师”（朱自清语），其中有夏丏尊、朱自清、丰子恺、朱光潜、王任叔(巴人)、匡互生、冯三昧、刘淑琴、刘薰宇、方光焘、吴梦非、范寿康、张孟闻等,多为学识渊博的佼佼者。由于“春晖”声望卓著,还吸收了不少县外学生,甚至江西、湖南、贵州、四川等地也有莘莘学子前来入学读书。蔡元培、刘大白、李叔同、黄炎培、陈望道、何香凝、吴稚晖、俞平伯、叶圣陶、胡愈之,都曾应邀到校讲学,或考察指导。诗坛宿将柳亚子“红树青山白马湖,雨丝烟缕两模糊”的描绘,颇得淡妆浓抹之妙;丹青能手张大千、黄宾虹随经亨颐游历浙江,途经白马湖时联袂所作《松石翠竹图》,成为画坛佳话;夏丏尊的《白马湖之冬》、朱自清的《春晖的一月》,更是脍炙人口的杰作。当时,朱自清、夏丏尊、丰子恺所住均邻近。有一天,丰子恺看朱自清刚满四岁的小女儿“阿莱”十分好玩,便为她画了一张漫画,夏丏尊凑趣提笔写道:“丫头四岁时,子恺写,丏尊题。”画美,字秀,朱自清爱不释手,一直珍藏,视为至宝。

(中国新闻社 1991 年 11 月采用;署“周简段”笔名,载香港《华侨日报》1991 年 12 月 8 日)

宁波新生儿趣俗

四十多年前，余曾小住宁波。当时宁波乡间有许多有关新生婴儿的有趣的风俗。

妇女怀孕，宁波俗称“避鱼”（“鱼”读作“五”），指孕妇妊娠反应，嗅腥气要呕吐。娘家得知女儿怀孕后，即送金团、肉、鸡等食物至女婿家。凡孕妇想吃之食物，公婆也千方百计设法满足，俗语叫“依耳朵”。

孕妇临产之月，娘家送“催生担”，有衣、食两项。衣有婴孩穿的黄棉袄、黄夹衣、黄单衣、涎兜及包被、尿布等婴儿用品，食有鸡蛋、红糖、长面、桂圆、核桃、黄鱼鲞等。催生衣物用包袱包扎，从窗口丢到床上，以包袱朝向预卜生男或生女，认为包袱朝里朝下为男，朝外朝上为女。

孕妇生育，俗称“做生姆”“做月里”“做产”。婴儿一出世，向亲友和四邻分送糖面，表示添丁之喜。娘家要送“贺生担”，俗说“生姆羹”。婴儿落地要穿旧衣，俗谓“小时着线，大来穿绢”，意为婴儿自幼要养成朴素的习惯。但更重要的是因为婴儿皮肤细嫩，旧衣服柔软，裹着舒服，避免擦伤。这叫“穿旧衣”。婴儿穿好衣服后，不是马上抱回母亲身边，而是放在狗窝里躺一会。为何要这样？据说借此告诉父母，像条小狗般看待孩子，不要过分溺爱，防止娇生惯养，这叫“蹲狗窝”。

婴儿所饮第一口奶，谓“开口奶”，须向别家妇女讨来，生女婴者需讨生男婴者之奶，反之亦然。喂奶之前，先喂黄连一口，边喂边说：“好乖乖，今朝吃了黄连汤，来日天天吃蜜糖。”谓先苦后甜。然后，又把肥肉、状元糕、酒、鱼、糖等分别制成汤,用手指蘸汤涂在婴儿的嘴上,边涂边唱道:“吃了肉,长得胖;吃了糕,长得高;吃了酒,福禄寿;吃了糖和鱼,往后生活甜蜜又富裕。” 这叫 “吃黄连”。

婴孩出生满一个月,娘家送去 “满月担”,礼品有肉、鸡、鱼等食物,及老虎头帽、老虎头鞋、抱裙、披风等衣物。姨母、姑妈、舅母等以五色丝线编成彩带挂于婴孩的颈项上,并赠以饰物,祝贺长命百岁。是日,设祭享神祀祖,举办酒筵宴请亲友,谓之“满月酒”。婴儿的第一次理发,俗称“剃落胎发”。剃发前准备好一扎葱、一扎芸和一把斧。理发师傅上门后,婴儿由其祖父抱着,坐得毕恭毕敬,脚下踩着用红纸包的葱、芸、斧。剃好了头,葱和芸即由婴儿父亲去栽种,意为婴儿聪明、交运、富贵。

婴儿出生满一岁,即在其面前罗列百玩,任其拿取,以测其性情爱好,以卜其将来命运。这叫作 “拿周”,又称 “试周”。

(中国新闻社 1991 年 11 月采用;署 “周简段” 笔名,载香港《华侨日报》1991 年 11 月 26 日)

中国最早的立交桥
——绍兴八字桥

如今，繁华世界，风流都市，少不了都有立交桥。中国最早的立交桥，要数浙江绍兴城东的“八字桥”了。该桥下西面的第五根石柱上，一个饰有图案的长方框内，刻有“时宝祐丙辰仲冬吉日建”十个正书题字。此题刻高三尺二寸，宽五寸五分，字径四寸(尺寸系据乾隆《绍兴府志》)。题刻至今完好，站在八字桥东北侧的踏跺上，还能看得清清楚楚。按“宝祐”，为南宋理宗赵昀的年号，“宝祐丙辰”即宝祐四年，为1256年，距今已有七百三十五年的历史了。

八字桥位于三条河流的交叉点，南北流向的是一条可撑白篷货船的主河，东西两侧各有一条可划乌篷船的小河。它东通五云门，南去稽山门，西入市中心，北与广宁大桥接壤，地理环境十分复杂。古代匠师巧妙地利用自然条件，设计独具匠心，建造时不改街道，不拆房屋，把城市和乡村联系起来。

八字桥的正桥建在南北流向的主河上，全用绍兴特产的青石铺叠而成，是一座坚固的石梁桥。正桥高五点五米，桥面净跨四十五米，桥洞宽四点五米。桥面条石并列，微微拱起，略呈弧形。两侧栏杆石为整块整块的有几千斤重的巨石，望柱上覆有石雕狮子和石雕莲蓬，手艺精美。桥下筑有石板纤道，供纤夫背纤通行。

八字桥的踏跺，东端沿河岸向南北两个方向落坡，西端向西南两个方向落坡。西端南面的踏跺下筑梁式桥洞，跨越小河。自桥南北望去，这两条踏跺活像一个“八”字，桥名即由此而来。

八字桥布局如此巧妙，结构又十分简单，一桥解决了三条街、三条河交错的交通问题。宋朝的桥，除在北宋大画家张择端（山东诸城人）的《清明上河图》上见到外，保存下来的已非常少见。所以，绍兴的八字桥，在中国建筑史与桥梁史上已不失为重要的实物例证，特别对研究“立交桥”具有很高的参考价值。1963 年 8 月，该桥已被列为浙江省重点文物保护单位。

（中国新闻社 1991 年 11 月采用）

蔡元培在绍兴的佚诗和佚事

新近，在蔡元培先生故里——浙江绍兴，发现了十五首蔡先生的佚诗。这十五首格律诗，是蔡先生亲笔书写，分别给他的十五位至交好友的。诗稿共五页，每页十二行，写在印有“蕉雪”二字的红格竹纸信笺上，用纸捻装订成册，封面有作者亲题“蔡元培岁暮怀人诗手稿”十字。诗稿前面还有一篇作者亲写的四百字序言。蔡元培抒情怀旧之作本已不多，而像这样一气写成十余首并为之作序的则更属罕见。

这十五首佚诗，经考证当写于清光绪二十五年己亥(1899)岁末。其时，蔡先生弃官南下，在故乡绍兴出任中西学堂(后改为绍兴府中学堂)监督(校长)。绍兴中西学堂是一所新式学堂，学堂根据学生程度分为三斋，略似后来的高小、初中和高中一年级。学堂所教内容既有旧学，又有新学；既有文、史、哲，又有数、理、化。外国语则有英、法两种，蔡元培到校之后又增加了日文。

当时，在中西学堂的教员中，有新旧两派。蔡元培这位“翰林”出身的校长，却偏向新派。他不但在课堂上宣传新学，而且还阅读日文书报，辑校刊有新学书籍和日文著作目录的《东西学书录》，为教员编写的新教科书作序。诚如他的佚诗所写“早拥南面书百城，胸中浩浩风云声”“心坚大放光明地，经济文言两词费”。

他和教员还经常利用午膳、晚餐的机会，一起研讨新知识。中西学堂师生是共同就餐的，餐桌上，新派教员在提倡新思想的同时，常常当着学生的面，批评旧派教员中“尊君卑民”“重男轻女”等传统观念，引起旧派教员的忌恨。当时学堂中反对蔡元培和新派最激烈的教员是薛炳（字朗轩），尽管如此，蔡元培与薛炳的私交仍很不错。《佚诗》中第三首，就是专门写给《薛朗轩氏炳》的。诗云：“古井之水锵然鸣，古卉之鸟皆春声。伟哉造物此变相，满堂合乐酒尽倾。薛侯雅士非华美，霜红映照春江水。春江水去石粼粼，识曲由来听最真。”对薛氏博学倍加推崇。1918 年，蔡元培接任北京大学校长兼国史馆馆长时，还曾特聘薛炳任国史馆编纂。

附：蔡元培佚诗（选五首）

一、薛朗轩氏炳

古井之水锵然鸣，古卉之鸟皆春声。
伟哉造物此变相，满堂合乐酒尽倾。
薛侯雅士非华美，霜红映照春江水。
春江水去石粼粼，识曲由来听最真。

二、褚仲芬氏士佺

我所思兮在远道，海边日日数归鸟。
人自忘机沤亦忘，此竟那曾使分晓。
季野才气不可群，文章瑰丽跨前人。
悠悠世眼作青白，忠孝至性付谁论。

三、王伯刚氏祖杰

立念唯自持其平，家世忠孝余精诚。
为学唯自造其极，七叶文词禅于越。
变更何恃恃吾心，名师取友资之深。
通才文采犹余事，不见墨池一泓水。

四、陶绿瞻氏斐

怪石崚嶒那可拟，朝夕割圜犹难视。
尺寸不度雄心死，卧听风雨酿秋市。
使才如使健儿斗，长江大河樯飒辏。
借问主将古来谁，饷车恐滞车箱口。

五、章陶轩氏曜枢

名流未必皆凤毛，醇酒多饮犹浊醪。
灵珠握在心头迩，上天下地供驱使。
鬼神有灵千斧通，禅门棒唱成双聋。
美哉君才出君里，孝友家声斐然起。

（中国新闻社 1991 年 12 月采用）

绍兴出土铜镜荟萃

铜镜是古人整容照面用的生活用品。花木兰“当窗理云鬓，对镜贴花黄”用的镜子，就是磨光发亮的铜镜。在古墓内常见到在墓顶上方或棺床的四角放有铜镜，据说能辟邪。神异灵怪小说《续搜神记》中还有用铜镜来降妖的故事。

绍兴自古是制作铜镜的中心之一，素有“铜镜王国”之称，至今在绍兴民间还保存着少数传世铜镜精品。至于近些年经考古发掘出来的历代铜镜，在绍兴市文物管理处和绍兴县文物保护管理所的藏品室里，也还保存了上百面。

绍兴出土的东汉车马神仙画像镜中，车马的形象均非常生动。拉车的骏马三匹、四匹、五匹、六匹、八匹不等。矫健的骏马，或昂首飞驰，或回头嘶鸣，“并驾齐驱，而一毂统辐”。车子的顶篷大致分两种：一种是卷棚式，下部平坦；一种是四坡顶，翼角起翘。车厢两侧开窗。按当时习惯，乘车的人是从后面上车的。绍兴所藏其中一面车马镜中，有一人似刚从后面上车并侧身向外探望，可作历史佐证。

绍兴的东汉画像镜中表现神人交战的图像，有武士拉满弓，矢离弓而出的；也有武士一手挥矛，一手持盾，骑马交战的。铸镜艺人，抓住了最生动的刹那，进行了惟妙惟肖的刻画。

绍兴出土的两枚东汉时制作的“伍子胥画像镜”，为世所罕见。一枚直径二十点五厘米，一枚直径二十厘米。均半圆纽，连珠纹纽座，纹饰描写伍子胥的历史故事，作四分法布置。幅幅连贯，集中刻画了伍子胥忠直敢谏，谏而不从，被吴王赐剑自刎的情景。他面对吴王，怒目而视，加剑颈上。吴王端坐，斜视伍子胥。旁有“王女二人”，拱手而立，大概就是西施和郑旦。王女旁为宝器。又有越王和范蠡，表现出洋洋自得的神态。

绍兴出土的铜镜中，还有“东汉杂技舞蹈画像镜”，杂技艺人有立于叠器之上者，有倒立于龟背之上者。也有“东汉神仙戏马舞蹈镜”，内区纹饰以四乳隔作四组：一组为四人骑马奔驰，作游戏状；一组为东王公，一组为西王母，均有题榜；一组为二人舞蹈，旁有人奏乐，表演倒立。构图如此别致，在东汉画像镜中是罕见的。绍兴的汉六朝铜镜，还有“东汉龙虎镜”“东汉屋舍画像镜”“东汉瑞兽神仙画像镜”“东汉羽人四兽画像镜”“三国半圆方枚神兽镜”“三国盘龙镜”“西晋四乳四神镜”“东晋同向式神兽镜”等。

唐代绍兴铜镜的造型突破了传统的圆形格式，出现了花式镜，并采取弧面浮雕，立体感增强。铜镜较前厚重，洁白发亮，工艺水平又提高了。绍兴出土的唐“瑞兽鸾鸟镜”，瑞兽似狮、似虎、似马、似羊，很难确指它为某兽类。鸾鸟衔绶展翅翘尾，并配有花枝、花苞。唐代诗人对它曾多有描述，如李贺《美人梳头歌》：“双鸾开镜秋水光，解鬟临镜立象床。”李远《翦彩》：“双双衔绶鸟，两两渡桥人。”绍兴还制有唐代的“宝相花镜”，所谓“宝相花”主要是对荷花进行艺术处理，变成一种装饰化的花朵纹样。唐贾岛《友人婚杨氏催妆》有“不知今夕是何夕，催促阳台近镜台。谁道芙蓉水中种，青铜镜里一枝开”的诗句，人美物美，一语双关。

（中国新闻社 1991 年 12 月采用）

1984年10月，周芾棠（右）与著名作家刘金先生（左）在绍兴兰亭合影

1984年10月，周芾棠（左3）与著名作家张颂南（左1）、郑祖杰（左2）、竺柏岳（左4）先生在绍兴兰亭“鹅池”碑亭前合影

独具特色的绍兴石牌坊

浙江绍兴素称“青石之乡”，这里不仅有千姿百态的石桥、雄伟壮丽的石景、平坦整洁的石板路，而且在水陆交通道口，还耸立着许多古老的石牌坊。虽说它们大都是封建礼教的产物，但在建筑和雕刻艺术上，却风格典雅，精工绝伦，寓意隽永，令人叹为观止。

绍兴现存的石牌坊中，时代最早的要数陶堰乡图中河畔的“秋官里”牌坊，它建造于明孝宗朱祐樘弘治十三年(1500)，距今已有近五百年的历史了。“秋官里”牌坊，高约七米，通面宽七点一米，由四柱三楼组成。粗可合抱的石柱下有四个微微隆起的石覆盆承托着，柱上均用额枋和斗拱层叠穿插而成，额枋正反两面运用透雕、深雕、圆雕等多种手法，恰到好处地塑造了为当地群众所喜闻乐见的“双狮戏球”“鱼跃龙门”“牡丹祥云”等富有情趣的动植物图案。此外，在“秋官里”牌坊的东西两侧，还各有一座时代较晚的功名牌坊，它们在布局上均与“秋官里”牌坊成直角，这是设计者考虑到建筑物与河道近在咫尺，受着交通的局限，故将牌坊安排成转折形式，从而在总体上获得了较多的空间。

位于绍兴城北皇甫乡樊浦村永和桥畔的贞节牌坊，是绍兴保存至今最为完好的楼阁式石牌坊。它的构造为单檐歇山顶，高高的正脊两端雕出双龙形象，纹饰精美，气势磅礴。檐下是密密麻麻、层层叠叠的小斗拱，工艺复杂，匠心独运。额枋上深雕或浮雕仙鹤腾飞、麒麟送子、鹿衔灵芝等吉祥图案。字牌上镌有“节孝流芳”“乾隆十五年十月吉旦建”等楷书字样。

坐落在驰名遐迩的绍兴大禹陵甬道口的“棂星门”牌坊，比起上述的几座楼阁式牌坊来，又是另外一种形式。它采用了四柱三间冲天式，通面宽九点七三米。石柱立于清一色的石板地上，其中次间的地槛上设有石栅，这在同类牌坊中较为罕见。柱上穿插上、下额枋，顶部飞龙绕柱，气派宏伟。

在浙东大运河绍兴古纤道旁，旧有的“梅树牌坊”，则以额上镶嵌着一块神奇的梅树匾石而闻名。这梅树，既非绘画，又非刻成，而是一块已有几十万年历史的梅树化石。平时化石中的梅枝梅叶色泽淡黄，隐隐约约，四周灰暗一片。但一到风云突变，天将下雨之时，化石在梅迹处却反而疏影横斜，形迹鲜明。民间传说，这是额枋受日月精华，生养而成的。其实从科学角度分析，这纯属自然现象。因为天将下雨时，空气潮湿，《淮南子·说林训》云：“山云蒸，柱础润。”故梅树在化石中“故态复明”，几近“疏影横斜水清浅，暗香浮动月黄昏”（北宋林和靖诗）。站在“梅树牌坊”之下，不禁浮想联翩，悠然为之神往。

（中国新闻社 1991 年 12 月采用）

绍兴岁时谈趣

绍兴民间有“冬至大如年”“有钱冬至夜，无钱冻一夜”的说法，故把“冬至”看得很重。是日，家家磨粉做团，户户祭祀祖先，同时还有吃馄饨的习俗。

过了冬至，农历十二月廿三，送“灶司菩萨”上天，叫作祭灶。送灶以前，各家都要进行一次彻底的大扫除。所谓“有钱没钱，洗洗过年”。箱笼橱柜，墙角床底，房柱屋梁，门框楼窗，均要打扫得干干净净。就连所有橱柜上的金属把手和锁匙底垫，也须仔细揩拭，擦得金光闪亮。送灶至除夕的七天之间，要选择一个时辰举行“祝福”，俗称“请菩萨”。祝福后即祭祖。祭毕，吃汁汤年糕，名曰“散福”。

除夕分岁吃年夜饭，菜蔬多是十碗头，寓意“十全福寿”。十碗之中必有一碗鲞头冻肉，尊之为“有想(鲞)头”(有希望)，只看不吃。还有一碗整尾煎鱼，也只看不吃，称作“年年有余(鱼)”。当晚阖家欢聚，如有亲人外出未归，也必在席上多放一只酒杯，多添一双筷子，以示“团圆”。

正月初一，又称“大年初一”，俗谓“过年”。开门大吉，先放爆竹三声，叫作“开门炮仗”。绍兴民间有“早放(炮仗)早发财”的说法，故从凌晨三四点钟开始，爆竹声此起彼落，连绵不绝。真是“爆竹声喧千户接，唐花景丽一时开”(《望江南百调》)。春节，接待贺年客人，除茶、烟外，还有一只果盘，盘中装花生、瓜子、糖块、糕点。花生，又叫“长生果”，寓意“长生不老”；瓜子，是说“早生贵子”；糖块，是“甜甜蜜蜜”；糕点，是“年年高”。还请吃福橘，说是“大家有福”。

正月十五日，俗称“上元”，又称“元宵”“元夕”“元夜”“灯节”。通常以正月十三日，为“上灯夜”；正月十八日，为“落灯夜”。其时，绍兴城内大街小巷，比户悬灯，五光十色，蔚为壮观。十字街头，则搭有木棚，悬一大灯，谓之“呆灯”。上绘“民间故事”和“千家诗”故事，或写着灯谜，任人猜射。除“满街灯火耀眼红，弦管笙歌到处同”之外，绍兴城内的卧龙山、蕺山、塔山，还有“灯会”之举。近年来，据闻绍兴灯会又起，除富丽堂皇的传统灯彩，如走马灯、荷花灯、菱角灯、鱼灯、虾灯、蟹灯、蚌灯、狮灯、虎灯、蛤蟆灯、花鼓灯、花篮灯、高挑灯笼等以外，还新添了飞机灯、卫星灯、煤气塔灯、电视塔灯、电风扇灯等，更有“越王勾践灯”“西施美女灯”“王羲之爱鹅灯”“李白醉酒灯”“孙悟空三打白骨精灯”“济公活佛灯”“水乡古桥灯”“咸亨酒店吃酒灯”等。还伴有龙舞、花鼓和高跷等民俗活动。正如一首《望江南百调》词所说：“灯节度元宵。绛蜡满堂家宴集，金龙逐队市声嚣，花鼓又高跷。”

（中国新闻社 1992 年 1 月采用；署“周简段”笔名，载香港《华侨日报》1992 年 2 月 10 日）

借问刘伶何处有？绍兴笑说我最多

在酒类中，绍兴酒温醇浓郁，具长者风，是中国黄酒中的极品，故素有“东方名酒之冠”的称誉。真正的绍兴酒，去泥开坛时，套一句绍兴白话：“有三间屋面好香。”嗜酒者闻之，未饮已三分醉了。

绍兴产酒有两千年以上的历史，相传春秋战国之际，越王勾践在绍兴建都时就曾酿造出此一佳品，献给吴王夫差。伍子胥的军队得之狂饮，积坛成山，嘉善、嘉兴的“瓶山”就是这个来历。

到了公元六世纪的南北朝，绍兴酒已行销很远的地方。当时银瓶装的山阴甜酒，就非常出名。梁元帝萧绎著的《金楼子》里有一段记载，说他自己小时候读书，就有银瓶一只，贮山阴甜酒，放在身旁，一边读书，一边饮酒。唐代，越酒和蓬莱酒都载入《酒经》(山阴和越，都指绍兴)。宋代，绍兴酒已达到了“城中酒垆千百所”“街南街北酒易赊”的程度了。明代，绍兴已被称为“酒都”“醉乡”。袁宏道《初至绍兴》诗云：“闻说山阴县，今来始一过。船方尖履小，士比鲫鱼多。聚集山如市，交光水似罗。家家开老酒，只少唱吴歌。”清代，绍兴酒已“行销天下”，闻名于东南亚一带了。李汝珍在著名长篇小说《镜花缘》第七十回写道：“每到海外，必带许多绍兴酒，即使数年不归，借此消遣，也就不觉寂寞。所有历年饮过空坛，随便撂在舱中，堆积无数。”清乾隆皇帝爱饮绍兴酒，并曾“御赞钦赐金爵商标”(见《绍兴余孝贞景记酿酒坊单》)，这在当时是难得的殊荣。

品名如花话绍酒

外埠人到绍兴，很远就能望见叠得很高的大大小小的绍兴坛子。绍兴的酿酒业，千百年来，历久不衰。直至今天，绍兴东西两路，年产黄酒二十吨以上的厂家就有近百间。

绍兴酒的酿制分淋饭法和摊饭法两种。酿季极为严格，“小雪”后制淋饭，“大雪”后制摊饭，“大寒”前后制加饭，翌年“立春”前后进行榨酒、煎酒，成品用二十五公斤陶坛盛装，一般讲究泥封库存三至五年，待陈化老熟后方才出口销售。因绍兴酒具有越陈越香的特点，故又名“老酒”。

绍兴酒系纯发酵酒，它在操作上持有“三浆四水”“冬浆冬水”“开耙适宜”“发酵完善”等要诀。“浸米”“蒸饭”“落缸”“发酵开耙”“榨酒”“煎酒”六道工序，道道紧扣得当，故成“酒中独步”。绍兴酒的品种，按配方和风味分，主要有：

元红酒。人称“状元红”，以酒坛外沿涂有朱红色而得名。此酒酒色澄黄，透明发亮，味甘爽微苦，酒精含量百分之十六左右。饮时宜加微温。制成“黑枣浸酒”，则带有枣香味儿，并有健脾开胃的功能。

加饭酒。是在元红酒基础上加料精制而成。品质优厚，风味纯美，酒色黄中带红，味带甜鲜，酒精含量十八度左右。它是绍兴酒中最有名的一种，多次获金质奖章，“国酒”就是这种酒。它也可以泡浸各种药材，饮时如微加温，则芳香溢口，是常喝酒的人最爱喝的品种，销量最广。出口的也是这种酒，过去上京进贡的也是以这种酒为主。它装在花雕坛里就叫花雕酒。

善酿酒。它是以元红当水酿成的“双套酒”。酒液深黄带红，香味特佳，质地特浓，酒精含量约十六度，含糖量百分之六至七，是绍兴酒中的珍品，也是贡酒的一种。

香雪酒。此酒先用糯米饭酿成“甜酒酿”，拌入少量麦曲后，再用黄酒糟蒸馏出的白酒代水酿成。酒色像琥珀，香气很好闻，酒精度比较高，在二十度左右，是绍兴酒中的高档品种。

鲜酿酒。是一种陈元红加少量浆水和上清液配制成的甜酒，酒精含量低于十五度，喝时易醉也易醒，适合初饮者。

竹叶青酒。这种酒以元红酒为底，加入用高度糟烧白酒浸取嫩竹叶的色素配制而成。呈淡青色，有特殊清香，味鲜而微苦，酒精度为十五六度，适宜冷饮。

最陈的绍兴酒中，有一种叫“花雕”，又名“女儿酒”。绍兴风俗，女儿生下刚满月时，便选美酒数坛，在坛外绘上彩花，塑上“百戏”，然后埋藏于地下，到女儿长大出嫁时，取出招待亲友；或放在女儿花轿后面，吹吹打打抬到男家去，作为嫁妆礼物。所以绍兴人生了女孩，道贺者就说：“恭喜花雕进门！”

女儿酒千金难得

清朝梁章钜记载，绍兴酒“最佳者名女儿酒，相传富家养女，初弥月，即开酿数坛，直至此女出门，即以此酒陪嫁，则至近亦十许年，其坛率以彩绘，名曰花雕。”

后来又演化到生儿子时也酿酒，并在酒坛上涂以朱红，着意彩绘，就是“状元红”，意谓儿子长大了，具有“状元及第”之材。

女儿酒十分讲究酒坛，往往在土坯时就塑出各种花卉、人物等图案，等烧制成品后，请画匠彩绘“双狮戏球”“麒麟送子”“马上封侯”“福寿双全”“花蝶庆春”“鸣凤朝阳”“齐眉祝寿”“百事如意”“天长地久”等各种吉祥图画和优美的民间传说故事，以寄寓对新婚夫妇的美好祝愿。这种酒坛被称为“花雕酒坛”。花雕酒坛内装的都是正宗的绍兴“加饭酒”，这种酒味美醇厚、芳香透脑。

以往女儿酒仅是一种家酿，并不酬人。所以，即使在绍兴，也并不易得。唯遇喜庆之时，方可一醉，俗谓“吃喜酒”。如今，绍兴各大酿酒公司和酿酒厂均产精装花雕美酒。这种酒不仅是馈赠亲友、招待贵宾的上等礼品，且是陈设于客厅的观赏品。凡到绍兴旅游的中外客人，寻寻觅觅，总以购得“花雕”为快。

绍兴酒色泽澄黄，香气浓郁，口味甘醇。会喝酒的人说：“绍兴酒，酸、甜、苦、辣、鲜、香、醇、柔、绵、爽，十味俱全。一口喝进喉咙里就会滑下去，回味无穷。”所谓“名酒产地必有良泉”，这同鉴湖水很有关系，因为绍兴酒是用精白糯米、鉴湖水和麦曲作原料，精心酿制而成的，所以又有“鉴湖名酒”的称号。

（中国新闻社 1992 年 1 月采用；载香港《星岛日报》1992 年 2 月）

稀世文物“喷水鱼洗”

近几年来，浙江省博物馆珍藏的稀世文物“喷水鱼洗”，曾两次到日本、一次到美国展出，观众如潮，报纸争相报道，将其誉为“中国国宝”。这使我想起了当年在杭州观喷水鱼洗的一些见闻。

浙江省博物馆所藏的喷水鱼洗，原为上海文素松先生的藏品。文素松曾在国民革命军供职，平时喜爱古物，此器为其驻军云贵时所购。据传为明代文物，珍藏了二十余年。1946年文先生去世，由当时的西湖博物馆买下了这一文物，保存至今。西湖博物馆即今浙江省博物馆，位于孤山南麓，面对风光秀丽的西湖，原址是清代行宫的一部分。建于1929年。

洗，是古代盥洗用的一种青铜器皿，形似浅盆。《仪礼·士冠礼》：“设洗直于东荣。”东汉经学家郑玄（字康成）注：“洗，承盥洗者弃水器也。”

浙江省博物馆的这具“喷水鱼洗”，是一件类似现在洗脸盆模样的古代黄铜盆。盆内底部铸有四条栩栩欲活的鲤鱼，首尾相接，按顺时针方向排列成方形。每条鱼嘴前铸有七八条凸纹，成放射状沿盆内壁向上延伸，犹如从鱼嘴里喷出一股水流（人们叫它为“喷水线”）。盆底中心铸有由两条鲤鱼造型而成的阴阳太极图，周围布满水纹。盆沿宽三厘米，沿上竖有两只对称的“∩”字形的中空铜耳，称为“双耳”，或叫“两弦”。

玩赏喷水鱼洗时，将这具鱼洗放在一只特制的红木架上，中间垫一块金丝绒布，用以保护鱼洗，免受红木擦损。然后在盆内注入大半盆清水，用洗得干干净净的双手，来回似有韵律地摩擦“双耳”，直至“鱼洗”发出“嗡嗡”之声。不久，四尾“鲤鱼”喷水线处，就有水花飞溅而起，形成串串气泡，袅袅上升。无数水泡忽聚忽散，时断时续，灯光之下，五颜六色，光彩夺目，宛如“鲤鱼戏珠”，十分奇趣。如果摩擦得法，喷出的水柱可高达七十厘米，游人观此，无不叹绝。当时曾有人吟诗一首，以赞喷水鱼洗：“清泉喷出碧涟漪，脉贯上下号鱼洗。说着到头辛苦处，谁知‘滋味’美如饴。”

（署“周简段”笔名，中国新闻社 1992 年 3 月采用）

张宗祥趣序《骑狗集》

浙江海宁才子张宗祥,字阆声,别号冷僧。清朝举人出身。1922年,任浙江省教育厅厅长。二十世纪五十年代后,曾任浙江省图书馆馆长、西泠印社社长。

张宗祥精于书法,善绘画,并擅长校勘古籍。平生好抄书,数十年中计用毛笔抄有古书六千余卷,编有《铁如意馆手钞书目》。其著作甚丰,其中有一本原名《苦乐集》,后更名为《骑狗集》。专记抗日战争时期亲身经历的笑话和轶事,以及与国学大师王国维、章太炎等多人交往的故事。并为此书写了一篇妙趣横生的序言。现恭录如下,以供读者同好暇时读之。

戊寅夏,自汉上退至桂林。夫妇二人携三行箧,中无一书。流寓异地,亦无书可借。穷居山麓屋中,与牛栏接,日闻磨声隆隆。暮则随牛至山石间,坐石上,看牛吃草。闲甚,无以自聊,因举所闻、所见、所亲历诙谐可笑者笔之,成《苦乐集》一卷。

时敌氛正盛,国之存亡同于累卵。取此名者,用谚语“黄楝树下弹琴”,苦中得乐意也。岁底,至重庆。己卯,五三、五四,日机肆虐,巴市半毁。寓屋在江家巷,市廛栉比,亦遭毁灭。五儿同抢救衣物,而此书及《铸鼎录》等稿则尽佚矣!庚辰,寓中夜间无事,能记忆者,复为补录。胜利东还,续有所见闻,则更益之。

接下去又写道:“来湖上已将十年矣。十年之中,国势强盛,一日千里。予虽日老,而心则真乐而不苦,既复又有所记。而‘苦乐’旧名,不可复用,乃更之曰‘骑狗’。谚云:‘老寿星骑狗,自得其乐。’寿星,不敢当。老则真老,乐则真乐,故用之也。以‘乐’谐‘鹿’,此硖石人土音如此耳。”最后还写上“时年七十有八”。

(中国新闻社 1993 年 6 月采用;署“司马庵”笔名,载台湾《世界论坛报》1993 年 11 月 2 日;入选中国新闻社编《中国新闻·星期刊》第 177 期)

中国绍兴黄酒

绍兴黄酒，是中国名酒中最古老的黄酒品种，以产于浙江绍兴而得名。黄酒的“黄”字，不仅指酒的色泽，还包含有炎黄子孙的“黄”、黄色人种的“黄”、中国人祖先发源于黄河流域的“黄”等意思。因此绍兴黄酒还特别受到海外华侨和港、澳、台民众的喜爱。

绍兴黄酒之所以成为酒中珍品，一是有鉴湖好水，二是用料精良，三是有一套传统的酿酒技术。据日本宝酒造株式会社专家测定，绍兴黄酒每升发热量达一千二百热卡，高出啤酒的五倍，葡萄酒的一点五倍。含氨基酸二十一种，能助长人体发育的赖氨酸含量每升高达一点五二毫克。此外，还有能解除疲劳、保护心血管、促进血液循环和大脑思维能力的天冬酰胺、谷氨酸、亮氨酸、丙氨酸等成分。同时，绍兴黄酒是压滤酒，几乎保留了发酵所产生的全部有益成分，如：糖分、糊精、有机酸、酯类和维生素等，这些营养物质很容易被人体消化吸收。所以在国际市场有“液体蛋糕”之美称。

绍兴黄酒色泽橙黄，透明晶莹，香气馥郁，滋味醇厚甘甜。其品类很多，主要有状元红、加饭酒、善酿酒、香雪酒、花雕酒等。绍兴加饭酒，自1915年在美国旧金山获“巴拿马太平洋万国博览会”金质奖章以来，已荣获国际金奖七次，并蝉联历次中国国家质量金奖。1988年8月，绍兴市酿酒总公司生产的“古越龙山牌”绍兴加饭酒，被中国外交部正式定为“国宴专用酒”，登上了中国“国酒”的宝座。

“天下垂名古越城，鉴湖琼浆沁人心。饮罢再问诸君口，杯中冠军数绍兴。”今天，被推崇的“东方名酒之冠”绍兴酒，越来越受到中外人士的宝爱。

（中国新闻社 1993 年 11 月采用；署“司马庵”笔名，载台湾《世界论坛报》1994 年 2 月 1 日）

稻熟江村蟹正肥

稻熟江村蟹正肥，双螯如戟挺青泥。
若教纸上翻身看，应见团团董卓脐。

这是明代大画家徐渭（字文长，号天池、青藤，浙江绍兴人）的一首有名的《题画蟹》。

“秋风响，蟹脚痒”，秋风一起，菊黄蟹肥，捕捉河蟹的季节也便到了。江苏、浙江水网地带所产的河蟹，体型肥大，肉质鲜美，素为人们所喜爱。

河蟹，又称螃蟹、毛蟹、大闸蟹、清水蟹、湖蟹等，是中国的特产。因它的大螯上有许多短而细的绒毛，腿上又有较长的毛，故亦名“中华绒螯蟹”。螃蟹，在中国古代，还被称为“无肠公子”。晋葛洪撰《抱朴子》上说：“无肠公子者，蟹也。”古典文学名著《红楼梦》中，贾宝玉的《咏蟹》诗亦云：“持螯更喜桂阴凉，泼醋擂姜兴欲狂。饕餮王孙应有酒，横行公子竟无肠。”其实，蟹并非无肠，蟹脐内壁正中央有一条黑色的隆起物，上通胃，下边直达肛门，这便是它的肠，只是肠子短且细，不很明显罢了。

现在正值“持螯赏菊”之际，但一般人只能望蟹兴叹，因河蟹价格昂贵，无福消受。然而在江浙历史上，却曾有过“蟹满为患”“覆野为灾”之忧。宋嘉泰《会稽志》载：“会稽往岁有蟹灾，小蟹无数相纠结，大如三斗器，随潮入浦，散入濒海诸乡，食稻为尽。螟蝗之害不加于此。”元高德基《平江记事》亦有所载：“大德丁未，吴中蟹厄如蝗，平田皆满，稻谷荡尽。”大德丁未，即元成宗大德十一年(1307)，距今六百八十六年。其时幸亏吴中“绍兴师爷”想了一个办法，知县告知农户把缸瓮埋入水田，瓮口露出泥面，内盛盐卤。螃蟹出洞糟蹋粮食，纷纷跌入瓮中咸死。咸蟹长满石榴脂膏，成为餐桌美味佳肴。

说到食蟹，还有许多趣闻轶事。《晋书·毕卓传》云：“卓尝谓人曰：‘得酒满数百斛船，四时甘味置两头。右手持酒杯，左手持蟹螯，拍浮酒船中，便足了一生矣。’”清代画家郎葆辰（字文台，号苏门，浙江安吉人），博学工诗，爱啖螃蟹，尤善画蟹，人称“郎螃蟹”。当时的风流雅士，乃至达官贵人，得到其一帧半幅《螃蟹图》，无不珍如拱璧。后来他的画居然传到皇宫，乾隆皇帝看到了，笑着评论说：“此所谓横行介士也。”至于清代画家李瑞清，自号“清道人”，平日言行举止，文雅有礼，但他食起蟹来却馋相毕露，一次非剥食一百只不可，因此人们给了他一个绰号，叫作“李百蟹”。

（中国新闻社1993年11月采用；署“司马庵”笔名，载台湾《世界论坛报》1994年3月14日；入选中国新闻社编《中国新闻·星期刊》第210期）

齐白石与“悔乌堂”

昔叹黄宾老，今悲白石翁。百年画苑起秋风。到处虾须蟹眼得相逢。

国际声名重，人间岁月丰。不随湘绮旧楼空。始信当年门客胜王公。

这是齐白石在九十三岁高龄仙逝后，书坛大师沈尹默所作的一首《南歌子》挽词。

齐白石作画时，常用一方自刻的石章，叫“悔乌堂”。说起这方印章，还有一段轶闻。

齐白石生于清同治二年(1863)，湖南省湘潭县杏子坞人。出身贫寒，少时当过木匠，人称“芝木匠”（齐小名“阿芝”）。三十岁时，家里还常常灯盏缺油，只好烧松柴读书。为此他曾作诗道：“村书无角宿缘迟，廿七年华始有师。灯盏无油何害事，自烧松火读唐诗。”四十岁后，白石远游，常住寺庙。六十岁后，定居北京，与京剧大师梅兰芳相识。第一次见面时，齐白石为梅兰芳画草虫，梅兰芳则为齐白石唱了一段《贵妃醉酒》。齐以篆刻卖画为生，不少作品，除国人购买外，日本人买了许多，法国人也买了不少。“海国都知老画家”，他的作品深为中外人士所瞩目。

抗日战争前夕的一个“清明时节”，齐白石偕夫人胡宝珠，专程从京城返归故里，至湘潭父母坟前，虔诚祭拜，并深情吟咏：

乌乌私情，未供一饱。

哀哀父母，欲养不存。

乌，鸟名，“纯黑而反哺者谓之乌”。俗谓“乌鸟有反哺之孝”，故称侍养父母为“乌私”。齐白石扫墓北返之后，乃命其居室为“悔乌堂”，还专门刻了一方“悔乌堂”石印，并绘了幅《慈乌图》，画上又题诗道：“不独长松忆故山，星塘春水正潺潺。姬人磨墨浓如漆，画到慈乌汗满颜。”诗后还自注云：“家山百劫，庐墓久违，画此并题，愧不如乌。”

齐白石毕生勤奋，作画四万多幅，作诗千余首，治印三千多方。他说：“哪有工夫暇作诗，车中枕上即闲时。”他白天作画，晚间治印，有“夜深镌印忘迟睡，晨起临池当早朝”之句。这样一位最珍惜时间的老人，唯在其慈母去世的时候，因过分悲恸，茶饭不思，曾停笔三天。

（中国新闻社 1993 年 11 月采用；署“司马庵”笔名，载台湾《世界论坛报》1994 年 6 月 3 日；入选中国新闻社编《中国新闻·星期刊》第 229 期）

“小万柳堂”吴芝瑛

一封书使老袁褫魄；
千古恨为秋瑾招魂。

这是近代著名女诗人、书法家吴芝瑛，民国二十三年(1934)逝世于无锡故居时，有人为她撰写的一副对联。

民国初年，吴芝瑛目睹袁世凯称帝，一再屈膝于列强，极为愤怒，当即致袁万言书，痛斥其专横。结尾云：“公不去，而吾民永无宁日。”吴芝瑛与袁世凯本是儿女亲家，但在民族存亡的关键时刻，毅然投入反袁斗争，确实难能可贵。

甲辰年初，吴芝瑛与秋瑾正式换帖，结为盟友。农历三月，在北京陶然亭为秋瑾饯行，吴当场书赠秋瑾一副联语：“英雄尚毅力，志士多苦心。”擘窠大书，刚劲有力。秋瑾即席赋《临江仙》一阕作答，中有“铁画银钩两行字，歧言无限丁宁”两句。1907 年 7 月，秋瑾为清廷杀害，吴芝瑛痛哭失声，当即写了《秋女士传》一文，旬日后又写了《记秋女侠遗事》。以后每隔三五天，便写一篇文章或诗或联语，在表达悼念盟妹之情时，又立即赴绍兴为秋瑾营葬。之后写有近体诗一首：

天地苍茫百感身，为君收骨泪沾巾。
秋风秋雨山阴道，太息难为后死人。

葬秋以后，吴芝瑛在杭州西湖丁家山购地筑南湖小万柳堂，其中建“悲秋阁”。吴芝瑛日写经其中，发誓写《楞严经》三百部，于北高峰造塔皮藏，“五百年后必为世人所知”。后其事未成。辛亥革命后，吴芝瑛曾为女子北伐军募捐筹饷，把自己写的《小万柳堂法帖》出售，将所得款充作女子国民捐。

吴芝瑛所作书法，字如簪花美女，颇得卫夫人之遗意。摹写元氏、姬氏二墓志，名重天下，求之者甚多，而得之者甚少。曾制《小万柳堂法帖》，流入东瀛，甚得日本皇后的赞赏。据说慈禧太后亦深爱其字，与沈寿的刺绣并视为“清宫艺宝”。

吴芝瑛 1934 年 3 月 1 日病故，由于她生前接受了国民政府参政员的职衔，所以死时葬礼相当隆重。吴女士著有《吴芝瑛夫人集五种》《帆影楼集》等，磊落文章，为世所重。

（署“司马庵”笔名，载台湾《世界论坛报》1994 年 6 月 22 日）

金华斗牛风俗谈

浙江金华地区各县向有斗牛风俗，尤以东、北乡为最，堪称江南一大奇观。

金华斗牛之风，据说与东汉名士卢植有关。卢因董卓专权，避难隐居金华北山。其妻一直闷闷不乐，长年不露笑容。一日，二牛争草吃，在卢家门前斗了起来。卢妻见之，竟“扑嗤”笑出声来，于是卢植遂在金华八县倡导斗牛之风。斗牛初衷是悦妻，后转为敬神。遇有庙会，斗牛之风更盛。

斗牛将临，场上搭起场门，谓之“龙门”。四周设有“看台”，内置竹椅板凳。大户人家精心饲养斗牛，“卧以真丝帐，食以白米饭，酿最好之酒以饮之”（见清代陈其元《庸闲斋笔记》）。每日还为牛洗刷一次，早晚把牛牵到野外溜达一圈，名曰“扬料”，以助消化。至开斗前几天，牛主对牛倍加爱护，补以白糖、鸡蛋。

斗牛之日，方圆百里内外，各色社团人物蜂拥而至。这天牛主及其亲友凌晨即起，为牛梳理牛毛，薄施香油，使之肤色光润。又为牛披绸挂绫，束头牌，插雉羽，中书“牛名”，背鞍上竖四面彩色三角旗，形似古戏中武将所穿“武靠”（俗称“虎皮背”）。斗牛出村，前后有十六名身穿漂白衣裤、头戴山东凉帽的壮汉牵引卫护，更有乐队伴奏，鞭炮齐鸣，群众夹道相送，威风凛凛，酷似州官出衙，巡道坊里。比赛之前，先“上殿”祀神，以图吉利。斗牛开始，大锣“梆”的一声，牛主快速抽去牵牛绳索。牛即迅猛从东西“龙门”冲入场内，两牛相遇，彼此虎视眈眈。顷刻，两牛怒目圆瞪，四角相交，来回冲撞，拼死相抵。时而奔跑，时而相顶。看台上喊声震天，热闹非凡。逐渐败胜显露，终至一牛获胜，“鸣金收兵”。得胜之牛，披红戴花，观众为之喝彩。此时，养牛主亦十分风光。

金华斗牛之风，承袭了几个世纪。抗日战争之后，即自行中断。近闻金华当局，已在金华市湖海塘畔重建斗牛场，弘扬民情古风，正式对外开放，吸引了众多中外旅游者。上海科教电影制片厂，亦已把“金华斗牛”搬上银幕，以广博闻。

（署“司马庵”笔名，载台湾《世界论坛报》1994年7月10日；入选中国新闻社编《中国新闻·星期刊》第229期）

章士钊与吴弱男轶闻

章士钊，湖南长沙白茅铺何家冲人。字行严，号孤桐、秋桐、青桐、无卯和烂柯山人。他以办《甲寅》杂志（封面画有一只老虎）著名，早年曾被人称为“壮志毅魄，呼啸风云，吞长江而吹歙湖”的人物。北洋军阀政府时期，章士钊担任过司法总长兼教育总长，反对白话文和新文化运动，被时人骂为“老虎总长”“纸老虎总长”。

说起这位“老虎总长”和夫人吴弱男的婚姻，却有一段轶事。

1905年春，二十四岁的章士钊流亡日本，住在东京，终日闭门不出，刻苦读书，潜心研究，著有《中等国文典》一部，寄回国内出版。是年8月20日，中国同盟会在东京赤阪区霞关阪本金弥子爵的宅邸召开成立大会，推孙中山先生为总理。时安徽庐江年轻女子吴弱男，正在日本留学，亦参加了同盟会，并担任同盟会总部英文秘书。章士钊与吴弱男熟识，这时正向吴学习英语。章太炎为动员章士钊加入同盟会，就劝吴弱男去做章士钊的思想工作，然而吴弱男对章士钊的思想工作久久没有做成。吴弱男端庄秀美，章士钊满腹经纶，两人月下谈心，感情日笃，终成情侣。

1907年，章士钊远涉重洋，去英国伦敦攻读法政。不久，吴弱男也到了英国，自诗云：“若论东亚西游者，我是中华第一人。”1909年4月6日，两人在伦敦举行了结婚仪式。婚后，章仍攻法政，吴专攻文学。章士钊曾有诗云：“忧国不弹无益泪，读书宁为有心闲。”

1911年辛亥革命爆发,章士钊偕吴弱男赶回国内。章初任总统府常年顾问,后任参议院议员。1924年,北洋政府段祺瑞“执政”(“执政”称号,就是章士钊把古罗马执政的名号移植过来的),章充当谋士,为“儒林所不齿”。吴弱男回国后,深居简出,读书课子,不问政治。

1927年后,章士钊退出政界。不久,至上海充任律师,被杜月笙聘为法律顾问,月得千金,成为社会名流。1949年,章士钊曾为国共和谈奔走,先后担任上海和平代表团代表、南京政府和谈代表团代表。中华人民共和国成立后,章士钊留北京,曾任中央文史研究馆馆长等职。1973年7月1日,病逝于香港,终年九十三岁。著作有《柳文指要》等。

(中国新闻社1994年12月采用;署“司马庵”笔名,载台湾《世界论坛报》1995年5月8日)

浙东的古竹篮

高轩公子良不俗，不种奇花种修竹。

奇花照眼一时红，修竹虚心万年绿。

这是元代诗人华幼武《养竹轩歌为周庄吴逵子道赋》中的诗句。

浙东多竹。不论是水乡、平原、山区，随处可见到山坡上、小溪旁、河塘边、村舍前，丛丛簇簇、鲜鲜绿绿、潇洒淡雅、生机勃勃、欣欣向荣的竹子。因为多竹也就多竹制的工艺品，浙东民间最普遍最实用的竹品，则要算是精巧美观的古竹篮了。

浙东古竹篮，常见的品种有：套篮、食篮、香篮、考篮、花篮、挈篮、鞋篮和烟篮等。

套篮，两只一副，每只“三脱”，层层相套。涂以红漆，庄重光亮。盖书宗祠堂名和姓氏，如“振麟堂周”。考究的套篮，还在主柄和支柄及每“脱”竹篮的四周，绘以“万古常青”的松柏，“寿可千年”的仙鹤，“食之延年”的灵芝、仙桃、枸杞、菊花，“色彩缤纷”的绶鸟，“栩栩欲活”的花猫、蝴蝶等，皆象征长寿吉祥。套篮用以盛肴馔和贺礼，多在祀神、祭祖、喜庆场合出现。

食篮，小的纤巧手提，大的须二人扛抬。香篮，烧香拜佛专用，或长方形，或长方八角形。考篮，考生赴府城考秀才，去省城考举人，上京城考进士、状元，多用以盛放“四书五经”和“文房四宝”。挈篮，柄如元宝，篮如扁南瓜，多为送礼之用。鞋篮，绍兴人叫“鞋篮扁”，民间妇女用于盛放针、线、剪刀、尺子、黄蜡、粉袋等制布鞋、衣服用的常用工具。烟篮，则是置旱烟一类物品用的篮子。

关于浙东的古竹篮，民国二十三年(1934)出版的《越游便览》曾有专题介绍云："嵊县竹工所制篾篮，方圆大小，各式俱备。细者制成各色花纹，精巧绝伦。东前街一带，设肆陈列，每只价值三五元不等，亦特产之大宗也。"嵊县，旧属绍兴府，乃越剧诞生之乡，为浙东古竹篮的主要产地。据说嵊县篾篮，多形似宝塔，故又称"塔篮""托篮"。一般二至三层，多的达四层或五层。竹篮所用的篾丝，有的竟达到一百二十根，几乎与头发丝差不多粗细，技法之妙，让人无不叹为观止。

（中国新闻社 1995 年 2 月采用；署"司马庵"笔名，载台湾《世界论坛报》1995 年 6 月 10 日）

孙中山挽秋瑾联及其他

清光绪三十三年阴历六月初六(1907 年 7 月 15 日),秋瑾女士在绍兴轩亭口英勇就义,孙中山先生知道后,深为悲痛。1912 年 10 月 8 日,孙中山先生到杭州,在政法学堂欢迎会上说:“……可痛者,最好的同志秋女侠一瞑不视……”次日,他又到西湖秋社致祭,并为“风雨亭”亲笔题写了一副挽秋瑾的楹联:

江户矢丹忱,感君首赞同盟会;

轩亭洒碧血,愧我今招侠女魂。

“风雨亭”为纪念秋瑾而建。杭州的西子湖畔和绍兴的卧龙山上,均各建有一座。据清廷档案记载,秋瑾被捕后,清吏逼供,她一语不答,只索纸笔写了“秋雨秋风愁煞人”七字。这七个字,便是秋瑾的绝命词。

孙中山先生的挽秋瑾联,早年笔者在杭州、绍兴都曾亲眼看见,并留有记载。但此联或因传抄之误,有多种不同版本,台湾出版的《联海》中,“江户”错作“江右”,不解;“今”字改作“迟”字,也是点金成铁。

中山先生在题写挽联的同时,还为秋社题写了挽幛:

鉴湖女侠千古,巾帼英雄。孙文。

由孙中山先生的挽秋瑾联,还使我想起了另外几副挽秋女侠的对联。

一副是秋瑾就义的当天夜里,在绍兴城内闹市区轩亭口亭柱上贴的嵌名挽联:

悲哉秋之为气；

惨矣瑾其可怀。

“悲哉秋之为气”，典出欧阳修的《秋声赋》。瑾，是“美玉”，喻秋瑾之人如其名，令人怀念。

另一副是民国初年，浙江都督朱瑞撰的长联：

大通讲学，光复联盟，按剑说同仇，不图三十三龄弱女儿，成仁取义，腥血先埋。抱沉痛四年余，竟英灵旋转乾坤，试想贵福奸奴，而今安在？

春社留题，西泠感旧，拈花谈慧果，长作六月六日新纪念，崇德报功，丰碑重树。垂令名千载后，使进党眷怀风雨，当并伯荪诸烈，终古难忘！

此联概括秋瑾一生。秋女士为国捐躯，名垂不朽。

（署“司马庵”笔名，中国新闻社1995年2月采用；载台湾《世界论坛报》1995年6月25日；入选中国新闻社编《中国新闻·星期刊》第266期）

沪上“书怪”清道人

清道人，姓李名瑞清，字仲麟，晚号梅花庵主、梅庵先生、玉梅花庵道士、清道人。生于1867年，卒于1920年。江西临川（今称抚州）人。晚年寓上海之“三牌楼”，易道士装。当代画坛大师张大千、胡小石，均曾投其门下，毕恭毕敬，习书学画。清道人是一位杰出的教育家、书画家、鉴赏家，又是一位情痴、孝子、末代孤忠之臣，一生充满传奇色彩。

他在南京有不可抹杀的功绩。他不但让当时江南最大规模、最早创办的新式学堂两江师范学堂（今南京师范大学）纳入正轨，更以其远见卓识为中国率先创办了第一个独立的美术课系“图画手工科”，使南京人引以为荣，被誉为“首辟两江文化”之功臣。辛亥革命后不久，清道人患半身手足麻痹之症，其躯体“有同蒲柳未秋先陨之态”。在寓居沪上之初，复患脚疾，“股臀间又生一大痈，痛苦不可言”。而一家数十口之生计全赖他一人，经济陷入困境，以至“贫至断炊”，只好日夕劳苦，以鬻书画偷活。当时，他曾自嘲“已成为制米机器”。

清道人在上海，最爱到三马路的“小有天饭馆”就餐。他曾应店主之邀，撰有一副闻名沪上的对联：

道道非常道；

天天小有天。

上联，取老子《道德经》“道可道，非可道”之句，而改变其含义，宣传此店每道菜都非凡品。字好意妙，一经张挂，饭馆天天宾客满座，真正成为风味独具的“小有天”了。

清道人与上海震亚书局的朱挹芬有交情,震亚书局在1915年为其出版了《玉梅花庵临古》,瞬即轰动,为海内外书画家所争购,截至是年11月已三次付梓。于是道人之声名大显,以至“儿童走卒,皆知有李道士”。

愈是晚期,清道人的画名、书名越大,东邻扶桑(日本)亦遣人远道来索书画,因此使他忙得不可开交,犹终日抱病挥毫,不知写秃了多少支笔。他所绘《危岩梅花图》《桃花源图》等杰作,已被公认为是“稀世之国宝”。道人临终前半月,应“日本书画会”之恭请,写了四幅魏碑书作送往日本参展。使人惊愕的是,此四幅展品竟全是临摹之作,临的分别是郑道昭所书摩崖两幅:《司马景和妻墓志》及《嵩高灵庙碑》。虽是临作,仍轰动彼邦,讴歌载道,誉之为“中岳再世”“近五百年来第一人”。

清道人“道其号、儒其学、释其心”,一生“廉介忠贞”“不阿当世”,风骨高轩,文章迈古,每为人敬仰。其门人中,更有视之如同父母的。道人殁后,墓葬南京牛首山麓度地水阁。其门人程良贵(字伯善),“值清明扫墓,手一炷香,步行出城四十里至水阁,叩拜墓门,周视墓地,持香归城,日犹未晡,二十年如一日”。有吕子清者,亦道人门下,“自其师归道山,即家堂设位,如丧考妣,上膳焚香叩拜,无间寒暑”。张大千对清道人亦敬重备至,道人故后,他每年清明必去扫墓;在他居海外的数十年中,画室里亦始终挂着这位老师的墨迹。

(中国新闻社1995年3月采用;署“司马庵”笔名,载台湾《世界论坛报》1995年8月1日)

忆西湖博览会

1929年,“秀色可餐”的杭州西子湖畔举行过一次西湖博览会,在当时是盛况空前的。有人说,它曾轰动了半个中国,此言不虚。博览会6月6日开幕,10月10日结束,历时四个月零四天。会场设在西湖孤山和里西湖岳坟一带。

一进西湖博览会,最先引人瞩目的,是天台山农所撰写的一副对联:

地有湖山,集二十二省无上出品大观,全国精华,都归眼底;

天然图画,开六月六日空前及时盛会,诸君成竹,早在胸中。

字大如斗,雄伟飞跃。博览会内设工业馆、农业馆、丝绸馆、博物馆、艺术馆、教育馆、卫生馆和革命纪念馆八馆,并设特种陈列所和参考陈列所二所。教育馆的门口,也有一副对联,是新文学家绍兴人刘大白先生撰写的。

定建设的规模要仗先知,做建设的工作要仗后知,以先知觉后知,便非发展大、中、小学不可;

办教育的经费没有来路,受教育的人才没有出路,从来路到出路,都得振兴农、工、商业才行。

这一副对联,脍炙人口,为当时人所传诵。其余各馆入口处亦都有对联,可惜记不起来了。

除八馆二所外,为了便于游人参观,在孤山的放鹤亭与里西湖招贤祠之间,临时架了一座长达一百九十三米的木桥,桥上建亭三座,供游人休息。博览会举办期间，于农历六月十八日夜，还举行了一次传统的西湖灯会。纸糊的荷花灯漂浮于西湖上，夜游西湖，灯光与湖水相映成趣，风光绮丽，游船喧闹，大为博览会增色。

博览会的会歌，是南京中央大学文学系教授、著名词曲家吴瞿安先生，采用《风入松》词调作的。词如下：

熏风吹暖水云乡。货殖尽登场。南金东箭西湖宝，齐点缀锦绣钱塘。喧动六桥车马，欣看万里梯航。

明湖此夕发华光。人物果丰穰。吴山还我中原地，同消受桂子荷香。奏遍鱼龙曼衍，原来根本农桑。

据说，吴瞿安撰写了这首词，送给浙江省政府主席兼西湖博览会会长张静江，张十分赞赏，还以指击桌连续读了三遍，即亲笔批条“送稿酬一千元”，派专人送往南京吴教授亲收。当时上海的小报上竟载此事，他们说：会歌的全文仅仅七十六字，计算起来，每个字的稿酬是十三元一角零六分。在那时文章报酬非常菲薄的报社编辑的“穷措大”看起来，当然不免有牢骚了。

（中国新闻社 1995 年 3 月采用；署“司马庵”笔名，载台湾《世界论坛报》1995 年 8 月 13 日）

书法“圣地”兰亭

兰亭是中国江南著名古迹,历代书法家“朝圣”的地方,故素有书法“圣地”之称。

兰亭古名稽亭,原为浙江绍兴兰渚一亭,系旅人停留憩息之所。秦汉有乡亭制度,十里一亭,十亭一乡,各设其长,以主行政之事。晋吴郡太守谢勖封兰亭侯,遂有兰亭之名。

出绍兴偏门西南行约十公里许,但见兰渚群山,层峦叠嶂,青翠如画,夹道鸟语花香,风景宜人。正如王羲之在《兰亭集序》中所写:“此地有崇山峻岭,茂林修竹,又有清流激湍,映带左右。”

兰亭有一条曲折的小溪,跨小桥,通过竹丛间的鹅卵石小径,便见一古色古香的“鹅池碑亭”。三角亭内竖一高大的石碑,上镌“鹅池”二字,笔势飘若浮云,矫若游龙。相传,“鹅”字是王羲之的手笔,“池”则为其子王献之所书。王献之的书艺也很著名,幼从父学,向有“小圣”之称。一碑二字,父子合璧,堪称书坛佳话。

走过鹅池石桥,就进入宏丽的“流觞亭”。这是一座木结构古亭,面阔三间,单檐歇山顶,四周回廊,雕梁画栋,玲珑雅致。进入亭内,抬头可以望见“曲水邀欢处”巨匾。另有传世的《流觞曲水图》拓片。

流觞亭前面,有一条蜿蜒曲折的小溪,掩映于桃柳绿荫之中。伫立溪边,不禁使人想起一千六百四十多年前,王羲之兰亭雅集的故事。据文献记载,晋永和九年(353)暮春三月初三,王羲之邀集司徒谢安、右司马孙绰等四十一位名士，在此溪修禊，临流泛觞，人各赋诗。羲之兴尽感怀，写了一篇诗序，文采灿然，书法精绝，这就是流传后世被称为“天下第一行书”的《兰亭集序》，兰亭亦因此名满天下。

流觞亭西侧，是“兰亭碑亭”，碑上所镌“兰亭”二字，为清康熙御笔。

流觞亭后面是“御碑亭”，八角重檐，蔚为壮观。亭内有碑，高六点八米，阔二点六米，据说重一万八千多公斤。如此巨碑，在江南属罕见。碑的正面雕有康熙临《兰亭集序》全文。碑阴为清乾隆御笔撰写的《兰亭即事一律》诗。

沿着荷花池，绕过流觞亭，向东便到了“右军祠”。祠堂正中，悬有清光绪年间宣城刘树堂所书“尽得风流”的匾额，下面是一幅工笔重彩的王羲之画像，两侧悬挂着不少对联，其中有一副是：“毕生寄迹在山水，列坐放言无古今。”

悠悠千余年，王羲之与兰亭在人们心中已融为一体。在日本就有“不到兰亭，不能算是真正的书法家”之说。

（中国新闻社 1995 年 3 月采用；署“司马庵”笔名，载台湾《世界论坛报》1995 年 8 月 16 日）

书家唐驼轶闻

书法家唐驼(1871—1938),原名守衡,字孜权,号半园旧主。江苏省常州城区人。他自小学书法,书宗王、欧,练得一手好字。最初,他为上海澄衷蒙学堂缮写《字课图说》(即后来的小学教科书),其字清劲而内秀,气新而神怡,光柔色润,体兼众妙。因此,《字课图说》一经出版,受到各方赞美,誉满上海。

不久,唐驼赴日本学习印刷技术。回国后,他先后任中国图书公司经理、文明书局副经理、中华书局印刷所副所长。唐驼擅长写招牌、对联和匾额。当时,上海滩的新店、新厂开张,都喜欢请他写招牌、贺联,说他的字有财气。有句俗话:"若要发财,就请驼背。"

"驼背驼背,我勿避讳。"唐驼六岁进私塾,日识块字五十个,深受塾师赞赏。尤好习字,黎明即起,或写大字,或作小楷,绝不间断。由于朝夕不辍,辛劳过度,致使右背凸起,成为驼背,常州俗称"骆驼"。由于唐家穷没有钱去矫治,他十几岁就闯上海滩。母亲昵称他为"小骆驼"。小伙伴也这样称呼他。就业后,同事们也这样称呼他。知己朋友问他:"你听了心里好受吗?"他说:"驼背驼背,我勿避讳,这恰恰是我自小勤奋学字的证明。"于是,他索性堂而皇之改名曰"驼"。人们不再称他"骆驼",而称他为"唐驼"了。渐渐地,唐驼的原名"守衡"和字"孜权",也就不大有人知晓了。上海滩只知道有个写招牌字的"唐驼"。

唐驼五岁丧父,由母亲抚养成人,故事母至孝。成为大书法家后,他将卖字所得大洋四万元，回乡在常州西门外虹桥湾建造了一座有花园的唐孝子祠。有牌坊，有石碑。唐驼幼年失学，深知失学之苦，于是复建一小学，楼屋两幢，前临一园，称“暂园”。校名叫作“安邦小学”，用以纪念他的曾祖父唐安邦。在建唐孝子祠校的过程中，唐驼的族侄唐允中曾予以积极的赞助。唐驼所创的“武进县私立安邦小学校”（武进，即今常州），纯为义学性质，旨在救济贫苦儿童，使之得以完成小学教育。该校办学认真，当时在江苏颇有声誉。据说该校校址，至今尚存清代光绪年间状元张謇于 1925 年所撰写的“唐孝子祠校”界牌一块。

唐驼于 1938 年 8 月病故，终年六十八岁。著有《兰蕙小史》三卷。

（中国新闻社 1995 年 3 月采用；署“司马庵”笔名，载台湾《世界论坛报》1995 年 9 月 11 日）

新昌大佛寺之奇

浙江新昌县西南三里，有一座南明山。这里群山环抱，奇岩怪石，陡壁迂回，宛如天然石城，故又名“石城山”。山中有大佛寺，殿阁巍峨，古木参天，是浙江著名的古刹。寺中有一尊雕于南朝梁天监年间的石弥勒大佛，是浙江现存最大最古的石窟造像。

此弥勒像，不仅以其规模宏大、气势非凡著称于世，而且在艺术造型上也独具风采。石佛盘膝而坐，面容秀骨清相，婉雅俊逸，端庄慈祥，颐方唇薄，两耳垂肩，展示了佛陀沉静、智慧、坚定、超脱的内心世界。从整体上看，体态匀称，身段俊秀，着袈裟而袒胸，衣纹流畅，极富有丝绸质感。特别值得一提的是：佛像头高四点八七米，竟超过佛像全高十三点七四米的三分之一，目长与掌阔几乎相等，比例严重失调。但人立像前，任凭如何挑剔，也难找出半点不是，反而感到处处匀称妥帖，视差问题解决得恰到好处。同时，不管人们站在哪个角度瞻仰大佛，均有与佛陀隐含微笑的目光相接之感，佛陀眼珠似乎能转动自如。这足见中国古代雕塑艺术的辉煌成就，实堪称古刹一奇。

从大佛寺出来，过无尽藏，上行五十余米，就是千佛院，俗称千佛岩，佛院为天然溶洞，内塑有“海岛观音”，或称“慈航普度”。两旁岩壁还凿有一千零四十余尊佛像。佛像高仅数寸，或慈祥美丽，或愁苦狰狞，变化多端，绝非庸手能及。香客往往以己之年岁，男自左、女自右起数，至某佛，佛像慈和美丽则甚喜，愁苦狰狞则悻然不悦。

千佛院与大佛寺，一大一小，一多一少，相映成趣，亦是古刹一奇。

弥勒石佛大殿斜对面，有一棵古银杏，径围约四点一米，高三十多米，已有千年以上的树龄。据传是当年大佛寺和尚为纪念南朝著名文学理论评论家、《文心雕龙》的作者刘勰而栽的。刘勰曾至此寺游览，并写下了名传千古的《梁建安王造剡城石城寺石像碑》碑文。怪的是，这棵古银杏上面竟又寄生了两棵不同属科的树，一为女贞，也叫冬青树；一为榔树，世称婆娑树。据植物学家云，异科植物，即使精心嫁接，也难成活。这三棵异科树，本非同根生，却能连理连枝自然依生，各得其所，且生机勃勃，欣欣向荣，实属世间难得，故又可称为古刹一奇。

近闻新昌石城山大石佛像，已重新贴金，并举行了开光隆典。千佛院亦修复一新。三连理的古树犹存，且更郁郁葱葱。这就更勾起了我对大佛寺的思念。

（中国新闻社 1995 年 6 月采用；署“司马庵”笔名，载台湾《世界论坛报》1995 年 10 月 12 日）

张治中与夫人轶闻

张治中,字文白,安徽巢县人。两岁时,由父母作主,与洪女希厚(乳名小银子)“指腹为婚”。文白十九岁时,与洪希厚正式完婚,遂成结发夫妻。

辛亥革命爆发后,张治中由南京到上海,参加学生军。后入武昌陆军军官第二预备学校,不久即正式升入保定陆军军官学校。保定军校毕业后,张正式步入军界,官职不断升迁。尤其是进入黄埔军官学校执教,率入伍生总队参加平定刘杨叛乱的战斗后,受到校长蒋介石的器重,三十几岁的张治中已跻身高级将领之列。

作为年轻的将军之妻洪希厚,其貌不扬,又没文化,还有一双放大了的小脚,周围人都认为他们很不般配。有的“好心”人还劝张“改组内阁”,重修婚谱,但文白不为所动,与希厚恩爱如常。

1928 年 7 月,张治中奉蒋介石电召,中止欧洲留学,经美国、日本返回上海,被任命为国民政府军事委员会军政厅厅长,旋调任中央陆军军官学校训练部主任。1929 年 5 月,升任该校教育长(校长蒋介石兼),主持校务。

张治中上任不久,他即发现军校学员经常三五成群游荡秦淮河,逛妓院,宿春宫,灯红酒绿。为整饬校风,张治中决定召开军校全体学员大会,请夫人洪希厚登座。在会上,他指着貌不惊人、衣不压众的洪希厚,高声对大家说:“这就是我的夫人,她虽没有文化,但我爱她,结婚二十年了，我从没嫌弃过她。”讲到此，台下一片寂静。张顿了顿，接着又说：“论军衔，我比你们高；论薪饷，我比你们多。可我从未寻花问柳，更没添房纳妾。这些，她可以作证。”

话音刚落，台下惊奇，叫绝之声不绝于耳。“夫人作证”，一时在中央陆军军官学校被传为美谈。此后，军校学员的浪荡行为因之而大有收敛。

张治中主持中央军校十年，第六期至十四期学生均受其教育。1936年2月，张治中奉命兼任京沪区警备司令长官。9月，被授予陆军中将加上将衔。但他对夫人洪希厚的恩爱忠贞不渝，始终如一，从1909年与洪希厚结婚，到1969年张治中逝世，张治中与夫人洪希厚共同生活了整整六十年。作为高级将领的张治中，与夫人终生厮守，情不二移，确属难得。

（中国新闻社1995年6月采用；署“司马庵”笔名，载台湾《世界论坛报》1995年10月30日；署“周续端”笔名，载香港《大公报》1996年2月25日；入选中国新闻社编《中国新闻·星期刊》第289期）

越国青铜鸠杖

不久前，浙江省绍兴县漓渚镇的几位农民，在中庄坝头山北坡挖池塘时，发现了一件稀世罕见的国宝——越国青铜鸠杖，经考古学家鉴定属国家一级文物。

拐杖，即手杖。是老年人辅助步行的得力工具。中国生产拐杖，历史悠久。《礼记》中就有“负手曳杖”的记载。拐杖品种众多，造型丰富。鸠杖，便是杖头刻有鸠形的拐杖。《后汉书·礼仪志》中，就有记载云：“仲秋之月，县道皆案户比民。年始七十者，授之以王杖，餔之糜粥。八十九十，礼有加赐。王杖长九尺，端以鸠鸟为饰。鸠者，不噎之鸟也。欲老人不噎。”关于“鸠杖”的来历，还另有一段有趣的故事。王先谦集解引惠栋曰：“《风俗通》云：汉高祖与项籍战京索间，遁丛薄中。时有鸠鸣其上，追者不疑，遂得脱。及即位，异此鸟，故作鸠杖，赐老人也。”鸠，又名“一宿鸟”，因其专意于所宿之木，故称。元代一位佚名作家所写的《南吕·一枝花·妓名张道姑》曲中亦有诗云：“绿杨影里鸠啼妇，红杏枝头燕引雏。”

绍兴漓渚中庄坝头山北坡发现的青铜鸠杖，它的杖首、杖镦原为一体，由木质杖身相连。但因年代已久，出土时杖身已朽，首、镦分别两处。杖首长二十六点七厘米，顶端一鸠，双翅微展，火尾，周身羽纹，鸠下柱体满饰水波纹、蝉翅纹、云纹及镂空雕刻的蟠虺纹，纹饰十分精美。杖镦长三十点六五厘米，柱体纹饰与杖首相同，末端为一跪坐人形，断发文身，脑后椎髻，双目平视，双手放置膝部。

杖首上的鸠，与 1981 年绍兴坡塘三〇六号春秋晚期墓中出土的“铜庙堂建筑模型”上饰立的一只“大尾鸠”相仿。“鸠”是越人先世图腾崇拜的反映和标记。这种“鸠鸟”，后来演变成《搜神记》中所称的“冶鸟”和《吴越备史》中的“罗平鸟”。晋代干宝《搜神记》卷十二载：“越地深山中有鸟，大如鸠，青色，名曰‘冶鸟’。”《吴越备史》中亦有记载云：“越中曾有圣经云：有罗平鸟主越人祸福，敬则福，慢则祸。于是民间悉图其形以祷之。”鸠杖末端跪坐人像的脑后椎髻、文身，即胸、背、臀、股及肩、手臂饰云纹，也都是越文化的特征。从伴随出土的方格纹、“米”字纹等印纹硬陶碎片看，亦属春秋战国时期遗物。据此，考古学家认为此鸠杖，为春秋时代越国青铜器无疑。它为研究越文化提供了极为珍贵的实物资料。

（中国新闻社 1995 年 6 月采用；署“司马庵”笔名，载台湾《世界论坛报》1995 年 11 月 21 日）

白马湖畔话春晖(上)

春晖中学是中国的一所名牌中学，与天津的南开学堂齐名，故素有“北有南开，南有春晖”的盛誉。它创办于1922年12月2日，距今已有七十多年的历史。

春晖中学坐落在浙江上虞县东部五驿乡境内，杭甬铁路驿亭站南侧的白马湖畔。白马湖是一个潟湖，此湖形成于东汉时代，周围四十五里，三面环山，分别为癸巳山、羊山、月山，又有三十六涧常年流水潺潺汇入湖中。至于它后来被称为“白马湖”，当地则有这么一个传说：晋代上虞县令周鹏举久闻该地山川灵气，鸟蝉鸣柳，风光极佳，遂思一游。一日，周鹏举乘白马来到湖边，只见湖面清澈碧澄，波光潋滟，兴致所至，牵白马入舟，孰料舟到湖中，一时风浪大作，人同白马翻入湖中。之后，湖畔人家常见白马浮露水面，故名。一说晋时县令周鹏举因大旱找水，乘白马入湖。泉水涌而人不出，百姓以为他成了湖神，故改旧名“渔浦”为白马湖。

白马湖碧水如天，田园如画，确实具有“西子风光”，更兼“太湖之美”。散文大家朱自清在1929年7月14日所写的《白马湖》一文中曾经描述道：“白马湖最好的时候是黄昏。湖上的山笼着一层青色的薄雾，在水里映着参差的模糊的影子。水光微微地暗淡，像是一面古铜镜。”“白马湖的春日自然最好。山是青得要滴下来，水是满满的、软软的。小马路的两边，一株间一株地种着小桃与杨柳。”“夏夜也有好处，有月时可以在湖里划小船，四面满是青霭。船上望别的村庄，像是蜃楼海市，浮在水上，迷离惝恍的；有时听见人声或犬吠，大有世外之感。”真是读书习文的好地方。

春晖中学是近代著名教育家、民主革命家经亨颐(廖仲恺的亲家)为“育我虞之英才”“适应新潮流”“与时俱进”而创办的。学校的创建，得到了热心桑梓教育的上虞县小越镇富商陈春澜的全力支助。陈慨然出资二十万银元，以十万元在白马湖建造校舍，置办设备，以十万元购置上海闸北水电公司股票作为固定基金。以“春晖”为校名，喻学校像春天的阳光之于万物一样，培养莘莘学子茁壮成长。

(中国新闻社 1995 年 7 月采用；署“司马庵”笔名，载台湾《世界论坛报》1995 年 12 月 15 日)

白马湖畔话春晖(下)

春晖中学校园占地面积一百一十亩,校舍为当时最新式的瑞典建筑风格,仰山楼、一字楼、曲院、科学馆、白马湖图书馆之间,小道石砌,回廊勾连,既具古朴典雅之幽美,又含清新绰约之风韵。学校开学之日,第一批新生五十七名,多数来自宁波、绍兴二地,也有来自苏南、杭嘉湖等地区的,更有几名是自江西、湖南、贵州远道而来的。

学校建立之后,学生逐年增加,规模日益扩大,至 1929 年秋,增设高中部。陈春澜亲属为此又捐资十五万银元,并于两年内,先后增建男生宿舍“二字楼”和女生宿舍“西雨楼”。

学校优美的环境,吸引了“一班气味相投的教师”(朱自清语),其中有夏丏尊、朱自清、丰子恺、朱光潜、匡互生、刘薰宇、章育文、刘叔琴、赵恂如、冯三昧、赵延为、范寿康、黄树滋、吴梦非、张孟闻、张同光、毛路真、方先焘、王任叔等,多为学术渊博、教课一丝不苟的名师硕彦。校内经常举办专题讲座,定期的有每旬一次的“五夜讲话”,由本校教师主讲;不定期的,多邀校外学者名流主讲。蔡元培、李叔同、何香凝、黄炎培、沈仲九、沈泽民、舒新城、陈望道、俞平伯、吴觉农等都曾应邀做过讲演。此外,张闻天、柳亚子、叶圣陶、胡愈之、张大千、黄宾虹等人,亦曾泛舟白马湖上,驻足春晖中学。诗坛宿将柳亚子“红树青山白马湖,雨丝烟缕两模糊”的描绘,颇得淡妆浓抹之妙。丹青能手张大千、黄宾虹随经亨颐游历浙东,途经白马湖,于春晖校内联袂所作的“颐渊(即经亨颐)松、大千竹、宾虹石”墨宝《松石翠竹图》,成为画坛佳话。夏丏尊的《白马湖之冬》、朱自清的《春晖的一月》,更是脍炙人口的杰作。

白马湖畔绿树丛中,一所所古朴典雅的小屋,都是知名学者的居室。“长松山房”的主人是春晖校长经亨颐;旁边是革命老人何香凝的“蓼花居”;再过去一排“平屋”,是教育家、作家夏丏尊的住处,他的很多作品集也以“平屋”题名;中间还有书画家丰子恺的“小杨柳屋”。那半山坡上的“晚晴山房”,住过高风亮节的李叔同。朱自清的住房,与夏丏尊的居室仅一墙之隔。朱自清说:“我们便不时地上他家里喝老酒(指‘绍兴老酒’)。丏翁夫人的烹调也极好,每回总是满满的盘碗拿出来,空空的收回去。”有一天,丰子恺看朱自清刚满四岁的女儿“阿莱”,十分好玩,便为她画了一张漫画,夏丏尊凑趣提笔写道:“丫头四岁时,子恺写,丏尊题。”此画原作不知是否还在? 如在,当是稀世之宝了。

近闻春晖中学依然矗立在白马湖畔,仰山楼、一字楼、二字房、西雨楼、曲院等均已修缮一新,并新建了印月楼、春晖楼、实验楼,全校拥有二十四个班级,一千三百余名师生。

(中国新闻社 1995 年 7 月采用;署“司马庵”笔名,载台湾《世界论坛报》1995 年 12 月 16 日)

杜钟骏谈光绪之死

杜钟骏，字子良，清末江苏江都（今扬州）人。他早年在浙江做地方小官，从政之暇，博览群书，尤通医理。杜氏家传外科，并精内科，每临症，洞察微隐，不拘古法，药到病除，医名噪于江浙，有“起死回生”之誉。

清光绪三十四年(1908)夏，德宗载湉患病，下诏征求各省名医入京为皇帝治病。浙江巡抚冯汝骙，乃保荐杜钟骏。杜于是年七月初三日自浙起程，航海赴天津入京都，事后著有《德宗请脉记》一卷，备述为光绪帝施诊经过。

光绪帝之死，曾有各种猜测，以致斧声烛影，人言人殊。今观杜钟骏所撰《德宗请脉记》，似不至若世所传出于“鸩毒”，为西太后慈禧所毒死。

载湉自幼多病，身体素质极差。他四岁进宫以后，常患感冒及脾胃病，用药频繁。成年后的光绪帝，由于在政治上屡受挫折，加之慈禧太后有谋害废立之意，所以整日提心吊胆，如坐针毡。如此景况使得光绪精神崩溃，幼年时留下病根复发，并日趋严重。杜钟骏的《德宗请脉记》写道：“是日，皇上交下太医院方二百余纸，并交下病略一纸，云：予病初起，不过头晕，服药无效。既而胸满矣，继而腹胀矣。无何又见便溏、遗精、腰酸、脚弱。其间所服之药，以大黄为最不对症。力钧请吃葡萄酒、牛肉汁、鸡汁，尤为不对。尔等细细考究，究为何药所误，尽言无隐。”

光绪三十四年(1908)10月17日前后，德宗帝（即光绪皇帝）的病情已完全进入危重阶段。16日这一天，出现了肺部炎症及心肺衰弱的临床症状,情况十分严重。关于皇帝的病况,杜钟骏在《德宗请脉记》中写道:“皇上气促口臭,带哭声而言曰:‘头班之药服了无效,问他又无决断之语,你有何法救我?’予曰:‘臣两月未请脉,皇上大便如何?’皇上曰:‘九日不解,痰多气急心空。’”到了10月20日(阴历十一月十三日),光绪皇帝已是“目睑微而白珠露,嘴有涎而唇角动”,这即是现代医学所说的中枢神经症状,说明皇帝的生命已危在旦夕。

20日半夜,光绪帝“脉息如丝欲绝,肢冷,气陷。二目上翻,神识已迷。牙齿紧闭,势已将脱”。到了翌日中午,脉息已若有若无。延至傍晚,终于“龙驭上宾”,一命呜呼了。

综上所述,光绪皇帝的直接死因是由本身的疾病造成的,因而当时流传的光绪被谋害致死的说法是不真实的。

杜钟骏一生除撰有《德宗请脉记》外,还著有《管窥一得》《白喉问答》《抉瘾刍言》及《药园医案》等。

(中国新闻社1995年8月采用;署“司马庵”笔名,载台湾《世界论坛报》1996年1月2日;署“周续端”笔名,载香港《大公报》1996年3月8日;入选中国新闻社编《中国新闻·星期刊》第295期;《纵横》1996年第8期转载,并加“编者按”)

宴席上的“章太炎之争”

“号角一声惊睡梦，英雄四起挽沉沦。”1911年10月10日，武昌新军起义，全国响应，不久辛亥革命成功，公推孙中山先生为临时大总统。第二年元旦，孙中山在南京宣誓就职，民国建立。但当时新旧思想的对立仍激烈存在。如精通目录、考订、金石之学的叶昌炽，曾诟骂响应辛亥革命的江苏巡抚程德全为“桓魋”（野兽）；大学者俞樾亦公然宣布与鼓吹革命的章太炎断绝师生关系（章曾从俞樾受业七年，毕生崇敬俞师），等等，已多为人知。而汪东宝在宴席之上与曹元弼的“章太炎之争”一事，却鲜为人晓，今略述于后，以飨读者。

汪东宝，初字叔初，后改名东，字旭东，号寄庵。为章太炎（章炳麟）大弟子。早年加入同盟会，追随孙中山先生从事民主革命。民国元年(1912)，初任《大共和日报》总编辑，兼江苏都督府沪苏办事处秘书，文名远播，政绩卓然。一日，奉亲命于苏州贺某翁纳妇。某以遗老自居，悬清廷赐额于大堂之上，身着清朝官服，行三跪九叩之礼。往贺宾客杂至，热闹异常，内有光绪十年(1884)进士、原江苏存古学堂经学总教习曹元弼（字叔彦，吴县人），于喜庆宴席之间大颂清朝圣德，忽诟及余杭章太炎，曰：“章炳麟者，可谓罪大恶极！”汪东宝无法可忍，挺而与曹元弼辩。

顷间，曹问旁坐者说：“此小生何人也？”（汪东宝生于1890年，曹元弼生于1867年，汪小于曹23岁）旁坐者云：“彼即汪某人之子东宝也。”曹元弼益大骂：“何人不受清官职俸禄？何人非大清百姓？而乃公然转入民国，此真禽兽，且禽兽中之枭獍也。”（獍，古书上说的一种像虎豹的兽，生下来就吃生它的母兽）汪东宝毫不退让，反唇相讥曰：“如丈所言，何家祖宗不为大明百姓？不做明朝的官，而乃公然转入清代，是祖宗非人耶？是真禽兽耶？”曹元弼怒极，嗫嚅而不能言，旁人扶下始罢。

事后，汪东宝的朋友金鹤望对汪说：“足下何以诋吾师？”东宝答：“实不知是足下师，然足下师辱及吾师，岂能默然！”金赞汪为“刚强之人”。

（中国新闻社 1995 年 9 月采用）

湖州有座“塔中塔”

湖州，以地滨太湖而得名，为浙北古城。湖州人文荟萃，春秋战国之时，门下有食客三千的楚春申君（黄歇）曾在此地设立“菰城”。秦统一六国后，改菰城为乌城县。三国吴时，于此设吴兴郡。隋时始有湖州之称。北宋、南宋之际，金人南侵，湖州为抗金前沿要地，爱国名将韩世忠、岳飞曾率抗金部队驻此。今湖州马军巷即韩、岳二将养马驻军之处。

湖州市内古迹名胜甚多，最有名的则要算是“飞英塔”了。飞英塔位于湖州城区东北隅，千百年来以其“塔中塔”的全国无双的独特结构，成为中国诸多古塔中的一大奇观。近从报上获悉，此塔已被列为全国重点文物保护单位。

飞英塔原名舍利石塔，取佛经“舍利飞轮英光普照”之义，更名为飞英塔。它始建于唐僖宗李儇中和四年甲辰(884)。宋太祖赵匡胤开宝年间，在它的外围造了座木结构塔罩护起来，才形成了塔里有塔的特殊式样。宋高宗赵构绍兴二十年庚午(1150)，遭雷击起火，内外二塔都烧成灰烬。不久，由僧、尼和善男信女募化，“复立是塔，舍利无恙”。现存石塔上刻有南宋绍兴二十四年(1154)和绍兴二十五年(1155)的题记，可以作为见证。如石塔第一层南向面边框左侧刻着：“报答四恩三有，生身父母养育恩深，仍乞忏悔罪瑕，解释冤债，庄严佛果，成就菩提。绍兴二十四年甲戌四月八日□氏谨愿。”第一层石塔正西面右侧边框刻着：“宝塔佛像，报答四恩三有，追荐亡夫周三四太医，往生净土，求乞忏悔。绍兴二十五年十月日题。”

据清同治《湖州府志》记载，外塔曾在南宋端平初、元至元年间和明清两代做过多次修理。最后一次修理是在清道光十五年(1835)，距今亦有一百六十年。内石塔八面五层，下面的基座上刻有“九山八海”图样。其上置须弥座，雕刻仰莲、覆莲、缠枝花卉。缠枝花卉间有“化生”，作童子状。

各层石塔塔身的柱子、椽子、飞子、勾头、斗拱、滴水、门窗、脊兽、平座、角梁、塔檐等建筑物，均做了精雕细刻。所雕大量佛像和佛教故事，无不线条流畅，形象逼真。飞英塔的外塔，系砖木结构，依照内石塔雕刻式样建造，平面八边形，分为七层。外塔的内壁每层都架有楼梯和廊板，可拾级登临，盘旋而上。信佛的人可以环绕石塔逐层礼拜。外塔的外壁各层都设有平座和栏杆，可凭栏眺望，湖光山色，金碧交辉，雄峙郡邑，气象万千，凡江南“浮屠”（即宝塔）无与比者。元代大书法家赵孟頫就曾写过一首著名的登塔诗，描述其所见湖州胜景：

梯飙直上几百尺，俯视层空鸟背过。
千里湖光秋色净，万家烟火夕阳多。
鱼龙滚滚危舟楫，鸿雁冥冥避网罗。
谁种山中千树橘，侧身东望洞庭波。

（中国新闻社 1995 年 9 月采用；署“司马庵”笔名，载台湾《世界论坛报》1996 年 3 月 17 日）

1988年11月30日,周苇棠(第1排左1)与著名画家裘沙(第1排左4)、王伟君(第1排左2)夫妇,钱彰武(第1排左3)、王巨贤(第2排左3)等先生,在诸暨考察陈洪绶遗迹时合影

1996年5月上旬,周苇棠(左5)参加浙江锦堂师范学校百年校庆时与同学合影

天下奇观钱塘潮

报载，今年农历八月十八日这一天，钱塘江口观潮胜地海宁盐官、八堡，再加上杭州七堡、萧山赭山、绍兴三江，中外观潮游客竟超过一百万人。此盛况，据说已连续有八年。这就不禁使笔者想起了多年前钱江观潮的一些见闻。

钱塘江口的涌潮，俗称钱江怒潮，自古号称“天下奇观”，全世界只有巴西亚马孙河的涌潮可以与之媲美。

钱塘江潮来时风浪险恶，史书多早有记载。南宋高宗皇帝赵构，刚刚逃到杭州，歇脚“潮鸣寺”，夜半忽闻万马奔腾之声，大惊失色，以为金兵追到。后来得知是钱塘潮声，惊魂始定。“十万军声半夜潮”，这句诗是写得很逼真的。

古时观潮风气之盛，无过于南宋。其时，在杭州城外沿江一带都可以看到巨潮。每逢阴历八月十八日前后，秋潮最高的时节，杭州合城若狂，都来江边看潮。在前人笔记中记载着看潮盛况，有“看潮人看看潮人”之句，正是这种盛况的如实写照。

由于江流的变迁，观潮胜地也随着变化。从明代起到现在，浙江海宁盐官至八堡一带，是观潮第一胜地。盐官镇观潮处筑有中山亭，那是纪念孙中山先生当年在此观潮的。孙中山先生的名言：“世界潮流，浩浩荡荡，顺之则昌，逆之则亡！”据说就在那时看了“八月十八潮，壮观天下无”的钱江大潮后说的。

“潮来溅雪欲浮天，潮去奔雷又寂然。”古人对钱塘江这一大自然的奇景迷惑不解，于是流传了潮神伍子胥的故事。其实，海潮本来是由于月球对地球的吸引力作用而发生的，在钱塘江口，因为它的漏斗状的江面，潮水受江岸的愈来愈窄的束缚，潮头就愈涨愈高了。特别是在盐官、八堡附近，潮头最高可达八点五米。钱江大潮一秒钟内潮头要跑十米左右的路，大潮带来的海水一秒钟内常有几万吨，因此大潮所产生的力量是惊人的。

据记载，1953 年 8 月的一次大潮，竟把海宁镇海塔近旁高出海面七八米的石塘上的一只三千多斤重的“镇海铁牛”冲出了十几米，它可以一口吞噬钱江两岸的人畜良田。千百年来，人们一直在不断驯服钱江怒潮这条凶龙。近闻钱江海塘已全面整修，并在两岸筑起多处“挑水坝”，以分散潮势，保护塘脚，围垦造田。现在，三百零八公里的石堤海塘，巍然屹立在钱塘江两岸。它既是观潮的胜处，又像是一座水上长城，制伏住野性难驯的江水海潮，为两岸百姓造福。

（中国新闻社 1995 年 10 月采用；署“司马庵”笔名，载台湾《世界论坛报》1996 年 5 月 24 日）

弘一法师李叔同(上)

长亭外,古道边,芳草碧连天。晚风拂柳笛声残,夕阳山外山。天之涯,地之角,知交半零落。一壶浊酒尽余欢,今宵别梦寒。长亭外,古道边,芳草碧连天。晚风拂柳笛声残,夕阳山外山。

这是一首早在二十世纪二十年代就风靡一时的《送别歌》,它的歌词作者便是驰名文坛的弘一法师李叔同。

李叔同(1880—1942),名文涛,字叔同,号息霜,祖籍浙江平湖,出生于天津。他的父亲李筱楼是晚清进士,曾在吏部任职。李幼年随父寓居京津,七八岁起从师学千家诗、唐诗,并习石鼓文。1898年,他迁居上海,就读于南洋公学,受教于蔡元培先生。这时他是个翩翩佳公子,日与坤伶、名妓和歌郎为伍,生活是放浪的。但他在赠歌郎金娃娃的一首词中却写道:“愁万斛,来收起;休怒骂,且游戏!”原来他的放浪只是借酒浇愁。1900年,他与名画家任伯年、书法家高邕之等,组织上海书画公会,切磋书画艺术。同年,他出版了收录所藏名刻与自刻印章的《李庐印谱》和诗作《李庐诗钟》。

1905年,李叔同东渡日本留学,告别祖国时,写了一首有名的《金缕曲·将之日本,留别祖国,并呈同学诸子》送给友人:

披发佯狂走。莽中原,暮鸦啼彻,几枝衰柳。破碎河山谁收拾?零落西风依旧。便惹得离人消瘦。行矣临流重太息,说相思,刻骨双红豆。愁黯黯,浓于酒。

漾情不断淞波溜。恨年来，絮飘萍泊，遮难回首。二十文章惊海内，毕竟空谈何有！听匣底苍龙狂吼。长夜凄风眠不得，度群生，那惜心肝剖！是祖国，忍孤负！

整首词曲，字里行间，充满了热爱祖国为“度群生，那惜心肝剖”的强烈的献身精神。

李叔同在日本东京，入上野美术专门学校学习西欧油画，并入音乐学校兼学钢琴。1906年，他加入了孙中山先生领导的中国同盟会。第二年，他和欧阳予倩等在东京成立了中国第一个话剧团——春柳社。李叔同曾扮演《黑奴吁天录》中的爱美柳夫人和《茶花女遗事》中的茶花女。他所演之女主角，束腰之细，形象之逼真，轰动了日本剧坛。日本戏剧界权威松居松翁称：“李君的优美婉丽，决非日本的俳优所能比拟。”后来叔同回国，剧社也迁回中国。当时孙中山先生领导的辛亥革命成功之时，李又填《满江红·民国肇造志感》词一阕，其中有“看从今，一担好河山，英雄造”的颂语。

不久，他来到杭州，在浙江两级师范学堂（即浙江省立第一师范学校）主授音乐与图画，先后共七年。他从教认真，培养出了一代艺术人才，丰子恺、潘天寿、曹聚仁、刘质平、吕伯攸、吴梦非等人，都是李先生的学生。

（中国新闻社1995年11月采用）

弘一法师李叔同(下)

“深悲早现茶花女，胜愿终成苦行僧。”(当代书坛泰斗赵朴初诗句)就在李叔同三十八岁那年，这位出生于仕宦之家且才华横溢的新文化运动活动家，却出人意料地独自一人跑到杭州虎跑大慈山定慧寺去“断食”了。他的断食共三个星期，第一星期逐渐减食至尽，第二星期除水以外完全不食，第三星期起由粥汤逐渐增加至常量。他平日是每天早晨写字的，在断食期间仍以写字为常课。三星期所写的字，有魏碑，有篆文，有隶书，笔力比平日并不减弱。他在虎跑断食十七日后的瞬间所留的作品《灵化》墨迹，至今还保存在上海藏主洪绍骐老伯的家里。

断食后，李叔同自己觉得脱胎换骨过了，就用老子“能婴儿乎”之意改名李婴，依然回浙江两级师范学堂教课。到第二年正月初八，他在虎跑大慈寺看到了好友彭逊剃度出家，大为感动。但是他还不想出家，仅是“归依三宝”，拜寺内高僧了悟法师为“归依师”。从此以后，“他茹素了，有念珠了，看佛经了，室中供佛像了”。

到1918年7月13日那一天，三十九岁的李叔同在大慈寺正式剃度，削发为僧，人称“弘一法师”。李叔同凡事认真，出家做了和尚，吃素、念佛、掩关、诵经，连衣服也不多穿一件，一丝不苟。他甘愿吃大苦，以苦行僧的意志和行者现身说法，以达到移风易俗、普度众生的目的。李叔同出家前夕，将他平生雕刻和收藏的印章，全部送给了西泠印社。印社同人获此至宝，极为重视，即将这些印章全部封存于西泠印社凉堂前面的岩壁间，题名为“印藏”。李叔同出家后，还应西泠印社之请特地书写了《佛说阿弥陀经》一部，书法整齐挺秀，深得汉魏六朝之秘。现在这部弘一法师手写的《佛说阿弥陀经》，还镌刻在西泠印社“汉三老石室”后面的石幢上。弘一法师在俗时，每日鸡鸣即起，执笔临池；出家后诸艺俱疏，独书法不废，手写经文，广结胜缘。

1937 年卢沟桥事变后，弘一法师到处书写“念佛不忘救国，救国不忘念佛”，勉励佛教徒爱国爱寺，并表示“以护法故，不怕炮弹”，在所住的地方题“殉教堂”三字。还写诗以明志，道：“亭亭菊一枝，高标矗劲节。云何色殷红？殉教应流血。”准备以流血来保持晚节。

弘一法师从 1918 年 7 月 13 日（农历六月初六）出家，到 1942 年 10 月 13 日（农历九月初四）圆寂于福建泉州开元寺，前后一共当了二十四年和尚。

（中国新闻社 1995 年 11 月采用）

江浙水网话螃蟹(上)

“霜清江有蟹，叶脱木无蝉。”（宋·刘克庄《送邹景仁》诗句）“芙蓉媚日红相对，螃蟹着霜黄在中。”(宋·戴复古《甘穷》诗句)每年秋风一起，菊黄稻香，又是螃蟹上市的季节了。

江浙民间早有“九月团脐十月尖”的俗语。雌蟹到了农历九月，体内的蟹黄已膏结成块，香透壳外。而到农历十月，雄蟹的肉和油就十分丰腴，脂香满口，故而“螃蟹着霜黄在中”了。因此前人又称螃蟹为“含黄伯”，认为“四方之味，当许含黄伯为第一”。

螃蟹，多产于江浙水网地带。头胸甲呈圆形，色青黑，腹白，螯有黑褐色茸毛，钳部有齿为淡水蟹类，它不仅美味可口，而且营养也非常丰富。据专家测定，螃蟹每一百克可食部分中，含有蛋白质十四克，脂肪五点九克，钙一百二十九毫克，磷一百四十五毫克，铁十三毫克，维生素A五千九百六十毫克，热量高达十三点九万卡。故《随息居饮食谱》上云：蟹具有“补骨髓，滋肝阴，充胃液，养筋活血，治疽愈核”的作用。早期的食疗倡导者孟诜也说，蟹“主散诸热，治胃气，理经脉，消食……醋食之，利肢节，去五脏中烦闷气”。但是蟹性寒，脾胃弱者宜少食。同时，吃蟹前应将蟹洗净、煮熟，吃时除去胃、腮和脐等，就可防止得病。有人说“蟹柿相克”，不能同食。据分析，蟹肉内蛋白质多，属“高蛋白”食品；而柿子里有大量单宁，两者相混，很可能凝结在胃中，形成“柿石”，造成肠胃痉挛。

螃蟹，又名河蟹、湖蟹、毛蟹、清水蟹、大闸蟹、中华绒螯蟹等。江浙的特产螃蟹，长到秋龄时，性腺便告成熟。每年秋冬之交，它们成群结队，沿江而下，来到江海交界的浅水域里产卵繁殖。第二年夏天，孵出的蟹苗，又溯流而上，重返河湖栖息，逐渐成长为大蟹。“秋风响，蟹脚痒”，从寒露到立冬，江南水乡螃蟹进入捕捞的季节。蟹汛约两个月，愈近深冬，数量愈少，价格也愈贵。

螃蟹还有别名“无肠公子”，《红楼梦》中，贾宝玉《咏蟹》诗中有“横行公子竟无肠”句。就连李时珍在《本草纲目》中亦载：螃蟹，“以其内空，则曰无肠”。其实，蟹并非无肠。蟹脐内壁正中央有一条黑色隆起物，上通胃，下边直达肛门，这便是它的肠。只是由于肠子太细小，粪渣子不易通过，要不断呕出来，所以就“吐沫似珠流”了。螃蟹的肠子虽然细小，但它的胃口却不小，水草、粮食、微生物、小鱼、小虾，无所不吃，真可谓是“贪得无厌”的家伙。

（中国新闻社 1995 年 11 月采用；署“司马庵”笔名，载台湾《世界论坛报》1996 年 4 月 15 日）

江浙水网话螃蟹(下)

螃蟹,浑身铁甲,两眼朝天,双钳乱舞,气势汹汹,昼伏夜出,横行无忌,是堤坝、水田的大害。因此在江浙历史上,就曾有过“虫荒蟹乱”“覆野为灾”之忧。宋朝傅肱所著《蟹谱》,就把它称为“虫孽”;元代高德基《平江记事》中亦有所载:“大德丁未,吴中蟹厄如蝗,平田皆满,稻谷荡尽。吴谚有蟹荒蟹乱之说,正谓此也。”“蟹乱”弄得古人无可奈何,只得咒骂它:“看你横行到几时!”(蟹脚虽多,然而它的肌节只能向两旁伸缩,故非横行不可。)所以文豪鲁迅也说:“第一个吃螃蟹的人,却是最勇敢的。”

在古代,还有以蟹作诗喻人的。如唐代诗人皮日休的《咏螃蟹呈浙西从事》云:“莫道无心畏雷电,海龙王处也横行。”妙语双关,以蟹讽喻“没良心”的人。北宋诗人黄庭坚也有一首咏蟹诗:“怒目横行与虎争,寒沙奔火祸胎成。虽为天上三辰次,未免人间五鼎烹。”这是首气象森严、构思独特的好诗,诗中句句咏蟹,但实则是借蟹针砭那些贪赃枉法的官吏。至于明代大画家徐渭(字文长,浙江绍兴人)的《题画蟹》:“稻熟江村蟹正肥,双螯如戟挺青泥。若教纸上翻身看,应见团团董卓脐。”更是把为王允、吕布所杀,暴尸于市,燃火焚脐的奸贼董卓,比作螃蟹,其为时人所痛恨的嘴脸于诗中暴露无遗。

在浙江还有一句俗语,叫作“一蟹不如一蟹”,也是以蟹喻人的。据说五代十国时,后周世宗柴荣显德五年(958),世宗皇帝派翰林学士陶谷出使吴越国,吴越国王钱俶在首府杭州设“螃蟹宴”招待上宾。宴席上罗列了十余个品种的螃蟹，大小不一，先上席的最大，此后形体一个比一个小。食后，陶谷开玩笑地说："真所谓一蟹不如一蟹也。"言下之意，是吴越国以钱镠开国之后，三代五王（即钱镠、钱元瓘、钱佐、钱倧、钱俶），一代不如一代了。

螃蟹还与书画结缘，古今有许多擅画螃蟹的画家。明代的徐文长是一个。明时还有一位钱宰，也擅绘蟹，他在自己画的螃蟹图上曾题诗："何妨夜压黄花酒，笑擘霜螯紫蟹肥。"清代画家郎葆辰（字文台，号苏门，浙江安吉人），画蟹入神品，人称"郎螃蟹"。当时的风流雅士，乃至达官贵人，得到其一帧螃蟹图，无不珍若拱璧。后来他的画居然传到皇宫，乾隆皇帝看到了，也笑着评论说："此所谓横行介士也。"

至于清代画家李瑞清，自号"清道人"（大画家张大千的恩师），平日言行举止，文雅有礼，但他食起蟹来却馋相毕露，一日剥食百只。他爱啖蟹，也擅画蟹，因此人们给了他一个绰号，叫作"李百蟹"。

（中国新闻社 1995 年 11 月采用；署"司马庵"笔名，载台湾《世界论坛报》1996 年 4 月 16 日）

俞樾苏州居曲园

苏州城内有一条小巷名叫马医科，巷中有一座著名的园林叫作“曲园”，这是晚清朴学大师俞樾的故居。

曲园，因其庭园状如曲尺、弯弓，形似篆体“曲”字，俞樾取《老子》“人皆求福，己独曲全”之句意，题名为“曲园”，并自号“曲园老人”“曲园居士”。

俞樾自撰《曲园记》开头写道：“曲园者，一曲而已。强被园名，聊以自娱者也。”曲园的大门内有一块匾额，乃清光绪宰相李鸿章所书，题为“德清俞太史公著书之庐”。俞原籍浙江德清，在清代中过进士，授翰林院编修，而翰林又有“太史公”之称。俞樾与李鸿章是同榜进士，同属曾国藩门下，均是曾的得意门生。俞樾著作很多，因此当时曾有“李鸿章拼命做官，俞曲园拼命著书”之说。

曲园内有一座“春在堂”，它的来历，颇有一段故事。据说俞樾三十多岁时在北京保和殿礼部复试时，试卷中有诗题《澹烟疏雨落花天》。俞樾依题作诗，开首即有“花落春仍在”之句，深得主考官曾国藩的赏识，并因此名列前茅。故在“曲园”中以此题作堂名，诗集也叫《春在堂集》。匾额由曾国藩亲笔书写，并有《附记》道：“荫甫（俞曲园字）仁弟馆丈，以‘春在’名其堂，盖追忆昔年廷试‘落花’之句，即仆与君相知始也。廿载重逢，书以识之。”堂内还悬有一副俞樾壮年时自撰楹联：

生无补于时，死无关于数，辛辛苦苦，著二百五十余卷书，流播四方，是亦足矣；

仰不愧于天，俯不怍于人，浩浩荡荡，数半生三十多年事，放怀一笑，吾其归欤！

这副对联，语气畅达，文思纵横，如见其人，乃是俞樾自己对前半生事业的高度概括，故流传颇广，许多老人至今尚能背诵。

曲园中还有一座“乐知堂”，是俞家当年举行喜庆活动的场所。其堂名，系取《周易》“乐天知命”之义。堂内亦有一副很风趣的对联：

三多以外有三多，多德、多才、多觉悟；

四美之先标四美，美名、美寿、美儿孙。

此联亦为俞樾自撰。由这副对联，更使我想起了俞樾的一首《曾孙僧宝双满月剃头》诗，“僧宝”乃著名《红楼梦》研究专家俞平伯的乳名。此时即反映了俞樾晚年得曾孙的愉悦心情，便是诗中所谓的“美儿孙”。

顷闻俞樾营造的苏州曲园，已整修一新。春在堂内陈列有珍贵的《春在堂全书》木刻原版，并有俞樾的家谱、年谱、信札及遗物等。

（中国新闻社 1996 年 1 月采用；署“周续端”笔名，载香港《大公报》1996 年 1 月 18 日；署“司马庵”笔名，载台湾《世界论坛报》1996 年 7 月 21 日）

马一浮轶闻

近闻马一浮弟子龚慈受的杭州故居辟为“马一浮纪念馆”，而且《马一浮全集》亦将由浙江古籍出版社出版，由此想起他当年的一些轶闻。

马一浮先生是当代博古通今、学贯中西的大学者，是精研儒学的一代宗师，是深通内典深悟不二法门的当代“维摩居士”，堪称集哲学家、理学家、佛学家、翻译家、诗人、书法家于一身的大师。

马一浮(1883—1967)，浙江绍兴东关长塘后庄村人。乳名福田，后更名浮，字一浮，号湛翁，晚号蠲叟、蠲戏老人。父名廷培，曾任四川仁寿县令。母何恭人，出身于陕西汭县望族，擅长文学。一浮八岁学唐诗。九岁能诵《楚辞》《昭明文选》，记忆力惊人，有神童之誉。他初受业于郑墨田，稍长，他父亲为他延聘一位乡里中有名望的举人，来家教读。十六岁那年，与启蒙老师郑墨田同赴绍兴府参加会稽县考，发榜之日，师生同中秀才，而马一浮名列榜首。同考者还有会稽周树人(即鲁迅)、周作人兄弟。马的一篇县考应试文章全用古人文句集成，竟然天衣无缝，宛如己出。闱卷流传，人人惊叹。当时的绍兴名流汤寿潜(蛰先)大为赞赏，挽人执柯，许以爱女汤孝愍，次年结婚。一浮十九岁丧父，翌年又遭丧妻之痛，从此断弦未再续娶，一心向学。

马一浮早岁游学美、日诸国，通习英、法、德、日、西班牙和拉丁等多种外语，博研海外诸学，译著甚丰。1906 年二十四岁时定居杭州，潜心于祖国文献，广览文澜阁所藏《四库全书》典籍，兼精佛乘与老庄之学，凡深知马先生者无不敬仰。弘一法师李叔同称赞马先生是生而知之者。马一浮讲学,每次开讲前,都事先穿好袍褂礼服,端坐以待。案上必放鲜花一瓶,讲堂气氛肃穆安详。有人曾问马师法何人,马一浮微笑答道:“直接孔孟。”并以此四字镌刻一印,可见其自许之高。

马一浮幼年时,即能诗善书。书法初习欧体,俊整秀发。二十岁后,遍临魏晋南北朝书。其后,复探源于篆籀,穷奕于分隶,集众善而成家。他的手迹早在二十世纪二十年代已为名家所珍视,三十年代他即被公认为首屈一指的当代书法家。旧时代学者文人多订立润格卖诗文、卖字画。上海有李姓巨商,为纪念他母亲,不惜重金遍求海内名家属笔题褒。因马一浮不卖艺,独缺其杰作。后来这位巨商探知马多与和尚交往,乃请一老僧陪谒马先生,一见便下跪叩头,求撰墓志,马为之感动,允其所请。他日撰就,手自端写与之。

五十年代后,马一浮被任命为浙江省文史研究馆馆长,后又被聘为中央文史研究馆副馆长。享寿八十五岁。

(中国新闻社 1996 年 1 月采用;署“周续端”笔名,载香港《大公报》1996 年 1 月 21 日;署“司马庵”笔名,载台湾《世界论坛报》1996 年 7 月 25 日)

文澜阁与《四库全书》琐闻

文澜阁在杭州西湖孤山的南麓，原来是藏放《四库全书》的中国七大书阁之一。兴建于清朝乾隆四十七年(1782)，至今已有二百一十三年历史。

明、清时，中国有三部举世闻名的巨著，即明成祖时的《永乐大典》，清康熙、雍正时的《古今图书集成》和乾隆时的《四库全书》。其中《四库全书》是中国历史上最宏大、最完备的综合性丛书。全书共三万六千多册。经部册面用绿绢，史部用红绢，子部用蓝绢，集部用灰绢，共六千七百五十二函。著录之书，达三千四百五十七种，七万九千零七十卷。这部书全是手抄本，用工整楷书写成，总计共二百三十万页，九亿九千七百万字。《四库全书》开始只写了四部，分藏在北京的文渊阁、圆明园中的文源阁、热河行宫中的文津阁和奉天行宫中的文溯阁。不久，乾隆皇帝“因思江浙为人文渊薮，允宜广布，以光文治”，特发银两，雇觅书手，再行誊抄三部，分藏扬州大观堂的文汇阁、镇江金山寺的文淙阁和杭州圣因寺的文澜阁，时称“江浙三阁”。

《四库全书》的原本，藏于特制的楠木匣中，首页钤有“古稀天子之宝”阴文方印，末页钤有“乾隆御览之宝”阳文方印，这就是所谓书中的“前宝”“后宝”。抄本装帧考究，字体工整，光泽瑰丽，书香扑鼻，可以想见《四库全书》初成时的盛况。

圣因寺，原为清朝康熙皇帝南巡杭州时的行宫，文澜阁就建在圣因寺的藏经堂后面。阁分三层，重檐飞椽，筒瓦板垄，钩栏望柱，气势雄伟古朴。“文澜阁”三字，用满汉两种文字写成，系清光绪六年(1880)重建后光绪帝手书。前临西湖，背依孤山，坐北朝南。第一进为垂花门，步入门厅，迎面是一座玲珑的假山。山顶东西各有一座小亭。山后为平厅，是当年士人阅读《四库全书》的地方。

文澜阁初建时，第一层放《古今图书集成》，后面和两边放《四库全书》经部，夹层放史部，第三层放子、集二部。光绪六年重建后，仍按原样收藏图书。1911 年，《四库全书》迁至浙江图书馆收藏。

乾隆时编的那七部著名的《四库全书》，后来的命运各不相同。藏于镇江的一部在 1842 年，被入侵的英军毁坏大部分；1853 年，太平军进攻镇江时，在战乱中全部被毁。扬州的一部，也在 1860 年毁于战火。圆明园的一部，亦在 1860 年被英法联军焚毁。“内廷四阁”所藏《四库全书》，余三阁之书今尚存。至于“江浙三阁”，现在就只剩下杭州的这一部《四库全书》了，因此它格外宝贵。

（中国新闻社 1996 年 1 月采用；署“周续端”笔名，载香港《大公报》1996 年 1 月 23 日；署“司马庵”笔名，载台湾《世界论坛报》1996 年 7 月 22 日）

诗僧画僧苏曼殊

春雨楼头尺八箫，何时归看浙江潮？
芒鞋破钵无人识，踏过樱花第几桥。

这是南社著名诗僧苏曼殊所写的一首《本事诗》。全诗情深意切，脍炙人口。

曼殊(1884—1918)，俗姓苏，名戬，字子谷，广东省香山县(今中山县)人。曼殊曾经悲叹自己的身世有难言之痛。他的《燕子龛遗诗》集中，就有一首《题〈拜轮集〉》(拜轮，即今译之拜伦)的诗云："秋风海上已黄昏，独向遗编吊拜轮。词客飘蓬君与我，可能异域为招魂。"诗前并有一小记说："西班牙雪鸿女诗人过存病榻，亲持玉照一幅，《拜轮遗集》一卷，曼陀罗花共含羞草一束见贻，且殷殷勖以归计。嗟夫！予早岁披剃，学道无成，思维身世，有难言之恫！爰扶病书二十八字于《拜轮》卷首，此意惟雪鸿大家心知之耳！"原来苏曼殊的生父苏杰生在日本横滨万隆茶行经商时，娶了河合氏(亚仙)为第三房妻子，还与家里的女佣若子同居过。曼殊系若子所生，出生未满三月，若子就离开了苏家，从此再也没有回来。曼殊由河合氏抚养成人。曼殊六岁时随父回中国，河合氏留横滨。由于曼殊并非嫡母黄氏所生，在香山县沥溪乡老家，从小就多受虐待。

曼殊十五岁那年，东渡日本省母。河合氏命他进入大同学校求学，毕业后进了东京早稻田大学，和陈独秀等名人成为同窗，不久又改习陆军。1903年二十岁时，曼殊辍学回国来到上海，在一家报馆任翻译工作，此时他结识了包笑天、章士钊等社会名流。第二年春天，他又悄然来到广东新会慧龙寺，削发为僧，法号曼殊，又号玄瑛。辛亥革命后，政权旁落袁世凯之手，孙中山先生组织讨袁，曼殊虽然当了和尚，但仍代表全国僧众，写了声讨袁世凯的檄文，足见耿耿此心，以家国为念。

苏曼殊是清末文坛多才多艺的大家，他不但是一个著名的诗僧，而且还是一位自成一家的画僧。他的画汇集成书的有三种：一是他的女弟子何震所辑的《曼殊画谱》，二是有章太炎题序的《曼殊上人墨妙》，三是柳亚子所辑、北新书局铜版印行的《曼殊遗墨》。苏曼殊不轻易作画，但他和江南的刘三却有特殊的交谊，“多谢刘三问消息，尚留微命作诗僧”。他为刘三绘过好多幅精品，如《黄叶楼图》《白门秋柳图》等。有一年刘三生病，且病得很重，请名医陆士谔诊治，药到病除，刘三非常感激，便把苏画《白门秋柳图》作为酬谢礼品。后来这幅名画为士谔子陆清洁所珍藏，清洁当年在杭州行医，就把此画悬挂医寓。

苏曼殊于 1918 年圆寂于上海广慈医院，时年仅三十五岁。曼殊离世入灭后，由南社的柳亚子等筹资筑塔移葬于杭州西湖孤山之阴，和宋朝的诗人林和靖（名逋，字君复）墓为邻。当时诗人诸宗元曾为之撰铭曰：“终隐浮屠，夙恋此湖。藏骨于此，可无愧于林逋。”

（中国新闻社 1996 年 3 月采用）

刘大白及其遗嘱

浙江的绍兴县，从前以出“师爷”闻名。到近代，产生了不少的文人，除鲁迅周氏兄弟外，还有蔡元培、邵力子、竺可桢、马一浮、许寿裳、刘大白等多位。在这许多文人中，刘大白给我的印象最深，因为我幼时曾见过他一面。

刘大白(1880—1932)，本名靖裔，原姓金，名庆棪，字伯贞。辛亥革命后，改名为刘大白，曾用笔名汉胄。刘于年轻时，就参加了孙中山先生领导的同盟会。癸丑二次革命时，刘大白在报上撰文讨伐袁世凯，后出走日本和苏门答腊。1916 年 6 月，袁世凯称帝失败身亡，大白从南洋回国，定居杭州，出任浙江省议会秘书长。大白曾有诗：

鉴湖不住住西湖，十五年来此愿孤。
今日孤山容我住，挈妻携子傲林逋。

五四运动之时，刘大白和胡适之共同提倡白话文新诗，受到成千上万青年人的爱戴。他的新诗集《旧梦》《邮吻》《卖布谣》等，脍炙人口，广为传布。他的诗词，有着唐诗宋词的情趣，不仅是继往，而且在开来，在新诗园中别开生面。文学大师朱自清也曾说：“刘大白先生能融旧诗的音节入白话，又能利用旧诗里的情意表现新意，如《春半》一诗，读来似一首白话旧诗，又像一首词。”

刘大的《春半》，确实趣味盎然。诗云：

春来花满，花飞春半。

花满花飞，忙得春风倦。
开也非恩，谢也何曾怨？
冷落温存，花不东风管。

1932 年 2 月 11 日上午，刘大白病故于杭州钱塘路九号住所，享年五十三岁。刘大白弥留之际，曾留遗嘱有四：一、叫家属治丧要简单；二、请医院解剖，把他的心肺取出，以供今后医疗上研究；三、要水葬，说最好在下午两三点钟钱塘江涨潮时，把他的遗体投入江中，以“乘长风破万里浪”，作“一次最末的旅行”；四、藏书代他送给国家图书馆。以上遗嘱，经其杭州挚友钟敬文等与亲属商议后，只依照了丧事从简原则办事，既不为之解剖，又不投江水葬，而是将他埋在西湖灵隐北高峰麓的丛林里。关于他的藏书，经刘的朋友罗膺中、戴静山、金少英、钟敬文、陈伯君、储皖峰等的整理，共三千九百五十三部，计一万六千六百三十册，曾装箱保藏一年有余，后转让给浙江大学，书价三千元，分十二期付款，每年二期，每期二百五十元，以作其子女生活费用所需。

浙江大学因刘大白对中国文学的杰出贡献和他对浙江大学的特殊功绩（刘曾任浙江大学校长），曾辟一刘大白藏书专室，以志纪念。

（中国新闻社 1996 年 3 月采用；署“周续端”笔名，载香港《大公报》1996 年 4 月 24 日；署“司马庵”笔名，载台湾《世界论坛报》1996 年 10 月 1 日）

木刻藩印布政使

孤根闷幽岩，坐观时运易。

不能回岁寒，后凋复何益？

这是近代大书画家李瑞清的《自题画松扇面》五绝诗。

李瑞清(1867—1920)，字仲麟，号梅庵，一号梅痴，晚署“清道人”，江西临川人，他是当代著名画家张大千、胡小石的老师，他不但把当时江南最有规模、最早创办的新式学堂两江(优级)师范学堂纳入正轨，更以其识见为中国率先创办了第一个独立的美术科系“国画手工科”，使南京人引以为荣。

清宣统三年(1911)六月，李瑞清赴京出席全国教育会议。甫归，即遇武昌革命起事。是年农历十月二十日，苏、浙、沪革命军政府之联军攻南京城甚急，布政使樊增祥携“藩印”逃去。樊增祥，便是那首有名的《灞桥旅店题壁》诗“残柳黄于陌上尘，秋来长是翠眉颦。一弯月更黄于柳，愁煞桥南系马人”的作者，曾被谭嗣同于旅店“读竟狂喜，以为所见新乐府，斯为第一”(见谭嗣同《论艺绝句》自注)的人。其时南京城内“可战之兵，不满五千”“可支之饷，不足三月”。全城上下惶恐不安，唯独李瑞清仍率诸生上课如常。李瑞清并在危难之中，受命署任江宁(即南京)布政使。“藩印”已去，李遂临时刻一木印权用，成为后人所说的“木印藩司”。

十一月初十日，革命军破幕府钟山营垒。当时江宁城内的美、日领事,曾劝李瑞清暂避于外国兵舰,但遭到了他的拒绝。他说:“托庇外人吾所羞,吾义不欲生,使吾后世子孙出入此城无愧可矣!”辛亥十一月十二日,革命军攻入南京城,城中大小清朝官吏,均作鸟兽散。只有李瑞清仍冠带整齐,手捧“木印”,端坐公堂之上,准备“殉清”。革命军中多有“知其清廉仁厚而敬之者”,因而并未为难他。于是李瑞清召集江宁父老缙绅,移交藩库内尚存之数十万金及两江师范学堂清册,并对大家说:“余不死,黄冠为道士矣!库之财,宁之财也,幸尚保之!”众皆泣下,莫能仰视。

李瑞清南京卸任后,不久即去沪,以卖字画为生。当时袁世凯曾派人奉送白银一千二百两,聘请他入幕出谋划策。李瑞清虽居家清贫,但不为金钱所动。他当着来人的面,将银两摔在了地上。

李瑞清五十四岁卒,墓葬金陵牛首山。革命党人李征五有挽联云:

我革命,君守义,仁者见仁,智者见智,不以公谊害私情,患难相交盟白水;

夷则清,惠之和,饥犹己饥,溺尤己溺,为有侠肠励高节,昊苍何竟丧斯文。

李征五的挽联中,对李瑞清的公私分明、侠骨节义,给予了高度的赞扬。

(中国新闻社 1996 年 5 月采用;署“周续端”笔名,载香港《大公报》1996 年 6 月 2 日)

喷水鱼洗天下奇

杭州的孤山，不仅是西湖风景的精华所在，也是西湖文物荟萃的地方。单说孤山南麓的浙江省博物馆，就珍藏着不少举世闻名的国宝。

在诸多的国宝中，有一件稀世文物，叫作“喷水鱼洗”。它是用黄铜制造的，样子很像一个铜脸盆。盆高约十厘米，盆口内径约三十二厘米，盆底内径约二十八厘米，盆沿宽三厘米。沿的上面竖有两只对称的铜耳，称为“双耳”，或叫“两弦”。盆内底部铸有长约十厘米的鲤鱼四尾，鱼鳞俱全，首尾相接，按顺时针方向排列成方形。每条鱼嘴前铸有七至九条凸纹，成放射状沿盆的内壁向上延伸，称为“喷水线”。“眼似真珠鳞似金，时时动浪出还沉。”（唐・章孝标诗句）“好去长江千万里，不须辛苦上龙门。”（唐・窦巩诗句）中国民间向以“鲤鱼跳龙门”寓吉祥喜庆之意，故鲤鱼也就铸入了盥洗生活用具。

“喷水鱼洗”在表演时，将它放在一座特制的木架上，其间垫上一层软垫，注入大半盆水，然后用蘸有水的两只洁净无油腻的手掌，缓慢而有节奏地摩擦盆边两耳，盆就像受击撞一样振动起来，发出有力的“嗡嗡”声。“拂水宜清听，凌空散迥音。”（唐・郑絪诗）好似在寒夜听到了回旋的钟音。与此同时，盆内水波开始荡漾，在鱼洗水面靠周壁四个喷水线处，就有水花飞溅而起，喷涌上蹿，形成四道水柱。在每道水柱附近的水面上，水珠跳跃，水泡翻滚，喷射的水柱最高时在七十厘米以上。整个水面，酷似元代诗人李祁在《题赤鲤图》中所描绘的：“风翻雷吼动乾坤，赤鲤腾波势独尊。无数闲鳞齐上下,欲随春浪过龙门。”确实十分奇妙有趣。如果停止摩擦,音响和喷水现象也随之消失。这一奇特现象使“喷水鱼洗”闻名中外。近几年来,浙江省博物馆的“喷水鱼洗”,曾两次到日本、一次去美国展出,观众如潮,新闻媒体竞相报道,将其誉为“中国稀世之国宝”。

“喷水鱼洗”这一罕见文物,据科学家研究,是符合物理学的共振原理的。当两手搓“鱼洗”双耳时,便产生两个振源,振波在水中传播,互相干涉,使能量叠加起来,所以这些能量较大的水点,会跳出水面直至喷射。由此也可知,我们中华民族祖先对世界文明的卓越贡献。

浙江省博物馆所藏的“喷水鱼洗”,原为上海文素松的藏品。文素松,江西萍乡人,字舟虚,保定军校毕业生,曾任黄埔军校教官、教导团营长、大本营参谋、广州卫戍司令部参谋长、国民革命军总司令部军械处处长、中央兵工试验厂厂长、总司令部高级参谋等职。文先生平时喜爱古物,公务之余从事考古学研究,撰有《寰宇访碑录校勘记》《校补五朝鋈本书目录》《金石镜》等论著。此“喷水鱼洗”为文素松从云贵高原购得,据传系明代文物,文先生珍藏了二十余年,他去世后,由当时的西湖博物馆买下这一文物,保存至今。

(中国新闻社 1996 年 6 月采用;署“周续瑞”笔名,载香港《大公报》1996 年 7 月 5 日)

抄校巨擘张宗祥

四五十年事抄校，每从长夜到天明。

忘餐废饮妻孥笑，耐暑撑寒岁月更。

这是现代著名学者、书法家、画家张宗祥对自己抄校古籍生涯的真实写照。

张宗祥(1882—1965)，字阆声，别号冷僧，浙江海宁人，清光绪举人。

张宗祥幼年病足体弱，人以为将成废疾(痹症)，经过服中药和针灸，十一岁才能舍杖步行，观看外祖父沈韵楼写字，因此，少时就对书法发生兴趣。十岁临颜真卿《多宝塔碑》，后又临《颜家庙碑》，并参临小楷《麻姑仙坛记》。十三岁那年，正遇甲午海战，清海军溃败，张宗祥读了《普天忠愤集》一书，痛恨清朝政治腐败，内外交困。于是拼命读书，每月必有六七夜读到天明，以寻找救国救民的真理。他常与同乡学友蒋百里一起去双山书院读书，每借到一本书，相约务必当天读完，互相考问，谁答不上，就罚谁停止看书一个时辰。

张宗祥二十二岁时，得旧拓《淳化阁帖》，开始学习行草。三十一岁，改习李北海《云麾将军李思训碑》《麓山寺碑》《法华寺碑》，恣意临写，博采众长，终于自成一家。他的字，青年时整齐有力，中年后潇洒飘逸，晚年则苍劲有气魄，笔力所到之处，犹如秋风扫落叶。所以文豪茅盾曾说：“张宗祥先生汉学好，字好，画好。字好极了！”

张宗祥的汉学好、字好，这就使他终于成为一代抄校古籍的巨擘。

1914年，张宗祥与鲁迅（周树人）在北京教育部共事。第二年，张宗祥出任京师图书馆（北京图书馆前身）主任。一天，周树人对张宗祥说："我看馆中有十二卷本白棉纸的明代抄本《说郛》和丛书堂本《嵇康集》，可惜内容不详。你是'圣手'，何不录出？大家来研究研究，我也急需。"张宗祥答应用两个月交卷。这时，张宗祥抄书速度已达到惊人的程度。他用毛笔小楷日抄一万五六千字，最多时日抄二万四千字。友人的信任和学术界对古籍资料的需求，使张宗祥立志"时欲抄校古书籍，毕一生之业"，并作联"分明去日如奔马，收拾余年作蠹鱼"。他还刻有"著书不如抄书"一印。他三十二岁时，"点读二十四史毕"。三十五岁，校《资治通鉴》。直到他六十七岁出任浙江图书馆馆长之职时，从公之暇仍忙于整理抄校古籍《国榷》《全宋诗话》《神农本草经》和三次写定《校注论衡》。

年逾七十高龄，他还自认为抄书乃"年已七十以上，万不可缓之事"，故仍然"夏日挥汗，隆冬呵手，朱墨纷陈，未敢稍辍"。他的小女儿在旁，时加劝阻，或故意报有事有客，以冀老人略得片刻休息。张先生八十四岁，身患不治之症，在"咳嗽痰中带血，背痛加剧，夜不能寐"的情况下，还念念不忘完成《明文海》的抄校。《明文海》是张宗祥一生抄校的最后一部巨书，共四百八十二卷。

（中国新闻社1996年6月采用；署"周续端"笔名，载香港《大公报》1996年7月7日）

石门丰子恺遗事

丰子恺先生是中国现代著名的漫画家、散文家、翻译家和音乐家，离开我们已有二十年了。

丰子恺系浙江崇德石门湾（今为石门镇，属桐乡市）人。小名慈玉（乡同辈称他为慈哥或慈弟），学名丰润，小学时改名丰仁，字子颉（“颉”与“恺”通）。他出身于书香门第，四岁时父亲中了末科举人，但父亲壮年谢世。丰子恺少年时在杭州读书，是著名的音乐家和美术教师李叔同（即后来出家于杭州虎跑定慧寺的弘一法师）的得意门生。笔者尝见过一幅他早年手绘的《松间的音乐队》漫画，画面中间是一座房屋，屋后是三棵参天古松，四周碧水环绕，暮霭苍茫，云烟四合，天空中一群小鸟正向松树飞来，似闻吱喳其声，清脆动人，仿佛置身于音乐世界之中。弘一法师喜欢这幅画，在画的左上方亲笔录写了明朝叶唐夫的一首七言绝句：“家住夕阳江上村，一湾流水绕柴门。种来松树高于屋，借与春禽养子孙。”字好，画佳，诗情画意，师生情谊，交相辉映。

有人说，丰子恺的漫画和书法，不看他的署名，亦不会认错，可见他的个人风格之鲜明。丰子恺的第一幅漫画，叫作《人散后，一钩新月天如水》，发表于1924年朱自清、俞平伯合编的刊物《我们的七月》。自此以后，“子恺漫画”在中国大地上整整风行了半个世纪，赢得了广大的读者。丰子恺的最后一幅书法作品，据我所知写于1975年的清明，是送给上海的洪丕谟的。当时丰先生刚从故乡石门湾探亲访友归沪，写的是唐代诗人贺知章的《回乡偶书》:“少小离家老大回,乡音无改鬓毛衰。儿童相见不相识,笑问客从何处来?”并加了跋语:“离乡近四十年,重省故园,屋宇全新,林园畅茂。如渔人之入桃源仙境,亦惊亦喜,梦耶非耶?写贺知章此诗志感。乙卯清明,子恺时年七十又八。”

丰子恺于1975年春夏之交患病,9月15日与世长辞,享年七十八岁。丰先生卧病不起时,有一位上海沈大成点心店的职工叫卢永高,是绍兴人,因仰慕丰先生的高风亮节,自愿侍候,殷勤备至。

丰子恺一生著译甚丰,主要作品有散文集《缘缘堂随笔》《随笔二十篇》《车厢社会》《率真集》《缘缘堂再笔》《缘缘堂集外佚文》以及《缘缘堂续笔》等;绘画有《子恺漫画》《丰子恺画集》《丰子恺绘画鲁迅小说》等;音乐有《音乐入门》《近世十大音乐家》等;译作有俄国屠格涅夫小说《初恋》《猎人笔记》,英国史蒂文生小说《自杀俱乐部》,日本德富芦花的《不如归》和日本古典名著《源氏物语》等。

(中国新闻社1996年7月采用;署“周续瑞”笔名,载香港《大公报》1996年7月27日;署“司马庵”笔名,载台湾《世界论坛报》1996年11月6日)

宁波古刹阿育王寺

散来舍利自西方，宝刹名留阿育王。
四面好山围佛地，一声清磬出禅堂。

——清·李震

近闻宁波古刹阿育王寺修饰一新，四方游客激增，这使我想起了当年游阿育王寺的一些见闻。

出甬城向东行驶约十六公里，便到了阿育王寺的山门口。寺门口原有一株“晋松”，古诗云：“更有老松传晋代，夜深万丈放灵光。”故此松又名“放光松”。这株松树高仅丈余，但“虬枝偃地，旁荫数亩”，异常可爱。清朝道光年间，松树的主根被寺里的和尚掘断，所谓“人老先老脚，树死先枯根”，“晋松”遂枯死了。后来寺僧把它迁移到山门内，四周围以花岗岩石栏，中间竖有一碑，上镌“放光松”三字，刚劲挺拔，锋生青光，当出于书法名家之手。

阿育王寺内佛殿建筑宏伟，大殿均用黄色琉璃瓦铺盖，两厢禅房，幢幡宝盖，金碧辉煌，仪态万方，殿堂周围满是苍翠的参天古松和古柏。寺前，有白云山、金沙地、玉几峰。清末著名“白梅诗僧”敬安（字寄禅，别号八指头陀，俗姓黄，湖南湘潭人）有《游阿育王寺》诗云：

为寻殊胜境，来到白云边。
平地金沙涌，当空玉几悬。
青松夹古道，碧殿入寒烟。

舍利今犹在，追思独怆然。

当然，阿育王寺驰名中外的最宝贵的遗物，应是“释迦文佛真身舍利”（一颗释迦牟尼的顶骨），它放在一个高一尺四寸、方广七寸的小巧玲珑的宝塔里面，游客可以从塔孔中窥视“舍利子”。这是一颗暗红色的小珠，从不同的角度去窥见此珠，因光线强弱变化，小珠有时呈红色，有时呈黄色，有时还呈别的颜色，令人感觉神奇。因此，某些信徒，也就以此定吉凶、卜休咎，当作“神灵”之物了。

关于这颗“舍利子”的来历，还另有一段传闻。据说，公元前273年，古印度孔雀王朝中期的阿育王，从父祖手中继承了这个强盛的帝国，一心要使它变得既富裕强大，又和平安宁，就大兴佛事，大建佛塔，并于塔中贮储释迦真身舍利。这种塔，人们就称之为“阿育王塔”。至于舍利塔，《魏书·释老志》亦有记载云：“佛既谢世，香木焚尸。灵骨分碎，大小如粒，击之不坏，焚亦不燋，或有光明神验，胡言谓之‘舍利’。弟子收奉，置之宝瓶，竭香花，致敬慕，建宫宇，谓为‘塔’。”

宁波的阿育王寺，就因寺中有个储有佛骨舍利的阿育王塔而得名。这里的阿育王塔，是晋朝太康年间高僧惠达，经过千辛万苦访求得来的。所以，阿育王寺也奉惠达为始祖。

过去，每年农历二月十五日，阿育王寺都要举行百果会。各地佛教徒前往普陀山进香时，必要先到阿育王寺参加百果会，瞻礼舍利塔。

（中国新闻社1996年8月采用；署“周续端”笔名，载香港《大公报》1996年9月25日；入选中国新闻社编《中国新闻·星期刊》第325期）

近代画家汪采白

近代大画家汪采白(1886—1940),名孔祁,别署洗桐居士,安徽徽州歙县人。他与黄宾虹是同学,并与张大千、徐悲鸿、齐白石、张玉良等交往甚厚。其祖父汪仲伊是清朝进士,学识渊博,著述等身,被称为一代名流。其父汪吉修,亦擅书法。

汪的故里徽州,素称藏珍聚宝之地、人文荟萃之乡。明代大戏剧家汤显祖有诗云:“欲识金银气,多从黄白游。一生痴绝处,无梦到徽州。”采白生于黄山白岳之间和练水之滨,幼习乡贤渐江之艺。渐江,俗姓江名韬,明亡为僧,更名弘仁。有诗云:“画禅诗癖足优游,老树孤亭正晚秋。吟到夕阳鸟飞尽,一溪寒月照渔舟。”他是一位“敢言造化是吾师”者,尝被人誉称为诗、书、画三绝。汪采白正是遵循了“师传统,更师造化”的艺术道路,而成为书画大师的。黄宾虹崇严谨,爱深邃,他却尚豪放,喜秀逸。汪采白作品《听泉》《黄山松泉图》,一山一石,一树一叶,虽是寥寥几笔,却莫不形神兼备,情趣盎然,别有生机。汪画深得胡适的称赞。

汪采白艺术精湛,人品高尚。日寇占领华北后,他作有《云山图》一幅,并题诗云:“如此湖山清彻骨,更从何处着尘埃。征帆未许轻相傍,恐带人间名利来。”悲愤之情,赫然纸上。他又作《风柳鸣蝉图》以表爱国之心。此画催人“溅泪”,令人“心惊”,故一经展出,引人瞩目,即被一法国人订购。当时,有一日本商人愿出重金,要他再画一幅,但他断然拒绝。后来,汪采白的老同学陶行知称赞他“行止有耻”,品评极高。

汪采白求画于精，不重金钱，凡亲朋好友、村民渔夫求画，均一一应允，从不拒绝。据说，有一位在私塾教书的穷老夫子，极钟情于采白先生的画，端了一碗自己制作的“霉苋菜梗”，请汪先生品尝，并面求一画。汪喜甚，边嚼菜梗，边铺纸作画。顷刻画成，双手捧画送与私塾先生。此事曾在江浙皖赣传为美谈。

1940 年，汪采白拟作画举行义展，不幸生病，被庸医误打针药而殁，举邑哀痛。当时，乡人送一挽联云：

六月生，六月死，误打六针六零六，再过六年，便是六旬大庆；

一笔水，一笔墨，巧得一张一等一，自成一派，卓然一代名家。

汪采白去世，身无存蓄，一切后事均由友人料理。时隔三年，由其生前好友集资将其公葬于歙城之西干山披云峰山麓。著有《采白画存》《黄海卧游集》和《黄山名胜画集》等多种。其于 1934 年作《枫谷支筇图》，被视为稀世之宝，今藏南京博物院。采白子汪克劭，字勖予，一字藕丝，亦工山水花卉，是苏皖名家。

（中国新闻社 1997 年 1 月采用；署“周续端”笔名，载香港《大公报》1997 年 3 月 1 日）

光绪帝之师翁同龢(上)

在江南城市中,江苏常熟是有名的古城之一。所谓“七溪流水皆通海,十里青山半入城”,可见自然风光之优美。常熟不光景色秀丽,在晚清还出了一位很有名的大臣,叫翁同龢。

翁同龢(1830—1904),字声甫,号叔平,晚号松禅、瓶笙。清咸丰六年(1856),翁同龢二十六岁时,参加殿试(又名廷试,是皇帝对会试录取的贡士在殿廷上亲发策问的考试)。前一日,翁住宿京城。是夜,住房附近“恶少狂童花爆放,火星乱射惹人憎”,吵得翁同龢终夕未能成眠。第二天天亮入朝,翁困顿乏力,头脑昏昏,正在危急之时,他忽然想到考袋中有长白山人参一支,急忙取出嚼烂咽下肚中。霎时,神清气爽,思路敏捷,待进殿应试,作文对答,无不得心应手。因而翁同龢获殿试第一名“状元”,时人遂有“人参状元”之称。

翁同龢中状元后,历任户部侍郎,都察院左都御史,刑部、工部、户部尚书,先后两入军机处,任军机大臣兼总理各国事务衙门大臣,又为光绪帝师父。光绪帝“每事必问同龢,眷倚尤重”。中法战争时,翁主张重兵抗法,反对妥协投降,积极支持刘永福的黑旗军保卫疆土。然而他对于“火轮驰骛于昆湖,铁轨纵横于西苑,电灯照耀于禁林”,却“忧心忡忡”,日夜不安。

翁同龢喜欢养鹤,常观鹤作书,终意所适,不受羁缚,时采北碑之笔,融会贯通,浑穆豪放,蔚为一代大家。时逢中日甲午战争,翁所蓄二鹤突然逃去，翁即书《访鹤招帖》悬重赏寻之。因其书法妙绝，帖旋被人揭去，此事轰动都门。有人曾以诗戏之云：“军书旁午正彷徨，唯有中堂访鹤忙。从此熙朝添故事，风流犹胜半闲堂。”

其实，贾似道是不能与翁同龢相提并论的。南宋奸相贾似道在杭州西湖葛岭府邸，建造了“半闲堂”，日夜与姬妾踞地斗蟋蟀，或游湖饮酒作乐，置前线告急文书于不顾，因而引起百姓极大的愤慨。戏曲《红梅记》，就是描写李慧娘死后化为鬼雄，向贾似道讨还血债的故事。而翁同龢对中日甲午之战，则以为强敌凭陵，国势寖弱，力主“大张挞伐”，不能“一误再误”，否则“中国从此无安枕之日”矣。对前方战事每况愈下，翁则“焦灼愤懑，如入汤火”。中日《马关条约》签订后，翁愤于李鸿章割地求和，遂倾向变法图强，以“练兵强天下之势，变法成天下之治”。他又为慈禧太后名为归政，犹事事掣肘，因欲辅翊光绪帝筹谋新政。他破格求贤，冀匡时变，给维新人物以“游说公卿”掀起变法的机会。曾以帝师身份走访康有为，反复讨论过变法事宜。北京强学会成立，创办了《中外纪闻》，他给予支持。他唯反对维新派提倡的民权平等学说，并憎恶君主立宪的主张。

（中国新闻社 1997 年 3 月采用；署“周续端”笔名，载香港《大公报》1997 年 8 月 25 日）

光绪帝之师翁同龢(下)

光绪二十四年(1898)一月二十四日下午三点钟,由李鸿章、翁同龢、荣禄(兵部尚书)等在总理各国事务衙门的西花厅,召见康有为,就经济、政治等方面的问题询问康有为,康答得头头是道。于是翁同龢再次向光绪皇帝推荐康有为,说“有为之才,过臣百倍”,才堪大用。不久,光绪帝见到了康有为的《上皇帝第三书》,又得读康有为历次上书和所著《俄大彼得变法考》《日本明治变政考》等,深受影响。他“不甘作亡国之君”,力排众议,锐志更张。于是年四月二十三日下“明定国是”诏,宣布变法。

翁同龢是光绪帝的智囊,又是变法维新的中坚,早为慈禧太后所忌恨。于光绪“定国是诏”后四天,慈禧太后就逼着光绪皇帝下手谕,说翁“揽权狂悖”,将其削职回籍。“戊戌政变”“百日维新”宣告失败后,那位散布“宁赠友邦,毋与家奴”等卖国论调的慈禧亲信刚毅,又劾翁同龢曾面保康有为,翁被即行革职,永不叙用,交地方官严加管束。

翁同龢归里后,隐居于常熟县城虞山之西鹁鸽峰麓翁氏丙舍。丙舍,为翁氏之祠堂,面湖背山,初创甚陋,后渐充实,擅山林之胜。正门由山前塘入,翁同龢亲书“翁氏丙舍”四字。沿街侧屋坐北三间,靠东厢房,为翁接待宾客之处,布置陈设简单雅致。南面正屋五间,靠东为翁同龢起居之处,题额曰:“紫芝白龟之室”。室外庭园植古柏一株,并有用太湖石堆成的玲珑假山一座。东墙间辟有一扇便门,门框上系有古瓶一只,翁同龢自题“瓶隐庐”三字,取意将己封于瓶中,从此不闻朝野之事。并自号瓶笙、瓶生、瓶庵、瓶盦、瓶斋、长瓶、瓶庵居士、瓶斋居士，著有《瓶庐文稿》《瓶庐诗稿》。

翁氏丙舍靠西厢房三间，沿山塘亦辟有一扇小门，门外凿有一井，名叫"渫井"。此井为翁同龢削职归里隐居时所凿，原有花岗石井栏。传翁同龢恐慈禧加害，凿此井以备自裁，故亲书"可用汲"三字（"汲"为"急"之谐音，取意《易经》井卦），勒之井栏。翁又亲书"渫井"二字，镌于栏上，取不污之意。

翁在故里虽处事谨慎，犹如"瓶隐"，但对国事，还是忧心如焚的。这从他的《浣溪沙·谢桥小泊待潮》一词中可以看出。词云：

错认秦淮夜顶潮，牵船辛苦且停桡，水花风柳谢家桥。

病骨不禁春后冷，愁怀难向酒边消，却怜燕子未归巢。

翁同龢于光绪三十年(1904)五月，卒于里第。临死曾口占二十字，以示子侄云："六十年中事，凄凉到盖棺。不将两行泪，轻向汝曹弹。"其内心之痛苦可知。

宣统元年(1909)，吴中士大夫请为翁同龢湔雪，由两江总督端方代奏，诏复原官，后追谥"文恭"。有《翁文恭日记》四十册问世。

（中国新闻社 1997 年 3 月采用；署"周续端"笔名，载香港《大公报》1997 年 8 月 26 日）

秋瑾遗骨葬西泠

清末著名女革命家、诗人秋瑾就义九十周年了,笔者想起当年秋瑾遗骨归葬杭州西泠桥畔的一些轶闻。

秋瑾是在清光绪三十三年丁未六月初六日(1907年7月15日)清晨,就义于绍兴府城大街轩亭口的,直接杀害烈士的是绍兴知府贵福。秋瑾牺牲后,遗骸暂厝绍兴府山张神殿之北麓。当晚,就有人冒杀身之祸,在轩亭的石柱上贴出一副嵌名的挽联:"悲哉秋之为气,惨矣瑾其可怀。"

第二年正月,秋瑾挚友、当时文坛女杰徐自华、吴芝瑛,于杭州西湖中心点西泠桥畔购地安葬秋瑾。秋墓与苏小小、郑节妇墓相邻。美人、节妇、侠女,真令千古西湖生色。会葬之日,至者达二千余人,由诸女士相继演说,闻者莫不泣下。吴芝瑛且题其墓门曰:"呜呼!山阴女子秋瑾之墓。"

不久,营葬秋瑾之事,为清朝御史常徽所闻,即奏请清廷诏准,平毁了"秋墓"。秋烈士灵柩迁往湖南夫家。

辛亥革命胜利,薄海同欢,经湘、浙两省商定,决定迎送秋烈士遗骨返浙,复葬西泠桥畔。南社著名诗人陈去病有诗记之云:"湘江水碧楚山青,一棹冲风下洞庭。最是别情无限好,满携缣素返西泠。"

1912年10月23日上午十时,秋瑾女侠之灵柩,由招商局一轮船自汉口运送到沪。福字营司令长官刘福彪与全队军官及军乐队,携花圈至码头迎接。10月26日,上海各界开追悼大会。会后,灵柩发引。前引有商团，马队十余骑，在沪的福字营牺牲队兵士及陆军第三旅各目兵，均执枪支护送。后有刘司令长官乘马压弹而行，继是各界人士五百余人执绋恭送。中有彩亭两座，悬挂匾额。随后又有一计划甚为奇特，亭之四面扎以冬青，中储有面粉做成的大乌龟一只，上嵌百果。亭中粘一长长的纸条，条幅上书："此为前清浙江绍兴府知府贵福之小像"。此亭经过各处，见之者莫不大笑。秋瑾之灵榇则装在炮车上，用白马驾之，并有女校学生在两边拉引。观者又无不肃然起敬。

秋侠遗骨回杭，浙江都督设祭，各界代表用粘饼制成"秋雨秋风"（"秋雨秋风愁煞人"七字，为秋瑾烈士就义前之绝笔）四字之祭品，特别致祭。吴芝瑛撰《挽秋女士联》，曰："今夕何夕？共诸君几许头颅，来此一堂痛饮；万方多难，与四海同胞手足，竞雄廿纪新元。"下署："追挽革命流血烈士之灵，并告慰璿卿吾妹凌云一笑。"

是年12月8日，孙中山先生至杭，发表演说云："去岁攻克南京，尤浙军之力居多。可痛者，最好的同志秋女侠一瞑不视。兄弟此来，固不仅观览西湖风景，亦将临女侠埋骨之所一施凭吊云。"第二天一早，孙先生即亲赴西泠秋社悼祭秋瑾，并面允担任秋社社长。同时写有挽联云："江户矢丹忱，感君首赞同盟会；轩亭洒碧血，愧我今招侠女魂。"题额曰："巾帼英雄"。下署："鉴湖女侠千古。孙文"。

（中国新闻社1997年4月采用；署"周续端"笔名，载香港《大公报》1997年7月5日；署"司马庵"笔名，载台湾《世界论坛报》1997年9月13日）

芦雁画大师边寿民

学技偶然事，居然以技名。
迹随秋雁远，心似白沙平。
不羡稻粱足，惟耽山水清。
冥冥谢弋者，与世久无争。

这是清代著名的芦雁画大师边寿民的一首《述怀》诗。

边寿民是江苏淮安人。淮安，在江苏中部偏北，这里是南宋时击鼓助战打退金兵的韩世忠夫人梁红玉的故里，也是鸦片战争中抗英名将、民族英雄关天培的桑梓乡里。近世，淮安更是伟人周恩来的诞生之地。

边寿民原名边维祺（祺一作骐），字寿民，更字颐公，号渐僧、墨仙，又号绰绰道人、苇间居士、苇间老民。自幼聪颖，励志苦读，每日清晨，伫立于书房窗下的一块大青石上，开卷诵读，十年如一日。后来，这块大青石上，竟留下一双隐约可见的脚印。他二十岁时，考中秀才。与淮安陆竹民、周振民“时称淮上三民”（清光绪《淮安府志》）。

边寿民考上秀才后，一面以授徒为生，一面继续于科举功名。但他屡试不第，竟至七次秋闱不售。这使他丧失了由科举进入仕途的信心，遂痛下决心，绝意科举而专事绘画。当三十几岁时，他的画“居然及邻省，抑且达帝京”（边寿民《卖画诗》）。据说他的画进京后，还传入了宫廷，为雍正皇帝所喜爱。据记载，雍正即位前，曾将四幅边寿民的画张于屏上。雍正即位后，“人劝一游都门，可搏进取，乃其意淡如也”（《淮城信今录》),他竟未去。

现存边寿民最早的作画记载,是他三十一岁所作的《甲午重阳后五日病余题鳌菊》。四十岁是边寿民艺术的成熟时期,他构筑“苇间书屋”,居住于鸿雁栖息的苇滩之中,观察鸿雁飞鸣啄食及身姿百态,用泼墨法创绘芦雁,潇洒生动,颇得神趣,终于成为一代芦雁画的大师。他亦画山水、花卉,别有逸致;并工书法,写得一笔行楷好书。

边所居“苇间书屋”,名流学士路过淮城,无不争相访之。据《清朝野史大观》记载:边寿民“性爱客,客至,取画易酒”。因此他的画,亦多有散落民间。

边寿民晚年,曾对友人王孟亭说:“我以画为活,今年六十,老将至矣。为置一箧,外圆内方,虚其腹,封而窍之,及吾手能为时,得佳者,入窍而实之,以备吾老,名弆箧。”(见徐珂编撰《清稗类钞·艺术类·边寿民画芦雁》)王孟亭曾为此事,专门著文记之。但“弆箧”并未能收藏好他的得意佳作。边寿民得子较迟,死后幼子不能自立,“苇间书屋”易主,作品被典当。如今原址苇滩仍在,但书屋早已废圮。幸喜各地博物馆和民间都十分重视收藏边寿民的书画作品,尚有一些佳作保存于世。如南京博物院就珍藏有边寿民的《芦雁图》,此图画面上方还有边的一首亲笔题诗:

瑟瑟黄芦响,嘹嘹白雁鸣。

老夫住苇屋,对景写秋声。

(中国新闻社 1997 年 7 月采用;署“周续端”笔名,载香港《大公报》1997 年 10 月 16 日)

绍兴小儿“寄名”或“偷名”

凡人都有姓和名。绍兴小儿起名却有一个独特的习俗，叫作“寄名”。孩子出生后，父母怕其夭亡，或因多病，就将孩子在文武财神、阎罗包拯、或僧道前“寄名”为弟子，但不剃度出家，以求长命。

旧时，绍兴城乡独多“土谷祠”，祠内所奉土地神，绍兴民间俗呼“土地菩萨”。这“土地菩萨”，绍兴人又都塑的是文财神范蠡。春秋战国时，范为越国上将军，事越王勾践，苦身戮力，深谋二十余年，竟灭吴。范在越国首都绍兴所筑山阴小城（亦称蠡城），至今遗址尚存。勾践称霸，蠡以为大名之下，难以久居，于是乘舟浮海以行，终不返。相传他化名“鸱夷子皮”，又改名“陶朱公”。他精于理财，又肯于散财，三次致富，每次押千金之产以施舍贫民，所以他是绍兴人们心中最崇敬的文财神。

绍兴人去土谷祠“寄名”时，其父母常携小儿到范蠡大夫神前烧香，先将小儿生辰八字具文书奏名于神前，并用红布制成一袋，置小儿年庚于其中，悬在佛橱上，俗名“过寄袋”。祠庙内僧人为小儿取名，唤作“范生”“范郎”，或取别的吉利之名。僧人并将刻着“金玉满堂”或“长命百岁”的银项圈或锁形饰物，赐给小儿，儿呼神为“寄爷”。后每逢年终，僧人必备饭菜，送至小儿家中，其亲亦必回赠僧人以钱物，三年始毕。直至小儿成年完婚后，才将红布袋取回，谓之“拔袋”。

绍兴人也特别崇拜武财神关羽。关羽是东汉末年名将，俗称“关公”。千百年来，百姓敬慕其义气，官府厚爱其忠勇，故绍兴的大街小巷亦多建有“关帝庙”。绍兴小儿寄名于“义炳乾坤”“万世人极”的“关圣帝君”，便取名为“关宝”“关根”“关兴”等。

在绍兴水乡的河埠、桥堍和路口，也多建有“包公殿”，内塑北宋著名清官包拯的像。俗传包拯是“立朝刚毅，执法不阿”的“四大阎罗”之一。民间有“关节不到，有阎罗包老”及包公“日断阳，夜断阴”的说法。故绍兴人也最乐意抱小儿去铁面无私的“包爷爷”神前，寄名为“包德”“包盛”“包贵”“包富”“包荣”“包灿”“包发”“包寿”等。

旧时，绍兴小儿除“寄名”于神佛外，在乡间起名还有一个独特的风俗，叫作“偷名”。其方法是，先探知哪家人丁兴旺、福寿双全，便请人向其家“偷”一碗饭和一双筷子，并从其家长者的名字中“偷”一个字，用以取小儿之名。譬如其长者名叫“贵荣”，便取名为“荣华”；长者名叫“金福”，便取名为“福庆”。偷名者返时，儿母抱小儿于门前迎接，称为“接名”。偷名者即呼刚才偷来的名字，儿母便代为应之。

绍兴人为小儿“寄名”“偷名”，目的均是一个，即都是为孩子求福、求吉，禳祸去灾，使之平安过日，健康长大。虽属迷信，实也无可非议，都是“天下父母心”。

（中国新闻社 1997 年 10 月采用；署“周续端”笔名，载香港《大公报》1997 年 12 月 11 日）

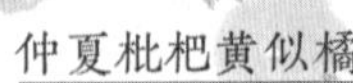

书坛怪杰徐生翁

徐生翁是中国近代独具风格的书画大师，新近出版的中国近代二十大书法家法帖，其中即有徐生翁的专辑。

杭州的栖霞岭下，里西湖之岳湖北岸，有一座老少皆知的岳王庙，又称忠烈庙，祀南宋少保岳忠武穆王。当年浙江督办卢永祥、省长张载阳先后募款重修岳庙时，前有石坊题“碧血丹心”四字。岳庙大门前所立的第一副楹联：“名胜非藏纳之区，对此忠骸，可半废西湖祠墓；时势岂权奸能造，微公涅臂，有谁话南渡君臣？”即为徐生翁大师所书。其联书古拙端庄，瘦硬有力，波磔奇宕，为其中年之代表作。时人有谓：“观其联，则岳庙他联无足观矣。”浙江美术学院已故教授陆维钊，于临终前尝抱病题跋徐生翁墨迹云：“徐生翁先生书画可以简、质、凝、稚四字概之。而画似尤胜书，惜余所见皆为小幅。书则岳庙长联可称杰构，今亦不易见矣。”

徐生翁是浙江省绍兴县檀渎村人。生于清光绪元年正月初一(1875年2月6日)。祖父是农民，父亲系商店店员。因其父出生后即寄养外婆家(李姓)，故生翁早年姓李名徐。中年署李生翁，因而1937年出版的《绍兴县志资料第一辑》(共十六册)题签，亦署“李生翁题”。晚年复姓徐，仍名生翁。

昔邓散木慕徐生翁名，曾亲到绍兴拜访，徐生翁兴之所至，以亲书对联一副相赠。邓见其字体歪斜，落款稚拙，莫解徐书之妙，乃求教于其师萧蜕庵。不料其师观后，竟拍案叫绝，连连说好，并道：“是书已入化境，天人相合，妙造自然，其为远绍六朝两晋，而加以炉冶，一洗近人侧媚之习，真逸品也。”

绍兴城内大坊口有一座很有名的寺院，叫开元寺。此寺为吴越国王钱镠所建。南宋嘉泰《会稽志》称：“重甍广殿，修廊杰阁，大钟重数千斤，声闻浙江之湄。佛大士应真之像皆雄丽工致，冠绝它刹。”开元寺于清咸丰四年(1854)楼毁经佚。1924年集资重建，并购置宋碛砂版古佛藏经一部，供奉于寺内藏经阁。入开元寺山门，重檐下是红底金字的“开元寺”榜书匾额，字大盈丈，熠熠生辉，乃徐生翁书。近代著名词人王素臧诣越城（即绍兴城）开元寺古刹造访，见徐书巨匾，自晨及午，由午及暮，流连忘返，啧啧称奇，跪拜再三方肯离去。后并赠诗徐生翁云：“三百年来一枝笔，青藤今日有传灯。”“青藤”，即明代大书画家徐渭。徐生翁书“开元寺”三字榜书真迹，今尚存绍兴博物馆。当代书家泰斗沙孟海亦曾跋曰：“旧时屡过绍兴开元寺，激赏翁三字题榜，峻健开豁，想见早年功力。”

1953年6月，浙江省文史研究馆成立，徐生翁被聘为首任馆员。第二年，黄宾虹获观徐生翁书画后，叹为“生平第一件快事”，并愿“为国荐贤”。但徐以年事高而婉谢。

1964年1月8日黄昏，一代书豪徐生翁病逝于绍兴城内孟家桥李宅，终年九十岁。墓葬于风光秀丽的会稽山麓。

（中国新闻社1998年3月采用；署“周续端”笔名，载香港《大公报》1998年4月22日）

江浙“两梅”逸闻

在中国近代文坛，江苏常熟的梅祖善和浙江慈溪的梅调鼎，都是很有名气的人物。

梅祖善，字寄鹤，别字季莩，晚号左畸，又号梅屋老人，笔名海舒。十八岁学中医，二十六岁到上海中西书局任编辑。他曾托名施耐庵续写《水浒传》五十回，并自撰长篇序言，称为《古本水浒传》，1933 年由中西书局印行。由于续写之情节、人物，与施耐庵著前七十回连贯、吻合，且布局前后呼应，语言精彩动人，故此书一度曾被《水浒传》研究者称之为“确出自施耐庵之手”，并谓“湮没三百余年的《古本水浒传》重见天日”云云。梅祖善三十五岁后，返归“七溪流水皆通海，十里青山半入城”的故里常熟，以行医为业，被公认为“江南名中医”。著有《太素脉诀全书》一卷，又有《少林奇侠传》一书传世。

梅调鼎，字修予，又字友竹、友生，号赧翁，是清末的大书法家，尝被日本书法界人士誉为“清代王羲之”。

梅调鼎自幼刻苦学习书法，他“早年的字，写得既漂亮又朴素，像年轻的农村姑娘，不施脂粉，自然美好”（当代书家邓散木语），梅以王羲之、王献之父子为宗，旁及诸家。中年后开始掺入欧阳询、李邕笔意，清劲绝尘，更见精彩。晚年又潜心于北碑，尤得力于《张猛龙碑》和《龙门二十品》，书法雄健凝厚、灼耀生姿，别开一家之风神，为世人所宝爱。

宁波著名古刹阿育王寺“天王殿”前的三副长联，就都出自梅调鼎之手。联云：

胜地涌灵光，烛彼尘世大千，非山非水；
浮图开法界，入我佛门平等，无圣无凡。

阿育造浮图，其数四万八千，惟斯独著；
萨诃求舍利，已历一十二代，仰此常灵。

左璎珞，右宝幢，东浙仰禅宗，是处法门不二；
松放光，龙护法，南州宗佛教，个中妙谛宜参。

联语字大径尺，均为梅调鼎晚年所书。书法结体与江苏镇江焦山所存摩崖《瘗鹤铭》相近，字体宽绰，锋棱光莹。有人说“联联都是神仙之迹”，可见其书之奥妙。至于阿育王寺“天王殿”殿额，亦为梅调鼎所临写，说来还有一段趣事：

一年的暮春之日，宁波阿育王寺翻修“天王殿”，寺内当家和尚请来大书家梅调鼎，款待食宿，请其重写殿额。但梅调鼎在寺半月有余，就是迟迟不肯动笔，而是天天跑到宁波天童寺去，观看彼处“天王殿”的殿额，以便从中取法。天童寺的“天王殿”殿额为明代密云和尚所书，当时名震书坛的大书法家董其昌就曾为之倾倒。梅调鼎看够密云所书殿额，才动笔去写，可是写一张撕一张，总是不满意。没有办法，他只有恭笔临写密云和尚所书“天王殿”三字，悬于这里的大殿之上。这样一来，宁波阿育王寺和天童寺的“天王殿”殿额便完全一样了。

梅调鼎有《赧翁集锦》《梅赧翁手书山谷梅花诗真迹》二书传世。

（中国新闻社 1998 年 3 月采用；署“周续端”笔名，载香港《大公报》1998 年 5 月 8 日）

浙东生育民俗谈

结橘树下夜三更，女伴相约去“打生”。

不管旁人来偷听，“会生”自己叫连声。

这是流传于宁(波)绍(兴)台(州)地区的一首民间《“打生”歌》。

以前，每当金秋十月，蜜橘丰收刚刚开摘时节，台州一些婚后多年没有生育的妇女，就相邀到结橘最多的橘林中去“打生”。一妇女手拿橘枝，去追打另一个妇女，边打边问：“会生吗？会生吗？”受打的妇女则满脸笑容连声答道：“会生的，会生的。”也有的妇女成婚后，因未怀孕，就结伴到城隍庙求子。求子者脱去粉红上衣，露出白嫩肩膀，跪在神前，其女伴则用细竹丝轻轻鞭之，女则喃喃向神虔诚祈求赐子：“愿神鉴我忱，赐我玉麒麟。”故清人石方洛亦有《且瓯歌·打生》诗云：“打生、打生，打尔何不把孩生。跪神前，请薄惩，袒而鞭之呼声声。”

浙东民间每当新生儿呱呱坠地，女婿就要去岳母家“报喜”，也叫“报生”。“报喜”时，除了带“喜蛋”(一种蛋壳外涂红的鸡蛋)，还须提装酒锡壶一把，俗称“报生壶”。壶内装“陈年花雕”绍兴黄酒，壶嘴上插柏树枝或万年青。“柏树”与“百岁”谐音，取其吉兆耳。如生男孩，则系红头绳于壶嘴；生女孩，则扎红头绳于壶把。娘家倒取壶里的绍兴黄酒后，要将米倒入壶内，给女儿烧粥吃。绍兴有的地方“报生”时，要备酒一担送岳母家，名为“报生担”。岳母则回以糯米、粳米、红蛋、扎面等物。而后，由岳母给邻居分“报生酒”喝。

婴儿出生后三日开奶时，家人要给其品尝黄连。事前，请一善言的妇女，将黄连汤蘸数滴于婴儿嘴上，边滴边说："好乖乖，三朝吃得黄连苦，来日天天吃蜜糖；好宝宝，今日吃得苦中苦，来日方成栋梁材。"然后，再将用肥肉、状元糕、元红酒、鲤鱼、蜜糖等食品制成的汤水，用手指蘸少许涂于婴儿嘴唇，并一边唱吉语："吃了肉，长得胖；吃了糕，长得高；吃了酒，福禄寿；吃了糖和鱼，日日有富余。"最后让婴儿尝一口从一健壮哺乳妇女处讨来的乳汁，开奶"典礼"也就算结束了。

婴儿出生满一个月，要办"满月酒"，设祭享神祀祖，并宴请亲友。这一天婴儿还要剃"满月头"。剃头时，请一福寿双全之老太抱着，坐在堂前请剃头师傅剃去胎发，俗称"落胎发"。剃发时脑门上的头发不能剃，有的还在后脑下部留一块头发，称"孝顺发"。满月这天宾客告辞后，"出窠娘"（即亲生娘）还要撑着纸伞抱着儿郎去"逛街"，说是这样孩儿长大后有胆有识，走南闯北，风雨无阻；并将一本书置于婴儿怀抱之中，以示小孩长大后读书知礼。

浙东民间婴儿出生满一岁，叫"抓周"，也叫"试周"。是日，即于其面前罗列百玩，任其拿取，以测其性情爱好和志趣。这于《聚宝盆传奇》第十出《试周》中也有所载，云：

> 大公子右手擎剑，左手持一金冠戏看；二公子持书嘻笑，手弄乌纱。后来必定是文武状元。

（中国新闻社 1998 年 5 月采用；署"周续端"笔名，载香港《大公报》1998 年 7 月 6 日；入选中国新闻社编《中国新闻 · 星期刊》第 415 期）

1997 年 9 月底，周芾棠（左 3）与著名儿童诗诗人圣野（左 2 ）、黄亦波（左 1）先生及小女周玉儿（左 4），在绍兴鲁迅纪念馆百草园合影

2003 年，周芾棠（左）在绍兴市越城区中兴中路家中，与绍兴第四中学学生、美国科学家毛建平先生（右）合影

于右任轶闻

于右任是辛亥革命的元勋，又是饮誉中外的书法大家、诗人。他出生于陕西三原的一个农民家庭，清光绪二十九年癸卯(1903)“领乡荐，中举人”。原名敬铭，字伯循，别字诱人，后以右任为字，即由此谐音而来。又字骚心。后在南京，于又别取字“草厂”（“厂”即庵），他有小筑叫“草厂”。他儿时放牧，险被狼噬，故亦自名“牧羊儿”，1948 年撰有《牧羊儿自述》。号髯翁，人称“于胡子”，晚号太平老人。又号痛臂翁，因晚年挥毫染臂痛之疾，故有是号。另有笔名、别署名“剥果”“神州旧主”“啼血乾坤一杜鹃”“关西余子”等。印名“关中于氏”(订润鬻书常钤)。室名“半哭半笑楼”（著有《半哭半笑楼诗草》）、“鸳鸯七志斋”（于曾于关中获魏碑七件，均为夫妇同瘗加墓志铭，因以名其斋）、“百花草庐”等。

于右任工书，尤善草体，清润散朗，浑穆闲逸，深得怀素小草《千字文》及八大山人草书笔意。曾以多年之研究，集古代草书之大成，取其易识易写而又有美术性者，编著《标准草书千字文》，几经选择改订，凡六七易稿，始正式出版行世。其所作行书，亦别具神韵，榜书寸楷，均挥洒自如，为世人所珍宝。他为北京前门外珠市口通衢南侧一茶馆，写有一块“永安茶庄”匾额，其书融楷、隶、行、草于一炉，被视为北京商铺中绝无仅有的奇品。

于右任亦擅撰联。1925 年 3 月 12 日，孙中山因肝癌逝于北京，各方所送的挽联不计其数。其中有一副最具“特色”，就是于右任所撰并亲笔所书的。联云：

综四十年胼手胝足之功，真是为生民立命，为天地立心，历程中揖让征诛，视同尘土；

流九万里志士劳民之哭，始知其来也有由，其生也有自，瞑目后精神肝胆，犹照人间。

孙中山言："余致力于国民革命，凡四十年。"在这段革命历程中，既有征诛(各次英勇起义)，也有"揖让"(让位给袁世凯)。此联最能表达孙中山的大公无私精神。字好，语佳，堪称大手笔。

于右任还曾为函谷关题过一联，亦十分生动有趣。联云：

送千年客去；

移一个关来。

函谷关有两个：一是在今河南省灵宝县西南，战国时秦置。因关在谷中，深险如函得名。当年齐国的孟尝君(田文)，逃离秦国，深夜至此，关门紧闭，即由门客献计学公鸡啼鸣，引动附近的公鸡都啼叫了。秦国关吏以为天将亮了，便大开关门放孟尝君一行出关而去。这就是"孟尝君偷渡函谷关"的故事，也是"鸡鸣狗盗"这一成语的出典。另一在今河南省新安县东，汉武帝时移置，去故关三百里。于右任为之题联的就是新安的函谷关，它是雄才大略、威名显赫的汉武帝刘彻从秦关"移"来的。此联巧妙地运用了发生在函谷关的传说和奇闻轶事，从而也衬托出了函谷关的雄伟、古老。

(中国新闻社 1998 年 5 月采用；署"周续端"笔名，载香港《大公报》1998 年 6 月 6 日；入选中国新闻社编《中国新闻·星期刊》第 409 期)

杭州方言与《水浒》

夜读清代陆次云《湖壖杂记》内有一段关于《水浒传》与杭州的记载：

(六和)塔在进泷浦上……塔下旧有鲁智深像,今毁矣。当日听潮而圆,应在此处。进泷浦下有铁岭关,说是宋江藏兵处。有石门,进此者每为伏弩所射。又,国初江浒人掘地得石碣,题曰“武松之墓”。当日进征清溪,用兵于此。稗乘所传,殆不尽诬也。

陆次云,浙江杭州人,清朝康熙初年拔贡生。“宋江藏兵处”,在今杭州皋亭山与灵隐附近。至于“武松墓”,昔年我在杭州时亦曾见过。墓在西子湖畔的西泠桥西,是一座长满青草的土坟,墓前立一石碑,上书“宋义士武松之墓”七字。这大约是后来人立的,不是清初掘得的“石碣”。

在《水浒传》故事的孕育与发展过程中,杭州地区的地理环境、真人真事、民间传说及社会风尚等,不断地被融入进去,特别是杭州的方言土语,成为《水浒传》的有机组成部分,这是已被《水浒传》研究界所公认的。

宋代庄绰(字季裕)撰笔记《鸡肋编》中有载云:“两浙妇人,皆事服饰口腹而耻为营生。故小民之家,不能供其费者,皆纵其私通,谓之贴夫。公然出入,不以为怪。如近寺居人,其所贴者皆僧行者,多至有四五焉。浙人以鸭儿为大讳。北人但知鸭羹虽甚热亦无气。后至南方,乃知鸭若只一雄,则虽合而无卵,须二三始有子。其以为讳者,盖为是耳,不在于无气也。”可见,这是当时浙江杭州一带的风格,即骂人为“鸭子”“呆鸭秋”,犹今天之“乌龟”“王八”“戴绿帽子”之类,是指其妻子与人私通之

意。这些,分明融入《水浒传》第二十五回中去了。且看:

郓哥见了,立住了脚,看着武大道:“这几时不见你,怎么吃得肥了?”武大歇下担儿道:“我只是这般模样,有甚么吃得肥处?”郓哥道:“我前日要籴些麦稃,一地里没籴处,人都道你屋里有。”武大道:“我屋里又不养鹅鸭,哪里有这麦稃?”郓哥道:“你说没麦稃,怎地栈得肥腤腤地,便颠倒提起你来也不妨,煮你在锅里也没气。”武大道:“含鸟猢狲,倒骂得我好!我的老婆又不偷汉子,我如何是鸭?”

另外,杭州一带的方言土语,被采入《水浒传》的还有不少。如“杀火”,《水浒传》第二十六回云:“棺木过了,杀火,收拾骨殖。”早年在杭州农村,把燃烧透了的木柴放入瓮甏中,使之与空气隔绝,成为木炭,叫“杀火”。又如“溪滩”,指的是“溪水”,杭州话:“到溪滩里去洗菜。”《水浒传》第九十八回:“水军头领李俊等布领水军船只,撑驾从溪滩里上去。”这个溪滩的“滩”,不同于汉语中“河、海、湖边淤积成的平地”和“水中的沙石堆”。中国古典名著长篇小说《水浒传》《三国演义》的作者施耐庵、罗贯中,相传都是钱塘(今浙江杭州)人,因而也难怪他们对杭州的方言土语和地理环境这样熟悉了。

(中国新闻社 1998 年 6 月采用;署“周续端”笔名,载香港《大公报》1998 年 6 月 16 日;入选中国新闻社编《中国新闻·星期刊》第 410 期)

挽左宗棠联记趣

左宗棠是清同(治)光(绪)年间“出将入相”的风云人物,其“大名与曾李相参”。曾,便是曾国藩;李,就是李鸿章。光绪十年(1884),正值中法战争之时,左宗棠以大学士身份督办福建军务,驻福州,整饬海军,力主抗击法国侵略者。第二年七月,左宗棠“鞠躬尽瘁,死而后已”,病卒于福州任所,享年七十有三。其时督办幕府送的挽联是:

幕府疆圻,书生侯伯,孝廉宰辅,疏逖枢机,系中外安危者数十年,毅魄长依天左右;

湖湘巾扇,闽浙戈船,沙漠轮蹄,中原羽檄,扬朝廷威德越五万里,声名远震海东西。

此联据说出自当时文人邓赓元之手,上联追述左宗棠的功名、地位,下联论及他的功业、贡献,非常贴切。

左宗棠是湖南湘阴人,字季高,亦字朴存。早年以乡村塾师为业,并以务农为职,故自号“湘上农人”。他二十岁中举人,以后却三试而不第。左宗棠最终“拜相封侯”,死谥“文襄”,这在清朝是十分难得的事。其时非翰林出身不得“大拜”(即入阁),亦不得谥“文”。故当左宗棠率“楚军”出征西北时,上奏朝廷欲赴京城参加会试(明、清两代,以举人试之京师曰会试,亦称“春试”“春闱”,每三年举行一次),朝廷乃破格钦授他为翰林院检讨(俗称“点翰林”)。这样,左宗棠后来才获入“东阁”拜相,故挽联中有“孝廉宰辅”(明清两代称举人为“孝廉”)之称。

送左宗棠的挽联中，最有趣的要算是左宗棠的厨师罗穆青的：

食性我能谙，白菜满园供祭馔；

浓阴公所茇，绿杨夹道迓灵旗。

“白菜满园供祭馔”，言左宗棠生活俭朴，平日爱吃白菜，爱喝菜汤。同治十一年(1872) 七月十五日，左宗棠入驻陕甘总督治所兰州。次月，即在总督衙门前开凿 “饮和池”，引池水入园，种了一片大白菜，池水供兰州百姓任意 “烹饪汲饮”。他还为此写了一篇很有名的《饮和池记》，文笔清新秀美，富有诗情画意，被人称为 “陇中一奇”。

茇，音“跋”，《说文》本义草根，此处指种植；迓，音“讶”，义即“迎也”。同治十二年(1873)，左宗棠为钦差大臣督办陕甘军务时，从陇东泾州（泾河上游，与陕西接壤，今名泾川县）至玉门关，修筑了一条长达三千里的宽阔大道，并于大道两旁栽植了 “根不择土”、有顽强生命力的杨柳数百万株，“依依袅袅复青青，勾引清风无限情”，甘肃人称之为 “左公柳”。左宗棠的得力部将杨昌濬亦有呈诗云：“大将西征人未还，湖湘子弟满天山。新栽杨柳三千里，引得春风度玉关。”

左宗棠的幕僚王麓坡亦有挽联述及 “左公柳” ：

当年拓地过乌孙，从兹春入玉门，伤心无限新栽柳；

此日陈书经白下，正待胪传金殿，放眼争看旧养花。

（中国新闻社 1998 年 7 月采用）

江南七夕话乞巧

银烛秋光冷画屏，轻罗小扇扑流萤。

天阶夜色凉如水，卧看牵牛织女星。

这是晚唐诗人杜牧的一首七绝小诗。每年的农历七月初七夜晚，妇女们于庭院天井，看云观星，祀天孙织女（相传织女为天帝孙女），穿针乞巧之事，旧时在江南民间普遍流行，故七夕亦称“乞巧节”。

七月初七这一天出生的女孩，江浙一带的老人还会给她起一个好听的名字，诸如“巧女”“巧妹”“巧珍”“巧珠”“巧云”“巧娣”“巧凤”“巧巧”等。

江南民间妇女乞巧的方式是十分丰富多彩的。南京妇女，是在前一天初六日，即取净水一碗，放在太阳下曝晒，又放在露天下过夜。初七日清晨，把巧菜（即豆芽）摘下来，轻轻放入水碗里，让“巧菜”漂浮水面，以指认“巧菜”的影子，似花、似鸟、似龙、似凤、似鱼、似虫……以定巧拙。也有一边投“巧菜”，一边唱着一首民间歌谣的：“巧芽芽，生得怪，盆盆生，白布盖。今天把你摘下来，姐姐妹妹照影来，又像花来又像菜，看谁心灵手儿快。”苏杭的妇女则拈一极小之绣花针，轻轻投于碗盆之水面，看水底针影的形状以验智愚，名叫“砉（音 dú）巧”。“兴来都作浮针戏，水会阴阳见化工”，实际上，这些都是有趣的游戏。

浙江会稽山区的妇女“乞巧”则比较朴实，她们是“穿针乞巧，至夜分不寐，候盼彩云”。“盼彩云”的正名叫“看巧云”，据说七夕之夜的彩云，会幻化出各种各样奇特的形状，有的像仙山楼阁，有的像狮象虎豹，有的像神仙菩萨，有的像金童玉女。仰头观赏，随意指点，恣逞幻想，其实也是一种乐趣。有人也还以自己看到的巧云形状，占卜命运。古人诗说"夏云多奇峰"，这本是天空的常景，但在七夕这晚看来却又别有意义。

流传于江浙的《海虞风俗竹枝词》云："七夕相沿乞巧风，秋闺姊妹笑声通。阿侬欲博针神誉，度线穿针学女红。"这便是江南民间"乞巧"习俗最真切的写照了。

在浙江温州瓯江口的洞头岛上，有一个"乞四娘"的风俗。它是当地女孩七夕求神乞巧的一种奇特游戏。据说，"四娘"姓童，是传说中为绣花失足海滨遇难的姑娘。每年七月初七前夕，洞头的少女，大都要亲手做好一双绣鞋。七夕之夜，将这双绣鞋连同几碟果蔬，到海滨去祭拜"四娘"，并念祝词："董四娘呀董仙师，教我绣花好花样，教我上鞋好鞋跟，教我织布好制衣。董四娘呀供上头，教我提笔画花画柳画云朵，教我刺，教我绣，教我捻麻成巧手。"意思是乞求董四娘赐巧，使自己能织善绣，精通女红。

可爱有趣的佳节，还总会有可口应时的食品。苏（州）杭（州）绍（兴）甬（宁波）地区，每逢七夕还家家啖食"巧果"。巧果是用糯米粉和糖捏成连环形，油炸使脆，故又叫"粉花"。绍兴的茶食店，也还有人制作"巧果人酥"以应景应时的。

（中国新闻社1998年7月采用；署"周续端"笔名，载香港《大公报》1998年10月4日；入选中国新闻社编《中国新闻·星期刊》第426期）

“冷籍”状元张謇(上)

讴歌淮海三千里；

关系东南第一人。

这是中国知识界、实业界所熟知并敬佩的张謇于1926年8月24日病逝后，大学教授王毓祥(湖南衡阳人)为其所撰献的一副挽联。上联说张謇在江苏南通致力于兴办实业和教育，对三千里淮海地区的空前贡献。下联除推崇张在东南的“地位”之外，“第一人”亦含有他的身份是“大魁天下”的状元之意。

张謇，江苏南通人，字季直，号啬翁，别署啬庵、啬叟，简署“啬”，人称“啬公”。别号季子，乡人尊称“张四先生”(行四而称)。幼名长泰，早岁学名吴起元(因父赘吴氏而兼祧，后还姓)。影射名“章謇”，字直蜚。

张謇生于清咸丰三年(1853)，十六岁开始涉足科场。

按当时的习惯，一家三代无人考官学的，叫作“冷籍”，子弟应试颇费周折，张謇便属此类“冷籍”。张家万般无奈，经人介绍，张謇便冒认为如皋(在江苏省东部长江北岸，东晋置县，距南通约一百五十里)人张驹的孙子，改名“张育才”，去如皋县应试。

张謇顺利地通过了县试、州试，不过州试成绩不是顶好，取在百名之外。当时的学官宋璞斋，举人出身，很瞧不起这个少年学子，狠狠排揎道：“若有千人应试，录取九百九十九，那么剩下的那个必定是你！”张謇羞惭至极，在住所的窗户和帐顶上都大书“九百九十九”五字，发愤攻读，每夜必耗尽两盏灯油方入睡。功夫不负有心人,张謇终于院试(清代由各省学政主持的考试)取中,名列第二十六名,成了“冷籍”张家有史以来的第一个秀才。后经通州(今南通)知州孙云锦斡旋,张謇仍改籍归宗,恢复原名,成为通州的一名秀才。

张謇十六岁考中秀才,三十三岁取中举人。此后每逢“春闱”会试,他便放下幕府文案,奔赴京城应试。但他三进礼部贡院考场,三次都落选。光绪二十年(1894),为庆祝慈禧太后六十大寿,朝廷特举行一次“恩科”会试。其时张謇已四十有二,有些心灰意冷,无意再去应试了。无奈老父一定要他再去考一次,“父命难违”,他借了几个友人的考试用具,极不情愿地步入考场。谁知,竟然取中会试第六十名,礼部复试又名列第一等第十名。

是年四月二十二日殿试,以一白昼为限,试题是关于河渠、经籍、选举、盐铁的四道,正中张謇的心意,担任评卷的“读卷大臣”为张之万、翁同龢、麟书、李鸿藻、薛允州、唐景崧、汪鸣銮、志锐八人。在这八人中,最赏识张謇的是光绪皇帝的老师翁同龢,翁阅张謇试卷后,立刻得出“文气甚老,字亦雅,非常手也”的结论。“读卷大臣”把殿试前十名的卷子送呈光绪帝圣裁。光绪皇帝经审阅后,在张謇试卷的卷首御笔朱书了“第一甲第一名”六个笔力沉劲的正楷大字。

经过二十六个春秋的坎坷曲折,“冷籍”张謇终于考中了“鼎甲之首”的状元。

(中国新闻社1998年7月采用;署“周续端”笔名,载香港《大公报》1998年8月15日)

“冷籍”状元张謇(下)

清末,江苏南通“冷籍”状元张謇,还是一位亦刚亦柔受人钦敬的人物。

说来令人难以置信,大名鼎鼎的张謇,一度还曾是窃国大盗、卖国贼袁世凯的老师。当年张謇曾指点袁读书习字,作文写诗,袁亦以师礼事张謇,在张的面前不敢有半点放肆。袁在书信中称张为“大人”“夫子”。后来袁世凯的官做大了,改称张謇为“先生”,继而呼为“季翁”(张謇字季直)。等到袁做了大总统,便直呼其名字,称他为“季直兄”。张謇在袁世凯政府中任农商总长,自认为是不入流的“十八品”。他曾写信指责袁世凯不学无术,并指斥袁“勿谓天下人皆愚,勿谓天下人皆弱”。因此袁世凯对他冷淡起来。但当袁称“中华帝国皇帝”位之前夕,却又突然对张謇热情起来,尊崇他为“嵩山四友”之一(其他三友为徐世昌、赵尔巽、李经羲)。可是,张謇早已洞悉袁世凯的为人,便写了一副对联挂在自家门前:“官居十八品,世阅一千年。”此联嵌入数字“十八、一千”。上联道出不愿为“四友”之意,即不拥护袁世凯称帝;下联有阅尽兴亡之意,含有“看你下场怎样”的讥讽之意。不久,张謇便辞去农商总长一职,回家乡南通办实业去了,并痛斥袁为“不忠、不信、不仁、不义”之人。

张謇不光是一位刚正不阿、疾恶如仇的正人君子,他同时还是一位热情好客、爱才如命、彬彬有礼的谦谦君子。张謇在他所佩服的人面前,不论是学有专长者抑或是能工巧匠,均尊为上宾,推崇备至。他的住宅建过一楼，叫“梅欧阁”，就是为戏苑名流梅兰芳、欧阳予倩而建的。

张謇还与苏州女绣工沈寿格外有缘。沈寿，原名云芝，字雪君。八岁学绣，二十九岁创造仿真绣针法。三十岁那年，为慈禧太后七十大寿，特绣了《无量寿佛》《八仙上寿图》各一幅。慈禧见了十分欢喜，特赏赐她御书“福”“寿”字各一帧。沈云芝因此而易名为“寿”。1915 年 2 月，美国为庆祝巴拿马运河通航，在旧金山举行万国博览会，沈寿所绣的“英女王维多利亚半身像”，获博览会第一金盾大奖。从此声名远播，以至有“绣圣”之称。张謇也极欣赏她的绣艺，特于他创办的南通女子师范学校附设女子传习所，聘沈寿为所长。沈寿到南通，寄寓张家。张謇特整修“谦亭”别墅，供沈寿居住，并赠以七绝诗两首。

其一为：

记取谦亭摄影时，柳枝宛转绾杨枝。
因风送入帘波影，为鲽为鹣那得知？

其二为：

杨枝丝短柳丝长，旋合旋开亦可伤。
要合一池烟水气，长长短短护鸳鸯。

一墅加上二诗，于是众口纷传，颇多微词。沈寿于 1921 年农历五月初三因病谢世，年仅四十八岁。其时张謇已年近七旬，对沈寿的病逝，甚为痛惜，撰联挽曰：

真美术专家，称寿于艺，寿不称于名，才士数奇，如是如是；
亦学诗女弟，视余犹父，余得视犹子，夫人为恸，丧予丧予。

此联既痛沈之不寿，中年亡故，更表明他们之间的关系情同父女，意在辟谣言，正听闻。

（中国新闻社 1998 年 7 月采用；署“周续端”笔名，载香港《大公报》1998 年 8 月 16 日）

李叔同轶闻

近闻《李叔同诗全编》已由浙江文艺出版社出版，而且杭州虎跑寺的弘一法师塔和寺内滴翠轩的弘一法师纪念馆均已修整一新，由此笔者想起李叔同的一些轶闻。

李叔同，浙江嘉兴平湖人。1880 年 10 月 23 日出生于天津一宦商家庭。幼名成蹊，取成语"桃李不言，下自成蹊"。学名文涛，字叔同。父名世珍字筱楼，五十三岁中进士，出仕吏部，后引退继承家业，成津门一巨富。

李叔同五岁丧父，六岁受教家规，七岁启蒙，八岁背诵《名贤集》，十岁爱上书法，临摹《石鼓文》。十八岁那年，奉命娶俞姓女儿为妻。第二年，携眷奉母，迁居上海，进南洋公学，当时同学中有邵力子、黄炎培、谢无量等，都是一时俊彦。不久，李加入上海城南文社，每月会文一次，"写作俱佳，名列第一"。文友宋梦贞曾赋诗赞其才华云："李也文名大如斗，等身著作脍人口。酒酣诗思涌如泉，直把杜陵呼小友。"

李叔同二十六岁那年，生母王氏病逝，他即率妻眷衔哀扶柩回津，易名李哀。举办西式丧仪，由吊唁者致悼词，李自弹钢琴合唱悼歌，举家服黑衣送母葬。其时还是清朝光绪末年，一改旧式丧礼烦琐陈规，是要有很大勇气的。这年秋天，李安置下妻儿，东渡日本，寻求救国之道。行前填《金缕曲 · 将之日本，留别祖国，并呈同学诸子》，悲壮激昂，感慨万端，叹"二十文章惊海内，毕竟空谈何有"，矢志"度群生，那惜心肝剖！是祖国,忍孤负!”

1907年2月23日,李叔同为赈济祖国两淮地区水灾,与曾延年领导春柳社假东京骏河台中国留日学生青年会公演新剧《茶花女遗事》(法国小仲马原著),李叔同以“息霜”之名饰女主角玛格丽特(茶花女),白衣长裙,束腰披发,两手托头,自伤薄命,受到观众热烈欢迎。演出结束,日本戏剧界元老松居松翁去后台与之“握手为礼”,赞其“演得非常好”,一步一姿“优美婉丽,决非日本俳优所能比拟”,预言此举已“在中国放了新剧的烽火”。

辛亥革命成功,孙中山先生就任临时大总统,李叔同即填《满江红·民国肇造志感》词一阕,用以讴歌同盟会志士的壮烈业绩:“双手裂开鼷鼠胆,寸金铸出民权脑。算此生,不负是男儿,头颅好。”期望中国开辟新纪元:“看从今,一担好山河,英雄造。”

1912年8月,李叔同应杭州浙江两级师范学堂校长经亨颐之聘,任该校图画音乐专修科教员。从此他卸下西装革履,改穿布衣布鞋,全力以艺术教育人才,历时长达六年。近代名流如吴梦非、刘质平、丰子恺、曹聚仁、潘天寿、吕伯攸、李鸿梁等人,都是李先生的学生。

但是,谁也没有想到,五四运动来到的前一年,李叔同竟身披海青,脚穿芒鞋,去杭州虎跑定慧寺披剃为僧了。法名演音,号弘一。他皈依的是佛教的律宗。由于他的努力,使失传几百年的南山律宗得以发扬,成为重兴南山律宗第十一祖。

(中国新闻社1998年7月采用;署“周彬”笔名,载香港《大公报》1999年1月19日)

晚清小说家吴趼人

吴趼人是晚清著名的谴责小说家。名沃尧，又名宝震，字小允，改字趼人。这个“趼”字原较生僻，吴趼人生前已常被人误写成“研”字。吴趼人自己写过一首诗来辨正这件事，诗云：“姓字从来自有真，不曾顽石证前身。古端经手无多日，底事频呼作研人。”诗前并有小序云：“余自二十五岁后，改号茧人，去岁复易茧作趼，音本同也。乃近日友人每书为研，口占二十八字辨之。”

吴趼人别号“我佛山人”，因吴是广东南海人，家居佛山镇，故号，意谓“我是佛山人”。他于当年《绣像小说》发表《二十年目睹之怪现状》《痛史》等，均署“我佛山人”这个笔名字号。吴著有《我佛山人札记小说》和《我佛山人笔记》。

吴趼人著《糊涂世界》《瞎骗奇闻》时，署名“趼叟”。撰《九命奇冤》时，署名“岭南茧叟”。著《胡宝玉》（一名《三十年上海北里怪历史》），署名“老上海”。

吴趼人与上海实有缘分。他于十八九岁时至上海，后即久寓沪上，直至病故。中间虽曾去汉口、山东和日本等地小住，但时间都不长，故自号“老上海”。因而1918年编纂的《上海县续志》卷二十一《游寓》中，也为他专门立了小传。吴趼人在上海主编过《字林沪报》的副刊《消闲报》，后又创办了《采风报》《奇新报》和《寓言报》等。1906年为《月月小说》主笔。

吴趼人是当时创作最多的一个作家。他写了小说三十余种,其中最著名的作品是《二十年目睹之怪现状》。因此当年吴趼人被文坛推崇为“大文豪家”。笔者在一家图书馆见过一份1910年7月22日出版的《汉口中西报》,此期报纸就以“版心”位置,发表了“大文豪家南海吴趼人君肖像并墨宝”。所谓“墨宝”,即指署名“我佛山人”所作的《还我魂灵记》一文,文末附载了吴趼人写给药房老板黄磋玖的信和上海中法大药房的告白。

吴趼人生于清同治五年(1866),卒于清宣统二年(1910)。这样一位文章“卓绝一时,斯世仰望风采及钦慕其著述之人,不知凡几”的大作家,临死时却家境贫困,身后萧条,只遗一妻一女,女仅六岁。吴的丧事,也是朋友为他料理的。

吴趼人逝世时,他的挚友沈敬学曾有挽诗一首云:“语不惊人死不辞,卖文海上病难支。李南亭后吴南海,容易伤身笔一枝。伯道无儿志未行,衔悲寡鹄复何如。佛山青翠浓如昔,谁访筠清馆里书。”

诗中李南亭,即李伯元,亦是晚清著名的谴责小说家,著有《官场现形记》《文明小史》等名作,比吴趼人早逝四年。

(中国新闻社1998年8月采用;署“周续端”笔名,载香港《大公报》1998年9月17日)

钱江秋涛天下奇

“江南忆，最忆是杭州。山寺月中寻桂子，郡亭枕上看潮头。何日更重游？”这是唐代大诗人白居易于唐文宗开成二年(837)居洛阳时，所写的一首《忆江南》词。近代著名诗僧曼殊大师(俗姓苏，字子谷，原名玄瑛)亦有诗道：“春雨楼头尺八箫，何时归看浙江潮？芒鞋破钵无人识，踏过樱花第几桥！”的确，人们不能忘情于杭州的，除美丽的西子湖外，就要算“壮观天下无”的钱江潮了。

钱塘江大潮景色之奇，据说全世界只有巴西亚马孙河的涌潮可以与之媲美，别的潮就都不在话下了。凡是看过钱江潮的，谈起来总是绘声绘色，终生难忘。钱江潮，以每年农历八月十八日前后的潮水为最大。潮来之前，江水特别平静。大潮来时，由远及近，开始似一条白练横卧江上，雪浪翻滚，海鸟在浪花上翱翔，追逐觅食。大潮临近时，则“亘如山岳，奋如雷霆”，刹那间，波涛千顷，如万马奔腾，真有“涛来势转雄，猎猎驾长风。雷震云霓里，山飞霜雪中”的壮丽气势。

钱塘江潮来时风浪险恶，史书早有记载，东汉袁康、吴平著《越绝书》就有浙江“浩浩之水，朝夕既有时，动作若惊骇，声音若雷霆”之撰述。司马迁的《史记》亦有秦始皇出游，“至钱塘，临浙江，水波恶，乃西百二十里，从狭中渡，上会稽，祭大禹”的记载。最可笑的是南宋高宗皇帝赵构，他丢掉了黄河两岸的大片国土，刚刚从扬州逃到镇江，从镇江逃到杭州，歇脚钱塘江畔的“潮鸣寺”，喘息未定，夜半又忽然听到“万马奔腾”之声，大惊失色，以为金兀术追兵到此。后来寺里的和尚告诉他，这是钱塘江的潮声，惊魂始定。“十万军声半夜潮”，这句诗确是写得形象逼真的。

钱塘江潮之所以奔腾澎湃，成为千古奇观，是因为钱塘江身狭口阔，形如喇叭的缘故。从河口（以扬子角到镇海一线算起）到海宁，一百四十二公里的流程中，河宽从一百公里急剧收缩到二点六九公里，增强了潮流的强度。再加上钱塘江入海处有龛、赭二山，加大了对潮流的摩擦，“横直激射，盛不得聘”，更使潮势汹涌，故而出现了“万马突围天鼓碎，六鳌翻背雪山倾”的钱江怒潮。

从前，杭州城外沿江一带都可以看到巨潮。每逢阴历八月十八日前后，秋潮最高的时节，杭州合城若狂，都去“江干”一带看潮。在前人笔记中记载着看潮成市的盛况，有“看潮人看看潮人”之句，正是这种盛况的很好的写照。

由于江流的变迁，现在看潮最好是在海宁县盐官镇。盐官镇，离杭州约四十五公里，临江有弯弯曲曲的防波大堤，大堤上是石砌台阶，观潮人可以立看，也可以坐看。

盐官镇观潮处还筑有“中山亭”，那是为纪念孙中山当年在此观潮而建的。孙中山的名言：“世界潮流，浩浩荡荡，顺之则昌，逆之则亡！”就是那时看了浙江潮后说的。

（中国新闻社 1998 年 8 月采用；署“周续端”笔名，载香港《大公报》1998 年 10 月 2 日；入选中国新闻社编《中国新闻·星期刊》第 427 期）

江浙中秋话拜月

中秋节，又称“仲秋节”“八月节”“团圆节”“女儿节”。时在农历八月十五，因是日恰值三秋之半，故名“中秋”。此夜月亮，光色皎洁，万里澄澈，有如明镜高悬，故江（苏）浙（江）民间都以这天作为“花好月圆人寿”，亦即全家大团圆的日子。这时节，新稻早已登场，可以庆祝丰收。俗谚说：“过了八月半，人似铁罗汉。”其时“秋高气爽”，人的精神也特别健旺。这些自然都是值得庆贺一番的。故中秋之夜阖家团聚，祀月拜月，实际亦是赏月的一种虔诚形式。

同治、光绪二帝之师翁同龢的家乡常熟，人们以面粉为团圆饼，盛在洁净的簸箕里，再放些月饼、菱藕之类，陈设门前，叫作“斋月亮”。

汉高祖刘邦及神医华佗的故里沛县，八月十五晚间约聚亲友拜月，食西瓜、月饼，饮土产沛酒，尽歌尽欢，叫作“圆月”。当年刘备招亲甘露寺的所在镇江北固山人拜月，称为“谢平安”。

扬州人中秋拜月，多是妇女的专职，男子大都不参加。所谓“男不拜月，女不祭灶”。《扬州竹枝词》云：“八月中秋夜气清，满街锣鼓闹闲声。光明宝塔光明月，便宜男人看女人。”因此中秋节又叫“女儿节”。

“上有天堂，下有苏杭”的杭州，当地人拜月，祀品为月饼、方柿、石榴、栗子之类。也有用“斗香”者，其式四方，上大下小，纱绢糊之，上缀月宫楼台殿阁走马灯景，四角挑灯。大的约四围，各宽二尺许。富裕人家点此“斗香”，更有佐以《南词》（说唱古今图书，编成七字句，一人弹弦子而歌之),颇为热闹。《风俗竹枝词》道:“方形香斗供庭前,三角旗儿色倍鲜。檀木香排书吉语,合家罗拜庆团圆。”

越地风情浓厚,绍兴人中秋拜月,儿童们还爱在庭前院子里唱儿歌:“亮婆婆,迷迷荡,大伯小叔上学堂。”另外,还特别爱唱一首载入范寅(清末绍兴秀才)所编《越谚》的《孺歌》:

看见月亮特特拜,拜到明年有世界。世界少,杀只鸟;世界多,老雄鹅。

八月半绍兴人祀月,这在“五四”新文化运动的健将周作人的《儿童杂事诗》中也有《中秋》一首云:“红烛高香供月华,如盘月饼配南瓜。虽然惯吃红绫饼,却爱神前素夹沙。”至死绍兴乡音无改的周作人于诗后自注云:“中秋夜祀月以素月饼,大者径尺许,与木盘等大。”

浙江宁波中秋拜月,不是八月十五,而是八月十六,俗称“八月十六度中秋”。相传南宋时有一宰相叫史浩,每年中秋节必从京城临安(今杭州)赶回明州鄞县,与乡亲父老共度佳节。有一年,史浩回明州鄞县途中,因所骑的马受伤,只得夜宿绍兴,赶到鄞县已是八月十六日,当地百姓一直等到史浩回家过中秋,才拜月祀天。这风俗便沿袭至今,于是宁波人就在八月十六日这一天过中秋节了。

(中国新闻社 1998 年 8 月采用;署“周续端”笔名,载香港《大公报》1998 年 10 月 6 日)

常州才子李伯元

李伯元，名宝嘉，中国晚清著名小说家，江苏武进（今常州）人。他三岁丧父，由堂伯父抚养教育成人。幼极敏慧，少年便擅长八股诗赋，以第一名入学考中秀才，人称“李相公”。但后屡试不第，曾从传教士学习英文，于清光绪二十二年(1896)到上海。历办《指南报》《游戏报》《海上繁华报》，这些报纸是中国小说报的鼻祖，他“假游戏之说，以隐寓劝惩”，洗刷污浊，改进政治。

李在沪边办报边著述文艺《官场现形记》五编六十回，《文明小史》二卷六十回，还有《庚子国变弹词》《中国现在记》《李莲英》《繁华梦》《满清大夫轶事》《活地狱》《海天鸿雪记》《南亭四话》《南亭笔记》《醒世缘弹词》等书。李著每一脱稿，国人以先睹为快。“辄纸贵洛阳，坊贾且以他人所撰小说，假其名以出版。”（徐珂《清稗类钞》）于此，足见其名重于社会。

李擅文又善画，“偶写恽派花卉，笔意清超”，为人所宝爱珍藏。李更工于篆刻，有《芋香室印存》行于世。他曾刻过一颗“伯元长寿”闲章，但未能如愿长寿，只活了四十岁，这不但是他本人的遗恨，也是晚清小说界的重大损失。李伯元卒于清光绪三十三年(1907)，逝世当日，京剧名演员、剧作家汪笑侬悲恸之极，送挽诗一首：

有母惨伤李长吉，真个心肝呕出来。地陨文星沉壮影，天霖苦雨哭奇才。直书不畏遭官谤，短句何能写我哀。未若登场一挥泪，放声高唱泣颜回。

汪笑侬，满族人。清末曾任河南太康知县。因秉性刚正，被劾罢职，转而投身戏曲界，勤学苦练，别创新腔，自成一派，世称“汪派”。著有《汪笑侬戏曲集》。

李伯元虽是多才多艺之人，但死时家境亦十分贫困。上有衰病老母，下无子女，只留下妻妾双孀，丧事也全仗他的挚友、京剧名演员孙菊仙料理。孙菊仙，名濂，号宝臣，天津人。原系武秀才，三十岁后加入京剧班演戏，师事程长庚，同汪桂芬、谭鑫培齐名。九十岁时，还在北京、上海登台饰演老生，晚年用“老乡亲”为艺名。据《菊部轶闻》记载：“当李伯元主任《繁华报》时，与菊仙最莫逆，闻伯元病笃，菊仙为之食不甘味，寝不安席。日三四次床前探问，及弥留之际，执手相视，泪如涌泉，半日忍痛曰：君放心，吾自有调度。言未毕而恸已失声。随哭随向靴页内取出银票三千元置席上，继又忍哭颤声曰：以千元作君身后之丧葬，以二千元作君家之抚养。言罢更痛哭不止。死后又亲为其经理丧事，送其灵柩及眷属返里，无不事事如礼。至于彼等亲族，则不过吊丧吃饭而已。”

李伯元墓葬常州清凉寺之东南。至今设在红梅阁的常州博物馆还珍藏有李伯元的一幅手绘《梅花寿带鸟》和一本《芋香室印存》。

（中国新闻社1998年8月采用；署“周续端”笔名，载香港《大公报》1998年10月22日）

京剧名伶谭鑫培

四海一人谭鑫培，声名卅纪轰如雷。
如今老矣偶玩世，尚有俊响吹梁埃。
菰雨芦风晚来急，五湖深处寄烟笠。
何限人间买丝人，枉向场中费歌泣。

这是淹贯经史、参驳古今的一代国学大师、康梁变法主将梁启超对京剧名伶老生谭鑫培的一首七言赞诗。

谭鑫培(1847—1917)，湖北江夏（今武昌）人，原籍湖北黄陂。原名金福，又名金培。这“金培”一名来历与慈禧太后有关，谭初进北京皇宫，供奉内廷唱戏时，慈禧太后见到谭鑫培之名，说：何必要这么多“金”，有一个“金”就够了。所以又名金培。其父谭志道，出身汉班，唱老旦，因嗓音狭而高，好像一种俗称“叫天子”鸟的啼声，故艺名叫“谭叫天”。谭鑫培九岁起就跟父学戏，因而艺名唤“小叫天”，亦称“叫天”“叫天子”。

据说，谭鑫培学戏非常刻苦，父亲管教亦十分严厉，不允许有丝毫差错，直到他二十岁时演戏出了差错，还要受到父亲的厉声呵责并挨板子。当时他们家住北京前门外百顺胡同，有些同行为了想教子成名，就带着孩子来到他们的住宅，指着谭家的门户说：“谭鑫培就是从这里苦学成才的！”

谭鑫培唱腔悠扬婉转，运用自如，饶有韵味，有“云遮月”之称。晚清诗人狄楚青在《宫中杂诗》中就有“家国兴亡谁管得，满城争说叫天儿”

之句，当时还有“有匾皆为垿，无腔不学谭”之说，可见其唱腔影响之大。后来崛起于京剧舞台的“四大须生”余叔岩、言菊朋、高庆奎、马连良，都是学谭的，且以“谭门正宗”为号召。因而当时谭鑫培就有“伶界大王”之美誉。

晚清画家沈容圃画过一幅很有名的肖像图，叫作“同(治)光(绪)名伶十三绝”，画中的那个“黄天霸形象”便是谭鑫培。此画原作早年归梅兰芳珍藏，是梅氏缀玉轩里的一宝。名伶的神态容貌，个个都栩栩如生，十分逼真。谭鑫培在舞台上随机应变的能力极强，为他伶所不及。一次演《黄金台》，扮演齐相国安平君田单，因上场匆忙，忘记了戴帽子，台下观众正瞠目相视，发了惊呆。但只听老谭念了“国事乱如麻，忘了戴乌纱”两句定场白，既针砭时弊，又补了漏洞。观众霎时转惊为喜，无不暗中钦佩。

谭鑫培能演剧目极多，据说有三四百出，以《李陵碑》《秦琼卖马》《空城计》《定军山》《汾河湾》《桑园寄子》《战太平》《洪羊洞》等最著名。戏曲家陈彦衡曾记录谭的十一个剧目乐谱为《说谭》《戏选》《探母回令》等书，后除《探母回令》外，其余合编为《谭鑫培唱腔集》传世。子谭小培、孙谭富英，皆著名京剧演员。特别是谭富英演唱酣畅淋漓，朴实大方，人称“新谭派”。谭小培夹在“两头红”的中间，故素有“少年公子老翁封”之称，认为他是很有福气的人。

现在，谭富英子谭元寿、孙谭孝增、曾孙谭正岩皆京剧名伶，算起来，已是梨园七世之家。

（中国新闻社1998年10月采用；署“周续端”笔名，载香港《大公报》1998年10月11日）

杭州张小泉剪刀

昔时杭州特产，有西湖狮峰之龙井茶，三元坊九纶之大绸，教仁街都锦生之丝织风景，太平坊王星记之杭扇，大井巷张小泉鼎记之剪刀，清河坊孔凤春之香脂，塘栖之枇杷甘蔗等，其中尤以张小泉剪刀更闻名全国。

南唐李后主有一首很有名的词，叫作《相见欢》，词云："无言独上西楼，月如钩。寂寞梧桐深院锁清秋。剪不断，理还乱，是离愁。别是一般滋味在心头。"有人打趣说，其时李后主要是有一把"鼎记张小泉剪刀"就好了。这当然只是说笑话而已，但也说明"鼎记张小泉剪刀"之锋利，确实是没有任何剪刀可以匹敌的。有人曾做过试验，把一叠五十层的雪白龙头细布放在桌上，用此剪刀"喀嚓"一剪，竟整齐划一，一刀剪断。而且连剪五次，次次成功，观者无不啧啧称奇。难怪著名戏剧家、《义勇军进行曲》歌词作者田汉，在参观该剪刀厂时，有诗赞誉云：

快似风走润如油，钢铁分明品种稠。
裁剪江山成锦绣，杭州何止如并州。

并州，古"九州"之一，今山西太原。历史上以出产刀剪闻名于世。宋代大诗人陆游就曾有"诗情也似并刀快，剪得秋光入卷来"之句。

张小泉剪刀的创始人是张思家，他是安徽歙县人，出身剪刀世家。明末清初，张为避战乱兵灾，从歙县迁来杭州，在当时繁华的市中心城隍山麓大井巷，搭棚设灶，开了爿"张大隆剪铺"。张采用浙江龙泉（以铸"龙泉宝剑"闻名）的特优钢材作原料，把好钢镶嵌在剪刀刃口上锻打，首创了“剪刀镶钢工艺”。同时又采用了江苏镇江特有的纹理细腻的泥砖来磨剪刀，因此制造出来的剪刀，刃口极为犀利，剪毛不沾，断骨不卷，刀面闪亮照人。又加上它式样大方，坚固耐用，很受欢迎。

张思家去世后，儿子张小泉继承父业，将“张大隆剪铺”改名为“张小泉剪铺”。剪刀越制越精美，生意越做越兴隆，后“张小泉剪刀”成为清廷“贡品”。为了争生意，于是杭州别的剪刀铺也把自己的店铺招牌纷纷改成与“张小泉”近音近义的“张小全”“老张小泉”“真张小泉”“真正张小泉”等。外地人初到杭州，实在有点真假难辨。“青山映碧湖，小泉满街巷”这两句诗就来源于此。大井巷口的徽州祖传“张小泉”，为了区别于冒牌货，便在自己的店铺招牌上加了“鼎记”二字，剪刀上也铸了“鼎记张小泉”五字。

据说，现在杭州正宗的张小泉剪刀厂，年产剪刀已达到一千一百八十四万把。且花色品种越来越多，越造越巧。从形状分，有长头、圆头、光头、润头、翘头等；从装潢分，有光亮似银的镀镍剪，有五颜六色的塑料丝剪，有出口的红藤剪，也有深受农民欢迎、经济实惠的本色剪。最大的料剪有三十六寸长，七斤重；最小的绣花剪只有一寸长、四钱来重，差不多火柴盒也能放下。更难得的是，刻花工人还在剪刀背上巧施手艺，刻上西湖十景、丹凤朝阳等精细的图案，真令人叫绝。

（中国新闻社 1998 年 10 月采用；署“周续端”笔名，载香港《大公报》1998 年 10 月 31 日）

“东亚病夫”曾朴

岂真东亚病夫，是鲁男子热情奔放，到老要翻完嚣俄全集；

不愧一代文宗，写孽海花笔力雄健，至今已传遍震旦词坛。

这是近代著名小说家曾朴于1935年6月23日病故后，由沪上作家徐蔚南亲自撰送的一副传诵一时的挽联。徐曾任上海市通志馆副馆长、上海艺术学院教授，善作草书，颇为世重。

曾朴，生于清同治十一年正月二十二日，即1972年3月1日。江苏常熟人。乳名“大大”，谱名朴华。字孟朴，与名并行。郁达夫曾著有《记曾孟朴》，载1935年出版的《越风》；蔡元培有追悼《曾孟朴先生》一文，载《宇宙风》第二期。“东亚病夫”是曾朴的笔名，最早见于曾著长篇小说《孽海花》，小说的印本署“爱自由者发起，东亚病夫编述”。曾朴墓至今犹存，在常熟市西门外虞山宝岩杨梅林，墓碑即刻有“晚清作家东亚病夫曾朴墓”十一个隶书大字。《鲁男子》为曾朴所著的一部长篇小说，实为曾“青年时期的自传”“晚年回忆的忏悔录”（见《曾孟朴先生年谱未完稿》）。曾朴谙法文，是翻译法国文学的早期专家。孟朴曾自言：“我的法文，是读字典读懂的，不曾进过学校。”

曾朴于十三岁时，经名儒潘子昭指导，研讨课艺。一日，曾父曾君表（光绪乙亥举人，著有《登瀛社稿》）于孟朴抽屉见其所作骈文，辞意美妙，不禁拍案叫绝道：“大大（乳名）竟通了！”

曾朴十九岁，应常熟县试中第一名，应府试中第二名，后赴苏州应院试获第七名入学中秀才。是年,曾朴与汪圆珊结婚。曾朴因不满这桩封建包办婚姻,成婚之日竟借酒醉为辞,未入洞房。然而,曾朴禁不住秀美妻子圆珊的温存熨帖,不到半月,一对小夫妇竟异常要好了。第二年11月,圆珊夫人产一女,产后便病,半月演成永诀。曾朴撰《祭亡妻汪孺人文》,并作《悼珊六首》,兹引其中第一首:

萧萧落叶逼黄昏,三尺桐棺万里魂。
愁到天翻不相识,眼看人去了无痕。
错疑小别将归棹,准待宵回不掩门。
梦醒忽惊真个事,锦衾一半总难温。

曾朴二十岁中举人。二十一岁捐内阁中书,留京供职。时曾朴常出入于宰相翁同龢之门,力劝翁相主持正义,抗御外侮,为时人所传颂。

曾朴晚年因病返里,种花养病于常熟虚霩园(俗称“曾家花园”)。虚霩园临水厅前有一座太湖石,上刻有一则曾氏父子(曾君表、曾朴)合作题记,题记云:

余营虚霩园,倚虞山为胜,未尝有意致奇石,乃落成而是石适至,非所谓运自然之妙有者耶,即以“妙有”二字题其巅。石高丈许,绉、瘦、透三者咸备。光绪二十年十月初三日曾之撰并记,男朴书。

曾之,即曾君表名。光绪二十年,即1894年,其时曾朴二十三岁。

曾朴六十四岁那年因感冒,病故于虚霩园红楼。

(中国新闻社1998年10月采用;署“周续端”笔名,载香港《大公报》1998年12月25日)

浙江金华斗牛奇观

浙江金华一带有一种独特的斗牛风俗，其方式不同于西班牙斗牛，是牛与牛斗。人与牛斗，险象环生，惊心动魄；牛与牛斗，同样紧张惊险，触目惊心。

斗牛一般从每年春播后“开角”（第一次斗牛），直至次年春播前“封角”（最后一次斗牛）。除农忙季节外，几乎一月一大斗，半月一小斗。斗牛既是娱神，也以自娱，故百姓乐于参加。

旧时，先由主持者出示通告，约期斗牛。场地周围打上木桩，拦以粗绳，场地两边各以青竹两枝弯成拱门，挂上红布，标名“场门”，这就是斗牛场了。

斗牛期间，邻县乡民都赶来观看，各行各业竞陈百货，小摊小贩也来凑热闹，甚至三教九流、杂耍戏班也参与盛会捞摸几文。所以人山人海，熙攘喧嚣，场面宏伟，比赶集还热闹。

参加比赛的牛大都短颈阔肩，腿健膘肥，体型高大，状如雄狮。牛主人教牛以撞、挂、拼等技法，并形象地给它取一个名字，如黄龙、乌龙、英雄虎、小金刀等，各绣在绸旗上，以资识别。斗牛开始，金鼓齐鸣，火铳震天，参赛的牯牛头簪金花，身披红绸，由四个身穿彩衣、头扎汗巾、腰系飘带的护牛壮士簇拥入场。评判者紧跟牛后，他们以青布包头，短裤赤足，兼管拆牛，俗称“拆牛人”，也称“牛头”。

斗牛汇集后，经抽签决定次序，才正式开角。参加角斗的两头牛，由两家护牛壮士护送到赛场中央，二牛近距离对立，互相注视，俟牛性初发，即进而互击。这时四角交架，尾巴夹紧，尖角相撞，碰击有声。三五回合后，双方护牛者将牛强行分开，又让它们相互对峙。这样几经拆合，牛性大发，牛眼发红，越斗越紧张，越斗越凶险。万余观众则在紧锣密鼓声中呐喊助威。最后强者横冲直撞，以尖角直刺对方咽喉，弱者血肉模糊，夹着尾巴狼狈冲出赛场，斗牛才告结束。胜者哞哞长鸣，以胜利者自居，然后寻牛再斗。于是护牛者易牛再斗，再决胜负。

最后获胜的牛称为“牛状元”。众人为其戴花披红，鸣锣开道，护送它回“府”。牛主人摆筵设席，宴请亲朋，庆祝斗牛胜利。

（中国新闻社 1998 年 10 月采用）

湖南龙阳话“易家”

在中国近代文学史上，湖南龙阳（今名汉寿）的“易家”是很著名的。“易家”的主要人物是易顺鼎(1858—1920)，字实甫，号眉伽，晚号哭庵。幼有“神童”之称，善作诗，十五岁即刻有《眉心室悔存稿》行世，署名忏绮齐。清光绪元年(1875)举人，是年冬，他北上应礼部试，骑驴冒雪入南京城，遍访六朝及前明遗迹，一日成《金陵杂感》七律二十首。甲午中日战起，易顺鼎两赴台湾，助“黑旗将军”刘永福英勇抗日。时海外谣传，易顺鼎已经殉难，其挚友王梦湘信以为真，悲痛不已，一口气写了四副挽联以志悼念。联录两副如下：

其一：

奉严命，入危疆，天所弃，我所争，报君即报亲，开盘古百千万年孝子忠臣之奇局；

践前言，蹈东海，殁有为，生有自，独清还独醒，问光绪二十一载钟鸣鼎食又何人。

其二：

一万里仓皇风鹤，遍乞援师，此志竟无成，晞发咸池，去矣排空诉阊阖；

二十年追逐云龙，顿悲隔世，吾生亦何乐，侧身天地，凄然陨涕看神州。

“奉严命”，指奉父命。“晞发咸池”，句出《离骚》。“咸池”，此处借指台湾的“阊阖”，谓“天门”，传说中“上帝所居紫微宫门”。后易顺鼎抗日未死而生还，其生而“受挽”一事，被当时文坛传为“佳话”。

易顺鼎生平足迹遍及十数省，所作诗词几近万首，一地为一集，有《丁戊之间行卷》《摩围阁诗》《出都诗录》《吴船诗录》《樊山沌水诗录》《蜀船诗录》《巴山诗录》《锦里诗录》《峨眉诗录》《春城诗录》《林屋诗录》《游梁诗胜》《卢山诗录》《宣南集》《岭南集》《甬东集》《四魂集》《四魂外集》《鬻园诗事》等传于世。

易顺鼎晚年住北京，爱去广德楼戏园看名伶鲜灵芝的演出，并曾邀梁巨川（现代著名学者梁漱溟之父）为鲜灵芝编过一出新戏，叫《庚娘传》。后来，易真的死去，有人代鲜灵芝挽以联云：

灵芝不灵，百草难医才子命；

哭庵谁哭，一生只惹美人怜。

易顺鼎之父，叫易佩绅，字笏山，一字子笏，别号函楼、健齐。与晚清名臣郭嵩焘至交，诗学袁枚，有《函楼诗钞》《函楼文钞》和《函楼词钞》传世。顺鼎弟叫顺豫，著有《琴思楼词》。妹易瑜，号湘影，有《湘影楼诗集》行世。

易顺鼎子，名易君左，学名家钺，号意园，晚号敬齐。曾任安徽大学教授及《民国日报》社长。1949年去台湾，后转香港，历任《星岛日报》副刊主编、香港浸信会学院教授、国际笔会香港分会理事等职。有《中国政治史》《中国社会史》《中国文学史》《华侨诗话》《君左诗选》和《易君左游记精选》等著作传世。

（中国新闻社1998年12月采用；署“周续端”笔名，载香港《大公报》1999年1月3日；入选中国新闻社编《中国新闻·星期刊》第438期）

天台国清寺及其他

浙江的天台山，不仅以奇岩异石、罕水怪瀑、奇花珍树著称于世，更有一座被称为中国寺院之绝的国清寺。国清寺的山门口有一副门联：

古刹著域中，创六代，盛三唐，宗风远播；

名山传海外，依五峰，临二涧，胜迹长新。

这幅三十字对联深切地道出了国清寺的起源、历史以及秀丽的山光水色。

入山门，重檐下是红底金字的“国清讲寺”匾额。矮墙、修竹之间是一条石砌甬道。过了“弥勒殿”，便是“雨花殿”，殿内供奉着“四大金刚”。一般寺庙都称“四金刚殿”或“四大天王殿”，唯独天台国清寺称“雨花殿”。相传国清寺的创始者智者大师在寺内讲述《妙法莲华经》时，感动了天上神灵，天降花雨，故以“雨花”为名。四大金刚手中的“四宝”，既是佛门法器，又是有趣的寓谜之物。南方增长天王，名毗琉璃，手执宝剑；东方持国天王，名毗提河，手握琵琶；北方多闻天王，名毗沙门，手持宝幢（伞）；西方广目天王，名毗琉博叉，手持水蛇。剑有锋，寓意为“风”；琵琶能拨出音调，寓意为“调”；伞能遮雨，寓意为“雨”；水蛇可以顺着抚摸，寓意为“顺”。合起来为“风调雨顺”——一个古老有趣的寓物谜。

过“雨花殿”，即可望见宏伟庄严的大雄宝殿。大殿前，有丹墀、花坛、铜鼎、古樟、古柏。大殿正中莲花宝座上的释迦牟尼像用青铜铸成，外贴真金，重达十三吨。分坐大殿两旁佛座上的是元朝时用楠木雕成的十八罗汉，形象逼真，神态生动，各具个性和动态，有的抱膝而坐，有的闭目坐禅，有的怒目而视，有的满面春风。其年代之久，变化之多，雕匠技艺之高，实为江南佛寺所罕见。

大雄宝殿右侧古柏绿荫下，有一块高约二米、黑底红字的独笔“鹅”字刻碑，是晋代大书法家王羲之的手笔。但到了清朝，由于风霜雨雪侵蚀，此碑上的一笔到底的“鹅”字，只剩下半边。当时天台有一位造诣很深的书法家叫作曹抡选，他把这一刻碑抬入寺院厢房之中，闭门苦练王氏笔法，整整练了三年，终于以千钧腕力将“鹅”字残缺的半壁补上。从此，王羲之独具神韵的“鹅”字刻碑，又出现在国清寺的大雄宝殿之旁，而“鹅”字两边浑然一体，竟一点也看不出是两次写成的。

从国清寺前盘山北上，还有一处奇景，叫“石梁飞瀑”。石梁是指山腰间一块横空架在溪上的巨石，长二丈有余，最狭处不过五六寸，最宽处一尺五六寸，上狭下宽，背似龟，身似龙，故又有“龟背龙身”之称。石梁的前下方为一泓碧潭，色如翡翠。溪水从石梁下奔突而出，成为几十丈的瀑布，直泻碧潭。石梁上满布青苔，令人望而却步。明代徐霞客曾两次来此探胜，他在游记中写道：“余从梁上行，下瞰深潭，毛骨俱悚。梁尽，即为大石所隔。”离石梁不远，有一寺，名“中方广寺”。寺中亦有一联，其对自然之美、哲理之玄，刻画入微，亦令参观游览者叫绝。联语云：

风声，水声，虫声，鸟声，梵呗声，总合三百六十击钟鼓声，无声不寂；

月色，山色，草色，树色，云霞色，更兼四万八千丈峰峦色，有色皆空。

（中国新闻社 1999 年 2 月采用；署“周彬”笔名，载香港《大公报》1999 年 8 月 24 日）

山东潍坊两状元

清代光绪朝，山东潍县出了两个状元，先是曹鸿勋，后是王寿彭。王寿彭比曹鸿勋更有名，他不仅是清代末二科状元，还是山东大学的创办人，山东大学的第一任校长。

1925 年，土匪出身的军阀张宗昌（山东掖县人），当了山东督军和直鲁联军总司令，他声称要搞山东人治山东的地方自治，借以拥兵自立。他又声称重用文人，以掩自己土匪军阀的出身。

于是，他把赋闲在家的状元王寿彭请了出来，让他担任山东省教育厅厅长。1926 年，王把当时省立的农、工、矿、医、法、商各专门学校，合并为山东大学，又增设了文科，自己兼任校长。从此，山东省才有了正规的省立大学。他决心要办教育，但在经费上却与财政厅发生激烈矛盾。张宗昌虽然搜刮的钱财数不清，但只肯用来养数不清的姨太太，招数不清的兵。提起办教育，却一毛不拔，王寿彭陪着张宗昌去视察山东大学，想顺便劝说张拿出一笔钱来。不料张宗昌一走进山东大学，看到学生正在操场上打篮球，他竟不加思索高声发起宏论来："为什么要抢那一只球？每人发一个不就行了！"弄得打球的学生都哄笑了起来。但事后，据称他连"每人发一个"球的钱也没有给。

王寿彭，字次篯，生于光绪元年(1875)，卒于 1928 年。他家境贫寒，从小刻苦读书，十七岁考中秀才，二十六岁考中举人，二十七岁大魁天下得中头名状元。有人说，他中鼎甲第一名，也与他的名字"吉祥"有关。

“寿彭”，有“寿比彭祖”的意思。据《神仙传》记载，彭祖是中国历史传说中寿命最长的人物。历虞至夏，年已七百六十七岁而不衰，故又称老彭。光绪二十九年(1903)癸卯科殿试读卷大臣，把王寿彭的试卷作为“第一卷”进呈慈禧太后，慈禧自然非常高兴，因此马上就点了他为状元。但王寿彭自己对这个传说却不以为然，他曾作了一首打油诗，用以辩解道：“有人说我是偶然，我说偶然亦甚难。世上纵有偶然事，岂能偶然再偶然？”

至于潍坊的另一个状元曹鸿勋，他于光绪二年(1876)成为清代第一百零二名状元后不久，即为清宫上书房行走，教皇子皇孙们读书，做“授读师傅”。后曾出任封疆大吏，做过贵州省和陕西省的巡抚。

曹鸿勋，字仲铭，又名竹铭，号兰生。幼承家学，工汉隶，偶作墨笔兰竹，但流传甚少。至今潍坊市胡家牌坊街“十笏园”的题名匾额，就是曹鸿勋书写的。“十笏园”又名丁家花园，因其地甚小，人喻之为“十个笏板”，故名。但园内水木清华，建筑布局异常精巧，在仅有的二千平方米内，建有楼台、亭榭、书斋、客房等六十七间，曲折回廊连接，鱼池假山点缀其间。春雨楼、漪岚亭、水帘洞、小瀑布等，虽出自人工，亦宛如天然。据说，当年曹状元也曾常至此园游玩，品茗作诗，书隶画竹，有时竟也流连忘返。

（中国新闻社 1999 年 3 月采用；署“周彬”笔名，载香港《大公报》2000 年 5 月 19 日）

幼儿周岁话“抓周”

“抓周”，是一种民间习俗。古时，婴儿满周岁之日，流行的习俗是，在婴儿身边陈列各种玩物和生活用品，任他抓取，来测验婴儿的志向和兴趣。

古典文学名著《红楼梦》第二回“贾夫人仙逝扬州城，冷子兴演说荣国府”中有一段落说的就是“抓周”：

子兴冷笑道：“……那年周岁时，政老爷试他（指贾宝玉）将来的志向，便将世上所有的东西摆了无数叫他抓。谁知他一概不取，伸手只把些脂粉钗环抓来玩弄。那政老爷便不喜欢，说将来不过酒色之徒，因此不甚爱惜……”

抓周习俗在我国古代由来已久。北齐颜之推的《颜氏家训》中即有如下记载：“江南风俗，儿生一期，为制新衣，盥浴装饰，男则用弓、矢、纸、笔，女则用刀、尺、针、缕，并加饮食之物及珍宝服玩，置之儿前，观其发意所取，以验贪廉愚智，名之为‘试儿’。亲表聚集，致宴享焉。”文中所云“试儿”，当即抓周。

越过南北朝，迨至唐宋，抓周习俗更为盛行、据宋代吴自牧《梦粱录·育子》载：“……其家罗列锦席于中堂，烧香炳烛，顿果儿饮食，及父祖诰敕、金银七宝玩具、文房书籍、道释经卷、秤尺刀剪、升斗等子、彩缎花朵、官楮钱陌、女工针线、应用物件，并儿戏物，却置得周小儿于中座，观其先拈者何物，以为佳谶，谓之‘拈周试晬’。”所谓“晬”，即婴儿周岁，“试晬”即为抓周。

至近代，抓周在我国许多地区仍流行，只是各地区形式略有差异。据胡朴安《中华全国风俗志》载，北京是将文具置于桌上，给小儿梳洗完毕，穿上新衣，抱至桌前，任其随意抓取，若抓取的是笔，则说将来一定是文人；若抓取的是算盘，则说将来一定是商人。上海一带是把书放在小儿的枕头下面，意为小儿长大后喜读书识字；还将花、布、钱、笔、泥人之类摆在小儿面前，小儿抓取什么就说小儿将来喜欢什么。江西地区是在桌上摆书籍、算盘、刀剪之类，若小儿抓取书，全家人必欢声雷动，认为孩子将来必能专心学问；若抓取算盘则为商；抓取剪刀则为工。在清朝，小儿所择器物又加上朝珠，一旦小儿抓取此物，家人尤为高兴，外人也必祝贺，说这孩子长大能做官。不一而足。

抓周果然有如此的预见性吗？实际上，一周岁左右的孩子对周围一切都会感兴趣，在人们为他摆放的各种象征物件中选取什么纯属偶然。人们依小儿偶然之举占卜孩子未来的职业选择，显系荒唐。早在宋代，一名为楼钥者即作《阿虞试晬戏作》诗以讥诮抓周，诗云：

阿虞匍匐晬盘中，事事都拿要学翁。

最是传家清白处，不将双手向顽铜。

当今社会，随着“德先生”和“赛先生”在中国的立足和成长，抓周在大城市和发达地区已销声匿迹，唯在偏远落后省份尚有不同形式的出现。当然，也有人搞抓周仅仅是为了增加生活情趣，乃嬉儿之举，又当别论了。

（署“司马庵”笔名，载台湾《世界论坛报》1999 年 7 月 23 日）

一代报人林白水

林白水是中国近代的名记者，福建闽侯（今福州）人。

林白水，原名林獬，亦名㦿，又名万里，字宣樊，别署宣樊子，号少泉、肖泉，别号白话道人、退室学者、白水山人。

林白水于1903年12月在上海新闻创办《中国白话报》时，即是该报论说、小说、歌谣、新闻、时事问答的主要撰稿人。他在《中国白话报》第十六期编发的《汉族历史歌》，至今还为许多史学界、文学界人士所熟知。《汉族历史歌》共十三首，最后两首云：

二百年，二百年，广西出了洪秀全，复土地，争权利，万世太平基。曾国藩出，剿长发，保得大清永不拔。左宗棠，李鸿章，争把同种戕。

亚细亚，欧罗巴，东西相隔不同化，过大洋，求通商，租界连连让。甲午一战国耻甚，瓜分瓜分各指定。命垂危，命垂危，我祖知不知。

林白水的书斋名“生春红室”，因得其外祖父黄莘田旧藏“生春红砚”而名。林在此著有《生春红室金石述记》传世。他非常宝爱这方舅父所赠端砚，年轻时去日本留学，随身携带的行李中就有这一宝砚。

1922年5月，林在北京主办《社会日报》，以“白水”为笔名，几乎每隔一日必有一篇“白水”署名时评，以后他就以“白水”为专名了。1926年8月6日，他写了一篇题为《官僚之运气》的文章，刊在《社会日报》时评专栏上，其中有一段文字说：“某君者，人皆号之为某军阀之肾囊，因其终日系在某军阀之裤下，亦步亦趋，不离晷刻，有类于肾囊之累赘，终日悬于腿间也。”“某军阀”，指当时直鲁联军总司令张宗昌，北洋奉系军阀，山东掖县人，曾为土匪。“某君”，指张宗昌的幕僚潘复，字馨航，山东济宁人，后来做过北洋政府总理兼交通总长。潘号称张的“智囊”，林白水以“肾囊”来影射“智囊”，而张宗昌又有“长腿”的绰号。因此，此文一出，读者无不大笑。但这可就激怒了“狗头军师”潘复，当天他就唆使张宗昌下令逮捕林白水，第二天张就把林在北京天桥杀害了。其事经过，可说是赋得“惨趣”二字。

林白水被杀害后，洪宪皇帝袁世凯的二公子袁克文，号寒云，博学多才，善书善诗文，人称“皇二子”，写了两副情意深刻、直斥军阀、伸张正义的挽联。其中一联云：

君虽死而犹生，人间历历，剩烈女弱姬奇文名砚；

谁能免于今世，天下荒荒，遍瘟疫盗贼饥溺刀兵。

林白水遇害时，有女儿林慰君随侍在京。慰君后来留学美国，成为知名女作家，为她父亲写了一本很有名的传记文学，叫作《林白水传》。据悉“生春红砚”已于1979年由她捐赠台湾历史博物馆。

（中国新闻社1999年11月采用；署“周彬”笔名，载香港《大公报》1999年12月27日；入选中国新闻社编《中国新闻·星期刊》第482期）

戏台对联旧闻谈

戏剧渊源于秦汉乐舞、俳优和百戏，由来久矣。而戏剧对联肇自何时，于传无考。俚语云:“戏字半边虚。”又云:“假戏真做。”这当中颇富情趣哲理，值得研究玩味。

浙江绍兴地区的枫桥镇和平街上，有一座杨老相公庙，庙中建有一个古戏台，戏台的前台柱上镌有一副楹联:

数尺地五湖四海；

几更时三朝六代。

它简洁形象地道出了戏剧浓缩历史、社会，反映生活的真谛，典雅纯正，脍炙人口。

江南还有不少戏台楹联，借题发挥往往令人解颐。旧时杭州就曾有过一副戏台对联:

你也挤，我也挤，此地几无立脚地；

好且看，歹且看，大家都有下场时。

当年温州乐清雁荡山区的药王庙和关帝庙，还有过两副特定处所的戏台对联。

药王庙的戏台联是:

名场利场，无非戏场，做得出泼天富贵；

冷药热药，总是妙药，医不尽遍地炎凉。

此联妙在将戏与药合在一起，表面似不相涉，实有内在联系，而用以鞭笞炎凉的世态,把它移于别处就不相宜。

关帝庙的戏台联是:

顾曲小聪明,当日可怜公瑾;

挝鼓大豪杰,至今犹骂曹瞒。

周瑜精通音乐,当时有“曲有误,周郎顾”之语,然其智不敌孔明,所以只算小聪明。祢衡少有辩才,长于笔札,性刚傲物,他虽然只活了二十五岁,但敢于在曹操大会宾客之际,当众击鼓骂曹,这才算是大英雄。此联虽未正面写关羽,而东汉末年之环境气氛却洋溢于关帝庙内。

旧有“吴中第一名园”之誉的苏州留园,园内有一座色彩艳丽的戏台,台前柱子上的一副对联是副数字嵌联,为清代著名学者俞樾所撰,此联亦庄亦谐,也很有欣赏价值。联云:

一部廿四史,演成古今传奇,英雄事业,儿女情怀,都付与红牙檀板;

百年三万场,乐此春秋佳日,酒座簪缨,歌筵丝竹,问何如绿野平原。

清朝曾国藩督两江时,阅兵扬州。扬州会馆为他作专场演出,进士何栻为了谄媚曾国藩,写了一副文采颇佳,但拍马有术的戏台联:

后舞前歌,此邦三至;

出将入相,当代一人。

此联极尽溜须拍马之能事,把曾国藩比作周武王。但它也为后世留下了讥谈笑语的话柄。

(中国新闻社 2000 年 3 月采用;署“周彬”笔名,载香港《大公报》2000 年 7 月 6 日)

2005年5月23日，周芾棠(左4)与绍兴市首届少儿夏令营辅导员周重厚(左3)、金一凡(左1)等先生追忆青春岁月

2012年夏，周芾棠在绍兴市越城区中兴中路住宅附近留影

扇子的雅趣

文胸武肚轿裤裆，书臀农背秃光郎。

瞎目媒肩二半扇，道袖画领奶扇傍。

这是昆曲中流传的四句折扇口诀，全是从生活中提炼而来的。文墨书生，扇胸幅度小，表示斯文。武士，从胸扇到肚子，身子大，扇的幅度也大。劳动者，拉车的，卖苦力的，卷着裤脚，一般都扇裤裆。整天坐着干活的，屁股爱出汗，站起来扇臀。农夫在田里劳作，弯腰背朝天晒太阳，所以是扇后背。秃子头顶怕晒冒汗，扇头。盲人扇眼睛。僧人、道士穿袈裟、道袍，扇领心。书画家扇袖口。喂奶少妇，不直接扇胸部，而是从旁边轻轻摇扇子。如此等等，惟妙惟肖。

历代的书画家，都喜爱在扇子上题诗作画，这始盛于魏晋南北朝。唐代张彦远著《历代名画记》中说，南朝齐画家蘧道愍“兼能画扇，人马数分毫厘不失，别体之妙，可谓入神”。唐宋以来，在幅不盈尺的扇面中，有的书写着名人诗作，有的描绘着人物故事、山水楼阁、花鸟侍女，令人鉴赏不止。明、清文人在折扇上题扇作画，成为一种时尚。明初博学工诗、有文武之才的诗人高启（字季迪，苏州人）就曾有一首《题扇上竹枝》诗云：

寒梢虽数叶，高节傲霜风。

宁肯随团扇，秋来怨箧中。

诗中不仅歌颂了高风亮节的竹子，同时隐喻作者身处逆境，节操不改的高尚精神。更有一首清代无名氏作《题扇上白头公》诗：

山中一只鸟，独立心悄悄。
所欢胡不来，相思头白了。

这首题扇小诗，以拟人手法信手拈来，语言流畅自然，对白头翁“相思头白”的解释又具有浓厚的浪漫色彩，读起来颇为动人，因此曾广泛流传。

明代画家唐寅、沈周、文徵明、仇英，清代郑板桥、金农、任伯年、赵之谦，以及近现代的吴昌硕、齐白石、徐悲鸿等，都是著名的扇画大师。如今，这些名扇画，已是一柄万金。

中国扇子种类很多，有团扇、羽毛扇、蒲葵扇、麦秸扇、篾丝扇、聚头扇等。聚头扇，俗称折扇，更为人们所乐用。最早只有团扇，没有折扇。团扇用一个圆框，蒙上纱罗一类的丝织品，为士大夫夏令拂暑之用，也深受侍女所喜爱。有诗云：“团扇团扇美，人并来遮面。”更有诗说：“侍女图上添团扇，倾城倾国倾一半。”古代女子用团扇来显示仪容之美。而一般奴仆，是不准用团扇的，他们也不便使用团扇，因为随时要伺候主人，于是动脑筋，创造了折扇。逢到主人使唤，可把扇子折拢，往腰间一插，就可腾出双手来服务了。因折扁仿蝙蝠形状，所以亦称“蝙蝠扇”。

（中国新闻社2000年5月采用；署“周彬”笔名，载香港《大公报》2000年6月9日；入选中国新闻社编《中国新闻·星期刊》第508期）

“醉仙”贺知章

贺知章，字季真，初唐著名诗人，越州（今浙江绍兴）人。武则天证圣元年(695)中进士，任太常博士，后官至太子宾客、礼部侍郎、秘书监。

贺知章性格爽直，豁达而健谈，自号“四明狂客”，酒和诗是他的最忠实的“伴侣”。贺知章的诗，清新通俗，《回乡偶书》《咏柳》等都是脍炙人口、千古传诵的不朽名篇。贺知章结识的文人学士，大都喜欢饮酒，如张若虚、张旭、邢巨、万齐融、包融、贺朝等。他们常常相聚，一起喝酒，赋诗论文。唐代另一位大诗人杜甫，因年龄比贺知章小，两人未曾谋面，但曾听过有关贺知章不少饮酒的趣事，所以写了一首《饮中八仙歌》，开头两句说“知章骑马似乘船，眼花落井水底眠”，把这位来自绍兴酒乡的贺知章的醉态刻画得惟妙惟肖。因为在当年的绍兴乡间，有喝得酩酊大醉时跳入水中求凉的习俗。这里杜甫不说贺知章因酒醉燥热而入水求凉，而是说贺知章眼花了，把骑在马上当成乘在舟中，落在井里当成下在河中，读来妙趣横生，令人拍案叫绝。

开元二十六年(738)，一介布衣李白，饱尝“蜀道之难，难于上青天”的艰辛，自蜀地来到京都长安，寻找进身之途。当时身为“太子宾客”的贺知章已是朝廷重臣、文坛名宿了。他见李白一表人才，心里甚是高兴，即向其索要诗文来看。李白奉上新作《蜀道难》。贺知章边看边连连点头，深为诗中奇特的想象、超凡的构思、宏大的气势所折服，并称李白为“谪仙”。于是，贺知章极力向唐玄宗推荐李白。一日，唐玄宗召见李白，与他谈论时事,并当场让李白作颂一篇。李白略做思索,一挥而就,以其文采飞扬深得唐玄宗的喜爱,被赐以御膳,并任为“供奉翰林”。自此,李白名声大振。贺知章与李白也结为忘年之交,来往甚密。

贺、李均文思敏捷,才华过人,谈诗论文,相互倾慕。另外,二人均好饮酒。贺知章被誉为“醉仙”,而李白亦是出了名的“斗酒斗诗”的“酒仙”。有一次,贺知章与李白在长安的街上相遇,二人相邀上酒楼喝酒,边喝边吟诗,兴致好极了。待结账时,二人醉眼蒙眬,一摸口袋,皆未带钱。贺知章再摸,发现身上还挂有一颗“集贤院学士”的印章,印章的纽带上缀着一只黄金铸成的龟,他乘醉取下印纽上的金龟付了酒钱。这就是有名的贺知章“金龟换酒”的故事。

贺知章在京都为官五十年,八十四岁时,请求还乡。在他回乡后的第二年,便与世长辞了。

(署“周彬”笔名,载香港《大公报》2000 年 6 月 12 日;入选中国新闻社编《中国新闻·星期刊》第 508 期)

太平天国的状元

中央电视台综合频道播出的四十六集大型历史剧《太平天国》是一部规模巨大、气势磅礴、全景式诠释距离今天最近的,也是中国历史上最后一次农民战争全貌的鸿篇巨制。由此想到了太平天国的状元,特别是女状元傅善祥和武状元覃贵福。

太平天国三年(1853),定都天京(江苏南京)后开科取士,破天荒地举行了一次"女试"。清代沈懋良的《江南春梦庵笔记》说:"癸丑尝设女试,以傅善祥、钟秀英、林丽花为鼎甲。"癸丑,即清咸丰三年(1853)。是年,即太平天国三年,太平天国改"癸丑"为"癸好"。清汪堃《盾鼻随闻录》卷五《摭言纪略》也云:"凡识字女人,概令考试,以金陵人傅善祥为女状元,又取女榜眼钟姓,女探花林姓。"清吴家桢的《金陵纪事杂咏》亦有诗云:"棘闱先设女科场,女状元称傅善祥。"诗后并自注道:"将识字女子考试,取傅善祥为第一。"傅善祥是金陵(今江苏南京)人,父亲是个书吏,太平天国三年,"女试"夺得第一,时年二十余岁。夺魁后,被选入东王杨秀清府,任东殿内簿书,协助杨秀清批判东王府文书,颇得杨意,后仕至丞相。《太平天国文钞》第一百二十五页《女丞相傅善祥》中也有记载云:"继入杨秀清府主簿书批判事,封恩赏丞相。"又有傅善祥《上东王书》中亦有"以女流忝叨异数平章……特膺宰辅之权"之载。太平天国六年(1856),"天京内讧",握军政实权的东王杨秀清"九千岁",于9月2日为北王韦昌辉所杀害。其时,或云傅善祥死难,或云不知所终。

覃贵福，是太平天国十年(1860)的武状元。他是广西武宣东乡福隆村人，精通武术，勇猛过人。清同治七年(1868)，太平天国彻底失败，覃贵福挂甲归田，隐居家乡，常为人表演武艺，膂力惊人。他用两指夹三寸高的一串铜钱，稍一用力，铜钱都被挤扁。又常与人打赌，从口袋里取出十枚“贰毫”银角子，用手指夹住，谁人能用手把银币拽出，钱就归他；若不能，则须请覃贵福吃茶一顿。民国二年(1913)，覃病死于家中。

覃贵福的妻子欧氏，南京人，曾在洪秀全天王府任女侍卫长。覃氏解甲后，欧随夫去了武宣福隆村，活了九十余岁，当年广西省主席黄旭初曾颁“金萱寿永”一匾，以赠欧氏。

广西人对覃贵福很崇拜，盛传他和欧氏的事迹。抗日战争时期史学家简又文先生避难桂林，广西人还向他讲述覃氏夫妻的故事，简又文将他们的讲述收录于《太平天国典制通考》一书中。

（署“周彬”笔名，载香港《大公报》2000 年 9 月 21 日）

附　录

追忆文学前辈周芾棠先生

马元泉

我今年已八十三岁高龄，追忆起新中国建立以来绍兴的首批作家周芾棠先生，往事还历历在目，难以忘却。

1951年春季，我就读于绍兴市区西营小学三年级，某一天上午第一节下课时，我听到有几个同学在朝窗外喊："周芾棠，周作家！"我连忙朝窗外看：只见一个瘦瘦的、高高的年轻人，穿着灰色的干部服，面带微笑正朝西营临大街（今解放路）方向慢慢地走去。事后听消息灵通的同学说，周芾棠是嵊县人，二十多岁，是团市委（绍兴小市）的干部，管少儿工作，是个作家，经常在文艺杂志和报纸上发表文章，笔名叫"大雁"……那时候报刊少，写文章的人也少，我们对作家非常崇拜和向往。此后，我在西营小学还见过几次路过的周先生，有一次我还在学校的办公室里瞥见过他在与老师谈话。那时想拜见他是可望而不可即的事，我对周先生的崇敬从此刻印在心里。以后又不断地拜读周先生的作品，对先生越发敬佩和向往。

1990年代，我有幸跻身于市文艺界的队伍，在一次市文联的活动后的聚餐上有幸结识了周先生。他平易近人、和蔼可亲，与他交谈如沐春风，他首先肯定我勤于写作，发表的作品不少，接着鼓励我要坚持在研究和创作的道路上走下去，要耐得住寂寞，时间长了必有收获。对我的写作鼓舞很大。

我因为住在绍兴乡下，很少进城，和周先生见面的机会比较少。记得有一次是在鲁迅路的六元书店相遇，他已淘好了书，是几本名人题画诗，我们简单地交谈了几句，记得他说，六元书店有便宜好书，他有时候来淘一点。最后一次与先生见面是2013年秋天，在绍兴市区胜利路新华书店附近，是他先发现我，叫了我一声："小马！"我们随便交谈了几句。临别时他告诉我他的家庭地址，并邀请我有空去他家里坐坐，我答应了，真的，我很想再去聆听一下他的指导。

可是天有不测风云，第二年我小中风，右手右脚不能动，一个月才有点会动，一年时间才基本正常。第三年，我又因输尿管结石而动手术，术后好久才恢复。但身体总不如前，尤其不能走一千米以上的路，因此走访周芾棠先生的事一再被拖延。

谁知三年前碰到先生的公子周燕儿，他说父亲已经去世了。啊，真是绍兴文艺界的一大损失！好在其公子燕儿已是考古和文史专家，而且为人热情谦和，大有乃父之风。燕儿准备把父亲的文章搜集起来出书，我作此短文说几句，以作纪念。

（录自马元泉著《记忆深处》一书，2023年）

温暖的爱

——记周芾棠老师

徐晓阳

清明时节，春雨丝丝，淡淡忧伤，追忆故人。

2020年12月5日，跟往常一样我翻看着当天的《绍兴晚报》，突然，一则《讣告》映入眼帘：周芾棠，享年九十三岁。惊愕之余我赶忙给他女儿周玉儿打电话，证实周老师确实离开了，走得很安详，没有一丝痛苦。我想，这就是好人有好报吧！

作家史铁生曾说："我慢慢相信，每一个活过的人，都能给后人的路途上添些光亮，也许是一颗巨星，也许是一把火炬，也许只是一支含泪的蜡烛……"周老师是我的同事、我的邻居、我的同党派的会友，他用他的言行让我学会怎样以爱告别，以爱相处，使我终身受益。

三十年前，我的第一个工作岗位就是接替周老师的调研编辑岗，当时他虽然已经退休了，但因为手头有一本《绍兴群文大观》还未完成编辑，所以他还是经常会到单位来。还记得他见到我的第一次，当同事介绍说，我将协助他做好《绍兴群文大观》的编务工作时，他激动地伸出了他那温暖的大手："小徐同志，欢迎你！请放心，我一定做好传帮带。"瞬间，一股暖流通过掌心传遍我全身。老实说，刚参加工作，没有一点工作经验，一切都是陌生的，再加上我的前任早已退休，如何开展工作，我心里没有底，很是忐忑。周老师的话，就像给我吃了定心丸。之后，周老师每天上午都来办公室，不仅将工作上的联系电话抄写给我，还一个一个电话打过去，让我与他们通话，除了介绍我们认识，还拜托他们支持我今后的工作。"我们做调研工作，要做到脑勤、口勤、脚勤、手勤。做编辑工作呢，就是两个字——'认真'，不要以为编辑就是校对错别字，小的方面是改错字、改标点符号，大的方面还是要牢牢把握政治性、准确性，要较真。我们写调研文章不是文学创作，要用事实说话，用数据说话，真实性很重要，这就需要编辑人员始终用'认真'二字来对待。"他是这样教导我，也是这样示范给我的。当时还没有电脑，每次文稿出来，都需要我抄写一份给相关人员校对，然后再汇总。而周老师的那份是我看得最轻松的那份，他会在每一处需修改的地方用红笔做好标识，用工整的小楷补充文字，在他确定不了的地方打上问号，然后告诉我，他会尽快联系证实。一年后，《绍兴群文大观》出版，周老师也正式告别了工作岗位，但他严谨的工作作风和对年轻同事的爱护一直影响着我，成为我的榜样。

原以为跟周老师的缘分也就到此，不想五年后，我搬进了单位的宿舍楼，成了周老师的邻居。周老师是我敬畏的人，他在工作中一丝不苟，给我的感觉是不苟言笑的，但生活中的两件事，却让我感到他是一位非常热心的好邻居。当时我们还是喝水箱水，我住在顶楼，时常会出现水流小、断水的情况，很是苦恼。一天傍晚，正当我跟老公在抱怨时，周老师主动敲开我的家门："小徐同志，你们刚搬来，还不熟悉情况，赶快到我家去接水吧。以后每天早上接一桶水，就没事了。"可是我们老是忘记，所以只能厚着脸皮去讨水，周老师总是笑眯眯地敞开大门，让我们多接一些。另一件事，我们的宿舍楼地处城郊接合部，比较偏，又是开放式的，没有门卫和楼道门，任何人都可以进来，白天大家去上班了，周老师自觉担任起了义务巡逻员，只要楼道里有什么响动，他都会开门去查看或询问，他想到的需要提醒我们的事，也会在傍晚及时与我们沟通，让大家倍感安心和暖心。我的父母为我有这样的邻居感到欣慰，并因为接水的事向周老师道谢，可周老师说，以爱相处，这是做人的本分。

后来，周老师被儿子接走了，我也搬离了宿舍楼，但每年的重阳节，我都会借单位慰问的机会去看看他或者给他打个电话。2006 年，我加入中国民主促进会，想不到的是，周老师竟然也是民进会员，我和他分在了同一支部。周老师笑着说："小徐同志，我们太有缘了。"于是他热心地给我介绍中国民主促进会的会史，中国民进与绍兴的渊源，还说到鲁迅先生的三弟周建人是中国民主促进会创始人之一。因为他原来在绍兴鲁迅纪念馆工作，所以他有幸成为绍兴的第一批会员。他希望我能认认真真做好本职工作，多学习，多思考，积极撰写调研文章，通过党派平台参政议政，建言献策。

光阴似箭，日月如梭，转眼已是 2021 年的清明，周老师的谆谆教导依然是那样的清晰、温暖。周老师没有离去，只是换了个地方活在爱他的人心里。

（录自绍兴鲁迅纪念馆、绍兴市鲁迅研究中心编《绍兴鲁迅研究2021》，上海社会科学院出版社2021年版）

纪念周芾棠老师

毛建平

周老师走了，平静地走了，就像他的个性，也似他的文风。他是著名鲁学研究者，是绍兴鲁迅纪念馆第二任馆长，是我成长中对我影响很大的一位师长。著有《乡土忆录——鲁迅亲友忆鲁迅》《长相忆》《秋瑾史料》《中国书法故事》等书。

周老师也是我们绍兴第四中学少体班的班主任和语文老师，可要管好这个少体班很不容易。里面有武术队、足球队、田径队队员，个个是“活宝”。但周老师有三个法宝：一是他平和的个性，不和你生气，还经常笑眯眯；二是很会讲故事，我们爱听故事；三是老让我们写作文，这是他的特长，我们服他。我从他那里学到不少写作方法，包括速记法，很有用。

周老师一生严谨而又平易近人，为人师表，是我一生的榜样，有这样一位师长是我的荣幸。尊师，一路走好。

编后记

2020年11月30日上午10时20分，父亲周芾棠匆匆走完了人生九十三个春秋，平静安详地离开了我们。三年来，我们遵照他的遗嘱，保管藏书，搜集散发于报刊的文章。现将中国新闻社采用的专稿先行结集付梓，以告慰他于九泉之下。

父亲是浙江省嵊州市甘霖镇（原嵊县白鹤乡）上朱村人。据上朱振麟堂《周氏宗谱》记载，周氏原籍青州。至宋大中祥符年间，有恕恭公自婺州玉山卜居越州剡县（后改名嵊县）积善乡。传十一世曰巨一公，始迁上朱村，时在元末明初。后瓜瓞绵绵，成为村中大姓之一。我们的祖上世代务农，太高祖周世林、太高祖母郑氏；高祖周连锷、高祖母袁氏；曾祖周昇高（字灿老）、曾祖母吕仙妹；祖父周吉春（字林深，一作林生）、祖母陈小香。曾祖父去世时，祖父尚年幼，曾祖母靠替富家制茶获得微薄的收入，将他抚养成人。祖父读过私塾，精明能干。1925年曾参修《周氏宗谱》。毕生节衣缩食，将原住的草棚改建成三开间两层简易楼屋及厢房数间。又写得一手好字，当时村里集体和个人购置的风扇、水车、篾箩、晒席、晒垫等，多请他用毛笔书写名号。

父亲生于1928年5月1日（农历三月十二日）子时，为家中长子，下有弟妹四人。谱名积惠。“芾棠”之名，则为他的姑夫吕千樵（业医）所取，出自《诗经》“蔽芾甘棠”句。1935年2月起，就读于上朱初级小学和甘霖小学。1941年8月，考入浙江省立锦堂师范学校（四年制）。1945年

7月毕业后，在嵊县里南乡、白鹤乡中心小学，诸暨县江东乡、街亭乡中心小学任教。在里南乡校时，曾帮助中共地下党员投递信件。1949年8月，在嵊县人民政府参加革命工作，被派往城东区和上东区接管各小学，负责行政辅导工作。1950年7月，被选送参加绍兴专署文教干校培训。结业后，作为骨干教师留任绍兴试点小学——万安桥小学(后改名北海区中心小学)高年级班主任。1951年3月，调青年团绍兴市工委(后改名共青团绍兴市委)工作，曾任少儿部部长、宣传部部长、统战部部长兼市青年联合会秘书长，并短期主持过团市委工作。1955年参与创办绍兴市青年中学(后改名绍兴市第六中学)，并兼任校长。1957年7月，调任绍兴鲁迅纪念馆副馆长(主持工作)。1958—1959年间，曾回嵊县上朱村劳动锻炼一段时间。1960年2月起，先后调绍兴县文化馆、绍兴博物馆筹建办、绍兴鲁迅图书馆工作(仍被绍兴鲁迅纪念馆借用一年多时间)。1962年4月，调任绍兴市少年宫负责人。“文化大革命”中，曾被诬陷为“反动文人”“文艺黑帮”“漏网右派”“‘三家村’在绍兴的黑掌柜”“现行反革命”，一度遭受迫害。1968年进入“五七干校”学习、劳动，曾赴绍兴县马鞍公社参加围海造田。1970年10月，被重新分配至绍兴县王坛公社上片初中(后改名王城中学)任教。1973年9月，调绍兴县文化馆，被派驻越南区文化站工作。1976年7月，调绍兴第四中学(后改名浙江师范学院绍兴分校附属中学、绍兴文理学院附属中学)任初、高中班主任和语文教师。1979年1月，被平反昭雪，恢复名誉。1981年7月，调绍兴地区文化局工作，但尚未报到即又转调绍兴地区群众艺术馆(后改名绍兴市群众艺术馆、绍兴市文化馆)。同年9月，经著名老作家许钦文先生等介绍，加入中国民主促进会，成为绍兴最早的民进会员。11月，被增补民进浙江省委员会第二届候补委员。1986年，事业单位恢复职称评定，获全市首批群文副研究馆员职称。1989年超龄退休后，参编《绍兴市志》，从卷章主笔，到分纂、类纂和总纂责任编辑，前后达八年之久。此外，自1986年绍兴市越城区关工委爱国主义教育报告团成立之初，父亲即被聘为该团成员。1991 年,绍兴市关工委爱国主义教育报告团成立,又任该团成员。

父亲于 1962 年 2 月与母亲钱进娟结婚。母亲是嵊州市长乐镇长乐村人,生于 1934 年 4 月 5 日。初中毕业后,曾赴宁夏回族自治区中卫县炼油厂工作,后回乡。她为了支持父亲读书、写作,吃苦耐劳,承担了大部分的家务。2021 年 9 月 23 日因病去世,享年八十八岁。父母育有一子二女:子周燕儿,曾任绍兴县文物保护管理所副所长,绍兴市柯桥区文化发展中心常务副主任、党总支副书记,柯桥区博物馆馆长等职。文博研究馆员。曾获“走向世界,为国争光的绍兴青年”“绍兴县第二批专业技术拔尖人才、学术技术带头人”“绍兴县首批优秀社会事业人才享受政府特殊津贴对象”等称号。主持编纂《绍兴摩崖碑版集成》《绍兴出土商周印纹硬陶与原始瓷》等专业图书十余种,著有《绍兴越窑》《乡村记忆 · 文物篇》《中国书法故事》等。长女周苹儿,绍兴市酿酒总公司职工,已退休。小女周玉儿,现任绍兴鲁迅纪念馆副馆长、绍兴沈园文化旅游发展公司总经理等职。文博副研究馆员。曾获浙江省“巾帼建功标兵”等称号。主编《绍兴鲁迅研究》《鲁迅与他的乡人》《走近鲁迅》等图书,著有《走近鲁迅——鲁迅故里研学游》等。

父亲酷爱读书,这是他数十年来养成的良好习惯。在甘霖小学就读时,父亲与表舅沈相全为同班同学,舅甥俩在学习上互学互促,你追我赶,成绩一直名列前茅,有一年期末考还曾摘得桂冠,在学校里传为美谈。当时由于家境贫寒,买不起课外书,他就去图书室阅览,遇到特别喜欢的书,就把它摘抄下来。在锦堂师范求学时,父亲从极其微薄的一点公费生补贴中,省下几元钱,买下了人生第一册文史类课外书——《两浙人英传》。该书为抗战时期出版物,虽劣纸败墨,他却十分珍爱,直到晚年还经常翻阅。参加工作后,父亲领到工资和稿费,总要拿出一部分来购买书籍、订阅报刊。二十世纪八十至九十年代,父亲积极撰写对台宣传稿,成绩突出,连年被南京军区政治部、浙江省军区政治部评为三、

二、一等奖，当时的奖励通常为床上用品和洗漱用品，但他却并不称心。一次，他在致绍兴军分区政治部同志的信中说："我不喜欢奖励床上用品，能否奖我一套《二十四史》的缩印本？"由此可见，他对读书的痴迷程度。父亲读书不拘形式，重要的书通篇阅读，一般的书随便翻翻，有的从前面翻到后面，也有的从后面翻到前面。父亲读书的专注力和记忆力较强，一本书读过一遍后，便能复述梗概。对于书中一些重要的内容，甚至还能记住页码。二十世纪七十年代后期，他写研究鲁迅、秋瑾等的文章时，需要引用书中的资料，曾多次让周燕儿帮他查找，他能报出所需资料在何书何页上。当我们将书取来一查，果然正确无误。父亲对书籍也十分爱护，从不乱涂乱画。看书时总要先擦桌洗手，然后将镇纸石压于书边，不少书还包有书皮。因此，数十年过去了，他读过的书还是完好如新。父亲曾说："读书可以活跃思维，驱除烦恼，既是休息，又能养生。"八十五岁起，他因患腰椎间盘突出症，身体每况愈下，后又两次腰椎骨裂，住院治疗，但依然坚持读书看报，直至去世前的四五天。他九十三岁那年，我们给他送去一册《王阳明书法作品集》，他居然忍着病痛，一口气看了四五个小时，而且看得很仔细，甚至将书中的几个错别字也一一标记了出来。在父亲的熏陶下，我们从小也爱看书。著名作家王云根先生1984年2月11日来家拜访父亲后，就曾在《日记》中写道："周家的读书学习气氛令人钦佩。"

要读书就要买书，书一多就成藏书。父亲家中没有一件像样的家具，却有堆积如山的书报。他的藏书虽有部分已在"文化大革命"期间付之一炬，但遗存至今的尚有近万册。这些藏书以历史文化类洋装书居多，线装书兼而有之。当然，有关越地文化的图书，尤其是一些内部印行的书刊，占有不小的比例。如素有"红皮书"之称的鲁迅著作注释"征求意见本"，是1975—1979年间，人民文学出版社为启动《鲁迅全集》编注工作，先行印发给相关部门和专家学者征求意见的内部书籍。父亲有缘作为发放对象之一，曾对注释提出过不少修改和补充意见。由于这套书印数极少,故难得一藏。二十世纪八十至九十年代,散落于民间的线装古籍尚未引起社会重视,父亲省吃俭用,遍访绍兴书摊,觅得《会稽三赋》《懒云楼诗草》《世守拙斋印存》《竹书纪年》《越谚》等近五十种。他对这些古书视若拱璧,大多留有阅读考证笔记。他的藏书量,对于一个国有图书馆来说并不稀罕,但他却花费了一生的心血。用他自己的话来说:"就像燕子筑巢那样,一点一滴积攒起来的,很不容易。"

父亲勤勉履职,这是他一以贯之的工作作风和追求。在嵊县接管学校期间,父亲认真贯彻新中国教育方针,工作踏实负责,被推举参加全县第一届文化教育工作者代表会议。在团市委期间,父亲组织规模盛大的"绍兴市第一届少年儿童队夏令营"。该活动为期十五天,有一百二十名少年儿童队干部和十九名辅导员参加,内容包括学习队章,演唱队歌,讲述特级战斗英雄杨根思英雄事迹,观看刘胡兰、丁佑君、董存瑞等革命烈士幻灯片,开展军事训练,与英雄模范人物见面,举行篝火晚会,听土改故事,学制动物标本,参观三江古闸、三江抗倭城楼,观看海上日出,游泳等。他从活动项目确定,到日程安排,到安全事项,到后勤保障,考虑十分细致周密,使这次活动取得圆满成功。当年的辅导员周重厚先生,时隔七十一年后仍记忆犹新,他对我们说:"周芾棠同志学识广博,待人诚恳,工作踏实,富有朝气。活动中我碰到不懂的地方,他就手把手地教。"父亲还曾主持过一次团代会;组织辅导过刘胡兰学习小组,该小组还与刘胡兰的父母通过信。在创办青年中学期间,父亲从经费筹措,到教师物色,到设备购置,到课程安排,也倾注了不少心血。开学后,还邀请到周恩来总理表弟、时任绍兴市副市长的王贶甫先生来校作乡土文化专题讲座。父亲在团市委的老同事、著名摄影家杨乃燕先生回忆:"周芾棠同志待人谦和,不与人争名夺利;办事稳重,政治上也较老成。"在鲁迅纪念馆期间,父亲与团市委联合组织成立绍兴第一个鲁迅学习小组;多次召开鲁迅亲友座谈会;举办"鲁迅小说的战斗性""鲁迅小说《故乡》"等专题讲座;推出"《阿Q正传》和《祝福》""鲁迅与苏联的友谊"等临时展览和下基层巡展；调整、充实文物陈列室内容；编写《绍兴鲁迅故居图文陈列方案》；调查征集与鲁迅相关文物，较重要的有鲁迅《中国矿产志》、陶元庆版画稿、寿镜吾诗录等；做好国内外来宾和团体接待工作，曾负责接待过全国妇联副主席邓颖超、中共中央组织部副部长帅孟奇、著名作家柯灵、苏联作家波伐良也夫、罗马尼亚画家卡查尔、捷克斯洛伐克青年汉学家代表团等。特别是柯灵先生，为改编电影剧本《秋瑾》，于1957年10月和1958年2月，两次回故乡绍兴体验生活，小住鲁迅纪念馆共二十余天，父亲陪他考察过不少名胜古迹，还在乘船去兰亭途中拜谒过“明清日记泰斗”李慈铭墓。在少年宫期间，父亲根据少年儿童特点，组织、健全书法、绘画、笛子、相声、快板、舞蹈、放幻灯、航空模型、小小植物学家、讲故事、鲁迅文学、地方志等多门类兴趣小组，聘请老师进行专业指导。指导老师中就有著名书画家徐生翁先生、李鸿梁先生，越文化研究专家陶沛霖先生等。据绍兴市政协副主席齐宽明先生回忆：“我年幼时，参加少年宫书法小组，五六个同学在周芾棠老师带领下，去过老书法家徐生翁先生家，请徐先生讲解书法执笔要领。”父亲还在少年宫内常年举办爱国主义和革命传统教育讲座，除亲自主讲百余场次外，还邀请许多老党员、老干部、老红军、老工人、老贫农前来现身说法。当时，少年宫开展较具影响力的活动有：组织绍兴县和城区少先队大队辅导员赴四明山老革命根据地访问，举办“向雷锋叔叔学习”专题展览，邀请从周总理身边回来的六小龄童与少先队员代表见面，搞老中小三代见面会，在宫内打枣子与解放军联欢，调查访问“鲁镇”变化等。父亲还亲自设计出版黑板报。著名书法家汪灿根先生回忆：“我小时上学路过少年宫门口，曾多次见到周芾棠老师在写黑板报，板书极工整美观，令人赏心悦目。”“文化大革命”之初，父亲在少年宫大厅独自架梯悬挂毛主席画像时，不慎梯子滑倒，人从高处摔落，造成右腿踝骨粉碎性骨折，但他未等伤愈，又拄着拐杖投身到工作中去。当时绍兴少年儿童课外教育活动场所极少，而少年宫活动丰富多彩，寓教于乐，真正成了孩子们的“第二课堂”。在越南区文化站期间，父亲关心年轻人学习文化知识。绍兴文物考古专家董忠耿先生就清楚记得，当时他想看书但无处可借，父亲就给他出具过到绍兴鲁迅图书馆借书的介绍信。在第四中学任初、高中语文教师期间，父亲一改照本宣科、枯燥乏味的教学方式，结合课文内容，查找资料，穿插故事，努力使课堂教学生动活泼，寓教于乐，深受学生喜爱。1978 年学雷锋纪念日，学校安排父亲在操场上为全校师生作“雷锋同志的故事”专题讲座。当年周燕儿作为该校学生也在场聆听，印象中父亲脱稿演讲一个多小时，声音响亮，绘声绘色，大家听得津津有味。父亲在该校执教五年，桃李满园。如美国科学家毛建平先生，南京医科大学特聘教授、博士生导师戴一凡先生，绍兴图书馆副馆长、研究馆员龚杏娟女士，绍兴文理学院医学院副教授俞朝阳先生，绍兴博物馆副馆长、副研究馆员娄烈先生，绍兴市职教中心副校长阮大洪先生等都是他的学生。在群众艺术馆主持《鉴湖》（后更名《青藤》）文艺杂志编务期间，父亲认真审稿，严把质量关，使该刊获得浙江省群文报刊一等奖。同时，父亲还借助该平台，挖掘和培养了一批文学青年。在参编《绍兴市志》期间，父亲甘于清贫，忠于职守，乐于奉献。骑自行车上下班途中，曾两次被撞负伤，但都只请了一天假，仍照常回到工作岗位。他对待修志“自信每一个字、每一句话、每一个标点、每一条引文、每一本书名、每一个地名、每一个朝代、每一个时间，都是认真作了编撰和校订的。或查阅资料，或访问老人，或踏勘故地，力求做到文字朴实精练，史料准确无误”。《绍兴市志》总纂、著名越文化研究专家任桂全先生评价父亲“修志中，作风严谨细致，具备德、识、才等综合素质。《绍兴市志》能荣获全国市志一等奖，也凝结着他的心血”。父亲作为越城区爱国主义教育报告团成员之一，开团第一讲“葛云飞定海抗英”故事，就是他为参加全区少代会的三百多名学生做的。晚年，他作为市关工委报告团成员，又先后赴绍兴不少中小学讲课。有一年植树节，他赴北海小学讲“绍兴樟树王”的故事的照片，还被刊登在《绍兴日报》上。2006 年，被绍兴市关工委授予“五老先进个人”。他为青少年健康成长做出了贡献。

父亲喜欢写作，这是他读书藏书密不可分的升华和输出。早在锦堂师范求学时，父亲便是班上的写作能手之一，他的同班同学金行华在《梦绕魂牵同窗情》一文中回忆："张金庄、周芾棠等同学都长于写作，发表能力很强，写出许多动人文章。"他的处女作《今日之我与昨日之我》，就发表在当年的校刊上。1950 年 10 月 6 日，父亲在《新儿童报》上发表《民主选举，成立学生会》通讯后，业余写作热情高涨，夙兴夜寐，笔耕不辍。据他自行统计，截至 1966 年 6 月 15 日，共发表文章三百八十余篇。体裁包括新闻、通讯、散文、诗歌、小小说、故事、乡土文化研究等；涉及报刊有《人民日报》《光明日报》《文汇报》《解放日报》《浙江日报》《大公报》《工人日报》《浙江工人报》《绍兴时报》《宁波大众》《中国青年报》《青年报》《新民晚报》《羊城晚报》《新儿童报》《新少年报》《红领巾》《小朋友》《少年文艺》《东海》《文艺月报》《解放军文艺》《新港》《旅行家》《现代文艺资料丛刊》及中国新闻社等。父亲的不少文章在当时颇有影响。如 1952 年 11 月 21 日发表于《新儿童报》上的《我们的黑板报》一文，被列入浙江省小学《语文》课本补充教材；1953 年 3 月 5 日发表于《浙江日报》上的《不使一个队员掉队》一文，被评为"红旗通讯"；1959 年所写《这是崇高的工作》等文，入选共产党员编辑部编的《平凡而光荣的人》一书（浙江人民出版社 1959 年版）；1961 年 9 月发表于《红领巾》杂志上的《鲁迅先生勤奋好学的几件事》一文，被收录于《培养坚强的革命后代》一书（浙江人民出版社 1963 年版）。二十世纪五十年代，父亲被聘为《新儿童报》特约撰稿、《新少年报》特约记者、华东《青年报》驻绍兴地方记者，并曾两次受邀为《新儿童报》题词。1956 年 6 月，被选派参加浙江省青年业余文学创作者会议。同年，代表绍兴市青联列席市政协会议，因在《争鸣》快报上写了《管管业余文学创作之花吧》一文，后在"反右派"斗争中遭到错误批判。下放老家农村劳动期间，父亲不畏艰难，撰著工农读物——《怎样写信》，由浙江人民出版社出版。1961 年，父亲应绍兴鲁迅纪念馆之邀，编写《绍兴名胜》一书。1971 年，父亲为歌颂 1964 年在王坛公社王城村组织民兵实弹训练时，因掩护民兵不幸牺牲的梁俊元烈士英雄事迹，多次查阅档案资料，采访知情人士，创作了《稽山青松》剧本。该剧搬上舞台后，在绍兴南部山区引起热烈反响，并曾在绍兴县文艺节目调演中获奖。大概是受其影响，父亲的形象也被印记在当地不少村民的脑海里，直到十余年后，他出差王坛，竟还有路人亲切地称他为“稽山青松”。1974 年，父亲又创作《红梅》剧本，该剧由著名导演邢胜奎执导，上演后同样在绍兴轰动一时。“文化大革命”结束后，父亲又重操旧业，发表了大量有关乡土文化的文章，还出版了多部著作。周燕儿年少时，半夜睡觉醒来，就经常看到父亲还在昏暗的灯光下“爬格子”。1979 年暑假，父亲曾应出版社之约，赶写《绍兴导游》书稿，劳累过度，旧病复发，从绍兴转院杭州治疗，两个月后才基本康复。此后，他谨遵医嘱，注意劳逸结合，很少再“开夜车”。父亲系中国鲁迅研究学会会员、浙江省作家协会会员。他的名字，在绍兴老一辈文化人中具有较深的印象。

父亲外出工作、采访、调查、旅游时，往往随带笔纸，注重记录。他常说：“好记性不如烂笔头。”二十世纪五十至六十年代，他曾花费很多精力，走访与鲁迅有关的亲友及其后人，了解鲁迅在绍兴、杭州、南京和日本工作、学习、生活与社会活动的情况，每次访谈都认真作了笔记，这为他开展鲁迅等相关研究积累了丰富的素材。他调查祁彪佳等名人墓地留下的原始记录和草图，也是十分难得的史料。周燕儿年轻时，曾跟随父亲去新昌穿岩十九峰游览，见到一座高起潜墓道牌坊，就目睹父亲取出笔记本，把额坊上的铭文抄录下来，说以后写文章时用得着。

父亲发表文章除使用真名外，还用过大雁、周大雁、小黎、师之竹、燕儿、周巩、阿棠、桑舟、越子、楚舒、于之、周简段、周续端、司马庵等笔名。其中“师之竹”，是 1962 年宁波大众报社拟仿《北京晚报》“燕山夜话”专栏风格，开辟“越州漫步”专栏，约父亲与绍兴张能耿、谢德铣、沈定庵三先生撰文，要求使用集体笔名，于是四人商定，取“师之竹”笔名，谐音

“四枝竹”，意为努力像翠竹那样虚怀若谷，奋发向上。父亲被推为写作组组长。后该专栏虽然搁浅，但父亲仍以此名写过一些文章。“燕儿”，是他当年在中国新闻社发文时所用的笔名，儿子出生后，便取以为名。“周简段”“周续端”“司马庵”，分别是他作为中国新闻社开辟的香港《华侨日报》“京华感旧录”、香港《大公报》“神州拾趣”、台湾《世界论坛报》“神州感旧”专栏作家之一，使用的集体笔名。

父亲已结集出版和印行的著作有《教育问题》《怎样写信》《“闰土”子孙忆家史》《乡土忆录——鲁迅亲友忆鲁迅》《巾帼英雄秋瑾》《鲁迅小时候的故事》《秋瑾少女时代的故事》《中国书法故事》《中国古代妇女名人》《秋瑾史料》《长相忆》等十余种。其中《怎样写信》，浙江人民出版社 1959 年版，前后两次印刷共七万余册；《巾帼英雄秋瑾》，浙江人民出版社 1982 年版，后又再次印刷，发行量达一万六千册，被评为浙江省振兴中华青年读书运动优秀读物；《乡土忆录——鲁迅亲友忆鲁迅》，陕西人民出版社 1983 年版，内容翔实，记述可靠，获浙江省社会科学优秀研究成果奖，书中大量史料被国内外研究鲁迅的专家学者广泛引用；《秋瑾少女时代的故事》，贵州人民出版社 1986 年版，被评为全国优秀少儿读物；《中国书法故事》，吉林文史出版社 1986 年版，后由台湾丹青图书有限公司重版；《中国古代妇女名人》，中国妇女出版社 1988 年版，获绍兴市鲁迅文学艺术百花奖。此外，父亲还曾主持编纂过《绍兴群文大观》《陈和灿追思录》《周汶纪念文选》等图书多种。

父亲的著作，曾获得学界的广泛关注和肯定。著名作家周瘦鹃先生在《行云集》中，对父亲 1961 年所写散文《访秋瑾故居》做过点评：“早餐后闲着没事，在休息厅里捡到一本去年十二月份的《解放军文艺》，先读散文，得《塞上行》《草地篇》《柳》《访秋瑾故居》诸作，全写得美而有力。”1975 年前后，周燕儿随父亲去杭州拜访许钦文先生，许先生就说：“芾棠同志过去文章写得蛮多，写得蛮好！”1995 年 6 月，著名鲁迅研究专家陈漱渝先生在赠周玉儿的书中写道：“令尊是我学习鲁迅的启蒙者之一。”著名戏曲研究家孙崇涛先生早年在绍兴鲁迅故居见习时，与父亲有过接触，后来他于所著《戏缘——孙崇涛自述》中对父亲作过生动描述:“细长个子，腰杆坚直，冬天爱戴一顶翻毛皮帽，把个子戳得更加细长。他长年全身心在收集、记录、整理同鲁迅有关的各种乡土资料和传闻，写了不少文章。还根据王鹤照老人口述，整理成《回忆在鲁迅先生家中三十年》，给研究鲁迅故家历史留下宝贵的文献资料。他出入纪念馆，习惯用胳肢窝夹着旧报纸裹着的书籍资料，走起路来脚下生风。”鲁迅研究专家刘润涛先生在《“绍兴鲁迅”研究的历史与现状》文中评介:“张能耿、周芾棠、裘士雄等专家，以田野调查的方式，对鲁迅的亲友族人进行了广泛走访，搜集到丰富而鲜活的一手史料，后来出版发表的《鲁迅家世》《鲁迅亲友寻访录》《乡土忆录——鲁迅亲友忆鲁迅》《鲁迅与他的乡人》等都建立在这一坚实的基础之上，集中体现了绍兴专家学者对鲁迅研究的贡献。”享受国务院特殊津贴专家、中国新闻社高级编辑、书法家冯大彪先生称赞父亲为中新社撰稿“选材、文字都是很好的”。

本书收录父亲1975—2000年间撰写并被中国新闻社采用的专稿二百余篇，按时间先后排序，内容均保持原貌，不作改动，只对引用古诗文及原版编排中出现的个别错字和标点做了改正。这批专稿题材包括古迹名胜、风土人情、名人轶事等，涉及地域以江浙为主，其他省市兼而有之。篇幅多不长，在千字左右，融知识性与趣味性于一体。书名《仲夏枇杷黄似橘》，为父亲生前所定。当初中国新闻社寄给父亲留存的，除“用稿通知单”外，还有一份用繁体字竖行誊抄在中新社专用方格稿纸上的文章复写件，复写件首页右上角或钤有“此稿已发海外”印章，或写有“已向外发稿，此件给作者”“此件已发，请转作者”“此件已发国外报刊”等字样。后来在父亲的要求下，也曾零星寄赠过刊登后的剪报复印件和中新社编印的《中国新闻·星期刊》。从编辑的来信和剪报显示，绝大部分文章登载在香港《大公报》《华侨日报》《晶报》，澳门《华侨报》《澳门日报》，台湾《世界论坛报》上，但也有一些见于美国《美洲华侨日报》、法国

《欧洲时报》等其他国家的华文报刊。当然，父亲被中新社录用的专稿远不止这些，1961 年 6 月至 1966 年 6 月间诸稿已全部无存。二十世纪七十年代之后，亦有部分用稿已散失，还有一些只见“用稿通知单”上开列的“题目”“发表日期”等内容，而缺少复写件或剪报复印件的，此次均未能收录。

本书编就后，我们有幸征得著名越文化研究专家何信恩先生同意，将他所著《绍兴乡土文化研究的开拓者之一——深情缅怀周芾棠先生》长文作为代序。同时，我们还蒙著名作家马元泉先生、绍兴群众文化研究专家徐晓阳女士，以及父亲在绍兴第四中学执教时的学生、美国科学家毛建平先生允诺，将他们撰写纪念父亲的文章作为附录。谨此表示诚挚谢意！此外，本书在汇编过程中，还得到绍兴市柯桥区博物馆馆长、区文保所所长陈关根先生，柯桥区图书馆馆长高幸江先生的热情支持；张依、任金娜、余泓烨、吴品锜、沈晨钰、寿仪佳等同志帮助打印部分文章，于此一并致谢！

父亲散发于其他报刊的文章及遗稿，尚在进一步搜集整理之中，届时再行结集。

父亲晚年常说：“生亦欣然，死亦坦然。”在父亲离别我们三周年之际，我们以编印他的著作，叙述他的生平，来寄托无限哀思，把他留下的宝贵精神财富传承下去。想必他泉下闻讯，亦会欣慰不已。

周燕儿、周玉儿

2023 年 11 月 30 日